Lisbonne

Cofondateurs : Philippe GLOAGUEN et Michel DUVAL

Directeur de collection et auteur
Philippe GLOAGUEN

Rédacteurs en chef adjoints
Amanda KERAVEL
et Benoît LUCCHINI

Directrice de la coordination
Florence CHARMETANT

Directrice administrative
Bénédicte GLOAGUEN

Directeur du développement
Gavin's CLEMENTE-RUIZ

Conseiller à la rédaction
Pierre JOSSE

Direction éditoriale
Hélène FIRQUET

Rédaction
Isabelle AL SUBAIHI
Emmanuelle BAUQUIS
Mathilde de BOISGROLLIER
Thierry BROUARD
Marie BURIN des ROZIERS
Véronique de CHARDON
Fiona DEBRABANDER
Anne-Caroline DUMAS
Éléonore FRIESS
Géraldine LEMAUF-BEAUVOIS
Olivier PAGE
Alain PALLIER
Anne POINSOT
André PONCELET
Alizée TROTIN

Responsable voyages
Carole BORDES

2018

hachette

TABLE DES MATIÈRES

LISBONNE QUARTIER PAR QUARTIER p. 73

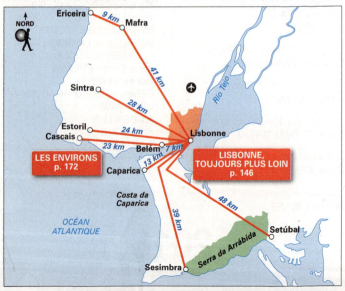

LES ENVIRONS p. 172

LISBONNE, TOUJOURS PLUS LOIN p. 146

TABLE DES MATIÈRES

PRÉAMBULE

- La rédaction du *Routard*......................6
- Introduction......................................11
- Nos coups de cœur 12
- Itinéraires conseillés 28
- Lu sur Routard.com...............................33
- Les questions qu'on se pose avant le départ......................................34

COMMENT Y ALLER 36

- En avion...36
- Les organismes de voyages 37
- En train...41
- En voiture...42
- En bus..43

LISBONNE UTILE 44

- ABC de Lisbonne................................44
- Avant le départ..................................44
- Argent, banques, change...................47
- Achats 48
- Budget 50
- Climat 51
- Dangers et enquiquinements 51
- Décalage horaire................................52
- Électricité 52
- Fêtes et jours fériés............................53
- Hébergement.....................................53
- Langue..55
- Livres de route 56
- Musées...57
- Poste..58
- Santé..58
- Sites internet et applications smartphone 58
- Téléphone – Télécoms........................59

INFOS PRATIQUES SUR PLACE 61

- Arrivée à Lisbonne 61
- S'orienter 63
- Informations pratiques et adresses utiles.......................................64
- Comment se déplacer ?......................66

LISBONNE QUARTIER PAR QUARTIER 73

BAIXA ET ROSSIO 73

- Où dormir ? 73
- Où manger ? 76
- Pâtisseries, cafés et salons de thé 77
- Où boire un verre ?............................78
- Achats 79
- À voir. À faire......................................80

BAIRRO ALTO, CHIADO ET CAIS DO SODRÉ................. 83

- Où dormir ? 84
- Où manger ? 88
- Pâtisseries, glaces, cafés et salons de thé 94
- Où boire un verre ? Où sortir ? 95
- Où écouter du fado ?..........................98
- Où écouter de la musique ? Où danser ?..98
- Achats 99
- À voir. À faire....................................100

MADRAGOA, LAPA, CAMPO DE OURIQUE, SANTOS, DOCAS (LES DOCKS) ET LX FACTORY 103

- Où dormir ? 104
- Où manger ? 105
- Où manger les meilleures glaces de la ville ? 107
- Où boire un verre ?
- Où grignoter ?..................................108
- Où sortir ? Où danser ?.....................108
- Achats 108
- À voir. À faire....................................109

TABLE DES MATIÈRES

RATO, L'AVENIDA DA LIBERDADE ET SANT'ANA 114

- Où dormir ? 115
- Où manger ? 118
- Où boire un bon café ? 120
- Où boire un verre ? 120
- Achats 120
- À voir. À faire 120

ALFAMA, CASTELO DE SÃO JORGE, MOURARIA ET GRAÇA 124

- Visiter l'Alfama 125
- Où dormir ? 126
- Où manger ? 128
- Où manger une bonne glace ?
  Où prendre un petit déj ? 131
- Où boire un verre ? 132
- Où sortir ? Où danser ? Où
  écouter de la musique ? 132
- Achats 134
- À voir. À faire 135

LISBONNE, TOUJOURS PLUS LOIN 146

À L'EST, LE PARQUE DAS NAÇÕES (PARC DES NATIONS) 146

- Où dormir ? 146
- Où manger ? 148
- Où boire un verre ? 148
- À voir. À faire 148

AU NORD DE L'AVENIDA DA LIBERDADE, AUTOUR DU MUSÉE GULBENKIAN ET CAMPO GRANDE 150

- Où dormir ? 151
- Où manger ? Où boire un verre ?... 152
- À voir. À faire 152

BELÉM ET AJUDA 160

- Arriver – Quitter 161
- Adresses utiles 161
- Où dormir ? 162
- Où manger ? 162
- Pâtisserie et salon de thé 163
- Achats 163
- À voir. À faire 164
- Plage 171

LES ENVIRONS DE LISBONNE 172

CAP À L'OUEST 172

- Queluz 172
- Estoril 174
- Cascais 178
- En suivant la route côtière vers
- Sintra 184
- Sintra 186
- Mafra 200
- Ericeira 202

AU SUD DU TAGE : LA PÉNINSULE DE SETÚBAL 207

- Cacilhas 208
- Costa da Caparica 209
- Sesimbra 214
- Parque natural da Serra
  da Arrábida 218
- Setúbal 221

Vers l'Alentejo 227

- Comporta 227

HOMMES, CULTURE, ENVIRONNEMENT 235

- Architecture 235
- Boissons : Lisbonne... à boire ! ... 236
- *Calçada portuguesa* : Lisbonne
  au pied ! 239
- Cinéma 239
- Cuisine 240
- Curieux, non ? 245
- Économie 245
- Enfants, espaces verts,
  et jeux divers 246

TABLE DES MATIÈRES

- Environnement 248
- Fado 248
- *Futebol* 250
- Histoire 251
- Médias 255
- Personnages 256
- Population 258
- Religions et croyances 258
- Savoir-vivre et coutumes 260
- Sites inscrits au Patrimoine mondial de l'Unesco 260

Index général **271**

Liste des cartes et plans **279**

Important : dernière minute

Sauf rare exception, le *Routard* bénéficie d'une parution annuelle à date fixe. Entre deux dates, des événements fortuits (formalités, taux de change, catastrophes naturelles, conditions d'accès aux sites, fermetures inopinées, etc.) peuvent modifier vos projets de voyage. Pour éviter les déconvenues, nous vous recommandons de consulter la rubrique « Guide » par pays de notre site • routard.com • et plus particulièrement les dernières ***Actus voyageurs.***

☎ **112 :** c'est le numéro d'urgence commun à la France et à tous les pays de l'UE, à composer en cas d'accident, d'agression ou de détresse. Il permet de se faire localiser et aider en français, tout en améliorant les délais d'intervention des services de secours.

Recommandation à ceux qui souhaitent profiter des réductions et avantages proposés dans le *Routard* par les hôteliers et les restaurateurs.

À l'hôtel, pensez à les demander au moment de la réservation ou, si vous n'avez pas réservé, **à l'arrivée.** Ils ne sont valables que pour les réservations en direct et ne sont pas cumulables avec d'autres offres promotionnelles (notamment sur Internet). Au restaurant, parlez-en **au moment** de la commande et surtout **avant** que l'addition soit établie. Poser votre *Routard* sur la table ne suffit pas : le personnel de salle n'est pas toujours au courant et une fois le ticket de caisse imprimé, il est souvent difficile de modifier le total. En cas de doute, montrez la notice relative à l'établissement dans le *Routard* de l'année et, bien sûr, ne manquez pas de nous faire part de toute difficulté rencontrée.

Tuk-tuk et tram lisboètes

LA RÉDACTION DU ROUTARD

(sans oublier nos 50 enquêteurs, aussi sur le terrain)

Thierry, Anne-Caroline, Éléonore, Olivier, Alizée, Pierre, Benoît, Alain, Fiona, Emmanuelle, Gavin's, André, Véronique, Bénédicte, Jean-Sébastien, Mathilde, Amanda, Isabelle, Géraldine, Marie, Carole, Philippe, Florence, Anne.

La saga du *Routard* : en 1971, deux étudiants, Philippe et Michel, avaient une furieuse envie de découvrir le monde. De retour du Népal germe l'idée d'un guide différent qui regrouperait tuyaux malins et itinéraires sympas, destiné aux jeunes fauchés en quête de liberté. 1973. Après 19 refus d'éditeurs et la faillite de leur première maison d'édition, l'aventure commence vraiment avec Hachette. Aujourd'hui, le *Routard*, c'est plus d'une cinquantaine d'enquêteurs impliqués et sincères. Ils parcourent le monde toute l'année dans l'anonymat et s'acharnent à restituer leurs coups de cœur avec passion.

Merci à tous les routards qui partagent nos convictions : liberté et indépendance d'esprit ; découverte et partage ; sincérité, tolérance et respect des autres.

NOS SPÉCIALISTES LISBONNE

Gavin's Clemente-Ruiz : né en 1978, belgo-hispano-normand, il vadrouille pour le *Routard* depuis 1999. Logique avec un tel pedigree ! Son plaisir : l'adresse introuvable dénichée en fin de journée. Et garder le contact avec les personnes croisées. Son défaut : ne quitte jamais son téléphone portable (« Bon, c'est pour le Facebook et l'Instagram du *Routard* » !).

Claude Hervé-Bazin : passionné d'îles perdues et de nature très sauvage, il décline le voyage et l'écrit depuis l'âge de 17 ans. Un métier ? Non, une pulsion qui le pousse à additionner les heures de vol, les *road trips* et les formules de politesse (dans toutes les langues) pour vérifier si l'herbe est plus verte ailleurs, si les couettes sont plus douillettes et les hommes plus heureux.

Olivier Page : malouin d'origine. À 16 ans il réalise un long tour de France en mobylette. Son aptitude à la vie nomade, sa curiosité pour les cultures, son goût des autres ont conduit ce Breton d'âme fugitive à collaborer naturellement avec le Routard. Depuis 1990, il parcourt le monde, pour découvrir d'autres lieux, d'autres gens. Et faire partager ses plus belles découvertes à ses lecteurs.

Dimitri Lefèvre : après avoir travaillé sur de nombreux films, il a rejoint le *Routard* depuis 9 ans. Pour lui, recommander une adresse c'est faire un casting pointu, visiter un lieu c'est faire des repérages pour écrire le scénario de la Palme d'Or du *film de vacances*. Mais au final, les pépites découvertes et les bons conseils aux lecteurs : ce n'est pas du cinéma !

UN GRAND MERCI À NOS AMI(E)S SUR PLACE ET EN FRANCE

Pour cette nouvelle édition, nous remercions particulièrement :
- **Anne Typhagne,** pour sa « veille », et le non moins talentueux **Nuno** !
- **Jean-Pierre Pinheiro et Rui Manuel Amaro,** de l'office de tourisme du Portugal à Paris.

Pictogrammes du Routard

Établissements
- Hôtel, auberge, chambre d'hôtes
- Camping
- Restaurant
- Boulangerie, sandwicherie
- Glacier
- Café, salon de thé
- Café, bar
- Bar musical
- Club, boîte de nuit
- Salle de spectacle
- Office de tourisme
- Poste
- Boutique, magasin, marché
- Accès Internet
- Hôpital, urgences

Sites
- Plage
- Site de plongée
- Piste cyclable, parcours à vélo

Transports
- Aéroport
- Gare ferroviaire
- Gare routière, arrêt de bus
- Station de métro
- Station de tramway
- Parking
- Taxi
- Taxi collectif
- Bateau
- Bateau fluvial

Attraits et équipements
- Présente un intérêt touristique
- Recommandé pour les enfants
- Adapté aux personnes handicapées
- Ordinateur à disposition
- Connexion wifi
- Inscrit au Patrimoine mondial de l'Unesco

Tout au long de ce guide, découvrez toutes les photos de la destination sur • routard.com • Attention au coût de connexion à l'étranger, assurez-vous d'être en wifi !
© HACHETTE LIVRE (Hachette Tourisme), 2018
Le *Routard* est imprimé sur un papier issu de forêts gérées.

Tous droits de traduction, de reproduction et d'adaptation réservés pour tous pays.
© Cartographie Hachette Tourisme.
I.S.B.N. 978-2-01-703344-8

Monastère et cloître de São Vicente de Fora, Alfama

> *« Je suis au ciel car nous approchons de la fameuse Lisbonne. »*
>
> *Cervantès*

Campée sur la rive droite de l'estuaire du Tage, Lisbonne est avant tout un site d'une incomparable beauté, beauté parfois déroutante, certes, mais qui a su remarquablement traverser le temps. S'il y a une capitale qui s'acharne à bluffer ses visiteurs, c'est bien cette cité incroyable, que d'éternels travaux continuent de mettre à mal avant de lui faire le plus grand bien, pour parodier dom Francisco Manuel de Melo : « Un mal dont on jouit, un bien dont on souffre. » Au XVIIe s, l'écrivain portugais qualifiait ainsi la saudade, sentiment de nostalgie supposé envahir tout Lisboète à la vue du Tage, cette « mer de Paille » aux reflets dorés, porteuse des rêves de voyage de tout un peuple.

Une nostalgie qui n'est plus ce qu'elle était, rassurez-vous ! Lisbonne n'est pas triste (sauf en hiver, peut-être, car le froid chargé d'humidité, ici, est pénétrant), elle ne vit pas chaque instant qui passe dans le souvenir de ses heures glorieuses. Bien au contraire ! Ne vous fiez pas pour autant à ces images montrant la nuit lisboète comme une fête perpétuelle se déroulant sous les étoiles, au bord du Tage, sur les anciens docks ou dans le Bairro Alto : le mal de vivre n'a pas simplement engendré une fureur de vivre ; ici, les deux coexistent, simplement.

Les artisans des vieux quartiers côtoient sereinement des boutiques à la mode ou de design, les restaurants où l'on décline la morue de dizaines de façons différentes (on dit qu'il existe 365 recettes possibles) s'alignent à côté des bars tendance. Et n'hésitez pas à entamer la conversation, en français, en anglais, avec les gestes ou même avec votre *Guide de conversation du Routard en portugais* !

Esplanade du monument des Découvertes

NOS COUPS DE CŒUR

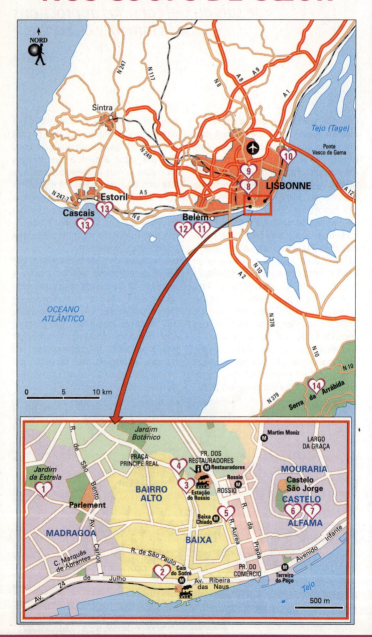

NOS COUPS DE CŒUR

① Grimper dans le mythique tram n° 28 depuis le jardim da Estrela pour aller dans l'Alfama, et remonter à la fois le temps et les ruelles en pente.
Cette ligne de tram offre le plus beau parcours qui soit à Lisbonne. Une véritable machine à remonter le temps à travers les quartiers de la ville. Lorsque le wattman actionne la cloche, commence un voyage mémorable. Bringuebalant le long des rues pentues, il vous fera traverser le Lisbonne d'hier et d'aujourd'hui, comme dans un rêve… Une balade inoubliable, avec des plongées éperdues qui livrent le soir des points de vue flamboyants sur la ville. *p. 68*

NOS COUPS DE CŒUR

② Faire une pause déjeuner au Mercado da Ribeira pour goûter, à moindres frais, la cuisine de chefs talentueux.

L'un des meilleurs endroits pour se régaler à petits prix dans la capitale. Sous une somptueuse halle de verre et d'acier, le *mercado* abrite de nombreux stands où tous les chefs prestigieux de Lisbonne se sont réunis. À vous de faire votre choix entre un plat d'Henrique Sá Pessoa, chef de l'*Alma*, ou un d'Alexandre Silva, qui officie habituellement dans Graça chez *Bica do Sapato*. Plus besoin de courir ! Ils sont tous là, la quarantaine rayonnante, proposant des plats entre 7 et 12 €. Si, si, vous avez bien lu… Viandes, fruits de mer, charcuterie, fromages, pâtisseries, tout y passe. Après, on s'installe sur les grandes tablées, et on déguste dans un joyeux brouhaha. L'un de nos endroits préférés à Lisbonne ! *p. 91, 99*

NOS COUPS DE CŒUR   15

 Se retrouver à l'heure de l'apéro devant une *ginjinha*, à deux pas du Rossio, et savourer chaque gorgée, avant d'aller jeter discrètement les noyaux de cerise dans le caniveau.

S'il y a une boisson proprement lisboète, c'est bien la *ginja*. Au moment de l'apéritif, cette boisson à base de griottes coule à flots dans les typiques *ginjinhas* de la ville. Ou plutôt devant : il suffit de compter les noyaux sur le trottoir ! Pour avaler prestement ce petit remontant indispensable à la vie des Lisboètes, rendez-vous selon votre humeur largo São Domingos, rua das Portas de Santo Antão, ou même rua Barros Queirós et rua da Mouraria. On y boit debout dans les buvettes ou sur le trottoir. À la façon d'une station-service, on y recharge les batteries, et en route pour de folles enjambées en direction de la *ginjinha* suivante… *p. 78, 120*

NOS COUPS DE CŒUR

④ **Dans le Bairro Alto, faire une pause dans le jardim São Pedro de Alcântara** pour admirer le panorama qu'offrent les toits de la Baixa et le castelo de São Jorge sur la colline d'en face. *p. 102*

NOS COUPS DE CŒUR 17

⑤ Prendre l'*elevador* de Santa Justa, pour profiter de la vue sublime du haut du deuxième étage.
Ne manquez pas cette construction insolite ! L'ascenseur de Santa Justa fut érigé en 1900 pour faciliter l'accès à l'église du Carmo depuis la ville basse. Sa silhouette est une remarquable ciselure de fer forgé. Du haut de l'édifice, outre la machinerie, on découvre la colline du château Saint-Georges et les alignements de la Baixa. *p. 101*

NOS COUPS DE CŒUR

6 En fin d'après-midi, contempler le changement de couleurs des toits de l'Alfama et du Tage depuis le *miradouro* de Santa Luzia.
Lisbonne ne se révèle qu'à ceux qui font un effort pour l'approcher. Prenez de bonnes chaussures et filez vers les *miradouros*, ces spectaculaires belvédères où l'on peut humer l'air du large. Celui de Santa Luzia, dédié à l'ordre de Malte, est un lieu cher à tous les amoureux de la ville. À l'ombre (toute relative) de l'église se cache un charmant petit jardin. Sous les arcades se retrouvent les joueurs de cartes, les amoureux, les familles en promenade, tous indifférents aux touristes venus s'en mettre plein les yeux. De la terrasse s'appuyant sur d'anciennes murailles arabes, on bénéficie en effet d'un très beau point de vue sur les toits de l'Alfama et sur le Tage. *p. 138*

NOS COUPS DE CŒUR 19

⑦ **Manger un poisson grillé dans une *tasca*, au fin fond de l'Alfama, en attendant l'heure du fado dans un lieu caché dont certains guides ont le secret.**
Ce quartier, c'est l'âme de Lisbonne. Longtemps habité par les pêcheurs et les marins, il est resté populaire, avec ses personnages bien typés : truculentes matrones, artisans, commerçants ambulants, gamins frondeurs, vieillards malicieux prenant le frais... L'Alfama est le quartier le plus ancien et le plus connu de la capitale, emblème du Lisbonne ancien. Il consiste en un réseau inextricable de ruelles tortueuses, volées de marches *(calçadas)*, culs-de-sac, passages voûtés, cours intérieures, patios minuscules fleuris et venelles ne menant nulle part (les *becos*) et bordées de mille maisons enchevêtrées, agglutinées, présentant autant de styles différents. Au fil de la promenade, de temps en temps apparaît le Tage, cette mer de Paille qui surgit tel un miroir bleu et étincelant (quand le soleil brille) au débouché d'une ruelle, entre deux vieux immeubles presque collés, ou entre deux échafaudages. *p. 129*

NOS COUPS DE CŒUR

8 Flâner dans l'Estufa Fria, la serre froide du parque Eduardo VII, une véritable oasis de fraîcheur dans la ville en plein été quand le soleil est à son zénith.
Un lieu étonnant, hors du temps, celui qui passe comme celui qu'il fait. Idéal pour se réchauffer à la saison froide et se rafraîchir quand il fait chaud. Dépaysement total et balade agréable dans de petites allées ombragées, au milieu des plantes exotiques et des espèces rares, dans le chuintement des cascades, le clapotis des bassins et des fontaines. Les Lisboètes disent que celui qui n'a pas vu l'Estufa Fria aux quatre saisons ne connaît pas Lisbonne. *p. 153*

NOS COUPS DE CŒUR

9) Découvrir la riche collection du musée Calouste-Gulbenkian et le merveilleux parc qui l'entoure.

Construit à la fin des années 1950 selon les principes architecturaux de Frank Lloyd Wright, intégrant l'harmonie du bâti avec la nature, ce musée fait partie d'un des plus prestigieux centres culturels d'Europe. Peu d'objets sont exposés, mais chacun d'eux est digne d'intérêt. Réputé pour ses collections d'arts oriental et décoratifs, le musée l'est aussi par sa section consacrée à René Lalique. Après la visite, faites un tour dans le magnifique jardin botanique de la Fondation. *p. 153*

Fondation Calouste-Gulbenkian © Musée Calouste-Gulbenkian, Lisbonne
© Holger Leue/Look/Photononstop

NOS COUPS DE CŒUR

Survoler, par beau temps, le parc des Nations à bord de la télécabine, et découvrir le Lisbonne futuriste créé pour l'Exposition universelle de 1998.

Prouesse architecturale, ce nouveau quartier, créé sur une zone qui n'était qu'un ramassis d'entrepôts à l'abandon et d'usines désaffectées, est le symbole d'une réflexion sur les enjeux futurs de l'urbanisation à Lisbonne. Espace vaste et ventilé, ouverture sur le fleuve retrouvée, priorité accordée aux piétons et aux transports « propres », importance réservée aux espaces verts, omniprésence de l'art dans le paysage, gestion parcimonieuse des ressources… un bel exemple à suivre en matière de ville nouvelle. *p. 146, 148*

© Jacques Pierre / hemis.fr

NOS COUPS DE CŒUR   23

⑪ Passer un dimanche matin à Belém, courir, rêver, visiter à son rythme l'un des rares quartiers qui ne connaissent pas le spleen dominical.

Rien de tel qu'une balade dominicale dans Belém pour découvrir le quartier qui fut au départ de tous les rêves portugais. L'effervescence des découvertes y a laissé une concentration impressionnante de monuments, dont le plus beau de Lisbonne : le monastère des Hiéronymites, chef-d'œuvre de l'art manuélin. Un dimanche à Belém, c'est tout un programme, avec quelques incontournables évidemment : assister à la messe à la cathédrale, succomber à un bonheur gourmand à l'*Antiga Confeitaria de Belém*, se régaler d'une visite au musée de la Marine, avant de filer jusqu'au célèbre musée des Carrosses. Si vous passez par là le 3ᵉ dimanche du mois, ne ratez pas la relève de la garde, à 11h tapantes, devant le palais présidentiel : du grand spectacle gratuit comme on n'en fait plus. *p. 160*

NOS COUPS DE CŒUR

12 S'offrir deux *pastéis de nata* encore tièdes et saupoudrés de cannelle à la célèbre pâtisserie de Belém.

L'un des grands bonheurs gourmands de Lisbonne, c'est l'arrêt obligatoire à l'*Antiga Confeitaria de Belém*, réputée depuis 1837 pour sa spécialité : les *pastéis de nata*, petits flans ronds lovés dans une délicieuse pâte feuilletée, saupoudrés de cannelle ou de sucre glace. Plus de 15 000 de ces délicieuses gâteries s'écoulent les jours d'affluence ! On peut assister à leur fabrication derrière une vitre (sans dévoiler la recette secrète !). On admirera au passage, courant sur tous les murs des différentes salles, les azulejos du XVIIe s, superbes de naïveté. *p. 163*

NOS COUPS DE CŒUR 25

© Jon Arnold/hemis.fr

⑬ **Savourer Lisbonne côté plage et pousser jusqu'à Estoril ou Cascais, à pied, en train ou à vélo.**

L'Atlantique n'est pas loin et les plages sont facilement accessibles depuis Lisbonne. Dès les premiers beaux jours, nous vous conseillons d'aller prendre, au moins pendant quelques heures, un avant-goût de la vie estivale lisboète, car la balade à la plage fait partie aussi du charme que dégage cette ville. Les petites stations balnéaires, assez chic, de Cascais et d'Estoril, à 20 km, ont leur plage, dans une ambiance de vacances. *p. 174, 178*

NOS COUPS DE CŒUR

(14) **Randonner dans le parc naturel de la Serra da Arrábida,** qui livre de fabuleux points de vue sur la côte échancrée qui la borde. *p. 218*

NOS COUPS DE CŒUR   27

15 Prendre un petit déjeuner au comptoir de l'un des nombreux cafés où se pressent les Lisboètes de bon matin (un café, un jus d'orange frais et un petit gâteau), puis se délecter de la vie autour de soi.

ITINÉRAIRES CONSEILLÉS

Lisbonne en 3 jours

On prend le pouls de la ville au centre de la **praça Dom Pedro IV (1),** on prend de la hauteur avec l'**elevador de Santa Justa (2)** et on redescend jusqu'à la **praça do Comércio (3).** On grimpe en tram (n° 12 ou 28), ou par l'elevador do Castelo jusqu'au **castelo de São Jorge (4)** pour jouir de la vue sur la ville. Puis balade vers l'**Alfama (5),** pour ses *becos* (romantiques à souhait). L'après-midi, on file à **Belém,** en passant sous le ponte 25 de Abril, pour découvrir la tour et surtout le **mosteiro dos Jerónimos (6).** Sans oublier de goûter aux *pastéis* de l'**Antiga Confeitaria de Belém (7)** un régal, qui fait même oublier la queue ! Puis, pour commencer la soirée, on prend un verre dans le **Bairro Alto (8),** quartier atteint en funiculaire. Une soirée fado s'impose si vous ressentez du vague à l'âme, à moins que vous ne préfériez tout simplement tester un resto populaire.

Le lendemain, visite de l'un des plus beaux musées du Portugal, le **musée Calouste-Gulbenkian (9)** (collection d'art prodigieuse). L'après-midi, direction le **parc des Nations (10)** pour visiter l'**Océanorium (11)** (plus de 15 000 sortes de poissons), ses loutres, ses pingouins, ses requins et autres raies dont la vision vous fera peut-être frémir… Histoire de finir en beauté, survoler le Tage en **télécabine (12)** reste une expérience inoubliable avec vue sublime sur le ponte Vasco da Gama, effilé à souhait.

Le 3e jour, en route pour passer la journée à **Sintra (13),** visiter son palais et ses musées, puis acheter des *queijadas*, ces spécialités de petits gâteaux au fromage à rapporter à la famille ou aux amis.

L'Océanorium

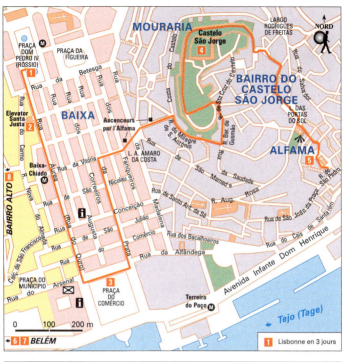
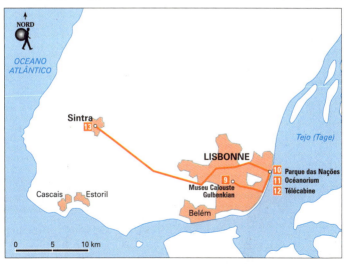

ITINÉRAIRES CONSEILLÉS

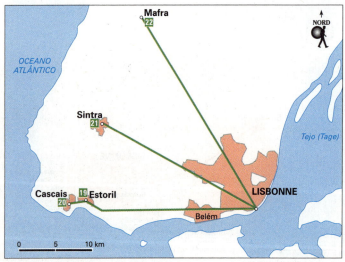

ITINÉRAIRES CONSEILLÉS

Lisbonne en 5 jours

Approfondissement de l'itinéraire précédent, un itinéraire de 5 jours s'avère idéal pour commencer à prendre le pouls de la ville sans courir, du petit café du matin pris au bar d'une cafétéria à l'ancienne au dernier verre dans le **quartier de Bica (14)** ou dans celui de **Cais do Sodré (15).** On peut descendre quand on veut visiter ici un musée ou une église, là un quartier pittoresque. Il y a sept collines à Lisbonne, et autant de grands quartiers à parcourir. Prenez le temps de découvrir le **Bairro Alto (16)** et le **Chiado (17),** avant de redescendre côté **Tage** ou côté **Baixa (18),** pour partager avec les Lisboètes le traditionnel verre de l'amitié, devant la façade d'une vieille *ginjinha*.

On peut surtout étendre son séjour aux villes limitrophes : **Estoril (19), Cascais (20), Sintra (21), Mafra (22)...** Pas besoin de louer une voiture, les moyens de transport sont multiples, pratiques, permettant de rentrer tard dans la nuit, car vous n'aurez pas le sentiment d'avoir connu Lisbonne si vous n'avez pas participé à l'une de ces errances nocturnes qui font le charme de la ville.

Sintra

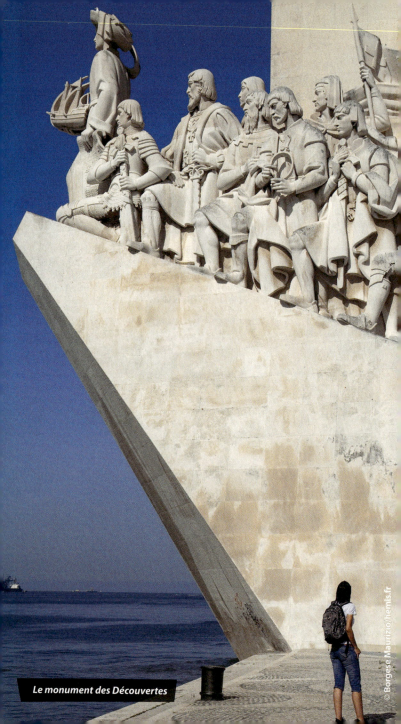

Le monument des Découvertes

LU SUR routard.com

La meilleure façon de visiter la ville
(tiré du carnet de voyage de Jean-Philippe Damiani)

Trekkeurs urbains, réjouissez-vous ! C'est à pied qu'il faut découvrir Lisbonne. De l'Alfama aux bords du Tage, la capitale portugaise offre de superbes balades au promeneur. Et pas seulement pour le cadre naturel et l'architecture. Les rues de Lisbonne sont le décor d'un fascinant spectacle constamment renouvelé. Lisbonne à pied, c'est vraiment... le pied !

La topographie de la ville, avec ses quartiers sillonnés de nombreuses ruelles et disposés sur de multiples collines, se prête admirablement à la marche. Lisbonne est une ville qui se vit tout autant qu'elle se visite et c'est dans ses rues, où il fait bon flâner, qu'elle se livre vraiment. Pour cela, il faut laisser la ville venir à soi et contempler le théâtre de la rue lisboète. S'attarder devant une façade, un balcon en fer forgé, des azulejos ; emprunter les volées d'escaliers, s'enfoncer dans une venelle *(beco)* ou une cour intérieure, sous un passage ; ou encore faire une halte à l'un des belvédères *(miradouros)* surplombant les toits de la ville et le Tage... Voici les quartiers où vous ferez vos plus belles balades.

Baixa : c'est le cœur de la ville blanche, situé à l'ombre des collines du Chiado, de l'Alfama et du *castelo*. S'étendant entre la praça Dom Pedro IV et le Tage (magnifique praça do Comércio), la Baixa forme un grand rectangle urbain aux rues quadrillées, reconstruit après le tremblement de terre de 1755. Résidentiel et commerçant, mariant tradition et modernité, c'est aujourd'hui le cœur battant de la vie lisboète.

Chiado et Bairro Alto : de Baixa, on peut prendre l'ascenseur pour grimper sur l'une des collines dans le quartier du Chiado, l'un des endroits les plus sympas de la ville, avec ses magasins et ses cafés. Juste à côté se trouve notre coin préféré : le Bairro Alto, sorte de village aux façades lézardées et aux balcons fleuris, où se côtoient couches populaires, immigrés et jeunesse branchée. Le soir, la rua da Atalaia et ses environs entrent en ébullition, et le quartier devient l'épicentre de la vie nocturne.

Alfama et castelo : de l'autre côté de Baixa, la colline de l'Alfama offre un concentré d'âme lisboète immortalisé au cinéma par Alain Tanner *(Dans la ville blanche)* et Wim Wenders *(Lisbonne Story).* Dominé par le castelo de São Jorge, d'où l'on jouit d'un panorama magnifique sur la ville, ce quartier à l'atmosphère villageoise est resté éminemment populaire. Avec ses ruelles empreintes de l'atmosphère mélancolique du fado, l'Alfama est une sorte de labyrinthe évoquant les médinas nord-africaines. S'y perdre, pour mieux retrouver l'authenticité lisboète, est un pur bonheur. En chemin, faites une halte à l'un des nombreux belvédères *(miradouros)* dominant Lisbonne. Et n'hésitez pas à prolonger votre balade par la visite du quartier voisin de ***Graça*** pour explorer la vie locale. L'un des grands moments de votre séjour à Lisbonne.

LES QUESTIONS QU'ON SE POSE AVANT LE DÉPART

➤ Quels sont les papiers nécessaires pour aller au Portugal ?

Pour les ressortissants de l'Union européenne et de la Suisse, carte nationale d'identité ou passeport en cours de validité. Pour les ressortissants canadiens, un passeport valide est nécessaire. Pour les mineurs non accompagnés, une carte nationale d'identité est suffisante.

➤ Quelle est la meilleure période pour aller à Lisbonne ?

Le climat de Lisbonne est agréable en toute saison (sauf peut-être en plein hiver). Les meilleures périodes restent le printemps et le début de l'automne.

➤ Le coût de la vie est-il élevé ?

Pour l'hébergement, la nourriture et les transports, il reste sensiblement inférieur à celui de la France. En revanche, le prix des carburants est plus élevé. On peut aussi vous proposer de payer en espèces pour avoir des rabais.

➤ Est-il facile de se déplacer en ville ?

Bus, tram, métro, ascenseur, funiculaire, taxi, télécabine, *tuk-tuk* et même train pour gagner la côte à l'ouest, tous les moyens sont déployés pour simplifier vos déplacements. En revanche, oubliez définitivement la voiture !

➤ Y a-t-il des problèmes de sécurité ?

Attention aux pickpockets dans les tramways. On vous proposera souvent sur les grandes places des drogues diverses. Avec un « non » ferme et cordial, les vendeurs s'esquivent sans souci.

➤ Y a-t-il un décalage horaire ?

Oui, il y a 1h de décalage entre le Portugal et la France : quand il est 12h à Paris, il est 11h à Lisbonne.

➤ Quel est le temps de vol ?

Depuis Paris, compter 2h20.

➤ Côté santé, quelles précautions ?

Précautions d'usage habituelles. Rien de fou ! Et médecins parlant français, au cas où. (Voir plus loin « Informations pratiques et adresses utiles » dans le chapitre « Infos pratiques sur place ».)

➤ Peut-on y aller avec des enfants ?

Bien sûr, car ils seront bien accueillis. Repérez les meilleurs sites grâce au symbole 🧑‍🧒. Ne manquez pas le musée de la Marionnette à Lisbonne et surtout l'Océanorium du parc des Nations. Très belles plages en dehors de la ville, qui raviront autant les petits que les grands ! En revanche, dans une partie de la ville (Bairro Alto, Alfama), ça monte et ça descend avec plein d'escaliers !

➤ Les cartes de paiement sont-elles bien acceptées ?

Le paiement par carte est assez bien développé, sauf dans les lieux d'hébergement modestes et les petits restos. Pas de problème, en revanche, pour retirer de l'argent dans les multiples distributeurs.

LES QUESTIONS QU'ON SE POSE AVANT LE DÉPART

➢ Peut-on facilement se faire comprendre ?

À part le portugais, nombreux sont les Portugais qui parlent le français, et de plus en plus parlent l'anglais.

➢ En quoi mon passeport européen peut-il m'être utile ?

En cas de non-représentation de son pays à l'étranger, un ressortissant européen peut se rendre dans une ambassade ou un consulat européen pour demander de l'aide à l'ambassade ou au consulat (pas à un consulat honoraire) de n'importe quel État membre de l'UE en cas d'extrême urgence (mort, accident, détention) ou de vol de papiers (ils peuvent produire des documents provisoires).

➢ Que ne faut-il absolument pas manquer à Lisbonne ?

Une balade dans l'Alfama avec le tram n° 28, un verre dans le Bairro Alto, la découverte du monastère dos Jerónimos, la visite matinale de l'Océanorium du parc des Nations et l'incontournable musée Calouste-Gulbenkian.

➢ Que rapporter de Lisbonne ?

Des azulejos (carreaux de céramique colorés, mais un peu lourds), de la *ginja,* alcool de griotte, mais aussi des *pastéis de nata,* entre autres douceurs.

➢ Le fado fait-il toujours pleurer ?

La nostalgie est toujours payante ! Pour verser sa petite larme, rendez-vous dans l'Alfama pour les maisons de fado les plus traditionnelles.

➢ Partir un week-end, n'est-ce pas trop court ?

Non, au contraire, Lisbonne se prête totalement à un court séjour (voir le chapitre « Itinéraires conseillés »).

➢ Quels types d'hébergement y trouve-t-on ?

Avec des AJ, des *hostels* privés design et bon marché (nos meilleurs rapports qualité-prix), des campings, des pensions de famille typiques, des hôtels toutes catégories et quelques hôtels de charme, tous les goûts seront satisfaits.

➢ Les prises de courant sont-elles les mêmes qu'en France ?

Oui, les prises sont de type continental. Le courant est du 220 V. Pour nos amis canadiens, un adaptateur sera nécessaire.

➢ Doit-on laisser un pourboire ?

Pas nécessairement, mais il est le bienvenu !

COMMENT Y ALLER ?

EN AVION

Les compagnies régulières

▲ AIR FRANCE

Rens et résas au ☎ 36-54 (0,35 €/mn ; tlj 6h30-22h), sur ● airfrance.fr ●, dans les agences Air France (fermées dim) et dans ttes les agences de voyages.

➤ Au départ de Paris-Roissy-Charles-de-Gaulle, Air France propose 4 vols directs/j. pour Lisbonne.

Hop! Air France permet à de nombreuses villes de province de rejoindre Paris pour connecter avec le Portugal.

Air France propose à tous des tarifs attractifs toute l'année. Pour consulter les meilleurs tarifs du moment sur Internet, allez directement sur la page « Nos meilleurs tarifs » sur ● airfrance.fr ●

Flying Blue, le programme de fidélité gratuit d'Air France, permet de gagner des *miles* en voyageant sur les vols Air France, KLM, Hop! et sur ceux des compagnies membres de *Skyteam*, mais aussi auprès des nombreux partenaires non aériens *Flying Blue*... Les *miles* peuvent ensuite être échangés contre des billets d'avion ou des services (surclassement, bagage supplémentaire, accès salon...) ainsi qu'auprès des partenaires. Pour en savoir plus, rendez-vous sur ● flyingblue.com ●

▲ JOON

Plus d'infos sur ● flyjoon.com ●

Le voyage nouvelle génération par Air France propose 4 vols/sem Paris CDG-Lisbonne. À bord, séries du moment et vidéos sur son ordi ou sa tablette avec le service de streaming YouJoon, prise USB à chaque siège, snacks bio à partager en plein vol et de nombreux partenariats surprenants et malins.

▲ AIGLE AZUR

– Paris : 7, bd Saint-Martin, 75003. Rens et résas au ☎ 0810-797-997 (service 0,06 €/mn + prix d'appel). ● aigle-azur.com ● Ⓜ République.

➤ La compagnie française dessert Lisbonne (2 vols/j. lun, ven et dim et 1 vol/j. le reste de la sem) au départ de Paris-Orly-Sud.

▲ IBERIA

– Paris : Orly-Ouest, hall 1. ☎ 0825-800-965 (0,15 €/mn). ● iberia.com ●

➤ Vols quotidiens depuis les principales villes françaises : Bordeaux, Lyon, Marseille, Nantes, Nice, Paris, Rennes, Toulouse et Strasbourg (1 seul vol/j.) vers Lisbonne avec changement à Madrid.

▲ BRUSSELS AIRLINES

Rens et résas : ☎ 0892-640-030 (0,33 €/mn) depuis la France et ☎ 0902-51-600 (0,75 €/mn) depuis la Belgique. ● brusselsairlines.com ●

➤ Vols réguliers au départ de Bruxelles, Lyon, Marseille, Nice, Strasbourg et Toulouse pour Lisbonne.

▲ SWISS

● swiss.com ●
– Genève : à l'aéroport, ☎ 089-223-25-01. Tlj 5h-20h.
– Zurich : Bahnhofstrasse 25. ☎ 04-848-700-700. Lun-ven 8h30-18h, sam 9h30-14h30.

SWISS assure des liaisons saisonnières entre Zurich et Lisbonne avec correspondances à Paris, Nice ou Lyon.

Les compagnies *low-cost*

Plus vous réservez vos billets à l'avance, plus vous aurez des tarifs avantageux. Attention, les pénalités en cas de changement de vols peuvent être importantes. Certaines compagnies facturent les bagages en soute (vérifier le poids autorisé) et la réservation des sièges. En cabine également, le nombre de bagages est strictement limité (attention, même le plus petit sac à main est compté comme un bagage à part entière). À bord, tous les services sont payants (boissons, journaux). Attention également au moment de la résa par Internet à décocher certaines options qui sont automatiquement cochées (assurances, etc.). Au final, même si les prix de base restent très attractifs, il convient de prendre en compte les frais annexes pour calculer le plus justement son budget.

▲ EASYJET
Service clientèle : ☎ *0820-420-315 (0,12 €/mn ; tlj 8h-20h).* ● *easyjet.com* ●
➤ Vols quotidiens depuis Bordeaux,

Bâle-Mulhouse, Lyon, Nice, Paris, Toulouse et Genève pour Lisbonne.

▲ VUELING
Résas : ☎ *0899-232-400 (1,34 € l'appel puis 0,34 €/mn) ou service clients :* ☎ *01-84-88-69-48 (prix d'un appel local).* ● *vueling.com* ●
➤ Vols depuis Paris-Orly pour Lisbonne, avec correspondance à Barcelone.

LES ORGANISMES DE VOYAGES

– Ne pas croire que les vols à tarif réduit sont tous au même prix pour une même destination à une même époque : loin de là. On a déjà vu, dans un même avion partagé par 2 organismes, des passagers qui avaient payé 40 % plus cher que les autres... De plus, une agence bon marché ne l'est pas forcément toute l'année (elle peut n'être compétitive qu'à certaines dates bien précises). Donc, contactez tous les organismes et jugez vous-même.

– Les organismes cités sont classés par ordre alphabétique, pour éviter les jalousies et les grincements de dents.

En France

▲ COMPTOIR DES VOYAGES
● *comptoir.com* ●
– *Paris : 2-18, rue Saint-Victor, 75005.* ☎ *01-53-10-30-15.* Ⓜ *Maubert-Mutualité. Lun-ven 9h30-18h30, sam 10h-18h30.*
– *Bordeaux : 26, cours du Chapeau-Rouge, 33800.* ☎ *05-35-54-31-40. Lun-sam 9h30-18h30.*
– *Lille : 76, rue Nationale, 59800.* ☎ *03-28-34-68-20.* Ⓜ *Rihour.*
– *Lyon : 10, quai Tilsitt, 69002.* ☎ *04-72-44-13-40.* Ⓜ *Bellecour. Lun-sam 9h30-18h30.*
– *Marseille : 12, rue Breteuil, 13001.* ☎ *04-84-25-21-80.* Ⓜ *Estrangin. Lun-sam 9h30-18h30.*
– *Toulouse : 43, rue Peyrolières, 31000.* ☎ *05-62-30-15-00.* Ⓜ *Esquirol. Lun-sam 9h30-18h30.*
Pour découvrir le Portugal, Comptoir propose des séjours à Lisbonne et Porto ainsi que de jolis itinéraires en

Algarve, le long de la côte lisboète ou dans la vallée du Douro.
Des voyages faits pour tous les férus d'histoire, d'art, de rando et de balnéaire avec des nuits réservées en agritourisme, *quintas* et maisons d'hôtes. Quelles que soient vos envies, leur équipe de spécialistes du Portugal est à votre écoute pour créer votre voyage sur mesure.
Comptoir des Voyages couvre plus de 70 destinations dans le monde et propose des voyages sur mesure dans une gamme de prix accessible avec une vraie immersion dans la culture locale, notamment grâce à des hébergements de charme chez l'habitant.
Comptoir des Voyages est membre de l'association ATR (Agir pour un tourisme responsable) et a obtenu la certification Tourisme responsable AFAQ AFNOR.

▲ HÉLIADES
– *Paris : 9, rue de l'Échelle, 75001. Rens et résas :* ☎ *0892-231-523 (0,34 €/mn + prix d'appel).* ● *heliades. fr* ● Ⓜ *Pyramides. Ou dans les agences de voyages, lun-ven 9h-19h, sam 9h-18h.*
Depuis plus de 40 ans, Héliades propose à ses clients des formules de voyage d'une diversité inégalée, à destination de la Grèce et de ses îles, de Chypre, du Cap-Vert et de l'Italie, avec l'assurance d'un savoir-faire reconnu et d'un accueil sur place de première qualité. Au Portugal, Héliades propose un riche éventail de séjours, circuits, croisières et toutes autres formules au départ de Paris et de nombreuses villes

de province... pour toutes les envies et tous les budgets. Héliades, c'est aussi la Sicile, São Tomé, la République dominicaine, Malte et Madère.

▲ NOMADE AVENTURE

☎ 0825-701-702 (0,15 €/mn + prix d'appel). ● nomade-aventure.com ●
– Paris : 40, rue de la Montagne-Sainte-Geneviève, 75005. ☎ 01-46-33-71-71. Ⓜ Maubert-Mutualité. Lun-sam 9h30-18h30.
– Lyon : 10, quai Tilsitt, 69002. Lun-sam 9h30-18h30.
– Marseille : 12, rue Breteuil, 13001. Lun-sam 9h30-18h30.
– Toulouse : 43, rue Peyrolières, 31000. Lun-sam 9h30-18h30.

Nomade Aventure propose des circuits inédits partout dans le monde à réaliser en famille, entre amis, avec ou sans guide. Également hors de groupes constitués, ils organisent des séjours libres en toute autonomie et sur mesure. Spécialiste de l'aventure avec plus de 600 itinéraires (de niveau tranquille, dynamique, sportif ou sportif +) faits d'échanges et de rencontres, avec des hébergements chez l'habitant, Nomade Aventure donne la priorité aux expériences authentiques à pied, à VTT, à cheval, à dos de chameau, en bateau ou en 4x4.

▲ PORTUGAL AUTHENTIQUE

● portugal-authentique.com ●
Portugal Authentique est une agence locale de confiance qui organise des voyages sur mesure au Portugal. Ses conseillers, fins connaisseurs du terrain et de la réalité du pays, vous accompagnent dans la préparation de votre voyage, en couple, en famille ou en groupe d'amis. Vous avez ainsi accès à un service personnalisé en bénéficiant d'un prix accessible. Membre de la communauté bynativ, Portugal Authentique propose un maximum de garanties et de services : règlement en ligne, et ce de façon sécurisée, possibilité de souscrire une assurance voyage et de bénéficier de garanties solides en cas d'imprévu. De quoi voyager de façon authentique et en toute tranquillité.

▲ ROUTE DES VOYAGES

– Paris : 10, rue Choron, 75009. ☎ 01-55-31-98-80. Ⓜ Notre-Dame-de-Lorette.
– Angers : 6, rue Corneille, 49000. ☎ 02-41-43-26-65.
– Annecy : 4 bis, av. d'Aléry, 74000. ☎ 04-50-45-60-20.
– Bordeaux : 19, rue des Frères-Bonie, 33000. ☎ 05-56-90-11-20.
– Lyon : 59, rue Franklin, 69002. ☎ 04-78-42-53-58.
– Toulouse : 9, rue Saint-Antoine-du-T, 31000. ☎ 05-62-27-00-68.
Agences ouv lun-ven 9h-19h (18h ven). Rdv conseillé.
● route-voyages.com ●
23 ans d'expérience de voyages sur mesure sur les 5 continents ! 14 pays en Europe complètent à présent leur offre de voyages sur mesure, dont le Portugal bien sûr. Cette équipe de voyageurs passionnés a développé un vrai savoir-faire du voyage personnalisé : écoute, conseils, voyages de repérage réguliers et correspondants sur place soigneusement sélectionnés avec qui elle travaille en direct. Son engagement à promouvoir un tourisme responsable se traduit par des possibilités de séjours solidaires à insérer dans les itinéraires de découverte individuelle. Elle a aussi créé un programme de compensation solidaire qui permet de financer des projets de développement locaux.

▲ TUI

Rens et résas au ☎ 0825-000-825 (0,20 €/mn + prix d'appel), sur ● tui.fr ● ou dans les agences de voyages TUI présentes dans tte la France.
TUI, n° 1 mondial du voyage, propose tous les circuits Nouvelles Frontières, ainsi que les clubs Marmara et un choix infini de vacances pour une expérience unique. TUI propose aussi des offres et services personnalisés tout au long de vos vacances, avant, pendant et après le voyage.
Un circuit accompagné dans une destination de rêve, un séjour détente au soleil sur l'une des plus belles plages du monde, un voyage sur mesure façonné pour vous, ou encore des vacances dans un hôtel ou dans un club : les conseillers TUI peuvent créer avec vous le voyage idéal adapté à vos envies. Ambiance découverte, familiale, romantique, dynamique, zen,

Votre voyage de A à Z !

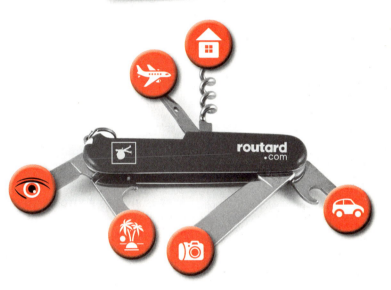

S'INSPIRER
Où et quand partir ? Trouvez la destination de vos rêves.

S'ORGANISER
Plus de 250 destinations couvertes pour préparer votre voyage.

RÉSERVER
Tout pour vos vols, hébergements, activités, voitures au meilleur prix.

PARTAGER
Echangez et partagez vos expériences avec notre communauté de voyageurs.

750 000 membres et 6 millions d'internautes chaque mois sur Routard.com ! *

* Source : Google Analytics

chic... TUI propose des voyages à 2, en famille, seul ou entre amis, parmi plus de 180 destinations à quelques heures de chez vous ou à l'autre bout du monde.

▲ **VOYAGEURS EN ESPAGNE ET AU PORTUGAL**
☎ *01-42-86-17-20.* ● *voyageursdu monde.fr* ●
– *Paris : La Cité des Voyageurs, 55, rue Sainte-Anne, 75002.* ☎ *01-42-86-16-00.* Ⓜ *Opéra ou Pyramides. Lun-sam 9h30-19h.* Comprend une librairie spécialisée sur les voyages.
– *Également des agences à Bordeaux, Grenoble, Lille, Lyon, Marseille, Montpellier, Nantes, Nice, Rennes, Rouen, Strasbourg et Toulouse, ainsi qu'à Bruxelles et Genève.*
Le spécialiste du voyage en individuel sur mesure. Parce que chaque voyageur est différent, que chacun a ses rêves et ses idées pour les réaliser, Voyageurs du Monde conçoit, depuis plus de 30 ans, des projets sur mesure. Les séjours proposés sur 120 destinations sont élaborés par leurs 180 conseillers voyageurs. Spécialistes par pays et même par régions, ils vous aideront à personnaliser les voyages présentés à travers une trentaine de brochures d'un nouveau type et sur le site internet, où vous pourrez également découvrir les hébergements exclusifs et consulter votre espace personnalisé. Au cours de votre séjour, vous bénéficiez des services personnalisés Voyageurs du Monde, dont la possibilité de modifier à tout moment votre voyage, l'assistance d'un concierge local, la mise en place de rencontres et de visites privées et l'accès à votre carnet de voyage via une application iPhone et Android.
Voyageurs du Monde est membre de l'association ATR (Agir pour un tourisme responsable) et a obtenu sa certification Tourisme responsable AFAQ AFNOR.

Voir aussi au sein de chaque ville les agences locales que nous avons sélectionnées.

Comment aller à Roissy et à Orly ?
Toutes les infos sur notre site ● *rou tard.com* ● à l'adresse suivante : ● *bit. ly/aeroports-routard* ●

En Belgique

▲ **CONTINENTS INSOLITES**
– *Bruxelles : rue César-Franck, 44 A, 1050.* ☎ *02-218-24-84.* ● *continents-insolites.com* ● *Lun-ven 10h-18h, sam 10h-16h30 sur rdv.*
Continents Insolites, organisateur de voyages lointains sans intermédiaire, propose une gamme étendue de formules de voyages détaillées dans leur guide annuel gratuit sur demande.
– *Voyages découverte sur mesure :* à partir de 2 personnes. Un grand choix d'hébergements soigneusement sélectionnés, du petit hôtel simple à l'établissement luxueux et de charme.
– *Circuits découverte en minigroupes :* de la grande expédition au circuit accessible à tous. Des circuits à dates fixes dans plus de 60 pays en petits groupes francophones de 7 à 12 personnes. Avant chaque départ, une réunion est organisée. Voyages encadrés par des guides francophones, spécialistes des régions visitées.

▲ **SENS INVERSE ÉCOTOURISME PORTUGAL**
– *Louvain-la-Neuve : cours d'Orval, 5 A, B 1348.* ☎ *010-688-528.* ● *sen sinverse.eu* ●
Agence de voyages écotouristique qui propose des voyages accompagnés de guides locaux passionnés, et axés sur la découverte de l'environnement naturel, culturel, rural et humain de différentes régions de France comme à l'étranger, notamment au Portugal. L'équipe est très engagée dans la protection de la nature et la sauvegarde du patrimoine et des cultures. Tous leurs voyages ont comme point commun la marche à un rythme modéré et en petit groupe.

▲ **TUI**
● *tui.be* ●
– *Nombreuses agences dans le pays, notamment à Bruxelles, Charleroi, Liège, Mons, Namur, Waterloo, Wavre, et au Luxembourg.*
Voir texte dans la partie « En France ».

▲ VOYAGEURS DU MONDE
– Bruxelles : 23, chaussée de Charleroi, 1060. ☎ *02-543-95-50.* ● *voyageursdumonde.com* ●
Le spécialiste du voyage en individuel sur mesure. Voir texte dans la partie « En France ».

En Suisse
▲ STA TRAVEL
☎ *058-450-49-49.* ● *statravel.ch* ●
– Fribourg : rue de Lausanne, 24, 1701. ☎ *058-450-49-80.*
– Genève : rue Pierre-Fatio, 19, 1204. ☎ *058-450-48-00.*
– Genève : rue Vignier, 3, 1205. ☎ *058-450-48-30.*
– Lausanne : bd de Grancy, 20, 1006. ☎ *058-450-48-50.*
– Lausanne : à l'université, Anthropole, 1015. ☎ *058-450-49-20.*
Agences spécialisées notamment dans les voyages pour jeunes et étudiants. 150 bureaux STA et plus de 700 agents du même groupe répartis dans le monde entier sont là pour donner un coup de main *(Travel Help).*
STA propose des tarifs avantageux : vols secs *(Blue Ticket),* hôtels, écoles

de langues, *work & travel,* circuits d'aventure, voitures de location, etc. Délivre la carte internationale d'étudiant et la carte Jeune.

▲ TUI
– Genève : rue Chantepoulet, 25, 1201. ☎ *022-716-15-70.*
– Lausanne : bd de Grancy, 19, 1006. ☎ *021-616-88-91.*
Voir texte dans la partie « En France ».

Au Québec
▲ TOURS CHANTECLERC
● *tourschanteclerc.com* ●
Tours Chanteclerc est un tour-opérateur qui publie différentes brochures de voyage : Europe, Amérique du Nord, Amérique du Sud, Asie et Pacifique sud, Afrique et le Bassin méditerranéen en circuits ou en séjours. Il s'adresse aux voyageurs indépendants qui réservent un billet d'avion, un hébergement (dans toute l'Europe), des excursions ou une voiture de location. Également spécialiste de Paris, le tour-opérateur offre une vaste sélection d'hôtels et d'appartements dans la capitale française.

EN TRAIN

➤ **Au départ de Paris, gare Montparnasse :** un TGV part chaque jour vers 12h30 pour Irún ; de là, correspondance autour de 18h50 avec un train de nuit pour Lisbonne ; arrivée le lendemain vers 7h30.

Pour préparer votre voyage

– e-billet : réservez, achetez et imprimez votre e-billet sur Internet.
– m-billet : plus besoin de support papier, vous pouvez télécharger le code-barres de votre voyage correspondant à votre réservation directement dans votre smartphone, à l'aide de l'application *SNCF Direct.*
– Billet à domicile : commandez votre billet par Internet ou par téléphone au ☎ *36-35 (0,40 €/mn, hors surcoût éventuel de votre opérateur) ;* la SNCF

vous l'envoie gratuitement à domicile sous 48h, en France.

Pour voyager au meilleur prix

Avec les **Pass InterRail,** les résidents européens peuvent voyager dans 30 pays d'Europe, dont le Portugal. Plusieurs formules et autant de tarifs, en fonction de la destination et de l'âge.
À noter que le *Pass InterRail* n'est pas valable dans votre pays de résidence (cependant l'*InterRail Global Pass* offre une réduction de 50 % de votre point de départ jusqu'au point frontière en France). ● *interrail.eu* ●
– Pour les grands voyageurs, l'**InterRail Global Pass** est valable dans l'ensemble des 30 pays européens concernés. Intéressant si vous

comptez parcourir plusieurs pays au cours du même périple. Il se présente sous 7 formes au choix :
➤ 4 formules flexibles : utilisable 5 jours sur une période de validité de 15 jours ou bien 7, 10 ou 15 jours sur une période de validité de 1 mois (206-418 € selon âge et formule) ;
➤ 3 formules « continues » : *pass* 15 jours, 22 jours ou 1 mois (348-632 € selon âge et formule).

Ces formules existent aussi en version 1re classe !

Les voyageurs de plus de 60 ans bénéficient d'une réduction sur le tarif de l'*InterRail Global Pass* en 1re et 2de classes (tarif senior). Également des tarifs enfants 4-12 ans et 12-27 ans.

– Si vous ne parcourez que le Portugal, le **One Country Pass** vous suffira. D'une période de validité de 1 mois et utilisable, selon les formules, 3, 4, 6 ou 8 jours en discontinu (tarifs selon pays et formule). Là encore, ces formules se déclinent en version 1re classe (mais ce n'est pas le même prix, bien sûr). Pour voyager dans 2 pays, vous pouvez combiner 2 *One Country Pass*. Au-delà, il est préférable de prendre l'*InterRail Global Pass*.

InterRail offre également la possibilité d'obtenir des réductions ou des avantages à travers toute l'Europe avec ses partenaires bonus (musées, chemins de fer privés, hôtels, etc.).

Tous ces prix ne sont qu'indicatifs.

Pour plus de renseignements, adressez-vous à la gare ou à la boutique SNCF la plus proche de chez vous.

Renseignements et réservations

– *Internet :* ● voyages-sncf.com ●
– *Téléphone :* ☎ 36-35 (0,40 € TTC/mn).
– Également dans les gares, les boutiques SNCF et les agences de voyages agréées.

Trainline

Une nouvelle façon simple et rapide d'acheter vos billets de train sur le Web, mobile et tablette. Réservez vos billets pour voyager en France et dans plus de 20 pays européens. Consultez les tarifs et les horaires dans une interface claire et sans publicités. Trainline compare les prix de plusieurs transporteurs européens pour vous garantir le meilleur tarif. Réservations et paiements sur ● trainline.fr ● et sur mobile avec l'application « Trainline » pour iPhone et Android. Et pour répondre à vos questions : ● guichet@trainline.fr ●

EN VOITURE

Grosso modo, on compte un peu moins de 1 800 km entre Paris et Lisbonne. Les habitués vous diront qu'il leur faut moins de 20h pour effectuer ce trajet. Surtout si, prudents, on roule à plusieurs en se relayant au volant. De Paris à la frontière espagnole, l'itinéraire le plus commode est l'autoroute jusqu'en Espagne ; puis les autoroutes du Pays basque jusqu'à Béhobie (810 km ; 780 km par la route nationale classique N10) ; de là, un peu moins de 600 km vous séparent encore du Portugal (Vilar Formoso, par Burgos et Salamanque).

Les aires de repos sont bien équipées au Portugal (toilettes, supérettes, cafét'). ● tolltickets.com ● est un site où les automobilistes peuvent acheter en ligne les vignettes autoroutières, les *passes,* etc. pour un certain nombre de pays européens. Renseignements également sur les tunnels, les ferries et autres portions payantes du réseau routier. Et ne manquez pas de vous rendre sur ● portugaltolls.com ● pour tout connaître du paiement des péages. Et pour la France, carte avec le coût de tous les tronçons autoroutiers de l'Hexagone sur ● autoroutes.fr ●

D'Irún à Lisbonne par Burgos, Salamanque et Vilar Formoso (940 km environ)

C'est l'itinéraire généralement choisi par les habitués : on vous le recommande donc.

Après Saint-Sébastien, que l'on contourne par l'autoroute, la N1 escalade les monts de Guipúzcoa pour atteindre la plaine d'Álava : une déviation contourne Vitoria, l'une des villes importantes du nord de la péninsule Ibérique. De Saint-Sébastien, il est aussi possible de gagner cette région en empruntant l'autoroute par Bilbao (assez chère).

Ensuite, on s'engage dans le défilé de Pancorbo, au-delà duquel se profile Burgos. Puis on file droit à travers la Meseta jusqu'à Valladolid (369 km) avec l'E80, Tordesillas, Salamanque, puis Ciudad Rodrigo, avant de gagner le lendemain Vilar Formoso. Ensuite, IP5 et A23, et enfin IP1.

Pour rejoindre directement Lisbonne, de Salamanque, on peut aussi continuer vers Cáceres, Badajoz et Elvas (Portugal). La route Elvas-Estremoz-Lisbonne est excellente.

Du col du Perthus (Pyrénées-Orientales) à Lisbonne par Madrid et Saragosse (itinéraire conseillé, 1 400 km)

Du col du Perthus à Lisbonne par Saragosse, Madrid, Cáceres et Badajoz : cet itinéraire concerne surtout nos lecteurs venant par le sud-est de la France.

EN BUS

Qu'à cela ne tienne, il n'y a pas que l'avion ou le train pour voyager. À condition d'y mettre le temps, on peut aussi se déplacer en bus. Bien sûr, les trajets sont longs (24h pour le Portugal...) et les horaires élastiques. À bord, on peut faire sa toilette, et les bus affrétés par les compagnies sont assez confortables : AC, dossier inclinable (demander des précisions avant le départ). Et, en principe, des arrêts toutes les 3 ou 4h permettent de ne pas arriver en piteux état. Cela dit, de nombreux lecteurs se sont plaints de conditions de voyage parfois assez pénibles (confort limite, mauvaise gestion des arrêts, retards...).

N'oubliez pas, pour positiver un peu, qu'avec un long trajet en avion on se déplace ; en bus, on voyage.

Organismes de bus

▲ **CLUB ALLIANCE**

– *Paris : 33, rue de Fleurus, 75006.* ☎ *01-45-48-89-53.* ● *cluballiance voyages.fr* ● Ⓜ *Notre-Dame-des-Champs. Lun-sam 11h (14h sam)-19h.*
Ce voyagiste propose 2 formules à destination du Portugal : la Saint-Sylvestre à Lisbonne et le Portugal par la Galicie.

▲ **EUROLINES**

– *Paris : 55, rue Saint-Jacques, 75005.* ☎ *0892-89-90-91 (0,35 €/mn + prix d'appel ; lun-sam 8h-21h, dim 10h-18h). N° d'urgence :* ☎ *01-49-72-51-57.* ● *eurolines.fr* ● *Lun-ven 9h30-18h30 ; sam 10h-13h, 14h-17h.*

– *Vous trouverez également les services d'Eurolines sur* ● *routard.com* ●
– *Gare routière internationale à Paris : 28, av. du Général-de-Gaulle, 93541 Bagnolet Cedex.* Ⓜ *Gallieni. Eurolines propose 5 % de réduc pour les jeunes (12-25 ans) et les seniors. 2 bagages gratuits/pers en Europe et 40 kg gratuits pour le Maroc.*
Première *low-cost* par bus en Europe, Eurolines permet de voyager vers plus de 600 destinations en Europe et au Maroc avec des départs quotidiens depuis 90 villes françaises. Eurolines propose également des hébergements à petits prix sur les destinations desservies.

– *Pass Europe :* pour un prix fixe valable 15 ou 30 jours, vous voyagez autant que vous le désirez sur le réseau entre 51 villes européennes. Également un *minipass* pour visiter 2 capitales européennes (7 combinés possibles).

▲ **POPVOYAGES**

Rens et résas : ☎ *0899-18-94-79 (3 € l'appel illimité).* ● *popvoyages.com* ● *Lun-ven 10h-12h, 14h-19h.*
Spécialiste des voyages en autocar à destination de toutes les grandes cités européennes. Week-ends, séjours et circuits en bus toute l'année, grands festivals et événements européens, formules pour tout public, individuel ou groupe, au départ de toutes les grandes villes de France.

LISBONNE UTILE

ABC de Lisbonne

- **Population :** 547 773 hab., dont un quart vit en dessous du seuil de pauvreté. 46 % d'hommes et 54 % de femmes. Population en baisse depuis 30 ans au profit de sa périphérie qui compte quelque 2,2 millions d'habitants.
- **Superficie :** 83,8 km².
- **Lisbonne est le siège du district** (l'équivalent de nos régions) de l'Area Metropolitana de Lisboa (composé de 18 conseils) et comporte 53 **freguesias** (arrondissements).
- **Langue :** le portugais. Le français est très fréquemment utilisé par des personnes ayant plus ou moins vécu en France ; c'était même la première langue obligatoire à l'école jusqu'en 1974 ! L'anglais l'a supplanté ensuite.
- **Régime :** démocratie parlementaire.
- **Maire de la ville :** Fernando Medina, élu en 2015.
- **Devise de la ville : Lisboa, cidade da tolerância** (« Lisbonne, ville de la tolérance »). Elle a été créée en 2008 par le maire, António Costa, lors de l'inauguration du monument commémoratif du massacre des juifs à Lisbonne en 1506.

AVANT LE DÉPART

Adresses utiles

En France

🛈 **Office national de tourisme portugais :** ☎ 01-56-88-31-90 (lun-ven 9h30-13h, 14h-17h30). ● info@visitportugal.com ● Documents et brochures à télécharger sur le site : ● visitportugal.com ●

■ **Consulat :** 6, rue Georges-Berger, 75017 Paris. Permanence téléphonique : ☎ 01-56-33-81-00 (lun-ven 8h30-17h). ● consuladoportugalparis.org ● Ⓜ Monceau. Pour toute information, téléphoner ou consulter le site.

■ **Ambassade du Portugal :** 3, rue de Noisiel, 75116 Paris. ☎ 01-47-27-35-29 (lun-ven 9h30-13h, 14h-17h30). ● paris.embaixadaportugal.mne.pt ● Ⓜ Porte-Dauphine.

■ **Centre culturel Calouste-Gulbenkian :** 39, bd de la Tour-Maubourg, 75007 Paris. ☎ 01-53-85-93-93. ● gulbenkian-paris.org ● Ⓜ La Tour-Maubourg, Varennes ou Invalides. Pour les expos : tlj sf mar 9h (11h w-e)-18h. La fondation d'un homme riche et célèbre tombé amoureux du Portugal, de sa langue et de sa culture (voir le somptueux musée homonyme de Lisbonne). Manifestations culturelles, concerts, conférences, expos et bibliothèque.

■ **Instituto Camões :** 6, passage Dombasle, 75015 Paris. ☎ 01-53-92-01-00. ● ccp-paris@camoes.mne.pt ● instituto-es.pt ● Ⓜ Convention. Lun-ven 10h-13h, 14h-17h. Dispense des cours de portugais le soir.

■ **Librairie portugaise et brésilienne :** 19-21, rue des Fossés-Saint-

AVANT LE DÉPART | 45

Jacques / pl. de l'Estrapade, 75005 Paris. ☎ 01-43-36-34-37. ● librairie portugaise.fr ● Ⓜ Place-Monge ou Cardinal-Lemoine. Tlj sf dim 11h-13h, 14h-19h. Une librairie tenue par Michel Chandeigne, un passionné du Portugal et du Brésil, également éditeur courageux et exigeant. Tous les classiques de la littérature portugaise, et les ouvrages les plus récents (romans, essais, histoire).

En Belgique

🛈 **Office de tourisme :** rens par tél slt, au ☎ 078-79-18-18. ● info@visitportugal.com ●
■ **Ambassade du Portugal :** 12, av. de Cortenberg, Bruxelles 1040. ☎ 02-286-43-70. ● ambassade@ambassade-portugal.be ● Lun-ven 8h30-12h30, 13h30-15h.

En Suisse

🛈 **Informations touristiques (consulat) :** Zeltweg, 13, 8032 Zurich. ☎ 44-200-30-40 (commande de brochures). ● consulado.zurique@mne.pt ● Lun-ven 8h30-15h30.
■ **Ambassade du Portugal :** Weltpoststrasse, 20, 3015 Berne. ☎ 41-31-352-86-68 ou 74 (section consulaire). ● embassyportugal.berna@mne.pt ● Pour les visas, lun-ven 8h30-15h30.

Au Canada

🛈 **Bureau du tourisme du Portugal :** à Toronto, ☎ (416) 921-7376. ● info@visitportugal.com ● Lun-ven 9h-17h ou 18h.
■ **Ambassade du Portugal :** 645 Island Park Dr, Ottawa (Ontario) K1Y 0B8. ☎ (613) 729-0883. ● embportugal@embportugal-ottawa.org ● Lun-ven 9h-13h.

Formalités

Pour les ressortissants de l'Union européenne et de la Suisse, carte nationale d'identité ou passeport en cours de validité. Pour les ressortissants canadiens, un passeport valide est nécessaire. Pour les mineurs non accompagnés, une carte nationale d'identité est suffisante. Permis de conduire rose ou permis international. Carte verte d'assurance. Pour tout véhicule prêté, carte grise, bien sûr, et autorisation écrite du propriétaire.

> Pensez à scanner passeport, visa, carte de paiement, billet d'avion et vouchers d'hôtel. Ensuite, adressez-les-vous par e-mail, en pièces jointes. En cas de perte ou de vol, rien de plus facile pour les récupérer dans un cybercafé. Les démarches administratives en seront bien plus rapides.

Les **mineurs** doivent être munis de leur propre pièce d'identité (carte d'identité ou passeport). Pour l'autorisation de sortie de territoire lorsque les enfants ne sont pas accompagnés par un de leurs parents, chaque pays a mis en place sa propre régulation. Ainsi, pour **les mineurs français,** une loi entrée en vigueur en janvier 2017 a **rétabli l'autorisation de sortie du territoire.** Pour voyager à l'étranger, ils doivent être munis d'une pièce d'identité (carte d'identité ou passeport), d'un formulaire signé par l'un des parents titulaire de l'autorité parentale et de la photocopie de la pièce d'identité du parent signataire. Renseignements auprès des services de votre commune et sur ● service-public.fr ●

Avoir un passeport européen, ça peut être utile !

L'Union européenne a organisé une assistance consulaire mutuelle pour les ressortissants de l'UE en cas de problème en voyage.
Vous pouvez y faire appel lorsque la France (c'est rare) ou la Belgique (c'est plus fréquent) ne disposent pas d'une représentation dans le pays où vous vous trouvez. Concrètement, cette assistance vous permet de demander de l'aide à

46 | **LISBONNE UTILE**

l'ambassade ou au consulat (pas à un consulat honoraire) de n'importe quel État membre de l'UE. Leurs services vous indiqueront s'ils peuvent directement vous aider ou vous préciseront ce qu'il faut faire.

Leur assistance est, bien entendu, limitée aux situations d'urgence : décès, accident ayant entraîné des blessures ou des lésions, maladie grave, rapatriement pour raison médicale, arrestation ou détention. En cas de *perte* ou de *vol de votre passeport,* ils pourront également vous procurer un *document provisoire de voyage.*

Cette entraide consulaire entre les États membres de l'UE ne peut vous garantir un accueil dans votre langue. En général, une langue européenne courante sera pratiquée.

Assurances voyage

■ *Routard Assurance : c/o AVI International, 40-44, rue Washington, 75008 Paris.* ☎ *01-44-63-51-00.* ● *avi-international.com* ● Ⓜ *George-V.* Depuis 20 ans, *Routard Assurance,* en collaboration avec *AVI International,* spécialiste de l'assurance voyage, propose aux voyageurs un contrat d'assurance complet à la semaine qui inclut le rapatriement, l'hospitalisation, les frais médicaux, le retour anticipé et les bagages. Ce contrat se décline en différentes formules : individuel, senior, famille, light et annulation. Pour les séjours longs (de 2 mois à 1 an), consultez le site. L'inscription se fait en ligne et vous recevrez, dès la souscription, tous vos documents d'assurance par e-mail.

■ *AVA : 25, rue de Maubeuge, 75009 Paris.* ☎ *01-53-20-44-20.* ● *ava.fr* ● Ⓜ *Cadet.* Un autre courtier fiable pour ceux qui souhaitent s'assurer en cas de décès-invalidité-accident lors d'un voyage à l'étranger, mais surtout pour bénéficier d'une assistance rapatriement, perte de bagages et annulation. Attention, franchises pour leurs contrats d'assurance voyage.

■ *Pixel Assur : 18, rue des Plantes, BP 35, 78601 Maisons-Laffitte.* ☎ *01-39-62-28-63.* ● *pixel-assur. com* ● *RER A : Maisons-Laffitte.* Assurance de matériel photo et vidéo tous risques (casse, vol, immersion) dans le monde entier. Devis en ligne basé sur le prix d'achat de votre matériel. Avantage : garantie à l'année.

Carte d'adhésion internationale
aux auberges de jeunesse (carte FUAJ)

Cette carte vous ouvre les portes des 4 000 auberges de jeunesse du réseau *HI-Hostelling International* en France et dans le monde (90 pays). Vous pouvez ainsi parcourir 90 pays à des prix avantageux et bénéficier de tarifs préférentiels avec les partenaires des auberges de jeunesse *HI.* Enfin, vous intégrez une communauté mondiale de voyageurs partageant les mêmes valeurs : plaisir de la rencontre, respect des différences et échange dans un esprit convivial. Il n'y a pas de limite d'âge pour séjourner en auberge de jeunesse, il faut simplement être adhérent.

Renseignements et inscriptions

– *En France :* ● *hifrance.org* ●
– *En Belgique :* ● *lesaubergesdejeunesse.be* ●
– *En Suisse :* ● *youthhostel.ch* ●
– *Au Canada :* ● *hihostels.ca* ●
Si vous prévoyez un séjour itinérant, vous pouvez réserver plusieurs auberges en une seule fois en France et dans le monde : ● *hihostels.com* ●

Carte internationale d'étudiant (carte ISIC)

Elle prouve le statut d'étudiant dans le monde entier et permet de bénéficier de tous les avantages, services et réductions dans les domaines du transport, de l'hébergement, de la culture, des loisirs, du shopping...
La carte ISIC permet aussi d'accéder à des avantages exclusifs (billets d'avion spécial étudiants, hôtels et auberges de jeunesse, assurances, cartes SIM internationales, location de voitures...).

Renseignements et inscriptions

– **En France :** ● *isic.fr* ● *13 € pour 1 année scolaire.*
– **En Belgique :** ● *isic.be* ●
– **En Suisse :** ● *isic.ch* ●
– **Au Canada :** ● *isiccanada.com* ●

ARGENT, BANQUES, CHANGE

La monnaie du Portugal est l'*euro.* Taux de change : 1 € = 1,09 Fs = 1,48 $Ca.

Les banques

Elles sont principalement situées dans la Baixa. Ouvertes du lundi au vendredi de 8h30 à 15h (certaines banques privées sont même ouvertes jusqu'à 18h). À noter que pour changer les chèques de voyage, au cas où vous en utiliseriez encore, il n'y a pas d'autre moyen que de se délester d'une commission assez élevée (de l'ordre de 5 %), y compris à la poste ; ils sont par ailleurs difficilement acceptés par les hôteliers.

Les cartes de paiement

Pas de difficultés pour retirer de l'argent, nombreux distributeurs un peu partout. Se laisser guider par les infos en français. Vérifiez auprès de votre banque avant le départ le montant maximum hebdomadaire auquel vous avez droit.
Un conseil : ayez toujours de l'argent liquide avec vous. De nombreux établissements n'acceptent pas encore les cartes de paiement. Parfois, ils n'acceptent que les cartes portugaises « MB » (pour Multibanco). Faites attention avant d'entrer dans un resto, par exemple.
Quand vous partez à l'étranger, pensez à téléphoner à votre banque pour relever le plafond de retrait aux distributeurs et pour les paiements par carte, quitte à le faire rebaisser à votre retour.
Avant de partir, notez donc bien le numéro d'opposition propre à votre banque (il figure souvent au dos des tickets de retrait, sur votre contrat ou à côté des distributeurs de billets), ainsi que le numéro à 16 chiffres de votre carte. Bien entendu, conservez ces informations en lieu sûr et séparément de votre carte.
Par ailleurs, l'assistance médicale se limite aux 90 premiers jours du voyage et l'assistance véhicule aux cartes haut de gamme (renseignez-vous auprès de votre banque). Et surtout, n'oubliez pas aussi de VÉRIFIER LA DATE D'EXPIRATION DE VOTRE CARTE DE PAIEMENT avant votre départ !
En zone euro, pas de frais bancaires sur les paiements par carte. Les retraits sont soumis aux mêmes conditions tarifaires que ceux effectués en France (gratuits pour la plupart des cartes).
Une carte perdue ou volée peut être rapidement remplacée. En appelant sa banque, un système d'opposition, d'avance d'argent et de remplacement de carte pourra être mis en place afin de poursuivre son séjour en toute quiétude.

48 | **LISBONNE UTILE**

En cas de perte, de vol ou de fraude, quelle que soit la carte que vous possédez, chaque banque gère elle-même le processus d'opposition et le numéro de téléphone correspondant.

– **Carte Visa :** *numéro d'urgence* (Europe Assistance) ☎ *(00-33) 1-41-85-85-85 (24h/24).* ● *visa.fr* ●
– **Carte MasterCard :** *numéro d'urgence* ☎ *(00-33) 1-45-16-65-65.*

● *mastercardfrance.com* ●
– **American Express :** *numéro d'urgence* ☎ *(00-33) 1-47-77-72-00.* ● *americanexpress.com* ●

> Petite mesure de précaution : si vous retirez de l'argent dans un distributeur, utilisez de préférence les distributeurs attenants à une agence bancaire. En cas de pépin avec votre carte (carte avalée, erreurs de code secret...), vous aurez un interlocuteur dans l'agence pendant les heures ouvrables.

Besoin urgent d'argent liquide

Vous pouvez être dépanné en quelques minutes grâce au système **Western Union Money Transfer.** L'argent vous est transféré en moins de 1h. La commission, assez élevée, est payée par l'expéditeur. Possibilité d'effectuer un transfert auprès d'un des bureaux *Western Union* ou, plus rapide, en ligne, 24h/24, par carte de paiement (*Visa* ou *MasterCard*).

Même principe avec d'autres organismes de transfert d'argent liquide comme **MoneyGram, PayTop** ou **Azimo.** Transfert en ligne sécurisé, en moins de 1h.

Dans tous les cas, se munir d'une pièce d'identité. Toutefois, en cas de perte ou de vol de papiers, certains organismes permettent de convenir d'une question / réponse-type pour pouvoir récupérer votre argent. Chacun de ces organismes possède aussi des applications disponibles sur téléphone portable. Consulter les sites internet pour connaître les pays concernés, les conditions tarifaires (frais, commission) et trouver le correspondant local le plus proche : ● *westernunion.com* ● *moneygram.fr* ● *paytop.com* ● *azymo.com/fr* ●

Autre solution : envoyer de l'argent par la **poste.** Le bénéficiaire, muni de sa pièce d'identité, peut retirer les fonds dans n'importe quel bureau du réseau local. Le transfert s'effectue avec un mandat ordinaire international (jusqu'à 3 500 €) et la transaction prend 4-5 jours en Europe (8-10 jours vers l'international). Plus cher, mais plus rapide, le mandat express international permet d'envoyer de l'argent (montant variable selon la destination – 34 au total) sous 2 jours maximum, 24h lorsque la démarche est faite en ligne. *Infos :* ● *labanquepostale.fr* ●

ACHATS

Les magasins ouvrent en général du lundi au vendredi de 9h à 13h et de 15h à 19h ou 20h, et le samedi de 9h à 13h. Dans le Bairro Alto, les mœurs sont davantage aux 14h-21h. Les supermarchés et grandes surfaces sont ouverts aussi le samedi après-midi et le dimanche jusqu'à 23h.

Pour qui aurait la nostalgie des farfouilles sympas, le **marché de Carcavelos** bat son plein chaque jeudi, à 20 km à l'ouest de Lisbonne, ce qui, avec le train de la côte, ne vous met qu'à 25 mn de la gare de Cais do Sodré... Et le dimanche matin, rendez-vous à la **feira do Relógio,** tout près de l'aéroport (bus nos 5, 8, 21, 22, 31, 50, 55 et 85 ; à l'est de la rotunda do Relógio / praça do Aeroporto). C'est le marché aux puces local. Pour les boutiques, voir plus loin dans chaque quartier.

À boire et à manger

Inutile de vous approvisionner en porto, *moscatel, amêndoa amarga* (liqueur à l'amande) ou même en vins du Portugal, que vous aurez meilleur compte de

ACHATS | **49**

découvrir sur place, au restaurant. Contentez-vous plutôt d'une bouteille de *ginja* ou *ginjinha*, la spécialité locale incontournable. Pour une quasi-exhaustivité en matière d'alcool, on aime bien toute l'équipe de **Viniportugal** (lire la rubrique « À voir. À faire » dans le quartier « Baixa et Rossio »), qui propose des dégustations de trois régions différentes chaque mois. Mais il y en a bien d'autres, et des plus récentes... Pour les gourmands, chaque coin de rue ou presque cache des surprises. La **rua do Arsenal** *(plan centre détachable, I-J9-10)* est l'une des plus connues pour offrir des parfums de nostalgie qui n'ont rien à voir avec la madeleine de Proust : ici, vous trouverez du poisson salé, et notamment toutes les catégories de *bacalhau* (morue ; moins chère qu'en France et bien meilleure). Coup de cœur pour les conserves à l'ancienne de la *Conserveira de Lisboa* (voir la rubrique « Achats » dans le quartier de l'Alfama) avec, au choix, thon, maquereaux, sardines et autres produits de la mer, dans une conserverie antique comme il faut. Pour les amateurs de douceurs sucrées, un tour dans les nombreuses pâtisseries de la ville ne devrait pas être une trop dure punition. Quant aux amateurs de charcuterie, qu'ils se régalent en rapportant jambons et salaisons au goût authentique et à des prix qui les rendent encore plus sympathiques.
Voir aussi nos adresses dans la rubrique « Achats » de chaque quartier.

De la tête aux pieds

Il existe, comme dans toutes les capitales, des dizaines de boutiques dédiées à l'habillement. Beaucoup d'enseignes dans la Baixa, ainsi qu'avenida de Roma et avenida Guerra Junqueiro, entre l'avenida Óscar Monteiro Torres et l'alameda D. Afonso Henriques *(plan d'ensemble détachable, K-L2 ;* Ⓜ *Alameda).* Et plein de boutiques de fringues vintage qui vous feront grimper au Chiado ou au Bairro Alto. Mais Lisbonne est peut-être d'abord un lieu où se chausser. Est-ce l'agressivité du pavé ? Ici, vous n'aurez aucun mal à trouver chaussure à votre pied, le nombre de marchands de toutes sortes et de minuscules ateliers de cordonniers restant impressionnant (malgré la crise du petit commerce). Vous pourrez par ailleurs, si le soleil est de la partie, et tout aussi plaisamment, vous hasarder dans l'une des chapelleries de la Baixa ou du Chiado pour y goûter le charme désuet de l'essayage de couvre-chefs.
Voir aussi nos adresses spécialisées dans la rubrique « Achats » de chaque quartier.

Antiquités, livres anciens, artisanat, art...

Pour les amateurs d'antiquités, qui espèrent toujours découvrir quelques trésors oubliés au fond des greniers, rendez-vous dans les magasins des rues qui longent le Bairro Alto jusqu'à la place du Rato (ruas da Misericórdia, Dom Pedro V et Escola Politécnica ; *plan centre détachable, G-H-I7-8-9)* et rua de São Bento. Et, bien sûr, au marché aux puces hebdomadaire, la *feira da Ladra* (la foire de la Voleuse ; détails dans la rubrique « À voir. À faire » du quartier de l'Alfama). Mais vous trouverez aussi votre bonheur dans d'autres quartiers... Il y a même, au cœur du Chiado, un marché du livre, le samedi, rue Anchieta, qui pourra vous consoler si vous n'avez pas envie de suivre vos compagnes ou compagnons de voyage dans leurs autres achats dans les boutiques chic environnantes.
Il y a surtout quelques boutiques présentant le meilleur de l'artisanat actuel, comme **Santos Ofícios** *(plan centre détachable, K9,* **334** *; rua da Madalena).* Et d'autres qui, comme **A Vida Portuguesa** *(plan centre détachable, J9,* **340** *; rua Anchieta),* font figure de petit musée de l'art populaire.

Azulejos

Outre certains magasins d'antiquités qui vendent des pièces plus ou moins anciennes, il existe à Lisbonne plusieurs fabriques d'azulejos (carreaux de

50 | **LISBONNE UTILE**

céramique blanche ornés de motifs, le plus souvent de couleur bleue), qui ont chacune un style propre. Il faut savoir que ce produit d'artisanat reste relativement cher, mais vous avez l'assurance d'y trouver des pièces de qualité entièrement réalisées à la main. Pour les travaux sur commande, comptez au minimum une dizaine de jours. Certains ateliers expédient à l'étranger.

BUDGET

Hébergement (prix pour deux personnes)

Attention : en saison (à Pâques et de juin à octobre), les prix grimpent de 30 à 50 %. Certains lieux d'hébergement vous proposent également un rabais si vous payez en espèces... Bref, le système D fonctionne toujours assez bien au Portugal.
– *Très bon marché* (camping et lit en dortoir dans les AJ, la plupart privées) *:* de 15 à 25 €.
– *Bon marché :* de 25 à 45 €.
– *Prix moyens* (incluant les chambres privées des AJ) *:* de 45 à 70 €.
– *Plus chic :* de 70 à 95 €.
– *Beaucoup plus chic :* de 95 à 150 €.
– *Très chic :* de 150 à 400 €, voire plus.

Repas (prix par personne)

– *Très bon marché :* de 5 à 10 €.
– *Bon marché :* de 10 à 15 €.
– *Prix moyens :* de 15 à 25 €.
– *Plus chic :* de 25 à 45 €.
– *Beaucoup plus chic :* de 45 à 65 €.
– *Très, très chic :* plus de 65 €.
Remarque : si les cartes de paiement sont devenues « monnaie courante » dans le pays, dans les établissements très modestes il faut toutefois payer en espèces.

Recommandation à ceux qui souhaitent profiter des réductions et avantages proposés dans le *Routard* par les hôteliers et les restaurateurs

À l'hôtel, pensez à les demander au moment de la réservation ou, si vous n'avez pas réservé, **à l'arrivée.** Ils ne sont valables que pour les réservations en direct et ne sont pas cumulables avec d'autres offres promotionnelles (notamment sur Internet). Au restaurant, parlez-en **au moment** de la commande et surtout **avant** que l'addition ne soit établie. Poser votre *Routard* sur la table ne suffit pas : le personnel de salle n'est pas toujours au courant et une fois le ticket de caisse imprimé, il est souvent difficile de modifier le total. En cas de doute, montrez la notice relative à l'établissement dans le *Routard* de l'année, bien sûr, et ne manquez pas de nous faire part de toute difficulté rencontrée.

Quelques prix de produits courants

– Un litre d'essence sans plomb : environ 1,50 €.
– Un litre de gasoil : environ 1,35 €.
– Un café dans un bar : 0,60-0,80 €.
– Un litre d'eau minérale : environ 0,20-0,50 €.
– Un timbre (carte postale vers l'Europe) : 0,80 €.

Voir aussi la rubrique « Musées » plus loin.

CLIMAT

La présence de l'Atlantique apporte à la fois douceur et humidité au pays quasiment toute l'année ; climat méditerranéen assuré. La température de l'eau est en moyenne de 15 °C sur la côte ouest (quasiment impossible de se baigner entre Porto et Lisbonne). Attention, en été (notamment en juillet), les températures de l'air peuvent grimper jusqu'à 35 °C, voire plus. Prévoir tee-shirts et lunettes de soleil.

DANGERS ET ENQUIQUINEMENTS

Police touristique

Policia de Segurança Pública (plan centre détachable, I8, **2**) **:** palácio Foz, praça dos Restauradores. ☎ 213-421-623 ou 213-400-090 ou encore ☎ 112. Même bâtiment que l'office de tourisme Ask me Lisboa Palácio Foz. 24h/24. Pour les déclarations de perte ou de vol et en cas d'agression, de vol, d'escroquerie ou d'arnaque, c'est ici qu'il faut s'adresser. On y parle français. Excellent accueil.

■ **Pour les objets trouvés** (extensos achadas) **:** ☎ 218-535-403 (en portugais slt). Tlj sf w-e et j. fériés 9h-17h.
– **Urgences :** ☎ 112.

– **En cas de vol,** il faut aller directement au bureau de police et déclarer le vol ou la perte de papiers. On vous y établira le document officiel qui servira pour l'assurance, entre autres.

– **La conduite en voiture :** pas mal de lecteurs nous demandent d'insister sur la conduite dangereuse au Portugal : non-respect des panneaux routiers, dépassement intempestif sans visibilité, non-respect des vitesses autorisées ! Bon, pas de panique quand même, avec les radars et les contrôles qui se multiplient, c'est comme partout. L'important, c'est bien sûr de ne pas chercher à conduire dans Lisbonne même, et de garder vos forces pour vous échapper, vers l'ouest et le sud, en prenant les voies rapides.

– Dans les villes, on observe souvent la présence de **gardiens de voitures.** Il s'agit la plupart du temps de marginaux ou de SDF qui essayent de glaner quelques euros sous le prétexte que votre voiture peut être abîmée sans surveillance.

– **Ne laissez rien dans votre voiture,** en particulier aux abords des plages en été.

– L'addition ne reflète absolument pas le repas ? La chambre de l'hôtel diffère de celle convenue lors de la réservation ? Le personnel n'est pas disposé à vous satisfaire ? Une seule solution : « Quero fazer uma reclamação ». Depuis 2006, le **livre de réclamations** est obligatoire dans tous les établissements fournissant biens ou services au public ; en plus des cafés et restaurants, on peut y avoir accès dans tout commerce, établissement touristique, lieu de spectacle ou parking gardé. En cas de problème lors de la prestation d'un service ou de l'achat d'un bien, n'hésitez pas à rédiger une réclamation en triple exemplaire comportant vos nom, adresse et numéro de pièce d'identité, ainsi que le motif de la plainte. Un des exemplaires vous sera remis. Et au cas où l'accès au livro de reclamações vous serait refusé, appelez la police... et profitez-en pour vous plaindre également de ce refus ! En fait, très souvent, et si votre réclamation est justifiée, vous verrez qu'une solution rapide est généralement trouvée sans que vous ayez besoin de réviser vos notions de portugais pour appeler police-secours...

– Signalons un petit enquiquinement (voir également la rubrique « Cuisine » dans le chapitre « Hommes, culture, environnement ») qui peut grever un budget très rapidement : les notes de restos « gonflées » à cause des **amuse-gueules** (pain,

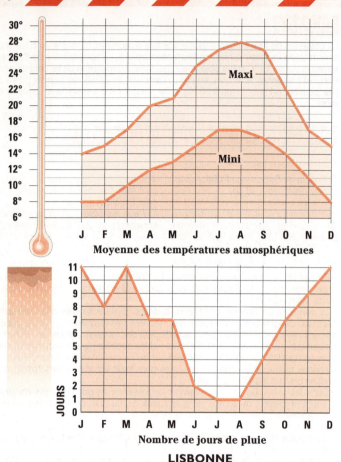

Moyenne des températures atmosphériques

Nombre de jours de pluie

LISBONNE

beurre, fromage, jambon, rillettes) qu'on pose d'office sur votre table. Ils figurent rarement sur la carte (donc pas de prix) ou sont mal indiqués. Et c'est le coup de massue qui vous attend à la sortie si vous ne faites pas gaffe. Une seule solution : refusez-les dès le départ !

DÉCALAGE HORAIRE

Il y a 1h de décalage entre le Portugal et la France : quand il est 12h à Paris, il est 11h à Lisbonne.

ÉLECTRICITÉ

Le courant est du 220 V. Les prises sont de type continental, comme en France.

HÉBERGEMENT | 53

FÊTES ET JOURS FÉRIÉS

– *1er janvier :* Jour de l'an.
– *1er-10 février :* festival de fado. Pour découvrir la plus traditionnelle des musiques de blues du Portugal.
– *De mi-février à début mars :* Mardi gras (13 février 2018).
– *30 mars-2 avril 2018 :* Vendredi saint et Pâques. Tout est fermé ou presque.
– *Après Pâques :* festival de musique classique au centre culturel de Belém.
– *25 avril :* fête de la révolution des Œillets (fête de la Liberté).
– *1er mai :* fête du Travail.
– *Un mois entre mai et juin :* festival de musique de Sintra. Autour du *palácio national,* nombreux

> ## SAINT ANTOINE... DE LISBONNE !
>
> *Il a beau être mort à Padoue, qui lui a collé son nom pour l'éternité, il n'en reste pas moins le saint le plus populaire de Lisbonne, sa ville natale (surtout en cas de perte d'objets). Le jour de sa fête (le 13 juin), les enfants vendent, comme des petits pains, les pãozinhos de Santo António. Les amoureux s'offrent un pot de basilic porte-bonheur. Et chacun pousse la chansonnette, devant une foule chauffée à blanc par le vinho verde. Le tout emballé dans un carnaval de guirlandes de papier et de fanions. Sacré Antoine !*

concerts de musique classique. Plus d'infos au centre culturel Olga-Cadaval.
– *Juin (date variable) :* Fête-Dieu (31 mai 2018).
– *10 juin :* fête nationale.
– *12-29 juin :* tout Lisbonne honore *saint Antoine de Padoue* (le 13 est férié à Lisbonne) et *saint Jean* (le 24). Le rituel est bien réglé : défilé en fanfares (les *marchas populares*) sur l'avenida da Liberdade et bals musette à volonté dans les quartiers populaires. La municipalité a cru bon d'y ajouter les *festas de Lisboa,* une avalanche d'expositions, de théâtre de rue, de concerts... du meilleur cru international. Programme à l'office de tourisme.
– *Un week-end mi-juillet :* Super Bock Super Rock Festival, une célèbre bière portugaise fête le rock.
– *12-14 juillet 2018 :* NOS Alive Festival, à Alges, au sud-ouest de Lisbonne, juste après Belém. LE festival de musique populaire et tendance ! Toujours une belle programmation. ● *nosalive.com* ●
– *2 semaines fin juillet :* fête de la Mer à Cascais, manifestations de jeunes pêcheurs, procession des femmes, chants, danses. Face à l'hôtel *Baia.*
– *15 août :* Assomption.
– *5 octobre :* fête de la République.
– *25 octobre :* Lisbonne célèbre la prise définitive de la ville aux Maures (1147).
– *1er novembre :* fête de la Toussaint.
– *1er décembre :* fête de la Restauration de l'indépendance.
– *8 décembre :* fête de la Vierge.
– *25 décembre :* Noël (vous l'auriez deviné !).

HÉBERGEMENT

Lisbonne est une capitale européenne où l'on peut encore se loger à bon compte.

Les auberges de jeunesse publiques *(pousadas da juventude)*

Pour dormir dans les AJ officielles, la carte d'adhérent est souvent obligatoire, mais il n'y a pas de limite d'âge (lire en début de chapitre la rubrique « Avant le départ »). Les prix restent très raisonnables pour une offre de qualité. Chambres impeccables, établissements plutôt bien équipés, fonctionnels à défaut d'être chaleureux.

54 | **LISBONNE UTILE**

– On compte une AJ dans le parc des Nations et une dans le quartier nord, près du musée Gulbenkian. ● *informacoes@movijovem.pt* ● *pousadasjuventude.pt* ● *Possibilité de réserver en ligne, par tél (☎ 707-20-30-30) ou par correspondance (Central Reservas, rua Lúcio de Azevedo, 27, 1600-146 Lisboa).* N'oubliez pas de mentionner vos nom et prénom, ainsi que l'auberge dans laquelle vous souhaitez rester, le nombre de jours et de personnes. Possibilité de réserver aussi depuis la France (mais plus cher).

Les *hostels* (AJ privées)

Parallèlement à ces AJ officielles, on assiste à Lisbonne à une poussée d'AJ privées ou *hostels* dont la qualité nous a soufflés ! Dans de beaux appartements du centre-ville, des maisons, des nids personnalisés, chaleureux, confortables, où règne une véritable atmosphère routarde. C'est propre, souvent « designé » par de jeunes artistes et plein d'imagination. Aucune carte n'est demandée. Les prix sont un peu plus élevés que ceux des AJ officielles, mais ça reste souvent très, très correct. Ces auberges proposent deux types d'hébergement : d'un côté, des dortoirs avec toilettes et salle de bains à partager, casier, lumière personnelle pour chaque lit et, souvent, une prise individuelle pour recharger ses appareils (bien pratique), le tout plus adapté aux jeunes routards ; de l'autre, des chambres doubles, voire des familiales, qui s'adaptent à toutes les clientèles.

Les *quintas*

La *quinta,* belle propriété de maître, est une sorte de manoir rural entouré de ses dépendances. Mais le terme s'est répandu un peu partout, et l'on trouve l'appellation *quinta* utilisée à tort et à travers – le mot étant sans doute plus vendeur sur le plan touristique – dès qu'une grosse maison se transforme en chambres chez l'habitant à la campagne... Évitez les contrefaçons !

Les chambres chez l'habitant

On en trouve quasiment partout, notamment en plein centre-ville. Soit on vous sollicite dans la rue, soit des panneaux vous annoncent « *alugam-se quartos* », soit l'office de tourisme vous les indiquera. En général, plutôt bon marché.
Consultez aussi les sites de *Roots Travel* (● *rootstravel.com* ● ; Lisbonne seulement) et *BedyCasa* (voir ci-dessous).

Les *pousadas*

La *pousada,* c'est l'équivalent portugais du *parador* espagnol : un établissement chic (géré par l'État), installé soit dans un monument historique (ancien monastère, château, etc.), soit dans une construction récente mais valorisée par son site exceptionnel. Le site ● *pousadas.pt* ● recense l'ensemble des *pousadas* du pays. Les prix varient sensiblement selon la catégorie de l'établissement et la saison. Réserver le plus longtemps possible à l'avance.
À noter que, avec la crise, certaines *pousadas* ont dernièrement fermé leurs portes ou pris quelques rides...

Location d'appartements

Pour ceux qui préfèrent passer par une agence de location d'appartements :

■ **Traveling to Lisbon :** *praça Dom Pedro IV, 74, 3º C, 1100-202 Lisboa.* ☎ 218-886-072. ● *ttl@travelingtolisbon.com* ● *travelingtolisbon.com* ●

■ **Fado Flats :** *trav. João de Deus, 9.* ☎ 213-432-364. ● *fadoflats@fadoflats.pt* ● *fadoflats.pt* ● De nombreux routards sont satisfaits par cette enseigne.

■ BedyCasa : ● bedycasa.com ●
BedyCasa offre une manière différente de voyager, notamment à Lisbonne, plus authentique et plus économique. La chambre chez l'habitant permet aux voyageurs de découvrir une ville, une culture et des traditions à travers les yeux des locaux. En quelques clics sur le site, il est possible de réserver un hébergement grâce au moteur de recherche, ainsi que de lire des témoignages d'autres voyageurs pour guider son choix. *BedyCasa*, c'est aussi un label communautaire, une assurance et un service client (gratuit) tous les jours.

LANGUE

Pour vous aider à communiquer, n'oubliez pas notre **Guide de conversation du Routard en portugais.** Pour info, « ão » se prononce « a-on », « o » se prononce « ou » et « ou » se prononce « o ». Ça peut aider !

Quelques mots et formules qui vous seront utiles

Politesse

oui, non	*sim, não*
s'il vous plaît	*por favor / faz favor*
merci (par un homme)	*obrigado*
merci (par une femme)	*obrigada*
bonjour (le matin)	*bom dia*
bonjour (l'après-midi)	*boa tarde*
bonsoir, bonne nuit	*boa noite*
pardon !	*desculpe !*

Expressions courantes

je m'appelle	*meu nome é / chamo me*
je ne comprends pas	*não entendo / não comprendo*

Vie pratique

où se trouve... ?	*onde está... ?*
ouvert / fermé	*aberto / fechado*
entrée / sortie	*entrada / saída*
quand ?	*quando ?*
appelez un médecin	*chame um médico*
je suis malade	*estou doente*

Transports / orientation

gare	*estação*
train	*comboio*
wagon	*carruagem*
car	*camioneta*
autobus	*autocarro*
tramway	*eléctrico*
à gauche	*a esquerda*
à droite	*a direita*
tout droit	*em frente*

Argent

combien coûte... ?	*quanto custa... ?*
puis-je payer avec la carte *Visa* ?	*posso pagar com cartão* Visa ?
quel est le prix... ?	*qual é o preço... ? / quanto é ?*

56 | **LISBONNE UTILE**

À l'hôtel et au restaurant

nous voudrions une chambre	*queriamos um quarto*
puis-je voir la chambre ?	*posso ver o quarto ?*
j'ai réservé...	*tenho reservado...*
toilettes, salle de bains	*casa de banho*
une douche	*um duche*
lavabo	*lavatório*
petit déjeuner	*pequeno almoço*
le déjeuner	*o almoço*
le dîner, le plat du jour	*o jantar, o prato do dia*
menu	*carta, ementa*
l'addition	*a conta*
chaud / froid	*quente / frio*
eau / vin	*agua / vinho*

Jours de la semaine

lundi	*segunda-feira*
mardi	*terça-feira*
mercredi	*quarta-feira*
jeudi	*quinta-feira*
vendredi	*sexta-feira*
samedi	*sábado*
dimanche	*domingo*

Nombres

1	*um*
2	*dois*
3	*três*
4	*quatro*
5	*cinco*
6	*seis*
7	*sete*
8	*oito*
9	*nove*
10	*dez*

LIVRES DE ROUTE

Romans, fictions

– **Lisbonne, voyage imaginaire,** de Nicolas de Crécy et Raphaël Meltz ; Casterman (2002, 80 p.). Album illustré où l'auteur (Raphaël Meltz) raconte le voyage à Lisbonne qu'il n'a pas fait ! Ce texte plein d'humour, construit de citations d'auteurs portugais, de carnets de voyage, d'articles de journaux et de rapports, nous apprend plein d'anecdotes sur la réputation de Lisbonne dans les siècles passés.

– **Ode maritime** (1915), de Fernando Pessoa ; La Différence, bilingue (2009). Monologue prêté à un double de Pessoa, ce poème philosophique met en relation l'interrogation sur l'identité, l'existence du moi, avec la mer elle-même, ses légendes, son histoire, sa cruauté, son caractère perpétuellement mouvant. L'océan comme métaphore de l'instabilité universelle. Un classique de la littérature portugaise.

– **Les Maia** (1888), d'Eça de Queiróz, Chandeigne (1997, 800 p.). LE chef-d'œuvre du roman portugais. Une sulfureuse histoire d'amour, la vision d'une société bourgeoise décadente, l'ironie constante de l'auteur sont les principaux ingrédients de cette saga familiale qui a immortalisé Lisbonne dans la littérature.

– Les romans d'*António Lobo Antunes,* publiés chez Bourgois, Métailié, et en collection « Points-Seuil », donnent un éclairage sans complaisance sur la ville de Lisbonne et le passé colonial du Portugal.

– *Le Dernier Kabbaliste de Lisbonne,* de Richard Zimmer (Pocket, n° 13011, 2005), un roman policier historique qui débute, en 1506 à Lisbonne, par le massacre des juifs ; *Train de nuit pour Lisbonne,* de Pascal Mercier (10/18, 2008), magistrale évocation de la ville sous Salazar ; *Requiem,* d'Antonio Tabucchi (Folio, 2006), où l'auteur déambule dans la ville et rencontre des vivants et des morts, dont Pessoa lui-même, à la fin, à l'*Alcântara Café ; Électrico W,* d'Hervé Le Tellier (Livre de Poche, 2013), roman à suspense sur l'amour, la séduction, le désir qui relient plusieurs personnages et dont les scènes se déroulent en particulier autour du Barrio Alto ; et un dernier : *Les Passants de Lisbonne,* de Philippe Besson (Julliard), déambulations mélancoliques, confidences, histoires d'amour, hasards, nostalgie... Les lieux s'y prêtent !

– Et pourquoi ne pas vous lancer dans les ouvrages du Prix Nobel de littérature 1998, José Saramago ? Les férus de romans historiques opteront pour l'*Histoire du siège de Lisbonne* (1989 ; Seuil, coll. « Points », n° 619, 1999, 342 p.) ou pour *Le Dieu manchot* (Seuil, coll. « Points », 1995) ; ceux qui recherchent les romans « à réflexion » commenceront par *L'Aveuglement* (Seuil, coll. « Points », 2000), qui a été adapté au cinéma par Fernando Meirelles sous le titre *Blindness,* ou, un bijou, *Pérégrinations portugaises* (1994 ; Seuil, 2003, 438 p.).

Histoire, récits de voyage, documents

– *Voyages de Vasco de Gama, relation des expéditions de 1497-1499 et de 1502-1503,* Chandeigne, coll. « Magellan » (1995, 398 p.). Vasco de Gama fut le premier Européen à découvrir la route maritime des Indes par le cap de Bonne-Espérance, liaison tant recherchée entre l'Europe et l'Asie que Christophe Colomb cherchait à l'ouest par l'Atlantique. Ce livre rassemble les 11 témoignages directs sur ses deux premiers voyages en Inde.

– *Les Lusiades* (*Os Lusíadas* ; XVIe s), de Luís de Camões ; Robert Laffont, coll. « Bouquins bilingues » (1999, 582 p.). Chronique épique narrant les grandes heures de l'histoire du Portugal et les hauts faits d'armes des Lusitaniens sur toutes les mers du monde. Sous la forme d'un long poème en vers. L'Espagne a *Don Quichotte,* l'Italie a *La Divine Comédie,* le Portugal a *Les Lusiades* !

– *Histoire de Lisbonne,* de Dejanirah Couto ; Fayard (2000, 382 p.). Voici un livre de fond, clair et détaillé, sur cette « reine du Tage » qui fut la clé de la puissance maritime du Portugal. Très belles pages sur la fondation de Lisbonne, la rencontre des trois cultures – chrétienne, juive et arabe –, les origines du fado et le tremblement de terre de 1755.

– *Lisbonne, livre de bord. Voix, regards, ressouvenances (1997),* de José Cardoso Pires ; Gallimard, coll. « Arcades » (1998, 96 p.). L'auteur fait revivre, au cours de pérégrinations personnelles dans Lisbonne, ses souvenirs d'enfance, ses lectures et auteurs favoris dont on peut presque entendre les voix et les pas. Magique !

– *Le Goût de Lisbonne,* Mercure de France, coll. « Petit Mercure » (2001, 132 p.). Un petit recueil de textes piochés dans l'œuvre d'auteurs portugais. Une belle approche de la capitale lusitanienne.

MUSÉES

En général, les *musées nationaux* (IMC) sont fermés le lundi et certains jours fériés (1er janvier, dimanche de Pâques, 1er mai et 25 décembre notamment).
Les musées nationaux sont gratuits pour les enfants de moins de 12 ans. La carte *Jeune* (● *cartaojovem.pt* ●) permet des réductions souvent plus intéressantes (60 % pour les musées nationaux), tout comme la *Lisboa Card* (● *askmelisboa.com/web-store/pesquisa-lisboa-card.html* ●). La carte internationale d'étudiant ISIC offre le demi-tarif dans presque tous les musées, mais il faut le demander. Les

58 | **LISBONNE UTILE**

personnes de plus de 65 ans et les handicapés paient demi-tarif dans les musées nationaux, parfois rien dans d'autres privés ou publics.
Sur ● *museusportugal.org* ●, toutes les informations pratiques : tarifs de l'année, réductions, horaires, etc., sur les musées nationaux et leur liste.

POSTE

« Poste » se dit *correios*. Il existe deux types de boîtes aux lettres : les rouges (ordinaires) et les bleues (express). Ces dernières sont pour les courriers rapides. Mais pas d'inquiétude, tout arrivera si vous postez vos cartes postales dans les boîtes aux lettres rouges. Pour un courrier vers l'Europe, comptez environ 0,80 € en courrier ordinaire. « Timbre » se dit *selo*, et, hormis à la poste, on peut en acheter dans des distributeurs rouges souvent situés près de certains arrêts de bus ou de tram. Les bureaux de poste sont ouverts de 9h (10h le dimanche) à 22h.

SANTÉ

– Pensez à vous procurer la ***carte européenne d'assurance maladie.*** Elle permet de bénéficier de la prise en charge des soins médicaux nécessaires par les services publics. Pour l'obtenir, contactez votre centre de Sécurité sociale, qui vous enverra sous 15 jours votre carte plastifiée bleue, valable 2 ans, gratuite et personnelle (chaque membre de la famille doit avoir la sienne). Elle fonctionne avec tous les pays membres de l'UE ainsi qu'en Islande, au Liechtenstein, en Norvège et en Suisse. Les spécialistes n'appartiennent pas à la Sécurité sociale portugaise *(la Caixa)*.
– Une consultation coûte entre 25 et 35 €. Pour être remboursé, il faut se faire soigner à l'hôpital... généralement bondé, et parfois attendre son tour une journée entière (voire plus !) pour avoir une chance d'être reçu, perdant ainsi un temps fou. En cas d'urgence, dirigez-vous vers les centres SAP/CATUS, qui sont des « Services d'assistance permanents ». Toutes les municipalités en possèdent au moins un, et dans les grandes villes, il y en a même plusieurs. Ils sont signalés par une croix rouge.
– Les produits et matériels utiles aux voyageurs, assez difficiles à trouver dans le commerce, peuvent être achetés par correspondance sur le site ● *astrium.com* ●
Infos complètes toutes destinations, boutique web, paiement sécurisé, expéditions Colissimo Expert ou Chronopost. ☎ *01-45-86-41-91 (lun-ven 14h-19h).*

Médecins parlant français et urgences

■ ***Dr Luis Da Silva :*** *av. Sidonio Pais, 10 ; 2° Dto.* ☎ *213-860-244.* 📱 *936-805-874.* ● *drluisdasilva@sapo.pt* ●
■ ***Dr Mario Ferreira :*** *Clinica Vila Saude, rua Saraiva de Carvalho, 286 A.*

☎ *213-934-050.* 📱 *919-350-296.*
■ ***Dr Gilles Filippi :*** *Alameda Santo Antonio dos Capuchos, 6 A.* ☎ *213-549-382.* 📱 *919-988-360.*
– ***Urgences Europe :*** ☎ *112.*

SITES INTERNET ET APPLICATIONS SMARTPHONE

● *routard.com* ● Le site de voyage n° 1, avec plus de 800 000 membres et plusieurs millions d'internautes chaque mois. Pour s'inspirer et s'organiser, près de 300 guides destinations actualisés, avec les infos pratiques, les incontournables et les dernières actus, ainsi que les reportages terrain et idées week-end de la rédaction. Partagez vos expériences avec la communauté de voyageurs : forums de discussion avec avis et bons plans, carnets de route et photos de voyage. Enfin, vous trouverez tout pour vos vols, hébergements, voitures et activités, sans oublier notre sélection de bons plans, pour réserver votre voyage au meilleur prix.

● *visitportugal.com* ● En français. Le site officiel du tourisme portugais, très bien conçu et d'une extraordinaire richesse avec des rubriques logement, activités culturelles, sportives, balnéaires, itinéraires avec les lieux à visiter, détours conseillés, numéros utiles, infos pratiques, spécialités locales...

● *viuvalamego.com* ● En français. Tout sur l'azulejo, son histoire et ses techniques de fabrication.

● *Citymapper* ● Gros coup de cœur pour cette application qui vous donne en temps réel les infos trafic, les bonnes directions et les connexions nécessaires pour se rendre d'un endroit à un autre entre tous les moyens de transport disponibles. Vite indispensable !

● *Maps.me* ● *OutDoors GPS France IGN* ● *Osmand* ● Cartes précises du monde embarquées sans connexion mais à télécharger avant le départ.

● *Google Maps* ● *Waze* ● Cartes embarquées avec connexion mais à télécharger avant le départ. Indique en temps réel la qualité du réseau, les points radar, les limitations de vitesse et autres incidents sur le réseau routier.

TÉLÉPHONE – TÉLÉCOMS

– *France* ➜ *Portugal :* 00 + 351 + numéro du correspondant à neuf chiffres.
– *Portugal* ➜ *France :* 00 + 33 (indicatif de la France) + numéro du correspondant sans le 0. Pour la Suisse, 00 + 41, et pour la Belgique, 00 + 32, et tout pareil ensuite !
– *Pour appeler en PCV* (demander « *Pagar no destino* ») : ☎ *171* en Europe ; ou ☎ *800-800-330,* numéro gratuit depuis une cabine, qui donne accès à un opérateur en France.
Les appels vers les numéros débutant par 707 ou 808 sont au tarif local. Les numéros en 800 sont gratuits.

Portables

Les principaux réseaux de téléphone portable sont *Vodafone, Optimus* et *TMN.* Comme les numéros de fixes, un numéro de téléphone portable compte neuf chiffres.

Urgence : en cas de perte ou de vol de votre téléphone portable

Suspendre aussitôt sa ligne permet d'éviter de douloureuses surprises au retour du voyage ! Voici les numéros des quatre opérateurs français, accessibles depuis la France et l'étranger.

– *SFR :* *depuis la France,* ☎ *1023 ; depuis l'étranger,* ▯ *+ 33-6-1000-1023.*
– *Bouygues Télécom :* *depuis la France comme depuis l'étranger,* ☎ *+ 33-800-29-1000.*

– *Orange :* *depuis la France,* ☎ *0800-100-740 ; depuis l'étranger,* ☎ *+ 33-969-39-39-00.*
– *Free :* *depuis la France,* ☎ *3244 ; depuis l'étranger,* ☎ *+ 33-1-78-56-95-60.*

Vous pouvez aussi demander la suspension de votre ligne depuis le site internet de votre opérateur.
Avant de partir, notez (ailleurs que dans votre téléphone portable !) votre numéro IMEI, utile pour bloquer à distance l'accès à votre téléphone en cas de perte ou de vol. Comment avoir ce numéro ? Il suffit de taper sur votre clavier *#06# puis reportez-vous au site ● *mobilevole-mobilebloque.fr* ●

LISBONNE UTILE

Le téléphone portable en voyage

Depuis juin 2017, un voyageur européen titulaire d'un forfait dans son pays d'origine peut utiliser son téléphone mobile **au tarif national** dans les 27 pays de l'Union européenne, sans craindre de voir flamber sa facture. Des plafonds sont néanmoins fixés par les opérateurs pour éviter les excès... Cet accord avantageux signé entre l'UE et ses opérateurs télécoms concerne aussi la consommation de **données internet 3G ou 4G,** dont le volume utilisable sans surcoût dépend du prix du forfait national (se renseigner quand même !). Par ailleurs, si le voyageur réside plusieurs mois en dehors de son pays, des frais peuvent lui être prélevés... Dans ces pays donc, plus besoin d'acheter une carte SIM locale pour diminuer ses frais.

Utiliser son téléphone à l'étranger

– **Se brancher sur les réseaux wifi** est le meilleur moyen de se connecter au Web gratuitement ou à moindre coût. La plupart des hôtels, restos et bars disposent d'un réseau, payant ou non. Une fois connecté au wifi, à vous les joies de la **téléphonie par Internet** ! Les logiciels *Skype, WhatsApp* et *FaceTime* vous permettent d'appeler vos correspondants gratuitement, s'ils sont eux aussi connectés, ou à coût très réduit si vous voulez les joindre sur leur téléphone. Autre application qui connaît un succès grandissant : *Viber,* qui permet d'appeler et d'envoyer des SMS, des photos et des vidéos aux quatre coins de la planète, sans frais. Il suffit de télécharger – gratuitement – l'appli sur votre smartphone, celle-ci se synchronise avec votre liste de contacts et détecte ceux qui ont *Viber.*

INFOS PRATIQUES SUR PLACE

- **Arrivée à Lisbonne** 61
  - • En avion • En train
  - • En bus • En voiture
- **S'orienter** 63
  - • Comment lire une adresse ? • Orientation et mode d'emploi de la ville • Les quartiers incontournables et les autres
- **Informations pratiques et adresses utiles** 64

- • *Lisboa Card* • Offices de tourisme • Argent, banque, change • Police touristique • Représentations diplomatiques
- • Médecins parlant français • Postes
- • Compagnies aériennes
- • Culture, francophonie
- **Comment se déplacer ?**.................66
  - • Sans carte

de transport • Les cartes de transport • Le métro • Les bus (*autocarros* ou *bus*) • Le tram (*eléctrico*) • Les funiculaires (*ascensores*) et les ascenseurs (*elevadores*) • Le taxi • Les trains de banlieue • Les gares fluviales • Le vélo • La voiture • Découvrir Lisbonne autrement

---

- • Pour se repérer, voir le plan détachable en fin de guide.

Arrivée à Lisbonne

En avion

✈ **Aéroport de Lisbonne** *(hors plan d'ensemble détachable par E1) :* à *moins de 8 km au nord du centre histo-rique.* ☎ 218-413-500. • ana.pt • On y trouve un bureau de change et des distributeurs de billets *(multibanco).* Comptoir information des vols *(balcão de informação)* dans le hall des arrivées *(tlj 7h-minuit).* Les vols *low-cost* partent d'un autre terminal, accessible en navette gratuite. Dans tous les cas, l'Aero-Bus part du terminal principal.

🛈 **Office de tourisme de l'aéroport :** *hall des arrivées. Tlj 7h-minuit.* Vente de la *Lisboa Card* (voir plus loin « Informations pratiques et adresses utiles »), vente de tickets prépayés pour les taxis et réservation d'hébergements. S'y procurer le plan de la ville et des transports.

Comment rejoindre le centre-ville depuis l'aéroport ?

Il est très simple de rejoindre le centre-ville en transports en commun.

➤ **Le métro (ligne rouge) :** c'est la ligne rouge qui relie l'aéroport à la station São Sebastião avec une dizaine

d'arrêts, dont Alameda et Saldanha (correspondances avec les lignes verte, jaune et bleue). *Tlj 6h30-1h.* Billet : 1,40 €.

➤ **L'Aero-Bus n° 1 :** à la sortie du hall des arrivées. • *aerobus.pt* • *Pass* 24h : 4 € (6 € pour 48h) ; réduc sur Internet. Billet vendu à bord. Réduc dans les bus touristiques *Yellowbus.* L'Aero-Bus n° 1 dessert très bien le centre-ville *tlj 7h30-23h* dans les 2 sens, ttes les 20 mn (25 mn après 19h). Arrêts : Entrecampos – Campo Pequeno – Avenida da República – Saldanha – Picoas – Fontes Pereira de Melo – Marquês de Pombal – Avenida da Liberdade – Restauradores – Rossio – Praça do Comércio – Cais do Sodré – Praça Figueira – Martim Moniz – Igreja dos Anjos – Avenida Almirante Reis – Praça Chile – Alameda D. A. Henriques – Areeiro – Aéroport. Demander l'arrêt, le chauffeur ne s'arrête pas systématiquement.

➤ **L'Aero-Bus n° 2 :** à la sortie du hall des arrivées. Prix et avantages identiques à l'Aero-Bus n° 1. L'Aero-Bus n° 2 (Financial Center) dessert *tlj 7h40-22h45* dans les 2 sens, ttes les 40 mn : Sete Ríos – Avenida José Malhoa – Avenida José Malhoa

(Policia Municipal) – R. Joaquim Antonio de Aguiar – Marquês de Pombal – Picoas – Saldanha – Avenida da República – Campo Pequeno – Entrecampos – Aéroport.

➢ **Les bus (classiques) :** desservent la ville. En sortant de l'aéroport, les abribus se trouvent juste à droite de l'arrêt des Aero-Bus. Moins chers (1,80 €), certains d'entre eux (les nos 705, 722 et 744) ont un parcours proche, voire très proche, de l'Aero-Bus. Le bus express n° 783 part d'Amoreiras (quartier un chouia au nord-ouest de Rato) et passe par Marquês de Pombal (ne circule qu'en semaine), et le bus de nuit n° 208 relie Cais do Sodré à la gare do Oriente en passant par l'aéroport. Attention, certains chauffeurs n'acceptent pas systématiquement les voyageurs avec de gros sacs. Le règlement voudrait qu'ils soient réservés aux voyageurs ayant au maximum un bagage à main.

➢ **Les taxis :** plutôt bon marché à Lisbonne, mais ceux de l'aéroport n'ont pas tous bonne réputation ! Un conseil, préférez les taxis au niveau des départs, réputés moins arnaqueurs. La course se fait au compteur (compter 12-15 € pour rejoindre le centre-ville de jour), avec un supplément forfaitaire de 2 € pour les bagages.

Si vous doutez sur le montant à payer, demandez un reçu (qu'ils ont obligation de vous donner), relevez le numéro du taxi et la compagnie, puis, avant de payer, demandez l'avis du réceptionniste de l'hôtel : en général, ça s'arrange tout de suite !

Nous ne conseillons plus les *taxi vouchers* qui, s'ils permettent un prix fixe, sont rarement pris en compte par les taxis eux-mêmes ! Bonjour le stress au retour !

En train

> • Carte réseau train des environs de Lisbonne p. 63

🚆 *Estação do Oriente (hors plan d'ensemble détachable par N7 et plan Parque das Nações) :* bien desservie par le réseau de transports en commun (métro, bus, route), elle reçoit les trains venant du nord du Tage. Consigne automatique au sous-sol *(ouv 8h-minuit)* ; c'est la porte à droite du poste de police (difficile à trouver : aucune indication).

🚆 *Estação Santa Apolónia (plan d'ensemble détachable, M8) :* accueille toujours les trains en provenance du centre et du nord du pays, de l'Espagne et de la France. Désormais reliée par le métro, elle a retrouvé sa vitalité. Les bus et les taxis se prennent devant l'entrée principale.

🛈 *Office de tourisme de Santa Apolónia :* au terminal international. ☎ 218-821-606. Mar-sam 7h30-9h30. Vente de la *Lisboa Card.*

En bus

Pour information, les bus *Eurolines* passent par les 2 gares routières.

🚌 *Terminal Sete Ríos (plan d'ensemble détachable, D-E1) :* juste à côté de la gare de banlieue Sete Ríos. ☎ 707-22-33-44 (infos tlj 8h-21h). ● rede-expressos.pt ● Applications smartphone disponibles également. Face au Jardin zoologique, de l'autre côté de la route et de la place Marechal-Delgado ; passer sous le pont (bien caché, suivre les indications pour le parking qui le jouxte). De la gare ferroviaire, en sortant, prendre à droite sur l'esplanade et repérer la petite tour Rede Expressos ; l'escalier au pied de la tour mène à la gare routière. Reliée au centre-ville par la ligne bleue du métro. Accès avec les bus nos 726, 731, 746 (départ Marquês de Pombal), 758 (Cais do Sodré) et 768, ainsi qu'avec les bus de nuit nos 202 et 205. Le bus n° 770 fait la boucle Sete Ríos. Tlj 6h-1h. Gare pour les bus nationaux et internationaux. Consigne à bagages gardée *(ouv aux mêmes horaires que la gare).*

– Attention, le terminus des bus de la compagnie TST (Transportes Sul do Tejo, ● tsuldotejo.pt ●) desservant la région de Lisbonne n'est pas la gare routière de Sete Ríos mais la praça de Espanha *(plan d'ensemble détachable, F2).*

🚌 *Estação do Oriente (hors plan d'ensemble détachable par N7 et plan Parque das Nações) :* au pied de la

S'ORIENTER | 63

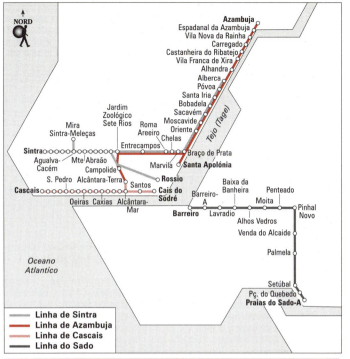

RÉSEAU TRAIN (environs de Lisbonne)

gare ferroviaire do Oriente. Ⓜ *Oriente.* Cette gare accueille aussi des bus internationaux.

En voiture

➢ *Par le nord :* autoroute A1, puis voie rapide *2ª Circular.* Les heures de pointe sont très étendues sur cet axe.
➢ *Par l'ouest :* l'*IC19* qui vient de Sintra est l'une des voies rapides les plus encombrées du pays ; éviter le début de matinée et la fin d'après-midi, si possible.
➢ *Par le sud et l'est : ponte 25 de Abril* (● *lusoponte.pt* ● ; péage à partir de 1,65 €), souvent embouteillé, ou *ponte Vasco da Gama* (même site internet), en général moins chargé mais plus cher (péage payant). *Traversée gratuite pour sortir de Lisbonne.*

Attention aux départs et retours de week-ends et de vacances ! Évitez d'arriver aux heures de pointe (à partir de 17h en semaine, un peu plus tôt le vendredi).

Se garer à Lisbonne est difficile. Pour éviter les amendes et la fourrière, le plus sûr est d'utiliser les parkings gardés (bien indiqués mais pas donnés).

S'orienter

Le découpage de Lisbonne que vous trouverez dans le guide procède à la fois d'une cohérence géographique et d'une homogénéité sociale. On part du centre pour aller ensuite un peu plus loin vers l'ouest, le nord et terminer par l'est où se trouvent les quartiers les plus anciens... Mais, comme tout découpage, il est arbitraire, et certains lieux à visiter auraient pu tout aussi bien être associés à un autre quartier que celui auquel nous les avons rattachés.

Comment lire une adresse ?

Dans l'ordre, une adresse comporte le nom de la rue suivi du numéro. Le cas échéant, un second numéro pour préciser l'étage avec « ° » en exposant. Puis une ou plusieurs lettres pour positionner la porte d'entrée par rapport à l'escalier. Par exemple, 1° Dto ou 1° D signifie 1er étage à droite. On indique Esq ou E pour *esquerdo* (à gauche), Fte ou F pour *frente* (en face de l'escalier).
Si le nom de la rue est un nom propre, bien noter le prénom : il vous permettra de trouver la rue dans l'indice alphabétique des plans de ville (la rua José Afonso est classée à la lettre J). Idem avec les titres, tels que « Doutor », « Engenheiro », « Dom » ou « Dona ».

Orientation et mode d'emploi de la ville

Lisbonne s'ouvre sur le Tage et s'étend de Belém au parc des Nations (voir « Lisbonne, toujours plus loin »). À l'est, le parque das Nações (parc des Nations) »). Un axe suivant l'avenida de la Liberdade depuis la praça Marquês de Pombal et le quartier rectiligne de Baixa jusqu'à la praça do Comércio semble couper la ville en 2. À l'est, les vieux quartiers populaires du *castelo,* de l'Alfama et de Graça. À l'ouest, le Chiado, le Bairro Alto et Madragoa déroulent leurs bars et leurs restos dans des rues où le jour est aussi animé que la nuit, puis le quartier des Docas (docks). Au nord de l'avenida da Liberdade, l'urbanisme est plus récent, noyant quelques *quintas* et anciens couvents au milieu d'immeubles de bureaux futuristes et de centres commerciaux : ces quartiers s'appellent Saldanha, Campo Grande ou Sete Ríos.

Les quartiers incontournables... et les autres

– *Les incontournables :* Alfama, *bairro do castelo,* Chiado, Bairro Alto, Baixa, Rossio, Belém, quartier du LX Factory, parque das Nações (parc des Nations) et le quartier, quelque peu excentré, autour du musée Calouste-Gulbenkian.
– *Les lieux que l'on peut rater sans trop de regrets si le temps manque :* Benfica, son stade, ses grands magasins.
– *Un lieu peu connu mais que les routards découvrent avec ravissement :* les anciens faubourgs, des hauteurs de Graça à la gare de Santa Apolónia.

Informations pratiques et adresses utiles

Lisboa Card

● lisboacard.org/fr ●
Cette carte propose la libre circulation dans les transports urbains (métro, bus, tram, funiculaire et train des lignes de Sintra et Cascais). Gratuité dans certains musées et réductions de 10 à 50 % pour d'autres. Nous précisons ces infos directement dans les rubriques « À voir. À faire ». Réductions sur des spectacles, circuits touristiques et certains magasins d'artisanat.

Attention, soyez bien décidé à vous lancer dans un marathon si vous voulez la rentabiliser. Avant son achat, vérifiez que les sites que vous désirez visiter sont inclus dedans. **À noter** qu'un bon nombre de musées sont gratuits le 1er dimanche de chaque mois ! Tarifs 2017 : pour 24h, 19 € ; 48h, 32 € ; 72h, 40 € ; réduc 4-15 ans. Elle s'achète dans tous les offices de tourisme *(Ask me Lisboa)* et sur le site internet.

Offices de tourisme

Plusieurs bureaux d'information sur Lisbonne. Tous offrent plus ou moins le même genre de prestations : vente de la *Lisboa Card,* informations touristiques générales, plan des transports, vente de billets prépayés pour les taxis, réservation d'hébergements... Généralement, accueil francophone de qualité. ● *askmelisboa.com* ● *visit lisboa.com* ●

ℹ️ Ask me Lisboa Center Welcome *(plan centre détachable, J10, 1) : praça do Comércio.* ☎ *210-312-810.* Ⓜ *Baixa-Chiado. Tlj 9h-20h.* 🖥 *(payant).*

ℹ️ Ask me Lisboa Palácio Foz *(plan centre détachable, I8, 2) : praça dos Restauradores.* ☎ *213-463-314.* Ⓜ *Restauradores. Tlj 9h-20h.* Bon accueil et excellent niveau de compétence. Consigne à bagages *(env 3 €/j.).*

ℹ️ Ask me Lisboa Rossio *(plan centre détachable, J8, 4) : kiosque au milieu de la praça Dom Pedro IV.* Ⓜ *Rossio. Tlj 10h-13h, 14h-18h.* Un point info très pratique et central. Très bon accueil.

ℹ️ Ask me Lisboa Belém : *praça do Império, petit kiosque sur le trottoir en face du mosteiro dos Jerónimos.* ☎ *213-658-435. Mar-dim 10h-13h, 14h-18h.*

Argent, banque, change

– **Retrait d'argent :** pas de difficultés, nombreux distributeurs un peu partout. Se laisser guider par les infos en français. Vérifiez auprès de votre banque avant le départ le montant maximum hebdomadaire auquel vous avez droit et l'éventuel coût d'un retrait.

■ **Change** *(plan d'ensemble détachable, M8) : à la gare Santa Apolónia, tlj 8h30-20h30. À l'aéroport, tlj 5h-1h.*

■ **Banques :** *les principales se trouvent dans la Baixa.* Lun-ven 8h30-15h ; certaines ouvrent sam pour le change. Attention, pour les chèques de voyage, elles facturent une commission assez importante.

■ **American Express :** *au Portugal,* ☎ *707-50-40-50 ou 214-278-205 (tlj 24h/24).*

Police touristique

■ **Policia de Segurança Pública** *(plan centre détachable, I8, 2) : palácio Foz, praça dos Restauradores.* ☎ *213-421-623 ou 213-400-090 ou encore* ☎ *112. Même bâtiment que l'office de tourisme Ask me Lisboa Palácio Foz. 24h/24.* Pour les déclarations de perte ou de vol et en cas d'agression, de vol, d'escroquerie ou d'arnaque, c'est ici qu'il faut s'adresser. On y parle français. Excellent accueil.

■ **Pour les objets trouvés** *(extensos achadas) :* ☎ *218-535-403 (en portugais slt). Tlj sf w-e et j. fériés 9h-17h.*

Représentations diplomatiques

■ **Consulat et ambassade de France** *(plan centre détachable, F10, 16) : rua de Santos-o-Velho, 5.* ☎ *213-939-294/100.* 🖩 *966-160-701 (portable d'urgence 24h/24).* ● *consulat.lisbonne@ambafrance-pt.org* ● *Bus nᵒˢ 706, 727 et 760. Tram nᵒ 25ᴱ.* Lun-ven 8h30-12h.

■ **Ambassade de Belgique** *(plan centre détachable, H5, 17) : rua Castilho, 75 ; 4ᵒ Dto.* ☎ *213-170-510.* 🖩 *919-810-031 (portable d'urgence 24h/24).* ● *lisbon@diplobel.fed.be* ● *portugal.diplomatie.belgium.be* ● Lun-ven 9h-13h ; l'ap-m slt sur rdv.

■ **Ambassade de Suisse** *(plan d'ensemble détachable, E8) : travessa do Jardim, 17.* ☎ *213-944-090.* ● *eda.admin.ch/lisbon* ● *À côté du jardim da Estrela.* Lun-ven 9h-12h.

■ **Ambassade et consulat du Canada** *(plan centre détachable, I6, 18) : edifício Victória, av. da Liberdade, 198-200 ; 3ᵒ.* ☎ *213-164-600.* ● *lisbon@international.gc.ca* ● *canadainternational.gc.ca/portugal/* ● Consulat lun-jeu 8h30-12h30, 13h-17h15, ven 8h30-13h.

Médecins parlant français

■ **Dr Luis Da Silva :** *av. Sidonio Pais, 10 ; 2ᵒ Dto.* ☎ *213-860-244.* 🖩 *936-805-874.* ● *drluisdasilva@sapo.pt* ●

66 | **INFOS PRATIQUES SUR PLACE**

INFOS PRATIQUES SUR PLACE

■ *Dr Mario Ferreira : Clinica Vila Saude, rua Saraiva de Carvalho, 286 A.* ☎ *213-934-050.* ▤ *919-350-296.*
■ *Dr Gilles Filippi : Alameda Santo Antonio dos Capuchos, 6 A.* ☎ *213-549-382.* ▤ *919-988-360.*

Postes

✉ *Postes : praça dos Restauradores, 74 (plan centre détachable, I-J8 ; lun-ven 8h-22h, sam 9h-18h). Rua Santa Justa, 17 (plan centre détachable, J8 ; lun-ven 9h-18h). Au parc des Nations (plan Parque das Nações ; au rdc de la gare ; lun-ven 10h-19h).*

Compagnies aériennes

Toutes sont présentes à l'aéroport.

■ *Air France :* ☎ *707-202-800.* ● *air france.pt* ● *Tlj 9h-19h.*
■ *Iberia :* ☎ *707-200-000 (tlj 8h-20h).* ● *iberia.com/pt* ●
■ *Swiss International Air Lines :* ☎ *808-200-487 (24h/24).* ● *swiss.com* ● *Tlj 8h-20h.*
■ *Tap Air Portugal :* ☎ *707-205-700.* ● *flytap.com* ● *Tlj 6h-23h.*
■ *Vueling :* ☎ *707-783-939.* ● *vueling.pt* ●
■ *Easyjet :* ☎ *707-500-176.* ● *easyjet.com* ●

Culture, francophonie

■ *Alliance française (plan d'ensemble détachable, H2) : av. 5 de Outubro, 124.* ☎ *212-400-086.* Ⓜ *Campo Pequeno ou Saldanha. Tlj sf dim.*
■ *Institut français du Portugal : rua Santos-o-Velho, 11.* ☎ *213-939-270 (lun-ven 8h30-17h).* ● *ifp-lisboa.com* ● Spectacles, expos, conférences, médiathèque...
■ *Tabacaria Monaco (journaux étrangers ; plan centre détachable, J8,* **10***) :*

praça Dom Pedro IV, 21. Superbe maison de la presse 1900, vestige du vieux Lisbonne. Petite échoppe tout en longueur où il faut lever les yeux pour profiter du spectacle.

Librairies

■ *Librairie Fabula Urbis (plan centre détachable, K9,* **5***) : rua de Augusto Rosa, 27.* ☎ *218-885-032.* ● *fabula-urbis.pt* ● *En principe, tlj 11h-13h30, 15h-20h, mais c'est aléatoire.* Une librairie exclusivement consacrée à Lisbonne. Romans, polars, livres d'histoire, recettes de cuisine, B.D., plans... on trouve tout, en français, et en plus, on est bien conseillé ! Également des CD de musique portugaise triés sur le volet (du fado, bien sûr, mais pas seulement) et, à l'étage, expos et petits concerts réguliers.
■ *Livraria Ferin (plan centre détachable, J9,* **19***) : rua Nova do Almada, 70-74.* ☎ *213-424-422.* ● *ferin.pt* ● Dim-lun 10h-20h, mar-jeu 10h-22h, ven-sam 10h-minuit. Dans le Chiado, l'une des plus vieilles librairies de Lisbonne. Accueil francophone et de bon conseil. Nombreux livres en français, surtout d'histoire.
■ *Fnac : rua do Carmo, au cœur du Chiado, et au centre commercial Colombo.* Bon choix de musique portugaise et brésilienne.

Magazines

– *Follow me Lisboa :* mensuel culturel édité par la municipalité, bilingue anglais et portugais. Spectacles, expositions, musées, boutiques... Disponible gratuitement dans les offices de tourisme *(Ask me Lisboa)* et dans certains musées et hôtels.
– *Lisboa ConVida :* petits guides disponibles dans les bars et les boutiques. Plein de tuyaux sur les différents quartiers de la ville (Baixa, Chiado, Liberdade, etc.). À retrouver aussi sur ● *lisboa.convida.pt* ●

Comment se déplacer ?

Lisbonne dispose d'un bon réseau de transports en commun, avec métro, bus, tram et funiculaire. Super, parce qu'en voiture c'est l'enfer !

Sans carte de transport

Ticket aller simple à bord : métro 1 €, tramway 2,90 €, bus 1,90 €, funiculaire

3,70 € A/R, elevador de Santa Justa 5,50 € A/R. Plus cher qu'avec carte, bien sûr.

Les cartes de transport

Il existe plusieurs types de cartes de transport, aux fonctionnements différents.
– *Cartão Viva Viagem / Sete Colinas :* carte individuelle de transport magnétique. Tarif : 0,50 € (valable 1 an). On l'achète aux guichets ou dans les automates du métro, dans les points de vente de la Carris (bus, trams, funiculaires et ascenseurs) ou aux guichets de la CP (*Comboios de Portugal,* l'équivalent de la SNCF, pour les trains). Viva Viagem ou Sete Colinas = idem. Attention, c'est une carte par personne, on ne peut pas charger tous les titres de transport pour toute la famille ou les amis sur une seule carte. Vous seriez vite coincé dans le métro. Et on ne peut la (re)charger qu'avec un seul type de tarif ou d'opérateur, aussi bien dans le métro que dans de nombreux points de vente (tabacs, librairies, etc.). Il faut d'abord vider sa carte pour l'utiliser pour changer de tarif.
Sur ces cartes, on peut charger :
➤ un billet à l'unité CARRIS / METRO. Achat au guichet ou aux automates. Valable sur les moyens de transport de la Carris (métro, donc, pendant 1h slt, mais aussi bus, tramway, elevador de Santa Justa et funiculaire ; 1,45 €), le ferry avec Transtejo (1,20 €) et les trains de la compagnie CP (*Comboios de Portugal)* sur 4 zones (2,15 €) ;
➤ un billet CARRIS / METRO valable 1 jour (24h à partir de la première validation). Tarif : 6,15 € en 2017 ; réduc ; gratuit moins de 4 ans. Accès illimité au réseau métro, bus, tramway (super pour aller à Belém), aux funiculaires (Bica, Lavra et Gloria) et même à l'elevador de Santa Justa. Très rentable à partir de 5 trajets. En revanche, on ne peut pas aller sur le Tage ou prendre le train ;
➤ « Travelling All Lisboa » CARRIS / METRO/CP. Même chose que le précédent mais avec accès au train. Prévoir 10,15 €/j. Permet de circuler partout (bus, tram, funiculaire, ascenseur, métro, train) pendant 24h

sur les réseaux CARRIS/METRO et les trains CP (*Comboios de Portugal* ; Sintra, Cascais). Nombre de voyages illimité ;
➤ « Zapping ». Permet d'utiliser les moyens de transports de la Carris (bus, tramway, funiculaire, elevador de Santa Justa), mais aussi le métro, les trains de la CP (*Comboios de Portugal ;* une bonne solution pour aller à Estoril, Cascais, Sintra) et les ferries de Transtejo (parfait pour se rendre à Cacilhas). On charge la carte avec des sommes d'argent (2 € minimum, 15 € maximum), et à chaque passage, c'est débité de la carte. Une fois l'option Zapping prise, elle ne peut pas supporter d'autres options. Le prix à l'unité du ticket revient moins cher au final. Et plus vous chargez, plus vous avez des crédits à utiliser. Le solde total autorisé est de 40 €. Avec Zapping, un ticket CARRIS / METRO est à 1,30 € (au lieu de 1,45 €), un trajet en train avec la compagnie CP jusqu'à Sintra à 1,85 € (au lieu de 2,15 €) et un trajet en ferry avec Transtejo pour Cacilhas à 1,20 € (au lieu de 1,25 €). Y a pas de petites économies !
– À chaque rechargement, demander et conserver le reçu *(recibo)* en cas de mauvais fonctionnement.
– *Les cartes de paiement autres que portugaises ne passent pas pour l'achat aux automates.* Faire l'appoint, ou glisser un billet de 10 € (celui de 20 € ne marche pas, malgré les indications).
– Possibilité de charger sur la carte des voyages à l'unité, à condition de vider la carte intégralement. Une carte ne peut pas supporter 2 options chargées. Sinon, prendre 2 cartes !
– *Lisboa Card :* cette carte offre la libre circulation sur les transports urbains (métro, tramway, *elevador,* funiculaire, bus), ainsi que sur les trains de la compagnie CP (*Comboios de Portugal)* pour Cascais et Sintra. Pour plus d'infos, voir plus haut « Informations pratiques et adresses utiles ».
– Enfin, on rappelle que le billet de l'*Aero-Bus* est valable 24h (voir plus haut « Arrivée à Lisbonne »).

Le métro

> ● Pour le plan du métro,
> se reporter au plan détachable
> en fin de guide.

– **Infos :** ☎ 213-500-115. ● metro.transporteslisboa.pt ●
Le métro circule de 6h30 à 1h (le dernier métro part à 1h de chaque terminus). Peu de lignes, mais elles mènent à l'essentiel rapidement.
Depuis sa naissance en 1959, le métro de Lisbonne, avec ses 4 lignes – bleue, jaune, verte et rouge –, s'est fixé comme objectif de concevoir ses stations comme des lieux d'expression de l'art portugais. Attardez-vous dans ces authentiques musées que sont les stations Marquês de Pombal, Parque, Picoas, Campo Pequeno, Jardim Zoológico, entre autres.
Il existe 2 zones : coroa L, où se concentrent les points d'intérêt touristique, et coroa 1, en périphérie (stations de Amadora Este, Alfornelos et Odivelas). « Aller-retour » se dit ida e volta.

Les bus
(autocarros ou bus)

Très nombreux, les bus desservent pratiquement toute la ville. La société qui gère les bus et trams s'appelle Carris.

■ **Carris :** ☎ 213-500-115. ● carris.transporteslisboa.pt ●
■ **Points de vente et d'information Carris en ville :** Casa da Sorte Lotarias, praça da Figueira (plan centre détachable, J8, **7** ; tlj sf dim 8h-20h) ; ou Cais do Sodré.

Les bus circulent de 5h30 à 1h environ selon les lignes. Les horaires sont indiqués à chaque arrêt (paragem). Mais attention, le circuit n'est pas rappelé à l'intérieur du bus. L'usage veut que l'on monte par l'avant des bus et des trams. La nuit, fonctionnement de la Rede de Madrugada : quelques lignes de bus relient les principales destinations de la ville entre minuit et 5h ; les numéros de ces bus commencent par 200.

Le tram (eléctrico)

Pour le tracé des tramways ci-dessous, se reporter au plan détachable en fin de guide.

Tramways traditionnels

À la fin de l'été 1901, les Lisboètes inaugurèrent le premier eléctrico reliant Cais do Sodré à Algés. Appartenant à la mémoire de la ville, il en reste quelques-uns, vieux trams rouges ou jaunes en tôle et en bois clair, à l'aspect de boîtes de conserve un rien cabossées, aux frontons desquels s'affichent un chiffre et une destination. Pour avoir une chance d'être assis, mieux vaut éviter les heures de pointe. Ne faites pas comme certains touristes, toujours pressés de monter et doublant tout le monde, sous le regard noir des Lisboètes.
– **Un tramway à ne pas manquer :** le n° 28, qui effectue la traversée des quartiers les plus intéressants sur le plan historique (Bairro Alto, Alfama, Graça). Une balade inoubliable, avec des plongées éperdues qui livrent le soir des points de vue flamboyants sur la ville. Attention, il ne fait pas de boucle, il faut le prendre dans l'autre sens (au terminus ou avant). Ne vous fiez pas non plus aux horaires indiqués aux arrêts, ils ne sont qu'indicatifs et rarement respectés. Souvent pris d'assaut, même hors saison.
– Le **n° 12** fait le tour des collines du castelo et de l'Alfama, sans s'écarter beaucoup du trajet du n° 28 (départ praça da Figueira ou largo do Martim Moniz). Le tram **n° 25,** qui circule entre la casa dos Bicos et Estrela/Prazeres, emprunte une petite partie du parcours du n° 28 mais traverse Lapa et Madragoa ; un complément intéressant pour le retour. Pour aller à Belém, montez donc à bord du tram moderne **n° 15,** et si vous voulez découvrir un dernier tram, prenez le **n° 18** jusqu'au palácio da Ajuda.
ATTENTION, prenez garde aux voleurs et aux pickpockets, qui profitent de votre distraction, surtout dans le n° 28 et dans le n° 15[E], lorsque le tram est bondé, ou qui, en petits groupes, jouent aux touristes dans les files d'attente... La police veille et

arrive souvent à l'improviste, mais ces bandes sont bien organisées ! Il arrive même que l'un d'eux crie « au voleur » pour permettre à ses complices de voir où les mains des voyageurs se portent illico – vieux réflexe – pour vérifier si papiers et argent sont bien en place. Si vous n'y faites pas gaffe, c'est vous-même qui ferez votre malheur. Malin !

Tramways et bus touristiques

Devant le succès du tram à Lisbonne, souvent bondé, pas mal de routards préfèrent le tram touristique, avec une chance de s'asseoir... et de voir quelque chose, sans trop attendre. ● *yel lowbustours.com* ● Plusieurs circuits différents à partir de 10 €. Dans un tram du début du siècle dernier restauré ou dans un bus touristique à étage.

Les funiculaires (ascensores) et les ascenseurs (elevadores)

Miniaturisés, désuets, ils ressemblent à des jouets pour enfant sage du début du XXᵉ s. Ils sont utiles aux Lisboètes et aux touristes pour rejoindre leur pension perchée sur les hauteurs.
– *Ascensor do Lavra* (plan centre détachable, I-J7) : *tlj 7h45 (9h dim)-20h.* Le plus ancien (1884) et le moins connu. Relie les bords de l'avenida da Liberdade aux vieux quartiers à l'est de Restauradores. Il permet d'accéder au jardim do Torrel.
– *Ascensor da Glória* (plan centre détachable, I8) : *lun-ven 7h15-minuit (0h30 ven), sam 8h45-0h30, dim 9h15-minuit.* Frère jumeau du funiculaire do Lavra, il conduit de Restauradores au Bairro Alto, près du miradouro São Pedro de Alcântara. **Méfiez-vous des pickpockets** et des voleurs à la tire à la sortie de ce funiculaire très fréquenté.
– *Ascensor da Bica* (plan centre détachable, H-I9) : *tlj 7h (9h dim)-21h.* Le plus beau (classé Monument national). À la différence des autres, il trace son sillon dans une rue animée et pleine de restos, entre la rua de São Paulo et le Bairro Alto. Ne le manquez pas, le funiculaire est très discret au départ de la rua de São Paulo (dans un passage couvert, il est dissimulé par une grande porte verte).
– **Elevadores** *pour l'Alfama* (plan centre détachable, K9) : *tlj 8h-21h.* Derniers-nés de la ville, ces **2 ascenseurs** permettent de grimper directement au sommet, au pied du château. Autre avantage, ils sont gratuits ! De haut en bas, donc : le 1ᵉʳ ascenseur (« elevador do Castelo ») est situé dans une belle bâtisse rénovée recouverte d'azulejos bleus et jaunes, située rua Franqueiros, 170, en face de la rua da Victoria. Vous arrivez rua da Madalena. L'autre ascenseur est accessible depuis le largo A. Amaro da Costa, en sortant, à gauche, puis à droite (indiqué) puis le largo do Chao da Loureiro, à l'intérieur du supermarché *Pigo Doce* (mêmes horaires). Et vous voilà à deux pas du château !
– **Elevador de Santa Justa** (plan centre détachable, J8-9, **367**) : *tlj 7h30-22h45 (21h oct-fév). Billet 5,15 € ; réduc ; gratuit avec l'option « 1 jour » billet CARRIS / METRO de la carte* Viva Viagem / Sete Colinas *et avec la* Lisboa Card. *Supplément 1,50 € pour le point de vue.* Ne manquez pas ce monument insolite ! L'elevador de Santa Justa fut construit en 1900 pour faciliter l'accès à l'église du Carmo, dans le Chiado, depuis la ville basse. C'est un chef-d'œuvre d'architecture néogothique, et sa silhouette est une remarquable ciselure de fer forgé. Belvédère au-dessus. Point de vue magnifique, surtout la nuit. Voir aussi la rubrique « À voir. À faire » dans les quartiers du Carmo et du Chiado.

Le taxi

La plupart des taxis sont peints en beige clair, d'autres en vert et noir. Bon marché, efficaces et en général de bonne compagnie. Les taxis ont tous un compteur. Prévoir 3 à 7 € pour une course dans le centre-ville. Prise en charge : 3,25 € dans la journée et 3,90 € le soir et le week-end. Supplément bagages : 2 € minimum, quel que soit le nombre de valises. Plusieurs compagnies dont : **Cooptaxis** (☎ 217-932-756), **Rádio Táxis de Lisboa** (☎ 218-119-000) et **Teletáxis**

(☎ 218-111-100). Supplément du fait de l'appel.

Les trains de banlieue

Les trains sont gérés par la CP *(Comboios de Portugal).* Les tickets achetés aux distributeurs automatiques sont à utiliser dans les 2h (au guichet, pas de limite de temps). Voyage gratuit avec la *Lisboa Card.* Réduc avec la carte *Viva Viagem / Sete Colinas.* Achat dans les gares de Rossio, Cais do Sodré et Belém. Elle permet de prendre les trains et les bus pour visiter Lisbonne et les environs. *Rens : ● cp.pt ● pour les trains et ● scotturb.com ● pour les bus.*
Pour faire simple, la ligne de train pour Sintra part de la gare de Rossio, et celle de Cascais via Belém part de Cais do Sodré. Puis bus reliant Sintra à Cascais et au cabo da Roca.

🚆 *Estação do Rossio (plan d'ensemble détachable et plan centre détachable, I-J8) :* Ⓜ *Restauradores ou Rossio.* C'est le terminal des trains pour Sintra. Pratique. Billets en haut de l'escalator. Idéal pour visiter Queluz *(durée 15 mn, ttes les 30 mn)* et Sintra si vous ne voulez pas louer de voiture.

🚆 *Estação de Sete Ríos (plan d'ensemble détachable, D2) :* Ⓜ *Jardim Zoológico.* Départs et arrivées des trains de la compagnie *Fertagus,* reliant les villes au sud du Tage et la péninsule de Setúbal.

🚆 *Estação de Entre Campos (plan d'ensemble détachable, H1) :* Ⓜ *Entre Campos ou Campo Pequeno.* Départs et arrivées des trains de la compagnie *Fertagus,* reliant les villes au sud du Tage et la péninsule de Setúbal.

🚆 *Estação de Roma-Areeiro (plan d'ensemble détachable, J1) :* Ⓜ *Areeiro ou Roma (dans les 2 cas, gare assez loin du métro).* Ici également, départs et arrivées des trains de la compagnie *Fertagus,* reliant les villes au sud du Tage et la péninsule de Setúbal.

🚆 *Estação de Cais do Sodré (plan d'ensemble détachable et plan centre détachable, I10) : à 800 m à l'ouest de la praça do Comércio.* Ⓜ *Cais do Sodré. Trains 5h30-1h30. Pour Cascais, A/R env 5 €. Trajet : 40 mn.* Terminal au départ duquel un train local dessert des hauts lieux de la nuit lisboète (Alcântara, Docas), avant de poursuivre jusqu'à Cascais en passant par Belém, Algés et Estoril. En journée, très pratique aussi pour rejoindre les plages.

Les gares fluviales

Pour se rendre sur l'autre rive du Tage (l'*Outra Banda* ou *Outro Lado*), où la plupart des Lisboètes ont leurs pénates (loyers moins chers), plusieurs embarcadères selon la destination (certains sont provisoires : bien se faire confirmer le lieu de départ à l'office de tourisme). *Infos :* ☎ *808-20-30-50. ● transtejo.pt ●*
Pour une minicroisière à prix modique :

⛴ *Estação fluvial do Cais do Sodré (plan centre détachable, I10) : caché derrière la gare ferroviaire.* Pour Cacilhas, Seixal et Montijo.
➢ *Pour Cacilhas :* départs ttes les 15-30 mn 5h40-1h40. Prix : 2,90 € l'A/R ; réduc avec « Zapping » (voir plus haut « Les cartes de transport »).
➢ *Pour Seixal :* en sem, départs ttes les 30 mn (1h après 20h) 6h35-23h15 ; w-e, départs ttes les heures sam 7h-22h, dim 8h30-21h30.

⛴ *Estação fluvial do Terreiro do Paço (plan centre détachable, K10) : à côté de la praça do Comércio.* Passagers exclusivement.
➢ *Pour Barreiro* (joli hall décoré d'azulejos) *:* départs ttes les 10-30 mn 5h45-2h.
➢ *Pour Montijo :* 1 ou 2 départs/h en sem 6h30-23h15 ; 1 départ/h sam 7h-22h et dim 8h40-21h30.

⛴ *Estação fluvial de Belém (plan détachable Belém).*
➢ *Pour Trafaria et Porto Brandão :* 1 ou 2 départs/h 7h-22h (7h30-21h30 w-e).

– Bateaux touristiques : ☎ *218-824-674 ou 675. ● cruzeirostejo.com ● Différents circuits. Départ*

COMMENT SE DÉPLACER ? | 71

de l'estação fluvial do Terreiro do Paço (praça do Comércio). Réduc de 20 % avec la Lisboa Card ; réduc 6-12 ans et plus de 65 ans. Du 1er avril au 31 octobre, des bateaux touristiques parcourent le fleuve en offrant des vues inédites sur les collines de Lisbonne.

Le vélo

La topographie de la ville aux sept collines ne se prête pas vraiment au cyclisme, sans compter que le pavage d'un grand nombre de rues rend la circulation inconfortable, notamment s'il a plu. Cela dit, pour les adeptes du *mountain bike,* ça peut être sportif. D'autre part, des pistes cyclables ont été aménagées le long du Tage à partir de Cais do Sodré, et dans le parque das Nações. Pour les locations de vélos, se renseigner auprès des offices de tourisme.

La voiture

Si vous avez loué une voiture pour circuler en ville, annulez votre réservation ! Éviter de rouler en voiture. Sont fous, ces Lisboètes, mais ils savent où stationner sans avoir de PV. Gare à la fourrière, sinon, vous êtes bon pour le *reboque.* Pour les irréductibles, sachez que les horodateurs peuvent être approvisionnés pour 3h max. Les parkings en centre-ville peuvent coûter jusqu'à 40 € pour 24h. La voiture s'avérera en revanche assez pratique pour sillonner les alentours (mais pas obligatoire).
Les principaux loueurs sont présents à l'intérieur de l'aéroport, à droite après le hall d'arrivée.

■ *Hertz :* ☎ *219-426-300 (à l'aéroport).* ● *hertz.com.pt* ● Dispose d'un guichet à l'aéroport et d'une agence en centre-ville.
■ *Europcar :* ☎ *219-407-790. Gare do Oriente, av. D. João II :* ☎ *218-946-071. Aéroport :* ☎ *218-401-176.* ● *europcar.pt* ●
■ *Avis :* ☎ *218-435-550 (à l'aéroport).* ● *avis.com.pt* ● Dispose d'un guichet à l'aéroport et de plusieurs agences à Lisbonne.

Découvrir Lisbonne autrement

■ *Lisbonne à pied :* 🖥 *961-164-296.* ● *info@lisbonneapied.com* ● *lisbonneapied.com* ● *Compter 110-120 €/famille (2 adultes + 3 enfants) ; 20-60 €/pers selon groupe ; réduc enfants ; réduc supplémentaire de 10 % sur présentation de ce guide.* Cette association de jeunes guides français amoureux de Lisbonne propose des visites guidées individualisées dans les quartiers les plus intéressants de la ville : les ruelles pittoresques de l'Alfama, le quartier animé du Chiado et celui de Baixa. Ces visites hors des sentiers battus vous permettront de vous imprégner de l'ambiance lisboète. Visite de 3h environ, bourrée d'anecdotes surprenantes pour mieux connaître Lisbonne et les Portugais.
■ *Lisbon Walker (plan centre détachable, L8, 12) : rua dos Remédios, 84.* ☎ *218-861-840.* ● *info@lisbon walker.com* ● *lisbonwalker.com* ● *Infos, dates et horaires sur leur site internet ou par tél. Billet : 20 € ; réduc.* Une jeune association lisboète qui organise des visites guidées à pied, en français (seulement 3 balades dispo) ou en anglais. Pour les francophones, nécessité de constituer un groupe de 6 personnes minimum et de réserver à l'avance. Thèmes très variés : « Tour révélation de Lisbonne », « La vieille ville », « Lisbonne des découvertes »… Promenades faciles (environ 2h). Rendez-vous et départs de la praça do Comércio en face de l'office de tourisme, près de la rua do Arsenal.
■ *Lisbonne Âme Secrets : résa nécessaire au* 🖥 *963-967-967.* ● *resa@ lisbonne-ame-secrets.com* ● *lisbonne-ame-secrets.com* ● *Départs tlj à 10h et 15h30.* Promenades guidées (en français) de 3h30 *(20 €/pers)* dans les quartiers de l'Alfama, de Graça, de Mouraria et de Pena. Groupes de 8 personnes maximum. Visite de l'Alfama très bien faite, pour apprécier et comprendre la vie du quartier.
■ *En tuk-tuk :* ☎ *213-478-103.* 🖥 *910-161-637.* ● *tuktuk.lisboa@ gmail.com* ● *tuk-tuk-lisboa.pt* ● *Départ*

INFOS PRATIQUES SUR PLACE

72 | INFOS PRATIQUES SUR PLACE

depuis l'esplanade du miradouro de Santa Luzia. Durée : de 30 mn à 3h. Compter env 25-55 € (le prix est le même quel que soit le nombre de passagers). À l'image des *tuk-tuk* en Asie, le triporteur, équipé d'un moteur de moto, peut contenir jusqu'à 6 passagers, et se propose ici en véhicule de promenade.

■ *À scooter : Scooter Lisbon (plan centre détachable, F10, 13), av. 24 de Julho, 90 A.* 🖬 *912-979-749.* ● *lisbons cooter.com* ● Compter 25-30 €/j. Une adresse pour louer un scooter.

■ *À Segway (location ou visite guidée) : Lisbon by Segway (plan centre détachable, K9, 14), rua dos Douradores, 16.* ☎ *210-965-030.* ● *lisbon bysegway.com* ● Ⓜ *Baixa-Chiado. Visites guidées à partir de 35 € (tours de 1 à 3h).* La mode des Segway est aussi arrivée à Lisbonne. Il s'agit d'une sorte de trottinette propulsée par une batterie électrique, dirigée par une personne, et dont la seule difficulté est de trouver son équilibre (on s'y tient debout). Les adeptes circulent souvent en groupe.

LISBONNE QUARTIER PAR QUARTIER

BAIXA ET ROSSIO 73	SANTOS, DOCAS (LES DOCKS) ET LX FACTORY...........103	DA LIBERDADE ET DE SANT'ANA.........114
BAIRRO ALTO, CHIADO ET CAIS DO SODRÉ.......83		ALFAMA, CASTELO DE SÃO JORGE, MOURARIA ET GRAÇA........124
MADRAGOA, LAPA, CAMPO DE OURIQUE,	QUARTIERS DE RATO, DE L'AVENIDA	

C'est au cœur de la Ville blanche que commence la balade, par les quartiers les plus célèbres (Baixa, Rossio, Chiado, Bairro Alto), en attendant de reprendre des forces pour remonter l'avenida da Liberdade et grimper les rues de l'Alfama jusqu'au pied du *castelo* et voir Lisbonne d'en haut.

BAIXA ET ROSSIO

- **À voir. À faire.................80**
  - Praça Dom Pedro IV
  - Igreja do convento de São Domingos
  - Praça da Figueira
  - Hospital das Bonecas
  - Le quartier de la Baixa
  - Le grand magasin Pollux
  - Núcleo arqueológico da rua dos Correeiros
  - Museu do Design e da Moda, MUDE
  - Arco da rua Augusta
  - Praça do Comércio
  - Lisboa Story Centre
  - Museu da Cerveja
  - Viniportugal
  - Promenade piétonne le long du Tage
  - Croisières sur le Tage

La Baixa, c'est un peu la vallée de Lisbonne, à l'ombre des collines du Chiado, de l'Alfama et du *castelo*. Ce quartier constitue une pièce essentielle sur la carte de la ville. Limitée au nord par le Rossio et au sud par le Tage, fleuve mythique se jetant dans l'océan Atlantique, voici donc la partie la plus basse et plate de la capitale.

La Baixa forme un grand rectangle urbain, fruit de la reconstruction de la ville par le marquis de Pombal après le terrible tremblement de terre de 1755. Les rues se coupent à angle droit et présentent un côté fonctionnel, qui séduisit les francs-maçons du Siècle des lumières. Aujourd'hui, c'est un heureux mélange d'appartements et de bureaux, de petits commerces et de vie de quartier. Pour un voyageur, c'est aussi l'un des endroits pour poser son sac dans l'une des pensions bon marché.

Où dormir ?

De très bon marché à prix moyens

Certaines des adresses suivantes offrent 2 types d'hébergement : des lits en dortoir dans la catégorie « Très bon marché » et des chambres doubles de « Bon marché » à « Prix moyens ».

Auberges de jeunesse et hostels

🏠 ***Golden Tram 242*** *(plan centre détachable, J9, 30)* **:** *rua Áurea, 242.* ☎ *213-229-100.* • *goldentram242.lisbonnehostel@gmail.*

LISBONNE QUARTIER... / BAIXA ET ROSSIO

com ● goldentram242lisbonnehostel. com ● Dortoirs 4-10 pers env 14-25 €/ pers ; doubles 32-55 € ; petit déj en sus. 🖥 📶 Grande AJ moderne très colorée, toute fraîche et pimpante. Des dortoirs de 4 à 10 lits avec salles de bains communes, mais aussi quelques chambres doubles avec salle de bains privée. Chaque niveau a une couleur. Au 1er étage, une grande salle commune, tout aussi lumineuse et colorée, avec cuisine et bar. Le tout est très propre et l'accueil vraiment chaleureux. Une vraie pépite !

🛏 **Yes Lisbon Hostel** (plan centre détachable, J9, **31**) : rua de São Julião, 148. ☎ 213-427-171. ● info lisbon@yeshostels.com ● yeshostels. com ● Ⓜ Baixa ou Chiado. Dortoirs 16-25 €/pers ; 1 double 50-66 € selon saison ; petit déj inclus. 🖥 📶 Proche du musée du Design et du Tage, cette AJ est une excellente adresse, arrangée de façon à la fois fonctionnelle et design. Toujours beaucoup de jeunes, pensez donc à réserver. À l'entrée, grand bar en U avec la réception attenante. Accueil dynamique. Les dortoirs pour filles ou mixtes (4, 5 et 6 lits) ont les toilettes à l'intérieur ou sur le palier. Pour plus d'intimité, il y a aussi une chambre double. Repas possible sur place, cuisine à disposition, sorties organisées à Lisbonne ou dans les environs. Une extension est prévue en 2018 ; prévenez-nous !

🛏 **Living Lounge Hostel** (plan centre détachable, J9, **32**) : rua do Crucifixo, 116 ; 2º. ☎ 213-461-078. ● info@ livingloungehostel.com ● lisbonloun gehostel.com ● Selon saison, dortoirs 2-8 lits 12-24 €/pers, doubles sans sdb 40-64 €, petit déj inclus. 🖥 📶 Un de nos coups de cœur. Chaque chambre a une déco particulière : nos préférées ont de l'herbe artificielle sur les murs, les traces d'une scène de crime ou tous les ingrédients d'un(e) fadista convaincu(e). Salon commun très sympa avec son siège de coiffeur, son jeu d'échecs escamotable, ses larges sofas et la grande table pour le petit déj (excellent). Très bon accueil. Cuisine à dispo, repas (payant) fait maison tous les soirs si vous le souhaitez, et vélos à louer.

🛏 **Lisbon Lounge Hostel** (plan centre détachable, J9, **33**) : rua de São Nicolau, 41 ; 1º. ☎ 213-462-061. ● info@ lisbonloungehostel.com ● lisbonloun gehostel.com ● Selon saison, dortoirs 4-8 lits 12-26 €/pers, doubles sans sdb 48-64 €, petit déj inclus. 🖥 📶 Même proprio que le Living Lounge Hostel. Ambiance jeune et agréable. Grand salon pour surfer ou écouter de la musique lounge (ah, c'est ça le nom !). Une soixantaine de lits sur 4 étages. Chambres bien décorées, colorées, propres et fonctionnelles. Casiers à clé. Salles de bains bien équipées et nickel. Cuisine à dispo. Repas (payant) organisé tous les soirs par le cuisinier de la maison. On va vous chouchouter !

🛏 **Travellers House** (plan centre détachable, J9, **34**) : rua Augusta, 89 ; 1º. ☎ 210-115-922. ● info@travellers house.com ● travellershouse.com ● Selon saison, dortoirs 4-6 lits 16-27 €/ pers, doubles sans sdb 50-80 €, petit déj inclus. 📶 Une AJ privée, centrale, pimpante à souhait avec ses parquets bien cirés, musique cool et poufs pour se reposer. Les dortoirs sont impeccables, équipés de couettes douillettes et de coffres individuels pratiques (tous dotés d'un petit coffre-fort). Jolie cuisine à disposition. Quant aux doubles, toutes à la déco différente et soignée, il faut réserver. Dispose aussi des studios pour les familles. Petite terrasse sur le toit. Une adresse jeune qui ne manque pas de charme !

🛏 **Lisbon Story Guesthouse** (plan centre détachable, J9, **35**) : largo São Domingos, 18 S/L ; 1º. ☎ 218-879-392. ● info@lisbonstoryguesthouse. com ● lisbonstoryguesthouse.com ● Doubles sans ou avec sdb 40-120 € selon saison, petit déj inclus. Possibilité de chambres familiales. CB refusées. 📶 Une dizaine de chambres toutes différentes, certaines plus petites que d'autres (demander à voir si possible). 5 ont même leur propre salle de bains. Déco très colorée, composée d'objets chinés et de motifs très modernes et originaux. Salon commun assez cosy et élégant. Café à disposition. Une adresse avec un bon esprit.

🛏 **Rossio Hostel** (plan centre détachable, J8, **36**) : calçada do Carmo, 6 ; 2º. ☎ 213-426-004. ● rossiohostel@

OÙ DORMIR ? | 75

hotmail.com ● rossiohostel.com ● Selon saison, dortoirs 2-4 lits 15-24 €/pers, doubles sans sdb 40-80 €, petit déj inclus. Séjour min de 2 nuits. 🖥 📶 Hyper central, à deux pas de l'arrêt Rossio de l'Aero-Bus, ce n'est qu'un des atouts d'une adresse qui les collectionne. Parquetés, les dortoirs et les chambres sont de tailles modestes mais toujours clairs et coquets, avec parfois vue sur la place. Salles de bains correctes. Les espaces communs tirent le meilleur profit de cet immeuble classique : poutres apparentes, grandes fenêtres, salon avec banquettes, poufs et écran ciné pour mater la télé, vraie salle à manger et cuisine où rien ne manque, pas même les boissons chaudes gratuites. Organisation de sorties dans Lisbonne. Accueil top. Bref, un modèle d'*hostel* !

🏠 **Home Lisbon Hostel** (plan centre détachable, K9, **37**) : rua de São Nicolau, 13 ; 2°. ☎ 218-885-312. ● info@mylisbonhome.com ● mylisbonhome.com ● Dortoirs 4-8 lits 12,50-24 €/pers selon saison, petit déj inclus. 🖥 📶 Ambiance définitivement routarde pour cette adresse qui cumule sympathie et décontraction. Parfois un peu en désordre quand les autres routards ne prennent pas soin de l'espace commun. Cuisine et petite terrasse sur l'arrière. Grand salon agréable à vivre. Accueil souriant.

Hôtels et pensions

🏠 **Pensão Praça da Figueira** (plan centre détachable, J8, **39**) : travessa nova de São Domingos, 9 ; 2°. ☎ 213-424-323. ● pensaofigueira@clix.pt ● pensaopracadafigueira.com ● Doubles 35-97 € selon confort et saison, suites 5 pers 125-150 €, petit déj inclus. 📶 Apéritif ou petit déj offert sur présentation de ce guide. Confortable pension (AC ou ventilo, TV) à la déco simple. Chambres avec ou sans salle de bains. On peut choisir l'une de celles du 2ᵉ étage, avec la vue sur la praça da Figueira ou sur la rue piétonne à l'arrière (moins lumineux mais plus calme). Accueil charmant.

🏠 **Pensão-residencial Gerês** (plan centre détachable, J8, **35**) : calçada do Garcia, 6 ; 1° et 2°. ☎ 218-810-497. ● residencial-geres.lisbon-hotel.org/

fr/ ● À 150 m du métro pour l'aéroport (lignes verte puis rouge). Selon saison, doubles sans ou avec douche 45-60 €, pour 3 pers 60-75 € et pour 4 pers 80-85 € ; pas de petit déj. 🖥 📶 Vieille maison à l'intérieur soigné et bien tenu. Joli corridor aux murs en partie couverts d'azulejos. Les chambres sont plus anonymes, un rien étroites et sombres, et les oreillers et matelas sont très durs !

De plus chic à très chic

Ne boudez pas certaines des adresses de cette catégorie, qui peuvent offrir de bons prix en basse saison.

🏠 **Lisboa Prata Boutique-Hôtel** (plan centre détachable, J9, **42**) : rua da Prata, 116. ☎ 218-805-020. ● reservations@lpboutiquehotel.com ● lpboutiquehotel.com ● Doubles env 92-180 € selon catégorie et saison ; petit déj en sus. 🖥 📶 Hôtel de charme dans une belle bâtisse du XVIIIᵉ s. Chambres à la déco raffinée, dont certaines avec balcon. Les moins chères sont un peu petites, mais toutes ont un confort parfait. Petit salon cosy, avec sol vitré sur les anciennes fortifications romaines. On l'apprécie aussi pour son emplacement stratégique et pour son personnel avenant.

🏠 **158 Lisbon Short Stay** (plan centre détachable, J9, **43**) : rua dos Sapateiros, 158. ☎ 211-931-646. ● info@lisbonshortstay.com ● lisbonshortstay.com ● Loc à la nuit ou à la sem : studios équipés 2 pers 60-130 €/j. ou apparts 2-4 pers 140-190 € selon taille et saison ; pers supplémentaire 25 €. 📶 Un immeuble en plein centre proposant des studios indépendants à la décoration très contemporaine, béton ciré pour certains et couleurs pétaradantes pour d'autres. Kitchenette simple mais bien aménagée. Terrasse au sommet de l'immeuble avec une vue sur l'*elevador*, le château et le Tage. On adore ! Resto-bar au rez-de-chaussée, musique live, mais aucun danger côté bruit.

🏠 **My Story Rossio** (plan centre détachable, J8, **36**) : praça Dom Pedro IV. ☎ 213-400-380. ● mystoryhotels.com ● Doubles 97-277 €. 📶 On entre dans un petit *lobby*, mais les chambres

LISBONNE QUARTIER PAR QUARTIER

LISBONNE QUARTIER... / BAIXA ET ROSSIO

sont hyper confortables, plus ou moins grandes, très colorées et modernes (bois, moquettes flashy, métal), avec plein de petits gadgets. La télé se cache, des tablettes sont mises à disposition, de même que des produits Rituals dans les salles de bains. Double vitrage (parfait pour les chambres qui donnent sur la place). Très bon accueil.

🏠 *Tesouro da Baixa by Shiadu* (plan centre détachable, J8, **41**) **:** *rua Dom Duarte, 3.* ☎ *218-062-096.* ● *info@ shiadu.com* ● *shiadu.com* ● *Doubles 77-266 € selon période et type de chambre, petit déj-buffet copieux compris.* 🖥 🛜 Un boutique-hôtel dans une bâtisse du XIXe s de style pombalin, avec ses balcons en fer forgé et ses 33 chambres pleines de charme, pas bien grandes mais toutes décorées avec des meubles et des objets vintage. Tout confort. La suite sera idéale pour une nuit unique, avec ses hauts plafonds ouvragés. Grande salle commune pour le petit déj avec canapés Chesterfield et le parquet qui craque juste ce qu'il faut. Belles vues sur la ville. Hélas, l'accueil n'est pas à la hauteur des lieux.

🏠 *Hotel Metropole* (plan centre détachable, J8, **44**) **:** *praça Dom Pedro IV, 30 ; 1º.* ☎ *213-219-030.* ● *metropole@ almeidahotels.pt* ● *metropole-lisbon. pt* ● *Doubles 80-240 € selon saison,* *petit déj-buffet compris.* 🖥 🛜 Au cœur de la ville basse, pas loin des moyens de transport. Bien visiter sa chambre, certaines sont plus vieillottes que d'autres et mériteraient une petite rénovation. Les plus belles donnent sur la place.

🏠 *Hotel Lisboa Tejo* (plan centre détachable, J8, **45**) **:** *poço do Borratém, 13.* ☎ *218-866-182.* ● *lisboatejohotel. com* ● ♿ *Doubles 58-100 € selon saison, petit déj copieux inclus ou pas selon prix de la chambre.* 🖥 🛜 Un bel hôtel redécoré, installé dans une bâtisse ancienne. Les chambres spacieuses et confortables, à la déco soignée et personnalisée, jouissent des qualités de leur catégorie (AC, TV, services...). Accueil adorable et d'une grande disponibilité.

🏠 *Internacional Design Hotel* (plan centre détachable, J8, **46**) **:** *rua da Betesga, 3.* ☎ *213-240-990.* ● *book@ idesignhotel.com* ● *idesignhotel.com* ● ♿ *Doubles 133-300 € selon taille et saison.* 🛜 *(réception).* Plusieurs ambiances pour cet hôtel design : *urban, zen, tribal, pop,* avec déco, sons et odeurs adaptés à chaque étage ! Lignes épurées, jeux des matières, et tout le confort nécessaire (AC, TV, machines à expresso, etc.). Belle vue sur la place du Figuier pour certaines chambres (avec double vitrage).

Où manger ?

Très bon marché

🍴 *Sacolhina* (plan centre détachable, I9, **122**) **:** *rua Paiva de Andrada, 8-12. À deux pas de l'animation de la praça Camoes. Tlj 8h-21h. Salades 5,50-7 €, sandwichs et soupes 3-4 €.* Enfin une antenne de cette fameuse boulangerie-pâtisserie-snack de Cascais. Quelques tables pour se poser et admirer les nombreux desserts en devanture. La spécialité de la maison est le *Bolas de Berlim*, un gâteau fourré à la crème. Salades et sandwichs sont tout aussi appétissants. Bon rapport qualité-prix.

🍴 *Buffet do Leão* (plan centre détachable, J8, **123**) **:** *rua Iº de Dezembro, 93.* ☎ *213-426-195.* ● *leao_douro@ sapo.pt* ● *Tlj 12h-23h. Menu déj en sem* *7,40 € ; plus cher soir et w-e.* « Mangez autant que vous voulez », tel est le slogan de ce resto-buffet à volonté. La cuisine y est de qualité, et c'est bien là le point fort de cette adresse. Les légumes sont frais et les grillades savoureuses. Toutefois, quelques déconvenues.

🍴 *A Tendinha* (plan centre détachable, J8, **124**) **:** *praça Dom Pedro IV. Lun-ven 7h-19h.* Une minuscule *tasca* pour manger debout et sur le pouce dans un cadre qui a gardé depuis 1840 un petit quelque chose sinon des fastes, du moins de la place d'antan. Quelques tables en terrasse.

🍴 🍷 *Casa das Bifanas* (plan centre détachable, J8, **125**) **:** *praça da Figueira, 7 A. Tlj sf dim 6h30-minuit.*

PÂTISSERIES, CAFÉS ET SALONS DE THÉ | 77

Bon choix salé-sucré, très bien pour boire un verre ou prendre le petit déj sur la terrasse au soleil le matin. Bonne soupe de poissons. Service aimable. Serveurs efficaces, et tout aussi sympas avec les touristes qu'avec les habitués.

I●I Tao *(plan centre détachable, K9, 126)* : *rua dos Douradores, 10.* ☎ *218-850-046. Tlj sf dim et lun soir 12h30-15h30, 19h-21h30. Menus 4-7 €. Eau et salade offertes sur présentation de ce guide.* Dans une rue calme, une cantine placée sous le signe de la sagesse orientale. On prend son plateau et on choisit au comptoir parmi les différents plats proposés. Cuisine naturelle, simple et plutôt bonne (même si un peu « fatiguée » et froide en fin de journée !) : salades, tartes, plats de légumes, beignets...

I●I Nicolau *(plan centre détachable, K9, 37)* : *rua de São Nicolau, 17.* ☎ *218-860-312. Lun-sam 9h-20h, dim 10h-19h. Brunch 12 €.* Le café couvert de céramiques vert d'eau du *Home Lisbon Hostel* (voir plus haut) propose un brunch toute la journée, des petits déj bien costauds (toasts épais, jus *healthy*), des salades, des tartes et... sa petite terrasse, vite prise d'assaut. Ne désemplit pas.

I●I A Merendinha do Arco *(plan centre détachable, J8, 127)* : *rua dos Sapateiros, 230.* ☎ *213-425-135. Lun-ven 8h-22h, sam 8h-15h. Plats 9-12 €.* À quelques pas de la praça da Figueira et face à un *peep show,* un resto traditionnel dans son jus et sans chichis, où l'on mange à touche-touche avec une clientèle d'habitués. Poissons, viandes grillées, légumes, soupes, tout y est.

I●I Ena Pai *(plan centre détachable, J8, 128)* : *rua dos Correeiros, 180-182.* ☎ *213-421-759. Tlj 12h-16h, 18h-23h. Menu 12 €.* 📶 Petite adresse typique, comme on les aime, fière

d'être dans le *Routard* et installée au calme dans une petite rue piétonne avec terrasse. Spécialités de poisson, très frais et bien cuisiné pour un prix assez doux.

De bon marché à prix moyens

I●I Pizzaria Lisboa *(plan centre détachable, I9, 129)* : *rua dos Duques de Bragança, 5 H.* ☎ *211-554-945.* ● *pizzarialisboa.pt* ● *Lun-sam 12h30-15h, 19h-minuit (sans interruption sam) ; dim et j. fériés 12h30-23h. Résa conseillée. Pizzas 8-15 €, plats 8-14 € ; repas env 20 €.* Il s'agit d'une sorte d'annexe du resto chic (situé juste à côté et plus cher) du chef José Avillez, valeur montante de la gastronomie portugaise. Mais ici les prix sont plus démocratiques ! Voici donc une petite table de grand chef à prix doux. Dans une salle voûtée joliment décorée, on déguste des pizzas savoureuses (comme l'« Extravagante » à partager) et des plats italiens (*pasta,* risottos).

I●I Leão d'Ouro *(plan centre détachable, J8, 132)* : *rua 1º de Dezembro, 105.* ☎ *213-426-195.* ● *leao_douro@sapo.pt* ● *À côté de Buffet do Leão (voir plus haut). Tlj midi et soir. Plats 14-25 € (homard 70-75 €). Apéritif offert sur présentation de ce guide.* Grande brasserie à deux pas de la praça Dom Pedro IV. Spécialités de poisson, jambons suspendus au comptoir, *cataplana* de poisson et fruits de mer. Grande salle haute de plafond, tables en bois et azulejos sur les murs. *Cataplana* délicieux, poissons frais que l'on peut choisir à l'entrée, et excellentes charcuteries pour les aficionados ; on peut même goûter le fameux *pata negra* ! Service brasserie agréable. Soirée fado en principe le mercredi à 20h.

Pâtisseries, cafés et salons de thé

🍷 **I●I Confeitaria Nacional** *(plan centre détachable, J8, 250)* : *praça da Figueira, 18 B.* ☎ *213-424-470.* ● *info@confeitarianacional.com* ● *Tlj 8h-20h. Repas 16-22 € (sans boisson). Espace non-fumeurs. Apéritif maison*

offert sur présentation de ce guide. Fondée en 1829, cette vieille maison, toujours à l'effigie de Baltazar Castanheiro, a fêté ses 180 ans. Une jolie bonbonnière en laque crème, avec des formes arrondies, des miroirs courbes et des serveuses en tenue classique. Un lieu idéal pour papoter entre amis. Demander les *torradas,* ces grosses tranches de pain de mie servies grillées et tartinées de beurre salé, que l'on mange à 16h avec un chocolat chaud ou un thé. Sert aussi des repas le midi (self).

☕ |●| **Casa Chinesa** *(plan centre détachable, J8, 251)* **:** *rua Áurea, 278.* ☎ *213-423-680. Tlj sf dim 7h-20h.* Depuis 1866, cette pâtisserie torréfie les meilleurs cafés d'Afrique et du Brésil, qu'on vient déguster debout, accoudé à des zincs rutilants, ou acheter par kilos entiers. Ici, on boit suavement son *carioca* de café qu'on agrémente, bien sûr, d'un *bolo de mel*

da Madeira... Petits snacks très frais le midi (spécialités de *folar* de Chaves, fourrés à la viande), et possibilité d'y prendre le petit déj.

☕ |●| **Pastelaria Suiça** *(plan centre détachable, J8, 252)* **:** *praça Dom Pedro IV, 96-104. Tlj 7h-21h.* Immense pâtisserie au service stylé, avec 2 grandes terrasses, à l'arrière et à l'avant, dont l'une est forcément toujours au soleil ! Vrais chocolats chauds épais et délicieux jus de fruits. Petite restauration salée et pâtisseries succulentes. Un peu plus cher en terrasses qu'à l'intérieur, mais elles sont prises d'assaut par les touristes aux beaux jours !

Où boire un verre ?

Ginjinhas, buvettes

Pour avaler prestement une liqueur aux cerises macérées ou une infusion de plantes, petits remontants indispensables à la vie des Lisboètes, rendez-vous selon votre humeur largo São Domingos, rua das Portas de Santo Antão, ou même rua Barros Queirós et rua da Mouraria. On y boit debout dans les buvettes ou sur le trottoir. À la façon d'une station-service, on y recharge les batteries, et en route pour de folles enjambées en direction de la *ginjinha* suivante...

🍸 **A Ginjinha** *(plan centre détachable, J8, 270)* **:** *largo São Domingos, 8. Tlj 9h-22h.* Admirez en entrant les peintures sur les contrevents de la buvette, dans le style savoureux de la Belle Époque : homme à panama, femme en crinoline, le verre à la main. Pas la peine de parler portugais, le geste suffit pour se faire remplir un peu plus qu'un dé de liqueur, avec une ou deux petites cerises. Allez boire sur le trottoir, comme tout un chacun.

Bars design

🍸 **A Outra Face da Lua** *(plan centre détachable, J8-9, 271)* **:** *rua da Assunção, 22.* ☎ *218-863-430.* ● *baixa@aoutrafacedalua.com* ● *Tlj sf dim 10h-20h.* 🛜 « L'autre face de la Lune » n'est

pas dans l'ombre mais dans la lumière de la créativité. Voici un bar-boutique doublement à la mode, où l'on peut boire un verre parmi les collections de vêtements anciens redessinés par Carla Belchior, une créatrice toujours très tendance. Terrasse aux beaux jours au milieu de la rue. Pour plus de détails, voir plus loin la rubrique « Achats ».

🍸 🎵 **Ministerium** *(plan centre détachable, K9, 272)* **:** *Terreiro do Paço, Ala Nascente, 72-73.* ☎ *218-888-454.* ● *ministerium.pt* ● *facebook.com/ MinisteriumClub* ● C'est l'exemple type des nouveaux bars-clubs qui ont vu le jour depuis la rénovation de l'aile est *(ala nascente)* de la praça do Comércio (aussi appelée Terreiro do Paço). *Ministerium ?* Parce qu'il y avait et il y a encore des bureaux des ministères dans les bâtiments au-dessus des arcades. La salle intérieure de ce bar est design, la terrasse agréable, les jus de fruits sont naturels. À l'arrière, club musical branché *(le w-e slt).*

Cafés littéraires

🍸 **Martinho da Arcada** *(plan centre détachable, K9, 273)* **:** *praça do Comércio, 3.* ☎ *218-866-213. Tlj sf dim 8h-22h.* Véritable monument historique datant de 1782. C'est ici que

Fernando Pessoa avait ses habitudes en sortant du bureau où il travaillait. Une petite salle de bar-cantine où l'on peut manger au comptoir et une grande salle aux boiseries anciennes, tables de marbre, nappes blanches et photos de Pessoa et de plusieurs écrivains sur les murs. Le Prix Nobel José Saramago et l'écrivain brésilien Jorge Amado y sont venus pour des causeries littéraires, et même des politiques comme Mário Soares ou Álvaro Cunhal. Également une terrasse sous les arcades.

🍴 **Café Nicola** *(plan centre détachable, J8, 274)* : *praça Dom Pedro IV, 24. ☎ 213-460-579. Lun-ven 8h-23h, sam 10h-22h.* Un des grands cafés de la capitale. Ouvert au XVIIe s, il fut l'un des premiers cafés de Lisbonne, connu sous le nom de *Nicola's Tavern*. En 1929, la façade extérieure a été refaite dans le style Art nouveau. Les peintures intérieures datent de 1935. Aujourd'hui, *Nicola* reste un monument culturel, avec, dans la salle du fond, la statue de Barbosa du Bocage, un poète portugais d'origine française, qui était un habitué du café. Incontournable. Il s'est même agrandi, proposant une annexe, plus tranquille, dans la rue parallèle *(rua 1º de Dezembro)*.

Achats

À boire et à manger

⚜ **Napoleão** *(plan centre détachable, K9, 330)* : *rua dos Fanqueiros, 70. ☎ 218-872-042. Tlj sf dim 9h30-20h (12h-19h en été).* Non, ce n'est pas un musée à la gloire de Napoléon mais 2 belles boutiques-œnothèques qui se font face de part et d'autre de la route, à la limite de la Baixa et de l'Alfama. Spécialisée dans les vins du Portugal, cette enseigne propose une très grande variété de crus. Les prix sont bien affichés et l'accueil est dynamique. N'hésitez pas à demander conseil aux vendeurs.

⚜ **Manuel Tavares** *(plan centre détachable, J8, 331)* : *rua da Betesga, 1 A/B. ☎ 213-424-209. ● manueltavares.com ● Tlj sf dim 9h30-19h30.* Une charcuterie de la Baixa qui a fêté ses 150 ans en 2010. Sorte de caverne d'Ali Baba où vous trouverez aussi bien du chorizo de l'Alentejo que du jambon, des fromages de pays, sans oublier les vins, la fameuse marmelade de coings, et même des dragées maison.

⚜ **Mundo Fantastico da Sardinha Portuguesa** *(plan centre détachable, J8, 44)* : *praça Dom Pedro IV, 37 à 41. Tlj 10h-21h.* Des sardines en boîte par milliers dans un cadre de fête foraine avec grande roue miniature, théâtre et manège ! Le must : repartir avec la boîte de son année de naissance.

De la tête aux pieds

⚜ **A Outra Face da Lua** *(plan centre détachable, J8-9, 271)* : *rua da Assunção, 22. ☎ 218-863-430. ● aoutrafacedalua.com ● Tlj sf dim 10h-20h.* L'idée de base de ce magasin de *vintage clothing* (vêtements anciens et rétro) est maligne : repenser, revoir et améliorer des vestes, des chemises, des gilets des années 1960-1970. Grâce à la baguette magique de Carla Belchior, cette styliste lisboète inspirée.

⚜ **Typographia** *(plan centre détachable, J9, 332)* : *rua Augusta, 93. ☎ 213-463-156. Tlj 10h-21h.* La crème des designers portugais s'est amusée à créer des tee-shirts funky. Pour environ 18 €, un souvenir unique, coloré et à porter !

⚜ **Chapelaria Azevedo** *(plan centre détachable, J8, 333)* : *praça do Rossio, 69, 72 et 73. ☎ 213-427-511. Tlj sf dim 9h-19h (13h sam).* Depuis 1886, toutes les têtes bien nées ou bien faites de Lisbonne sont passées par là. Du borsalino au panama en passant par la voilette ou le chapeau à plumes, il y en a pour tous les goûts.

Antiquités, artisanat, art

⚜ **Santos Ofícios** *(plan centre détachable, K9, 334)* : *rua da Madalena, 87. ☎ 218-872-031. ● santosoficios@santosoficios-artesanato.pt ● Tlj sf dim 10h-20h.* Le rendez-vous des

80 | **LISBONNE QUARTIER... / BAIXA ET ROSSIO**

amateurs d'art populaire, fidèle au poste autant qu'à lui-même depuis des années déjà. On aime bien ces objets de la vie quotidienne du nord du pays... et toutes ces plaques émaillées du *Routard* !

À voir. À faire

🎬🎬 *Praça Dom Pedro IV (plan centre détachable, J8) :* plus communément appelée le ***Rossio,*** c'était déjà le cœur de la ville au Moyen Âge, l'endroit des fêtes et des autodafés. Bordée de grands cafés à terrasses et par le Théâtre national, elle reste aujourd'hui le cœur battant de la vie lisboète et le point de ralliement des manifestations politiques. C'est sur cette place qu'un fleuriste aurait offert un bouquet d'œillets à un soldat, le 25 avril 1974, en signe de victoire contre la dictature. Ce geste s'est

> ### ATTENTION, UN ROI PEUT EN CACHER UN AUTRE !
>
> *Admirez la statue de Dom Pedro IV qui est au cœur du Rossio. En fait, l'artiste français chargé de sculpter le roi en bronze s'est contenté d'envoyer à sa place une statue de Maximilien, l'empereur du Mexique, qui devait traîner dans son atelier. Il faut dire que le règne de Maximilien fut court. On le fusilla au bout d'à peine 3 ans. De toute façon, si on ne vous l'avait pas dit, vous ne l'auriez même pas remarqué !*

vite répété dans la foule en liesse, donnant son nom à la révolution des Œillets.

– ***Teatro nacional Dona Maria II** (théâtre national Dona Maria II ; plan centre détachable, J8) : sur la place.* ☎ 213-250-800. ● *teatro-dmaria.pt* ● Inauguré en 1846, à l'emplacement d'un ancien palais royal, dans le but « d'élever et d'améliorer la moralité de la nation ». Petit café *Garrett* au rez-de-chaussée, dans une déco minimaliste mais agréable, et sympathique terrasse.

– Au n° 24, le *Café Nicola,* vieux café littéraire de Lisbonne, avec une terrasse aux beaux jours (voir plus haut la rubrique « Où boire un verre ? »).

– Au n° 73, vieux magasin de chapeaux, la *Chapelaria Azevedo* (voir plus haut la rubrique « Achats »).

🎬 *Igreja do convento de São Domingos (église Saint-Dominique ; plan centre détachable, J8) : largo São Domingos.* ● *isdomingos.com* ● *Tlj 8h-19h.* Son histoire agitée est plus intéressante que son intérieur. São Domingos aurait pu disparaître plusieurs fois, mais elle a survécu, « par miracle ». Fondée en 1242 par dom Sancho II, cette église fut celle des dominicains. Les plus grandes cérémonies officielles y avaient lieu : mariages, baptêmes, couronnements et enterrements royaux. L'Inquisition y a tenu aussi plusieurs de ses sinistres autodafés et pogroms. Sur le parvis de l'église, un petit monument marqué de l'étoile de David commémore le massacre des juifs portugais en 1506. Si vous n'avez pas emporté avec vous *Le Dernier Kabbaliste de Lisbonne* (voir la rubrique « Livres de route » dans « Lisbonne utile »), faites confiance à Fernando Pessoa pour résumer la situation : « En 1506, après le service divin, de nombreux juifs ont été mis en pièces par la populace fanatisée, puis le massacre s'est étendu à d'autres parties de la ville. » L'église a été détruite en 1531, puis à nouveau anéantie par le grand tremblement de terre de 1755. Une fois reconstruite, la voilà derechef ravagée par le grand incendie de 1959. Rouverte en 1997, elle présente un intérieur plutôt sombre, avec des piliers grignotés par les stigmates de l'Histoire. Les historiens assurent que le pouvoir avait interdit aux Africains de Lisbonne de danser en public, de se réunir, de participer à des manifestations, mais qu'il autorisa l'existence d'une confrérie réservée aux Noirs : la confrérie de Notre-Dame-du-Rosaire-des-Hommes-Noirs *(Nossa Senhora do Rosario dos Homens Pretos).* Ses membres pouvaient se rassembler dans l'église São Domingos. On sait qu'un prêtre africain y officia au temps jadis, ce qui expliquerait pourquoi la

À VOIR. À FAIRE | **81**

place São Domingos est devenue le lieu de rendez-vous de nombreux Africains, des anciennes colonies d'Angola, du Mozambique, de São Tomé et du Cap-Vert.

🎥🎥 *Praça da Figueira* (place du Figuier ; plan centre détachable, J8) **:** moins élégante que sa voisine, on y trouve une statue de dom João I. Au bord de cette place, la vieille *Confeitaria Nacional,* une de nos bonnes adresses de pâtisseries (voir plus haut la rubrique « Pâtisseries, cafés et salons de thé ») et une étrange boutique (voir ci-après).

🎥🎥 *Hospital das Bonecas* (hôpital des Poupées ; plan centre détachable, J8, **360**) **:** *praça da Figueira, 7. Au rez-de-chaussée, la boutique (lun-sam 10h-19h – 18h sam),* et à l'étage, l'hôpital-musée *(lun-sam 10h30-12h30, 15h30-17h ; entrée 2 €).* Un endroit surréaliste, tout petit, où l'on vient déposer ses joujoux abîmés. Numéro de lit, chirurgie esthétique, salle des traumatisés... comme un « vrai » hôpital.

🎥🎥🎥 *Le quartier de la Baixa* (plan centre détachable, J-K8-9) **:** au sud du Rossio, curieux quartier au plan régulier avec rues se coupant à angle droit et bordées d'immeubles uniformes. C'est dans la Baixa que le tremblement de terre de 1755 frappa le plus violemment Lisbonne. Le marquis de Pombal, en avance sur son temps, fit reconstruire le quartier avec des normes antisismiques : la Baixa repose sur une structure de bois debout.

🎥🍸 *Le grand magasin Pollux* (plan centre détachable, J8, **361**) **:** *rua dos Fanqueiros, 276.* ● *pollux. pt* ● *Tlj sf dim 10h-19h.* Envie d'une jolie vue sur Lisbonne ?

> ## DES SIGNES BIEN MYSTÉRIEUX
>
> *Dans le plan de la Baixa, le chiffre 3, symbole de la Raison chez les francs-maçons, se retrouve un peu partout : trois grandes rues relient la praça do Comércio au Rossio. D'est en ouest, neuf rues parallèles coupent le quartier... Chacune porte le nom de métaux précieux ou de corporations d'artisans : Áurea (ou d'Ouro, « de l'Or »), da Prata (« de l'Argent »), dos Correeiros (« des Selliers »), dos Sapateiros (« des Cordonniers »), etc. Serait-ce le début d'une énigme à la façon d'un « Da Baixa Code » ?*

Vous l'aurez en grimpant au 9e étage de ce *BHV* qui abrite une petite cafétéria avec terrasse et vue sur les toits de la ville. Juste en face, l'elevador de Santa Justa.

🎥 *Núcleo arqueológico da rua dos Correeiros* (base archéologique de la rua dos Correeiros ; plan centre détachable, J9, **362**) **:** *rua dos Correeiros, 9 ou 21.* ☎ *211-131-004. Lun-ven 15h-17h ; sam 10h-12h, 14h-17h. Visite guidée gratuite sur résa (par tél ou sur place). GRATUIT.* Dans le sous-sol d'une agence bancaire, on peut observer des vestiges (pans de mur) de la période romaine du temps où Lisbonne s'appelait *Olisippo Felicitas Julia.* Rien de grandiose, mais ce qui a été trouvé là est bien conservé et soigneusement mis en valeur. Et on voit déjà pas mal de choses de l'extérieur.

🎥 *Museu do Design e da Moda* (*MUDE* ; plan centre détachable, J9, **363**) **:** *rua Augusta, 24.* ☎ *218-886-117.* ● *mude@cm-lisboa.pt* ● Ⓜ *Baixa-Chiado. Tlj sf lun 10h-18h. GRATUIT. Explications en portugais et en anglais. Expo permanente au rdc ; expos temporaires dans les étages et au sous-sol. En pleins travaux lors de notre passage.* Installé dans une ancienne banque ce musée est consacré au design et à la mode, mais il était en complète rénovation lors de notre passage, avec son agrandissement dans des bâtiments alentour. Les collections riches et précieuses, des années 1914 à nos jours, méritent une visite.

🎥🎥 *Arco da rua Augusta* (plan centre détachable, J9) **:** *tt au bout de la... rua Augusta. Tlj 9h-19h (21h en été). Entrée : 2,50 €. Billet combiné avec le Lisboa*

LISBONNE QUARTIER PAR QUARTIER

82 | **LISBONNE QUARTIER... / BAIXA ET ROSSIO**

Story Centre : 8 €. Si vous voulez admirer la Baixa et toute la praça do Comércio vue d'en haut, direction le sommet de l'arc de triomphe, à plus de 30 m, par ascenseur (ouf !), construit pour commémorer le tremblement de terre de 1755. Vue panoramique spectaculaire. Au passage, on apprécie le fonctionnement de l'horloge fabriquée en 1941 au Portugal.

🎭🎭 *Praça do Comércio (place du Commerce ; Terreiro do Paço ; plan centre détachable, J-K9-10) :* une des plus belles places d'Europe. Les Lisboètes l'appellent aussi Terreiro do Paço. Bordée d'harmonieux édifices avec galeries à arcades, d'un arc de triomphe et d'un ponton monumental sur le Tage, elle est actuellement le siège des principaux ministères. Après avoir fait office de parking, puis de place vide, la mairie a choisi de la rendre aux promeneurs. Aujourd'hui, l'office de tourisme de Lisbonne est installé près de l'endroit où le roi Carlos et son fils aîné furent assassinés en 1908 (devant la poste centrale, à l'angle de la rua do Arsenal). C'est d'ici que partent nombre de trams et de bus que vous emprunterez certainement pour la suite de votre visite dans la capitale lisboète.
– Sur le côté oriental de la place, on peut visiter le Lisboa Story Centre et, plus loin, le musée da Cerveja, puis s'arrêter, en allant vers la mer, sur le même trottoir, dans « les toilettes les plus sexy du monde » *(tlj 10h-20h)* : des toilettes publiques hyper design (à 1 € quand même) où l'on choisit la couleur de son papier toilette tout en surfant (gratuitement) en wifi ou en observant les photos d'artistes !

🎭🎭 *Lisboa Story Centre (Memorias da Cidade ; plan centre détachable, K10, 364) :* Terreiro do Paço, 78 à 81. ☎ 211-941-099. ● lisboastorycentre.pt ● Ⓜ *Terreiro do Paço (ligne bleue) ou Baixa-Chiado (ligne verte). Tlj 10h-20h (dernière entrée à 19h). Billet : 7 € ; réduc. Billet combiné avec l'Arco da rua Augusta : 8 €.* Un musée qui raconte brillamment l'histoire de Lisbonne dans un bâtiment ancien, restauré, sous les arcades (aile est, *Ala Nascente*) du vaste Terreiro do Paço, c'est-à-dire à un endroit qui fut le centre névralgique de la capitale pendant des siècles. La première chose qui frappe dans ce musée, c'est la modernité de la présentation. Les audioguides se déclenchent automatiquement en passant devant les pièces et les panneaux, comme des GPS. L'audiovisuel, les techniques digitales (3D), la musique et le cinéma sont des arts et des techniques utilisés avec beaucoup d'adresse et de pédagogie. Ils réactivent l'histoire de Lisbonne et la rendent attrayante aux familles et aux jeunes en particulier. Dans la salle 8, par exemple, une sorte d'oiseau gigantesque suspendu au plafond emporte le père Gusmão dans les airs... ce serait la première tentative de vol faite en 1709 sur le Terreiro do Paço. Dans la salle 11, c'est le clou du spectacle : un superbe film (digne de Hollywood) retrace en une vingtaine de minutes le tremblement de terre à Lisbonne de 1755. Suivi d'un tsunami, ce séisme détruisit le centre de Lisbonne en faisant 6 000 à 8 000 morts et d'innombrables blessés.

🎭 *Museu da Cerveja (plan centre détachable, K9, 365) :* Terreiro do Paço, Ala Nascente, 62 à 65. ☎ 210-987-656. ● museudacerveja.pt ● Tlj 11h-22h. Entrée : 3,50 € ; réduc. Ce musée a été financé par de grandes marques de fabricants de bière comme *Super Bock, Sagres, Cuca, Brahma, Laurentina* et d'autres encore (tous unis par leur identité lusophone et la langue portugaise). On entre au rez-de-chaussée dans une grande brasserie à la déco recherchée (bonne cuisine, prix raisonnables). Si on y mange, l'entrée du musée est gratuite. Il y a quatre parties distinctes qui suivent l'histoire de la bière au Portugal, depuis les origines jusqu'à aujourd'hui.
On suit bien l'évolution des méthodes et des techniques, de la petite brasserie artisanale tenue par des moines scrupuleux jusqu'aux grosses cuves en cuivre des brasseurs industriels du XXe s. Malgré le progrès, la méthode reste la même depuis des siècles : au départ, il faut de l'orge (et de la bonne), de l'eau (et de la pure) et du houblon (une curieuse plante grimpante dont on utilise les feuilles), éléments de base sinon la bière ne peut être élaborée. À noter que le whisky commence de la même manière que la bière (orge et eau, sans le houblon) mais finit différemment...

LISBONNE QUARTIER PAR QUARTIER

BAIRRO ALTO, CHIADO ET CAIS DO SODRÉ | 83

%%% *Viniportugal* (plan centre détachable, J10, 366) *: praça do Comércio.*
☎ *213-420-690.* ● *viniportugal.pt* ● *Mar-sam 11h-19h (dernière dégustation à 18h30 ; ferme plus tôt avr-oct si groupes ; le mieux, c'est le mat).* Les curieux, gourmands, œnologues en herbe ou confirmés peuvent venir découvrir ici les vins du Portugal, encore injustement méconnus. Tous les mois, trois régions sont à l'honneur. Des passionnés vous font déguster vins blancs ou rouges (payant). N'hésitez pas à remplir le questionnaire avec vos impressions sur le goût, la couleur, l'odeur. Rassurez-vous, il est inutile d'être un professionnel. Quelques vins sont disponibles à l'achat. Accueil extra !
– À proximité se trouve la **praça do Município** *(place de la Mairie ; plan centre détachable, J9-10).* Une colonne coiffée d'une sphère armillaire symbolise le pouvoir municipal face à la mairie, édifiée au XIXe s.

%% *Promenade piétonne le long du Tage* (plan centre détachable, J10) : entre la praça do Comércio et la station de Cais do Sodré, les berges du Tage ont été aménagées en promenade piétonne. Au niveau de Ribeira das Naus, où accostaient autrefois les caravelles des découvertes, s'étend aujourd'hui (entre la route et les eaux) cette longue promenade bordée par une pente douce aménagée, endroit très agréable pour se reposer, bronzer comme sur une plage, en contemplant la mer de Paille étincelante. De nombreux joggers, cyclistes et piétons l'empruntent aux beaux jours.

%% *Croisières sur le Tage* (cruzeiros no Tejo ; plan centre détachable, K10) *: terminal fluvial do Terreiro do Paço, à côté de la praça do Comércio.* ☎ *210-422-417.* ● *cruzeirostejo.com* ● *Plusieurs circuits entre 1h et 2h30, plusieurs fois/j., souvent en fin de matinée. Prévoir env 20 €.* La balade sur le fleuve décrit une boucle entre le centre de Lisbonne, le quartier du parc des Nations et Belém pour la plus longue. La plus courte vous mène seulement à Belém. Voir aussi plus haut « Comment se déplacer ? Les gares fluviales » dans le chapitre « Infos pratiques sur place ».

BAIRRO ALTO, CHIADO ET CAIS DO SODRÉ

● À voir. À faire................100 • Les quartiers du Carmo et du Chiado : l'elevador de Santa Justa, convento-museu do Carmo – Museu arqueológico do	Carmo, museu et igreja São Roque, A Vida Portuguesa, museu nacional de Arte contemporânea do Chiado et largo de São Carlos • Le Bairro Alto : miradouro São	Pedro de Alcântara, convento de São Pedro de Alcântara, praça das Flores, miradouro de Santa Catarina, le funiculaire da Bica et le square de la place do Príncipe Real

Au cœur de la vieille ville, le Bairro Alto est l'un des quartiers les plus intéressants à visiter, un vrai caméléon qui change de peau et d'humeur selon les heures de la journée et l'endroit où l'on se trouve. Assoupi en matinée, il s'éveille doucement dans l'après-midi, et il y règne alors comme une ambiance de village paisible, où le flâneur s'égare dans les ruelles, découvrant

avec un peu de chance, si les portes sont déjà ouvertes, nombre de petites boutiques originales. Des cigales qui ne durent parfois que le temps d'un été, telle boutique de chaussures complètement déjantée étant remplacée à votre nouveau passage, quelques mois après, par un salon de coiffure encore plus décalé ou par une boutique de fringues.
Mais attention, quand le soleil décline, les façades lézardées, couvertes de tags, s'ouvrent et dévoilent une multitude de restos, très tendance, donc éphémères eux aussi, puis de cafés, de bars, dont on ne soupçonnait même

84 | LISBONNE QUARTIER... / BAIRRO ALTO, CHIADO...

pas l'existence quelques heures auparavant. Les couche-tôt devront revoir leurs habitudes. Ici, on papillonne d'un lieu à un autre, dans une ambiance interlope où se retrouvent touristes et fêtards de tout poil.

Du haut du Bairro Alto, on oublie trop souvent que Lisbonne est un port, un vrai, avec sa mythologie de marins en goguette, soiffards et bagarreurs. Les ruas de São Paulo et Nova de Carvalho, qui se glissent honteusement sous le pont de la rua do Alecrim, à moins de 800 m de la praça Luís de Camões, leur appartiennent. Mais on ne peut décidément lutter contre la mode qui veut que les anciens lieux « chauds » ne soient plus aujourd'hui que des lieux « shows » : *Jamaïca,* la cathédrale lisboète du reggae, *Music Box* et autres bars plus lounge que louches, désormais. Un espace de liberté unique au Portugal, où toutes les tendances, toutes les nationalités et tous les appétits osent s'afficher sans complexe et se mélanger aussi bien sur les sonorités des années 1970 que sur du heavy metal...

Où dormir ?

De très bon marché à prix moyens

Plein de bonnes adresses dans cette catégorie.

🛏 *Old Town Lisbon Hostel (plan centre détachable, I9, 51)* : *rua do Ataíde, 26 A.* ☎ 213-465-248. ● *lisbonold townhostel@gmail.com* ● *lisbonold townhostel.com* ● Ⓜ *Baixa-Chiado ou Cais do Sodré. Selon saison et j. de la sem, dortoirs 4-10 lits 11-25 €/ pers et doubles 40-60 €, petit déj inclus.* 🖥 🛜 Installé dans ce qui fut une annexe « très discrète » de l'ambassade britannique, en somme un rendez-vous d'espions pendant la Seconde Guerre mondiale. Une cinquantaine de lits, salles de bains communes très propres et cuisine. Une adresse conviviale et sans chichis avec de grandes chambrées façon colonie de vacances. L'ambiance y est simple et amicale. Accueil adorable.

🛏 *Destination Hotel (plan centre détachable, I10, 40)* : *praça do Duque de Terceira, à l'intérieur de la gare de Cais do Sodré ; 1º (piso 1).* ☎ 210-997-735. ● *sunset@destinationhotels.com* ● *des tinationhotels.com* ● *Dortoirs mixtes ou non 4-10 pers 15-25 €/pers ; doubles sans ou avec sdb 45-65 € ; familiales avec sdb.* 🖥 🛜 Chambres décorées de bric et de broc, assez confortables. Très grande terrasse avec vue sur le Tage, et même un hamac ! Bar à chicha, espace massages et yoga, petite piscine, bar, BBQ et cuisine *(dîner possible 9 €)* !

🛏 *Shiado Hostel (plan centre détachable, J9, 47)* : *rua Anchieta, 5.* ☎ 213-429-227. ● *shiadohostel. com* ● *Dortoirs 10-25 €/pers ; doubles 44-56 € ; petit déj compris.* 🖥 🛜 *Café offert sur présentation de ce guide.* Une belle auberge, dont la déco mêle ancien et moderne. Des dortoirs de 4 à 8 lits (dont un pour les filles) impeccables et 4 chambres doubles, salle de bains commune. Salon TV avec des canapés confortables et une bibliothèque. Grande cuisine bien aménagée accessible à tous. Propose des tours gratuits de la ville. Accueil charmant.

🛏 *Lisb'on Hostel (plan centre détachable, I9, 48)* : *rua do Ataíde, 7 A.* ☎ 213-467-413. ● *info@lisb-onho stel.com* ● *lisb-onhostel.com* ● ♿ Ⓜ *Baixa-Chiado ou Cais do Sodré. Congés : janv. Selon saison et vue, dortoirs 4-10 lits 17-30 €/pers et doubles sans ou avec w-c 60-75 €, petit déj inclus.* 🖥 🛜 Installé dans un ancien palais du XIXᵉ s, autrefois école de musique, cet *hostel* d'une centaine de lits propose des chambres avec TV et des dortoirs fonctionnels et confortables, accessibles par ascenseur. Tous avec AC. La pièce à vivre est installée dans les salons de réception sous de hauts plafonds moulurés, avec TV, billard, bière à la pression et expresso gratos. Gigantesque terrasse avec vue époustouflante sur le Tage. Grand jardin pour flemmarder dans des hamacs. Cuisine au top de l'équipement à dispo.

Ça va être dur de décoller ! Une bonne adresse à deux pas de l'animation. Excellent accueil.

🛏 **The Independente** (plan centre détachable, I8, **49**) : rua de São Pedro de Alcântara, 81. ☎ 213-461-381. ● reservations@theinde pendente.pt ● theindependente.pt ● Ⓜ Baixa-Chiado. Selon saison, dortoirs 6-12 lits 16-30 €/pers et quelques doubles 80-250 €, petit déj inclus. ▭ 🛜 Une AJ privée installée dans l'ancienne résidence de l'ambassadeur de Suisse, rien que ça ! Un palace pour routards, où l'on accède au dortoir par un fastueux escalier d'apparat. Un grand soin est donné à la décoration, réalisée avec des objets et du mobilier vintage. Lits superposés à 3 étages : fêtards de retour tardif, attention à la chute ! D'ailleurs, c'est un peu bruyant... Resto super au rez-de-chaussée et bar sur le toit (L'Insolito ; ouv le soir ; voir « Où boire un verre ? Où sortir ? Bars branchés »).

🛏 **Lisbon Poets Hostel** (plan centre détachable, I9, **50**) : rua Nova da Trindade, 2 ; 5º. ☎ 213-461-241. 📱 926-591-816. ● lisbonpoetshostel@gmail.com ● lisbonpoetshostel.com ● ⚕ Ⓜ Baixa-Chiado. Fermé pdt les fêtes de Noël. Selon saison, dortoirs 4-6 lits 18-24 €/pers et doubles 45-60 €, petit déj inclus ; apparts et studios 2-5 pers à partir de 80 €/nuit. CB acceptées. ▭ 🛜 Derrière une façade d'immeuble anonyme se cache une superbe AJ privée desservie par ascenseur. Déco contemporaine colorée et de très bon goût. Poèmes sur les murs, et les noms de leurs auteurs identifient les chambres. Salles de bains communes impeccables. Un immense salon, esprit loft, décoré de gros poufs colorés. Cuisine américaine et hamac à dispo. Une adresse amicale stratégiquement placée en plein centre-ville. Loue aussi des studios et apparts avec kitchenette. Organise régulièrement des virées à thème (payantes) dans Lisbonne.

🛏 **Lisbon Calling Hostel** (plan centre détachable, I9, **102**) : rua de São Paulo, 126 ; réception au 3º étage. ☎ 213-432-381. ● info@lisboncalling.net ● lisboncalling.net ● Dortoirs mixtes 4-10 pers 12-24 €/pers ; doubles sans ou avec sdb 41-78 €. 🛜 Ambiance pension de famille cool et détendue, pas très grande et conviviale, avec ascenseur. Canapés pour paresser et papoter autour d'une baignoire transformée en table basse, cuisine à dispo avec jolies voûtes de pierre, et chambres à la déco alpine, très boisée. Bon confort. Attention, certaines chambres n'ont pas de vue. Accueil hyper sympa. Une nouvelle adresse si celle-ci est complète : Lisbon Calling Suites (av. da Liberdade). Demandez !

🛏 **Oasis Backpacker's Mansion** (plan centre détachable, H9, **52**) : rua de Santa Catarina, 24. ☎ 213-478-044. ● reservation@oasislisboa.com ● hostelsoasis.com ● Selon confort et saison, dortoirs 4-14 lits 10-27 €/pers et doubles 45-67 € ; petit déj 3 €. ▭ 🛜 Une séduisante demeure jaune à l'intérieur élégant, presque chic (beaux parquets, salon avec cheminée). Idéalement placée, à deux pas de l'activité nocturne mais dans un joli quartier paisible. Sanitaires et salles de bains un peu limite côté propreté. Dîner possible dans la salle à manger conviviale, cuisine à dispo. Agréable terrasse-jardin, où se dresse un palmier solitaire, avec bar barbecue.

🛏 **Passport Hostel** (plan centre détachable, I9, **53**) : praça Luís de Camões, 36 ; réception au 2º étage. ☎ 213-427-346. ● info@passporthostel.com ● passporthostel.com ● En plein centre ; au fond d'un tabac. Selon confort et saison, dortoirs mixtes ou filles 4-8 lits 18-22 €/pers, doubles 70-90 € et apparts 70-110 €, petit déj inclus. ▭ 🛜 Une adresse en kit : au 2º étage, les dortoirs, assez spacieux, qui donnent directement sur la place. Salles de bains un peu fatiguées, mais on n'est pas venu ici pour faire les marmottes et passer son temps sous la douche ! Parties communes sympas, cuisine, TV, etc. Aux 4º et 5º étages, on trouve les doubles avec ou sans salle de bains et accès indépendant. On se croirait presque à la maison, avec un bar en plus pour boire un verre ! Chambres plutôt spacieuses et, au sommet, vue superbe sur le Tage. Colombages et poutres au naturel, vieux parquets, mixés avec de vieux objets. Salle de bains superbes. On adore les chambres 504 et 505. AC à tous les étages.

🛏 **Stay Inn Hostel** (plan centre détachable, I9, **54**) : rua Luz Soriano, 19 ; 1°. ☎ 213-425-149. ● stayinnlisbon hostel.com ● Dortoirs 6-8 lits 20-25 €/ pers ; doubles 45-85 € ; petit déj inclus. 🛜 Dans une vieille bâtisse, une auberge toute rénovée, avec des chambres spacieuses, basiques mais confortables. Salles de bains élégantes et impeccables. Déco pop et acidulée. Vieux parquets et colombages ont été préservés. Sans oublier la salle de petit déj et le salon, avec sa TV, ses canapés pour se reposer et ses DVD à disposition. Cuisine extra, lave-linge, sèche-linge. Bon accueil de surcroît.

🛏 **Pensão Pérola da Baixa** (plan centre détachable, I7, **55**) : rua da Glória, 10 ; 2°. ☎ 213-462-875. ● pensaope roladabaixa@gmail.com ● pensaope roladabaixa.com ● Doubles 20-35 € selon confort (sans ou avec sdb privée) et saison ; pas de petit déj. 🛜 En rénovation lors de notre dernier passage. Petite pension d'une dizaine de chambres blanches et claires, des lits sévères en bois, et toujours un détail kitsch dans la décoration. Certaines n'ont cependant pas de fenêtre donnant sur l'extérieur. Préférez une chambre ne donnant pas directement sur la petite entrée si vous ne voulez pas entendre les allées et venues. Notre préférence va à la 11. Propreté irréprochable ; toutefois, demandez une chambre non-fumeurs. Accueil souriant (en espagnol ou en italien si ça peut vous aider).

🛏 **Pensão Estação Central** (plan centre détachable, J8, **56**) : calçada do Carmo, 17 ; 2°. ☎ 213-423-308. ● pensaoestacaocentral@clix.pt ● Doubles avec douche et w-c pour la plupart 40-50 € selon confort, taille et saison ; pas de petit déj. Au cœur d'un quartier animé, et pourtant, une fois dans les chambres, l'agitation semble lointaine. Pension patinée par le temps et qui reste correcte, même si l'accueil, à l'image du cadre, manque toujours un peu de chaleur.

🛏 **Lisbon Destination Hostel** (plan centre détachable, I-J8, **57**) : estação do Rossio ; 2°. ☎ 213-466-457. ● lisbon@destinationhostels.com ● destinationhostels.com ● Entrée au 2e étage de la gare, dos aux escalators une fois en haut. Dortoirs 4-10 lits 12-30 €/pers selon saison ; doubles 35-70 € selon confort et saison ; petit déj inclus. 🖥 🛜 Les chambres et les dortoirs sont répartis autour d'un grand patio sous une véranda baignée de soleil à midi. Lieu de convivialité et d'échanges, on y trouve quelques hamacs pour se prélasser, un trampoline, une table de ping-pong et un piano, que certains n'hésitent pas à utiliser pour réviser leurs gammes, pour le plus grand bonheur des clients. Cuisine à l'allure new-yorkaise pour se préparer un frichti. Ensemble sanitaire un peu léger dans sa conception. On recommande cette adresse surtout pour ses dortoirs et ses parties. Dîner sur résa (9 €). Sorties et visites de la ville (payantes). Accueil aimable.

🛏 **Residencial Camões** (plan centre détachable, I8, **58**) : travessa do Poço da Cidade, 38 ; 1°. ☎ 213-467-510. ● reservas@pensaoresidencialca moes.com ● pensaoresidencialca moes.com ● Doubles 45-65 € selon saison, petit déj inclus avr-sept. Une quinzaine de chambres, petites, très propres et simples, certaines avec salle de bains ; les autres ont salle de bains et w-c communs sur le palier. Si vous aimez le calme, en revanche, vous risquez d'être déçu. Mais vous serez au cœur de l'activité nocturne de Lisbonne !

🛏 **Pensão Globo** (plan centre détachable, I8, **59**) : rua do Teixeira, 37. ☎ 213-462-279. ● pensaoglobo@ gmail.com ● pensaoglobo.com ● Ⓜ Restauradores. Doubles avec douche ou bains 25-50 € selon saison. 🛜 10 % de réduc sur le prix de la chambre sur présentation de ce guide. Rue calme et bien située, donnant dans la travessa da Cara. Les chambres, vraiment petites, sont toutes proprettes et agréables avec TV ; toutefois, n'hésitez pas à en visiter plusieurs afin de choisir. Les nos 202 et 401 sont plus spacieuses et disposent d'un petit balcon. Ventilo uniquement. Bon accueil. Une adresse simple.

OÙ DORMIR ? | 87

🛏 **Hotel Anjo Azul** (plan centre détachable, I8, **60**) : rua Luz Soriano, 75. ☎ 213-478-069. ● hotelanjoazul@gmail.com ● anjoazul.com ● Doubles avec douche ou bains 45-77 € selon confort et saison. ☏ L'« Ange Bleu » est en plein cœur du quartier gay. Les chambres les moins chères sont au rez-de-chaussée, vraiment exiguës. Dans les étages, déco moderne et pimpante. Toutes avec TV. Avec un peu de chance, vous aurez droit à celles jouissant d'une petite terrasse privée dans les étages. Accueil sympathique. Clientèle gay mais pas exclusivement.

Plus chic

🛏 **Shiadu Casa do Jasmin Boutique Guesthouses and Apartments** (plan centre détachable, H8, **103**) : rua do Jasmin, 19. 📱 914-176-969. ● shiadu.com ● Doubles à partir de 79 €. 🖥 ☏ Une de nos adresses fétiches. Dans une rue calme en surplomb de la ville, un peu à l'écart. Déco chaleureuse d'objets chinés, chambres pleines de charme avec coins et recoins (attention à la tête !). Notre préférée est au dernier étage, avec petit balcon et vue sur le Tage et le Christ en croix ; on aime moins celles au sous-sol. Excellent petit déj maison. Accueil au top. Propose aussi des studios avec kitchenette dans une bâtisse contiguë.

🛏 **Shiadu Ribeira Tejo Boutique Guesthouses** (plan centre détachable, I10, **61**) : travessa de São Paulo, 5. 📱 914-176-969. ● shiadu.com ● Doubles env 95-130 € selon confort et vue, petit déj inclus. 🖥 ☏ Un petit hôtel charmant aux derniers étages d'un immeuble, à deux pas du Mercado da Ribeira. Les 15 chambres à la déco vintage sont de très bon confort et très bien tenues. Certaines ont vue sur le Tage (les plus chères). Charmante salle de petit déj sous les toits, dont les tables sont tapissées de B.D. Personnel absolument charmant et serviable. En témoignent les Post-it sur le mur de la réception avec de jolis messages ou des dessins d'enfants.

🛏 **9Hotel Mercy** (plan centre détachable, I8, **106**) : rua da Misericórdia, 76. ☎ 212-481-480. ● info@le9hotel-mercy.com ● 9-hotel-mercy-lisbon.pt ● Doubles 99-209 €. ☏ Dans un bel immeuble ancien rénové, un hôtel plein de charme qui joue la carte moderne. Tonalités sombres et sobres, avec jeux de verre, de carrelages et de miroirs. Élégant ! Bar rooftop au 6e étage avec vue sur le château pour finir la soirée et petit déj-buffet dans une salle tout aussi surprenante avec son immense banquette en cuir. Bon accueil.

🛏 **Pensão Londres** (plan centre détachable, I8, **62**) : rua Dom Pedro V, 53 ; 2°. ☎ 213-462-203. ● pensao londres@pensaolondres.com.pt ● pensaolondres.com.pt ● Doubles 55-125 € selon confort et saison, petit déj inclus. 🖥 ☏ Cette grande pension gérée avec une efficacité anglo-saxonne porte bien son nom : 4 étages dans un immeuble bourgeois et cossu, avec grande hauteur sous plafond, frises et moulures. Un ascenseur facilite l'accès aux étages. Les chambres les plus onéreuses sont jolies et vraiment confortables, avec salle de bains, certaines ont même vue sur le castelo ; le confort s'amenuisant (douches, bains, taille de la chambre, etc.), les prix suivent. Toutes avec TV, AC et double vitrage. Propose des familiales pour 3-5 personnes.

🛏 **Hotel Botánico** (plan centre détachable, H7, **64**) : rua Mãe de Água, 16-20. ☎ 213-420-392. ● hotelbo tanico@netcabo.pt ● hotelbotanico.pt ● ♿ En haut de la rua da Alegria. Réception 24h/24. Doubles 50-90 € selon saison ; familiales ; petit déj 6 €. 🖥 ☏ Dans un bâtiment moderne, une adresse pour qui privilégie le confort au charme. Les chambres sont agréables, toutes avec AC, double vitrage et accès par ascenseur. Petit plus, chaîne hi-fi à dispo dans les chambres. Accueil sympa en français.

Beaucoup plus chic

🛏 **Casa das Janelas com Vista** (plan centre détachable, H8, **63**) : rua

LISBONNE QUARTIER PAR QUARTIER

Nova do Loureiro, 35. ☎ 213-429-110. ● info@casadasjanelascomvista.com ● 🛜 Dans une ruelle très calme, et pourtant au cœur de la ville. On arrive dans un grand *lobby* spectaculaire, aux allures de boutique de déco tendance. On a envie de tout acheter (d'ailleurs, c'est possible) et de paresser dans les grands canapés. Cuisine à dispo. Déco industrielle et vintage. Dans les chambres, mobilier sobre, ambiance presque monacale. La plus petite chambre au sommet a une vue splendide. Terrasse aux beaux jours pour le petit déj. Dommage, accueil un peu froid. Une belle adresse malgré tout.

🛏 *LX Boutique Hotel (plan centre détachable, I10, 66) : rua do Alecrim, 12.* ☎ 213-474-394. ● book@lxboutiquehotel.com ● lxboutiquehotel.com/fr ● *Doubles 90-300 € (réduc sur Internet) ; petits déj 10-15 €.* 🛜 Hôtel cosy, d'une soixantaine de chambres, avec vieilles photos et papiers peints à ramages. On a presque l'impression d'arriver chez des amis ! Chambres plus modernes, avec moquette, aux tonalités bleutées, confortables. Un thème par étage : les 7 collines, Pessoa, le fado, etc., qu'on retrouve au niveau des têtes de lit un peu écrasantes. Si vous êtes en fonds, essayez d'avoir une chambre avec vue sur le Tage. Bon accueil.

🛏 *Hotel Borges (plan centre détachable, I9, 67) : rua Garrett, 108.* ☎ 210-456-400. ● reservas@hotelborges.com ● hotelborges.com ● *Doubles 86-149 € selon saison, petit déj compris ; voir promos sur le site.* 🛜 *(payant).* Très bien situé, juste à la sortie du métro Baixa-Chiado, côté largo do Chiado, un hôtel classique et standard d'une centaine de chambres vastes, joliment décorées, impeccables et calmes. AC. L'accueil, francophone, pourrait être plus souriant.

Coups de folie

🛏 *Hotel Memmo Príncipe Real (plan centre détachable, I8, 65) : rua Dom Pedro V, 56 J.* ☎ 219-016-800. ● preal@memmohotels.com ● memmohotels.com ● *Dans une petite rue un peu à l'écart de la route, derrière et en contrebas du Lost'In. Doubles 200-300 € (réduc sur Internet).* 🛜 Bel écrin de verre, de pierre et de bois, sur la colline face au château. Superbe hall d'accueil, avec tapis, canapés et luminaires spectaculaires. Une quarantaine de chambres tout confort avec des vues splendides. Nos préférées ont une terrasse privée. Attention, certaines chambres ont vue sur les côtés, moins intéressantes mais toujours très élégantes et sobres. Bien demander ! Plein de petites attentions sympas. Restaurant, bar à cocktails et piscine.

🛏 *Bairro Alto (plan centre détachable, I9, 68) : praça Luís de Camões, 8.* ☎ 213-408-288. ● info@bairroaltohotel.com ● bairroaltohotel.com ● *Doubles 270-420 € selon saison, petit déj inclus ; également des suites. Fréquentes promos sur Internet jusqu'à moitié prix.* 🛜 L'hôtel de charme chic et choc, simple et cosy, aux teintes colorées, avec cette touche rétro des boiseries peintes et des armoires cannées qui fait craquer les magazines de mode. Propose une cinquantaine de chambres pas bien grandes mais tout confort, de la salle de bains carrelée aux tapis de laine et parquet verni. Salle de fitness en sus. Bar en terrasse au dernier étage avec vue sur le Tage pour un dernier verre (ouvert à tout le monde ; voir plus loin « Où boire un verre ? Où sortir ? Bars branchés »).

Où manger ?

La rua da Atalaia *(plan centre détachable, I8-9)* et les rues transversales, épine dorsale du Bairro Alto touristique, concentrent un maximum de petits restos populaires, troquets de tous genres pour tous les goûts. Attention, pas mal de ces adresses sont fermées en août, mois en général peu propice à une visite de la capitale lisboète.

De très bon marché à bon marché

|●| A Mercearia (plan centre détachable, I9, **133**) : rua Vitor Cordon, 40. ☎ 213-471-116. ● geral@amercearia.net ● amercearia.net ● Angle rua dos Duques de Bragança. Dim-lun 10h-17h, mar-sam 10h-23h. Plats env 4,60-7 €. 🛜 Adorable épicerie à l'ancienne où l'on peut déjeuner sur de grandes tables en bois peint et chaises vintage dépareillées. Idéal pour une pause snack ou pour boire un délicieux jus de fruits, avant d'attaquer la montée vers le largo do Chiado. Produits bio. Déco très sympa et excellente musique.

|●| El Rei D'Frango (plan centre détachable, J8, **121**) : calçada do Duque, 5. ☎ 213-424-066. Mar-sam midi et soir. Menu déj 6,50 € ; hamburger maison 5,50 €, plats 8-10 €. Grande comme un mouchoir de poche, au pied des escaliers, cette adresse ne désemplit pas, et on comprend pourquoi ! Prix planchers pour plats sans chichis. Histoire de vite se rassasier, au coude à coude avec son voisin de tablée.

|●| Adega da Barroca (plan centre détachable, I8, **300**) : rua da Barroca, 109. ☎ 213-461-063. Tlj sf dim, midi et soir. Prévoir 10 €. Petite cantine locale. Cuisine traditionnelle du Minho, préparée par Mama Céleste et José. Cadre rustique et simple avec tables à touche-touche. Saumon frais (ça change de la *bacalhau* !), *bitoque* et autres spécialités, avec soupes, salades et frites. Miam !

|●| Restaurante-cervejaria-churrasqueira Casa da India (plan centre détachable, I9, **136**) : rua do Loreto, 49-51. ☎ 213-423-661. Tlj sf dim 9h-2h. Repas 15-20 €. Une grande salle tout en longueur où l'on prend ses repas aussi bien sur le bar qu'à table. Cuisine simple et, malgré le nom, 100 % portugaise. Copieux (moyenne portion possible). Parfait pour se rassasier, moins pour un dîner en amoureux. Bon rapport qualité-prix.

|●| Leitaria Academica (plan centre détachable, J9, **137**) : largo do Carmo, 1. ☎ 213-469-092. Tlj 7h-minuit. Quiches, soupes max 5 €. Oh ! rien d'exceptionnel dans ce petit bout d'adresse hébergée dans une maison très rose, si ce n'est, aux beaux jours, la bien agréable terrasse sur la jolie place, sous les arbres. Un véritable appel au farniente !

|●| 🍸 Esplanada (plan centre détachable, H7, **138**) : sq. de la praça do Príncipe Real. 🗎 961-658-768. Tlj 9h-minuit (20h mar, 2h jeu-sam). Salades, pâtes, sandwichs, plat du jour env 7-9 €. 🛜 Un pavillon-verrière en demi-lune sous les cyprès du square, histoire de voir le ciel lisboète et de sortir des circuits touristiques. Quelle que soit l'heure, on peut toujours choisir entre ombre ou soleil. L'endroit est aussi très agréable pour un café ou un verre l'après-midi... Service un poil longuet !

|●| Alto Minho (plan centre détachable, H-I9, **140**) : rua da Bica Duarte Belo, 61. ☎ 213-468-183. Dans la rue du funiculaire da Bica. Tlj sf ven soir-sam ; service jusqu'à 22h. Compter 10-12 €. Apéritif maison offert sur présentation de ce guide. Les habitués de la Bica le connaissent sous le nom de son propriétaire, *Chez João*. Et pour cause, depuis longtemps, João réussit le tour de force de marier de bons plats copieux à des prix populaires, comme le sont ses clients. Toute la faune de ce quartier particulièrement diversifié s'y donne rendez-vous le midi. Le soir, il redevient plus paisible avec des célibataires hypnotisés par l'inévitable télévision. Sa spécialité : la morue au four, cuite ou grillée. Accueil adorable.

|●| Quermesse (plan centre détachable, I7, **141**) : rua da Glória, 85. ☎ 211-507-901. ● quermesse.restaurante@gmail.com ● Tlj 12h-15h, 19h-minuit. Congés : 15 j. en janv et en juin. Carte 12-25 €. Grand bar à l'entrée, où les teintes acier et le bois se mêlent. En enfilade, une petite salle mignonne, dans les mêmes tonalités. À l'étage, galerie d'art. Dans l'assiette, une cuisine portugaise revisitée juste ce qu'il faut, pour un risotto de morue, des poireaux braisés pour les végétariens, et d'autres agréables surprises côté viandes. On est loin de la kermesse ! Bonne petite halte si vous résidez dans les parages.

|●| Restaurante Glória (plan centre détachable, I7, **142**) : rua da Glória,

39. ☎ 213-427-585. Ⓜ *Avenida.*
Tlj sf w-e. Plats env 5-6 €. Une petite
adresse sans prétention où l'on vous
sert rapidement et avec le sourire de
copieux plats de cuisine familiale sur
des nappes à carreaux : côtelettes
de porc, morue au four... Azulejos,
grandes photos de la campagne portugaise et fausses fleurs, le décor est
planté. Les employés du coin viennent
en habitués et les conversations vont
bon train avec le patron. Très bien tenu.

|●| ❣ *Alfaia Garrafeira (plan centre
détachable, I8, 143) :* rua do Diário de
Notícias, 125. ☎ 213-433-079. ● gar
rafeira.alfaia@clix.pt ● *Tlj 16h-1h. Vins
au verre 4-5 € ; tapas, fromages, salades et charcuteries 2-13 €.* Boutique-
bar à vins sans enseigne installée dans
une vieille maison du XIXᵉ s, avec une
belle façade tout en azulejos. On y
trouve à acheter toutes sortes de *vinho
verde* et autres vins portugais, mais
aussi toutes sortes de portos. On peut
s'asseoir à l'intérieur ou dehors sur les
bancs à côté des tonneaux pour goûter
les vins, accompagnés de charcuteries,
fromages ou même de petites salades.

|●| *Jardim das Cerejas (plan centre
détachable, J9, 144) :* calçada do
Sacramento, 36. ☎ 213-469-308.
Ⓜ *Baixa-Chiado. ·Lun-sam 8h-22h ;
dim 11h-14h, 19h-22h. Sous forme de
buffet ; 7,50 € au déj et 9,50 € au dîner,
boissons en sus.* Petit resto d'une
quarantaine de places. Bonne cuisine
végétarienne et accueil aimable.

|●| *A Primavera do Jerónimo (plan
centre détachable, I9, 139) :* travessa
da Espera, 34. ☎ 213-420-477.
📠 965-067-096. *Tlj 12h-minuit. Plats
9-15 €.* 📶 Une petite taverne toute
simple, avec azulejos et nappes bien
mises, que les routards apprécient.
Spécialités de grillades (côtelettes,
poissons) et de *bacalhau à Brás.*

|●| *Vertigo Café (plan centre déta-
chable, I-J9, 146) :* travessa do Carmo,
4. ☎ 213-433-112. *Tlj sf dim. Petite
restauration (quiches, salades, plats
du jour) 4,50-12 €.* De vieilles chaises
dépareillées, des tables qui ont pris
leur pied en dépouillant de vieilles
machines à coudre, un faux plafond
en verre Art nouveau, un sol d'origine,
des bougies colorées... Un lieu où l'on
se sent bien à toute heure, du café du

matin au cocktail du soir, avec son
journal ou son café que l'on prend en
regardant de vieilles photos aux murs
(vrais mâles, vraies femmes fatales)
et en discutant avec la clientèle bien
vivante, mélangée, qui, sur fond musical d'époque, vient ici chercher refuge.
Allez choisir votre quiche ou votre plat
du jour au comptoir, au fond de la salle.

|●| ❣ *Le Petit Prince (plan centre
détachable, H8, 145) :* rua Cecílio de
Sousa, 1 A. ☎ 213-471-607. *Lun-mer
10h-20h, jeu-dim 10h-23h.* Une petite
boutique-échoppe-café hétéroclite
dans une rue en pente, avec banc de
métro parisien des années 1920, de
vieux pupitres d'école et des tables
hautes. Parfait à toute heure de la
journée. Muesli, jus de légumes et de
fruits, tartines froides ou chaudes aux
noms poétiques tirés de l'œuvre de
Saint-Exupéry, telles la « Vol de nuit »
(tapenade, roquette, jambon cru, moz-
zarella) ou la « Terre des hommes »
(houmous, betteraves, etc.). Quelques
livres à disposition.

Prix moyens

|●| ∞ *Bairro do Avillez (plan centre
détachable, I8, 321) :* rua Nova da Trindade, 18. ☎ 215-830-290. *Taverne
tlj 12h-minuit ; patio tlj 12h30-15h,
19h-minuit. Portions 6-10 €.* Notre
adresse préférée dans le quartier. Le
chef José Avillez, l'un de nos chou-
chous, a encore sévi ! 2 ambiances : la
taverne, autour du bar, avec ses jambons appétissants suspendus pour
partager quelques assiettes de légumes grillés, viandes, poissons, charcuteries, salades, fromages... On aime
tout, même les desserts. Et à l'arrière,
grand patio sous verrière très lumineuse, au milieu d'un décor de village
portugais, avec des plats plus élaborés
et tout aussi savoureux. Service extra,
bonne ambiance. À l'arrière, cabaret
burlesque, shows en fin de semaine
(20h-22h ; résa indispensable).

|●| *Taberna da rua das Flores (plan
centre détachable, I9, 135) :* rua das
Flores, 103. ☎ 213-479-418. *Près de
la praça Luís de Camões. Tlj sf dim
12h (18h sam)-minuit. Plats 6-12 €.*
Modeste et discret dans sa petite rue,
un peu à l'écart, ce resto à la déco

OÙ MANGER ? | 91

chaleureuse, tenu par des jeunes, propose des tapas et des plats végétariens. Choisir sur l'ardoise. C'est frais et naturel, comme l'omelette aux asperges et aux champignons. Excellent accueil tout sourire. Musique jazzy, belle sélection de vins. Parfait en amoureux le soir avec les petites bougies. Notre coup de cœur dans cette catégorie.

|●| Vicente by Canarlentejana *(plan centre détachable, I9-10, 147) : rua das Flores, 6.* ☎ *218-066-142.* 🖩 *936-725-384.* ● *flores@c4you.pt* ● *Lun-ven midi et soir, w-e slt le soir. Résa conseillée. Compter 20-25 €.* Avis à tous les carnivores : voici votre temple à Lisbonne. La maison fait partie d'une coopérative des viandes et vins de l'Alentejo. Cadre sympa, murs en pierre, banquettes en cuir et petites bougies sur les épaisses tables en bois le soir. Bonnes bouteilles, bons fromages, et plein de conseils judicieux. S'il vous reste un peu de place, la tarte au chocolat est un régal.

|●| Tapisco *(plan centre détachable, H8, 279) : rua Dom Pedro V, 81.* ☎ *213-420-681.* ● *tapisco@tapisco. pt* ● *Tlj 12h-minuit. Résa sur Internet fortement conseillée. Entrées 12-16 €, plats 21-28 €.* Une brasserie moderne, dans une grande salle lumineuse avec son grand bar en marbre. Parfait pour s'y accouder ! Les autres préféreront s'installer en salle. L'une des adresses les plus en vue du quartier. On vient ici déguster un tartare de thon, une salade de poulpe ou encore une entrecôte. Service très pro.

|●| 🌐 Mercearia do Século *(plan centre détachable, H8, 198) : rua de O. Século, 145.* ☎ *216-062-070. Tt près du Príncipe Real. Mar-mer 9h-18h (petit déj, déj et apéro), jeu-sam 9h-23h (fait aussi dîner). Résa conseillée. Tapas 5-11 €, plats 8,50-13 €.* Petit restaurant-épicerie où l'on peut déguster une cuisine « fait maison », inspirée des recettes anciennes portugaises. La carte change en fonction des produits disponibles sur le marché. Plats de poisson, de viande et végétariens, et même un super gâteau au chocolat sans gluten ! On peut aussi y faire ses emplettes de produits portugais, conserves, vins, charcuterie et pâtisserie. Accueil très chaleureux et francophone.

|●| 🌐 Arco da Velha *(plan centre détachable, I9, 203) : rua de São Paulo, 184.* 🖩 *966-788-171. Compter 10-13 €.* Autrefois une brocante ouverte par Antonio, cet antre est devenu un repaire d'amateurs de cuisine portugaise, dans un cadre unique d'antiquités, de vieux fauteuils, de broderies ou de bahuts bien remplis. Potages, plats de viande ou de poisson (la *bacalhau* !), tout est frais (marché à deux pas) et fait maison. On peut même faire ses emplettes et rapporter quelques souvenirs.

|●| Há Pitéu *(plan centre détachable, I8, 192) : rua da Atalaia, 70.* ☎ *212-451-801.* 🖩 *913-431-118. Tlj sf mar. Compter 20-25 €. CB refusées.* Un petit resto plutôt élégant, avec ses tables bien mises, ses nombreux verres et une belle carte des vins pour les tester. Côté menu, carte réduite, mais que des produits frais. Chorizo grillé sous vos yeux, *cataplana* de lotte et autres fruits de mer, cochon tendre. Excellent accueil.

|●| Atalho Real *(plan centre détachable, H7, 148) : calçada do Patriarcal, 40.* ☎ *213-460-311.* ● *grupoatalho.pt* ● *Tlj 12h-minuit. Plats 12-15 € (viande et 2 accompagnements au choix inclus).* Cet ancien palais abandonné, dans la partie sud du Jardin botanique, abrite, après une belle restauration, 3 grandes salles. On s'installe au choix sur une grande table d'hôtes, dans la cuisine, ou plus intimement sur des tables individuelles dans les autres salles. L'un des meilleurs restos de la ville pour les carnivores, et pour cause, ouvert par la meilleure boucherie de Lisbonne (au Mercado de Campo Ourique). La spécialité, c'est la viande de bœuf. On choisit son morceau (à la carte ou à la cuisine) et on l'accompagne de délicieuses frites. Pour les autres, quelques salades également ! Immense et agréable terrasse, à l'orée du Jardin botanique, aux beaux jours.

|●| Mercado da Ribeira *(plan centre détachable, H-I10) : av. 24 de Julho. Tlj 10h-minuit (2h jeu-sam).* 📶 Il faut entrer dans les halls. Imaginez un projet un peu fou de réunir en un seul lieu toute la fine fleur de la gastronomie portugaise. Eh bien, c'est chose faite ! On retrouve dans cette somptueuse

LISBONNE QUARTIER PAR QUARTIER

halle de verre et d'acier de nombreux stands où tous les chefs prodigieux de Lisbonne se sont réunis. À vous de faire votre choix entre un plat d'Henrique Sá Pessoa, chef de l'*Alma* (1 mois d'attente dans son resto étoilé, 10 mn ici !), ou un plat d'Alexandre Silva, qui officie habituellement dans Graça chez *Bica do Sapato*. Plus besoin de courir ! Ils sont tous là, la quarantaine rayonnante, proposant des plats entre 7 et 12 €. Un vrai challenge ! Viande, fruits de mer, charcuterie, fromages, pâtisserie, tout y passe. Les petits s'amuseront de leurs burgers gourmets, les becs sucrés passeront la tête au goûter, et les amateurs de vin s'arracheront les bouteilles sélectionnées. Après, on s'installe sur les grandes tablées, et on déguste tout cela dans un joyeux brouhaha. Possibilité aussi de rapporter quelques victuailles (voir la rubrique « Achats ») et même des livres. L'un de nos endroits préférés.

|●| *Palácio Chiado* (plan centre détachable, I9, **215**) : rua do Alecrim, 70. ☎ 210-101-184. ● geral@palaciochiado.pt ● palaciochiado.pt ● Mar-jeu et dim 12h-minuit, ven-sam 12h-2h. L'ancien palais Quintela, somptueux édifice du XVIIIᵉ s avec peintures et vitraux, a fait peau neuve. Il retrouve l'esprit de fête qui y régnait autrefois. Pas moins de 7 restaurants sur 2 étages. Comment ça marche ? On prend une carte magnétique en entrant, on la crédite à chaque resto ou bar du palais, et on paie en sortant. Au choix, plats simples, pour les *veggies* ou les fans de viande, ou encore *sushi bar*. Sur le même principe, des bars très courus (voir « Où boire un verre ? Où sortir ? »).

|●| *Oficina do Duque Nacional* (plan centre détachable, I8, **131**) : calçada do Duque, 43 A. ☎ 210-996-354. ● info@oficinadoduque.pt ● oficinadoduque.pt ● Tlj 17h30-23h. Plats 10-15 €. En haut des marches, un grand resto d'angle. Intérieur design et contemporain, tables en terrasse au calme, très agréables aux beaux jours. Cuisine portugaise moderne et savoureuse. Le chef a fait ses classes dans de nombreux restos au Brésil, et même chez certains chocolatiers. Il en a ramené l'amour du produit simple.

Tapas, plats de viande et de poisson. Bon accueil.

|●| *Faca & Garfo* (plan centre détachable, J8, **149**) : rua da Condessa, 2 (à l'angle et en haut de la calçada do Carmo, qui descend vers la gare du Rossio). ☎ 213-468-068. Tlj sf dim. Congés : 2ᵈᵉ quinzaine de janv. Repas env 13-16 €. Une petite salle triangulaire chaleureuse aux murs ocre tapissés d'azulejos à mi-hauteur et une petite terrasse. Carte courte, mais produits frais (viande ou poisson), plats traditionnels copieux et soignés. Accueil aimable et discret.

|●| *Artis Wine Bar* (plan centre détachable, I8, **150**) : rua do Diário de Notícias, 95. ☎ 213-424-795. Tlj sf lun, le soir slt à partir de 17h30. Repas 12-18 €. Spécialité de saucisses de viande flambées. La cuisine est de bonne facture, servie sous forme de tapas plutôt consistantes. Salle cosy, décorée d'objets choisis où trône (par snobisme) un écran plat diffusant des images de foot. Service efficace. On vous conseille de réserver, la salle est petite.

|●| *Agito Bar Restaurante* (plan centre détachable, I8, **151**) : rua da Rosa, 261. ☎ 213-430-622. Tlj sf dim 20h-minuit (3h pour le bar). Fermé pdt les fêtes de fin d'année. Repas 15-21 €. Une seconde vie pour ce bar coloré au charme certain. Emmenez votre Cendrillon dîner avant minuit, dans la salle au fond, sous la verrière. Bonne cuisine du monde (tapas, viande, plats végétariens). Une atmosphère détendue, comme le service, agréable et souriant.

|●| *Fidalgo* (plan centre détachable, I9, **152**) : rua da Barroca, 27. ☎ 213-422-900. Tlj sf dim. Plats 12-18 €. Digestif offert sur présentation de ce guide. L'atmosphère se veut à la bonne franquette, avec un mur garni de bouteilles ; mais point de populaire, ce n'est qu'un décor de théâtre qui attire plutôt une clientèle des médias. On y savoure une cuisine de la mer des plus inventive (poulpes grillés, *camarons*, etc.). Une poignée de tables, ambiance calme et détendue, assez chic.

|●| *O Cantinho do Bem Estar* (plan centre détachable, I9, **153**) : rua do Norte, 46. ☎ 213-464-265. Tlj sf lun. Plat env 11 €. Un resto pour goûter la cuisine de l'Alentejo. Bar-cuisine réparti sur 5 ou 6 tables serrées les unes contre les autres dans une jolie salle blanche décorée d'azulejos. Même en semaine, on fait la queue sur le trottoir, et du coup, on commande avant même de s'asseoir. Vite fait, bien fait.

Plus chic

IOI O Asiatico *(plan centre détachable, H-I8, **154**) : rua da Rosa, 317. ☎ 211-319-369. ● oasiatico@comeromundo. com ● oasiatico.com ● Tlj 12h30-17h, 19h30-minuit. Env 40 €.* Ne pas se fier au petit hall d'entrée. Le spectacle se joue derrière le rideau rouge ! Le chef Kiko Martins, star de la télé portugaise, a ouvert cette table chic et tendance pour revisiter ses plats asiatiques préférés. Et c'est terriblement réussi ! Viande, poisson, légumes, tout est transformé, sous forme de portions à partager (ou pas, selon votre appétit !). Ça croustille, ça fond, ça croque... Une explosion de saveurs, de couleurs et d'odeurs. Cadre extra : grande salle principale au rez-de-chaussée, ouverte sur les cuisines, très lumineuse en journée avec son puits de lumière, et intime le soir, avec le feu de la cheminée extérieure très moderne. Service au top.

IOI Meson Andaluz *(plan centre détachable, I9, **155**) : travessa do Alecrim, 4. ☎ 214-600-659. Tlj sf dim midi et j. fériés. Résa conseillée le w-e. Tapas 3,50-10 € ; menu déj 12 €. Café offert sur présentation de ce guide.* Entre 2 escaliers, une petite terrasse avec des tonneaux transformés. Spécialités espagnoles. Cuisine recherchée mais sans chichis, avec des produits de qualité. Belle salle voûtée en brique aux accents baroques un peu clinquants (faites un tour par les toilettes drôlement signalées). Mais l'essentiel est dans l'assiette. Accueil un peu débordé.

IOI Buenos Aires *(plan centre détachable, I8, **156**) : calçada do Duque, 31. ☎ 213-420-739. Entrée en haut de l'escalier. Tlj 18h-2h. Résa plus que conseillée. Repas 25-30 €.* Suggestions du jour au tableau noir : cuisine argentine, viande délicieuse... Petite salle un peu de guingois, éclairage intimiste,

murs patinés de jaune, ventilos, photos de Carlos Gardel (ne dites surtout pas qu'il s'agit de Rudolph Valentino si vous ne voulez pas les faire marrer) et plaques émaillées. Une tranche de tango au pays du fado. Annexe dans la rue à gauche (rua do Duque), où l'ambiance est un doux mélange de Buenos Aires et de Paris.

IOI A Velha Gruta *(plan centre détachable, I9, **157**) : rua da Horta Seca, 1. ☎ 213-424-379. Tlj sf dim 12h-15h, 20h-minuit. Plats 13-21 € ; formule déj 6,90 €.* Sans se prendre au sérieux, ce petit resto joue la carte « vin et gastronomie » autour de quelques standards rassurants de la cuisine française comme le coq au vin, le cassoulet et divers accompagnements et sauces (pistou, clafoutis de légumes). La déco hésite entre bistrot, pub et bar de nuit, peut-être pour mieux retenir les convives, nombreux, avant qu'ils ne rejoignent la grande kermesse nocturne du Bairro Alto.

IOI Bota Alta *(plan centre détachable, I8, **159**) : travessa da Queimada, 35-37, et angle rua da Atalaia, 122. ☎ 213-427-959. Tlj sf sam midi et dim. Congés : 1er-15 sept. Résa indispensable. Repas 18-30 €.* Cuisine portugaise assez typique servie dans un chaleureux bistrot aux murs bleus tapissés de tableaux. Précisons que l'on apprécie surtout l'endroit pour le cadre et l'ambiance. Quant à la nourriture servie, elle reste assez chère et de qualité variable.

De plus chic
à beaucoup plus chic

IOI A Cevicheria *(plan centre détachable, H8, **160**) : rua Dom Pedro V, 129. ☎ 218-038-815. ● acevicheria.pt ● Tlj 12h30-minuit. Menu dégustation (6 plats) 40 € ; plats env 7-15 €, dessert 6,30 €.* Avec son sol d'azulejos bleus et son bar en U, avec son lustre-poule géant, on ne peut pas se tromper, c'est bien ici que le chef talentueux Kiko Martins vous régale de ses ceviches. Pas de réservation, il faut donc arriver tôt pour pouvoir s'asseoir à l'une des tables ou au comptoir, car la salle n'est pas bien grande. Sinon, ça vaut le coup

94 | LISBONNE QUARTIER... / BAIRRO ALTO, CHIADO...

d'attendre un peu. Poisson super frais et ceviche délicieux, que l'on prépare sous vos yeux si vous êtes aux premières loges au comptoir. Accompagné d'un bon verre de vin blanc ou d'un *pisco sour*. Le tout pour un rapport qualité-prix incontestable.

I●I *100maneiras (plan centre détachable, I8, 161) : rua do Teixeira, 35.* 📱 *910-307-575.* ● *info@restaurante100 maneiras.com* ● *Tlj 20h-minuit. Résa fortement conseillée. Menus dégustation (choix unique, plus de 10 plats !) 35-60 €.* Une belle découverte, dans une toute petite salle blanche qui pourrait être plus joyeuse. Ici, tout est dans l'assiette. Une escouade de serveurs et serveuses s'affaire pour annoncer sans chichis les 10 plats choisis par le talentueux chef Ljubomir Stanisic. Celui-ci s'amuse à réinventer la cuisine portugaise en s'invitant dans des contrées plus lointaines, au gré du marché. Et rien que l'intitulé des plats fait sourire ! C'est original et délicieux, comme cette purée de lupins, ce caviar de poires, ou encore cette pomme de terre au maquereau. Et le tout s'accorde merveilleusement bien, notamment grâce aux vins sélectionnés par le sommelier. N'oubliez pas d'indiquer vos exigences alimentaires. Service extra.

I●I *Mini Bar Teatro (plan centre détachable, I9, 162) : rua António Maria Cardoso, 58.* ☎ *211-305-393.* ● *minibar. pt* ● *Tlj 19h-1h (2h pour le bar). Menus 39-48,50 € ; carte 35-50 €. Vin au verre*

3 €. Le chef superstar José Avillez (passé entre autres chez Ducasse, Troigros et El Bulli) a ouvert un bar-gastro dans cet ancien théâtre. Grande salle à la déco moderne, offrant plusieurs espaces distincts, plus ou moins séparés les uns des autres. Le 1er menu, décliné en « 5 actes » plus l'« *isolated act* » (le dessert), permet de goûter, en tout, 11 plats différents en portion dégustation. Une très jolie balade gustative, surprenante car le chef n'a pas oublié son passage chez Ferran Adria et sa cuisine moléculaire ! « Branchitude » oblige, mieux vaut réserver.

I●I *Pharmacia (plan centre détachable, H9, 164) : rua Marechal Saldanha, 1.* ☎ *213-462-146. Repas 20-30 € ; menu surprise 35 €, sans boissons.* Une adresse insolite ! Ce magnifique hôtel particulier du XVIIIe s, bordé d'une (fausse) pelouse rase, cache un secret. Poussons la grille. C'est une adresse idéale pour un tête-à-tête entre le docteur Frankenstein et Morticia Adams. Bienvenue dans l'étrange restaurant du musée de la Pharmacie, où le mobilier dépareillé est tout droit sorti d'un vieux labo. Dans l'assiette, façon tapas, de bons plats portugais. Privilégier ceux à base de riz, ce sont les plus copieux. Des laborantins apportent les po(r)tions magiques avec sourire. Cuisine finalement classique, mais ambiance très sympa avec des enfants. Terrasse aux beaux jours, avec vue sur le miradouro de Santa Catarina.

Pâtisseries, glaces, cafés et salons de thé

🍵 🌐 *Manteigaria (plan centre détachable, I9, 254) : rua do Loreto 2.* ☎ *213-471-492. Tlj 8h-minuit.* Tout simplement les meilleurs *pastéis* de la ville (et Dieu sait qu'on en a testé pas mal !). Possible de prendre un café en lorgnant sur la vitrine.

🍵 **I●I** 🌐 *Pastelaria e Confeitaria Cister (plan centre détachable, G-H7, 253) : rua da Escola Politécnica, 101-107.* ☎ *213-962-413. Lunsam 6h-minuit.* Fréquenté en 1838 par l'écrivain Eça de Queiróz, qui y avait ses habitudes (son portrait trône dans la salle). Excellentes confiseries et spécialités régionales à offrir à votre

retour ou à savourer égoïstement. On peut surtout y déjeuner et profiter d'une bonne cuisine portugaise, préparée avec grand soin. Une bonne adresse.

🍵 🌐 *Padaria do Bairro (plan centre détachable, I9, 257) : rua da Misericórdia, 13-17. Petit déj 2,50 € ; déjeuner 5-6 €.* Grande salle lumineuse et confortable pour cette boulangerie-café'. Parfait pour un petit déj ou un repas rapide. Bonnes pâtisseries. Plusieurs autres adresses dans la ville.

🍵 *Pastelaria Benard (plan centre détachable, I9, 276) : rua Garrett, 104. Tlj sf dim 8h-23h.* Très bons croissants, pâtisseries et glaces. Voir aussi « Où

OÙ BOIRE UN VERRE ? OÙ SORTIR ?

boire un verre ? Où sortir ? Beaux bars et vrais cafés » plus loin.

🍵 ☕ **Doce Real** *(plan centre détachable, H8, 255)* : *rua Dom Pedro V, 121. Lun-ven 7h-19h, sam 8h-13h.* Lieu minuscule mais grande adresse. *Pastéis de nata* tièdes et cakes chauds toute la journée, ainsi que des en-cas à emporter pour pique-niquer dans le jardin du Príncipe Real tout proche.

🍵 ☕ **Mesa com Pão** *(plan centre détachable, I-J9, 263)* : *rua da Trindade, 7. Tlj 8h-22h. Quiche 2,50 € ; brunch 9-15 €.* 📶 Une halte bienvenue pour casser une graine, prendre un petit déj ou déguster des *pastéis* au goûter. On peut même se faire un burger vegan *(10 €)* ! Grandes tablées, belles voûtes de pierre, le tout au frais. Bon accueil.

🍵 ☕ **Chiaddo Café** *(plan centre détachable, I9, 136)* : *rua do Loreto, 45-47. Tartes ou gâteaux env 2 €.* Pour un bon café, un jus d'orange ou des feuilletés salés. Quelques tables pour se poser. Bon service.

☕ **Pastelaria Flor do Mundo** *(plan centre détachable, I8-9, 258)* : *rua da Misericórdia, 87. Tlj sf dim 7h-minuit.* Une pâtisserie simple mais accueillante avec des tables pour se poser un peu. Bons jus de fruits frais et pâtisseries à prix très raisonnables. On y parle français.

🍦 **Glaces Santini** *(plan centre détachable, J9, 259)* : *rua do Carmo, 9. Tlj 11h-minuit.* Il y a souvent la queue chez ce glacier vêtu de rayures rouges et blanches, mais les glaces sont délicieuses et le service rapide ! Quelques tables à l'intérieur.

Où boire un verre ? Où sortir ?

Jusqu'au début des années 1990, la **rua da Atalaia** et ses voisines avaient le monopole de la vie nocturne lisboète : une des plus fortes concentrations d'Europe ! Au début du XXIe s, ce sont les entrepôts transformés en mégaboîtes chic et technologiques de l'**avenida 24 de Julho,** le long du Tage, qui ont eu la cote, fortement concurrencés par la zone des **Docas,** près des bassins à flot de l'Alcântara et de Santo Amaro. Aujourd'hui, on redescend sur **Bica** pour se retrouver dans la célèbre rue en pente (le funiculaire ne fonctionne plus la nuit !) ou dans les anciennes venelles chaudes de **Cais do Sodré.** Qu'importe, le parcours noctambule commence toujours ici par un cabotage de bar en bar. Du populaire bistrot bien crasseux au plus snob, le rappeur, le galeriste en vue, le néobaba, l'étudiant fauché... y cohabitent dans l'intelligence du petit prix des consommations. Attention, les lieux restent étrangement déserts avant 23h.

Beaux bars et vrais cafés

🍷 ☕ **Pastelaria Benard** *(plan centre détachable, I9, 276)* : *rua Garrett, 104. Tlj sf dim 8h-23h.* Juste à côté d'*A Brasileira,* bel établissement ancien avec une jolie salle intérieure et une grande terrasse aux beaux jours. Petite restauration, très bons cafés, mais aussi pâtisseries, glaces... Ambiance sympa. Parfait pour un verre. Voir aussi « Pâtisseries, glaces, cafés et salons de thé » plus haut.

🍷 🍴 **Enoteca Chafariz do Vinho** *(plan centre détachable, H7, 277)* : *rua da Mãe d'Água à Praça da Alegria.* ☎ 213-422-079. ● clientes@chafa rizdovinho.com ● *Accès au pied de l'escalier. Tlj sf lun 18h-1h. Congés : 23 déc-8 janv. Tapas 6-15 € ; dégustation 4 vins 10-40 € ; menus 22-48 €. CB acceptées. Apéritif maison offert sur présentation de ce guide.* Voici un lieu pour le moins étonnant : c'était un bâtiment appartenant au système de distribution d'eau du bas Lisbonne. Situé au pied d'une descente venant du réservoir de la place Príncipe Real. Haute salle de pierre avec citerne et fontaine, galerie mystérieuse... C'est aujourd'hui un bar à vins proposant sur fond jazzy des tapas (sans grand intérêt) pour accompagner un large choix de vins portugais et de portos de tous âges. Mais on y vient surtout pour le cadre, atypique.

🍷 **Pavilhão Chinês Bar** *(plan centre détachable, H8, 279)* : *rua Dom Pedro V, 89-91.* ☎ 213-424-729. *Tlj 18h (21h dim)-2h.* Hallucinante création d'un célèbre architecte d'intérieur. Imaginez un collectionneur fou à qui l'on aurait confié les salons douillets d'un club anglais pour y exposer ses trouvailles. Pas un centimètre carré de mur qui ne soit exploité dans l'enfilade de ces 3 salles, mais avec la méthodologie du Muséum d'histoire naturelle : les poupées en céramique, les soldats de plomb, les maquettes de bombardiers, les grenouilles en faïence, les statues de Chinois... Le lieu lui-même est bizarre, comme si les fauteuils 1900, la moquette rouge, les lampes tamisées, le billard ancien avaient appartenu à un baron excentrique. Carte de cocktails délicieux longue comme le bras, et surtout illustrations coquines des Années folles. Plus qu'un bar, c'est une institution !

☙ **Mojito Compay Tasca Cubana** (plan centre détachable, I8, **310**) : travessa da Queimada, 4. ☎ 213-465-792. ● mojito_compay01@hotmail.com ● Ouv ts les soirs ; « heures heureuses » 20h-23h. Un petit bar qui ne paie pas de mine, avec ses voûtes et son vieux comptoir. Mais Fonseca, le patron, sait mettre l'ambiance avec ses mojitos bien servis et une musique endiablée. Mais surtout, chaque client doit dessiner Fonseca, qui prend la pose, pour refaire sa déco !

☙ **Sol e Pesca** (plan centre détachable, I10, **280**) : rua Nova do Carvalho, 44. ☎ 213-467-203. ● solepesca@gmail.com ● Tlj sf dim 12h-4h. Minuscule bar décoré de filets de pêche, d'hameçons, de cannes et de conserves de sardines. Chaises et tables chinées. Bonne ambiance. Passé 23h, l'animation est surtout dans la rue, dont le sol a été peint en rose.

☙ **Lost'In** (plan centre détachable, I8, **281**) : rua Dom Pedro V, 56 D. ▤ 917-759-282. Tlj sf dim 12h30 (16h lun)-minuit. Sessions jazz jeu 20h30-23h30. D'abord une boutique d'articles indiens (tissus, coussins, etc.). Mais le principal se situe à l'arrière de la boutique : immense terrasse surplombant la ville, soit à l'abri, soit en plein air. Le tout dans des fauteuils recouverts de tissus et de coussins très colorés de la maison. Petite carte de desserts.

☙ **Solar do Vinho do Porto** (plan centre détachable, I8, **282**) : Instituto dos vinhos do Douro e do Porto, rua de São Pedro de Alcântara, 45. ☎ 213-475-707. ● solarlisboa@ivp.pt ● Tlj sf dim 11h (14h sam)-23h30. Dégustation à partir de 1,50 €. Juste en face du funiculaire da Glória, un palais du XVIIIe s (même architecte que le palais de Mafra) réaménagé en une sorte de pub. L'Institut du vin de Porto (on peut vraiment parler d'institution, ici) y propose plus de 200 appellations à la dégustation et à la vente. Assiettes de fromage pour l'idéale découverte. Ambiance délicate qui fait oublier les turpitudes du monde afin de profiter pleinement du divin breuvage. Fréquenté par une clientèle aux papilles distinguées.

☙ **British Bar** (plan centre détachable, I10, **283**) : rua Bernardino Costa, 52-54. ☎ 213-432-367. Tlj sf dim 8h-minuit (2h ven-sam). Un vrai beau bar, lambrissé, avec un grand choix de mousses et de whiskies. Au plafond, le ventilateur fait son office de rafraîchisseur d'ambiance. Attire un grand nombre de Lisboètes à la sortie des bureaux.

Bars branchés

☙ ♪ **Park** (plan centre détachable, H9, **301**) : calçada do Combro, 58. ☎ 215-914-011. Mar-jeu 18h-minuit, ven-sam 18h-2h. Une de nos adresses les mieux cachées, au 7e étage d'un parking. Ne pas avoir peur d'entrer et de prendre l'ascenseur recouvert de graffitis à l'intérieur du parking. Vue superbe sur les toits de la ville, l'église Santa Catarina et le Tage au loin. DJs, grands sièges en bois, belle carte de cocktails et burgers à grignoter. Parfait pour chiller tranquille.

☙ ♪ **Madame Petisca** (plan centre détachable, H9, **278**) : rua de Santa Catarina, 17 ; 3º. ▤ 915-150-860. ● lisboa@madamepetisca.pt ● Au dernier étage de l'hôtel Monte Belvedere. Tlj 16h-minuit. Cocktail 8 €. Snacks 5-14 €. Un de nos spots préférés pour apprécier le coucher du soleil sur Lisbonne. Parfait pour boire un verre en musique. Cuisine moyenne. Vite pris d'assaut.

☙ **L'Insolito** (plan centre détachable, I8, **49**) : rua de São Pedro de Alcântara, 81. Voir plus haut « Où dormir ? ». Bar rooftop de l'AJ Independente, qui vaut

OÙ BOIRE UN VERRE ? OÙ SORTIR ? | 97

surtout pour la superbe vue sur toute la ville et son ambiance jeune branchée.

By the Wine (*plan centre détachable, I9, 275*) : *rua das Flores, 41-43.* ☎ *213-420-319. Lun 18h-minuit, mar-dim 12h-minuit.* Bar monumental, recouvert tout simplement de 3 000 bouteilles du sol au plafond avec un immense comptoir. Idéal pour grignoter du jambon bellota, quelques fromages, ou des plats plus typiques. Et boire un verre de vin, bien sûr !

Fabulas (*plan centre détachable, J9, 284*) : *calçada Nova de São Francisco, 14.* ☎ *213-476-321.* ● *galeriafabulas@gmail.com* ● *Tlj sf dim 11h-minuit (23h ven-sam). Vins au verre 1,50-7 €. Salades, crêpes, tartes salées et petite restauration 5-12 €.* 📖 Bar à vins tendance, café et galerie tout à la fois. Un lieu sympa où se mêle une tranche de population – jeune et moins jeune – branchée de Lisbonne. Installé dans une immense salle voûtée en entresol, meublée de bric et de broc, dans une ambiance chaleureuse. Les tables sont, pour certaines, celles d'anciennes machines à coudre. Lustres anciens au plafond, éclairage à la bougie comme dans les vieux châteaux et gros canapés confortables dans certains recoins. Terrasse avec quelques tables devant. Une autre salle au fond donnant sur une cour pavée permet d'accéder à une autre terrasse à l'abri de la rue en été. Un lieu où l'on se sent bien.

Pensão Amor (*plan centre détachable, I10, 285*) : *rua do Alecrim, 19 ; autre entrée rua Nova do Carvalho, 38.* ☎ *213-143-399. Tlj sf dim 12h-2h (4h ven-sam).* Installé dans un ancien bordel ! Le boudoir semble intact et les tentures rouges écarlate façon muleta émoustilleraient le premier taureau échappé d'une *tourada* (corrida portugaise). Eh bien non ! L'atmosphère est au raffinement et à la tranquillité, on sirote bien sagement thé ou fin breuvage, les fesses dans un petit fauteuil crapaud. Plusieurs salons offrent diverses réjouissances : l'un d'entre eux, dans une quasi-obscurité, fait office de bar et de piste de danse (pas beaucoup de place pour se déhancher !). Spectacles d'effeuillages soft certains soirs. Plus loin, on trouve aussi une librairie

coquine et une boutique de gadgets extatiques. Un lieu à voir et à boire. Terrasse.

Bairro Alto (*plan centre détachable, I9, 68*) : *praça Luís de Camões, 8.* ☎ *213-408-288.* ● *info@bairroaltoho tel.com* ● *bairroaltohotel.com* ● *Dimjeu 10h30-22h (1h ven-sam) ; en été, tlj 10h30-1h.* Vue imprenable sur les toits de la ville au sommet de cet hôtel chic. Coucher de soleil superbe.

Palácio Chiado (*plan centre détachable, I9, 215*) : *rua do Alecrim, 70.* ☎ *210-101-184.* ● *geral@palacio chiado.pt* ● *palaciochiado.pt* ● *Mar-jeu et dim 12h-minuit, ven-sam 12h-2h.* Dans l'ancien palais Quintela, somptueux édifice du XVIIIe s. Comment ça marche ? On prend une carte magnétique en entrant, on la crédite à chaque resto ou bar du palais, et on paie en sortant. Cadre somptueux, clientèle un peu chic. Cocktails extra. Tentez le « Farrabodó » (fête) ou « A grande e à francesa » (en grande pompe).

Bar à *Ginjinha*

Ginginha do Carmo (*plan centre détachable, J8, 121*) : *calçada do Carmo, 37 A.* 📱 *916-652-660. Au pied des marches de l'escalier du largo do Carmo. Tlj 12h-minuit (plus tard le w-e). Verre 1,35 €.* De quoi se donner du cœur avant ou après l'escalier : un petit verre de cet alcool de cerise si typique du Portugal !

Bars de nuit

Il y en a à tous les coins de rue, ou presque. Pour faire des rencontres, ne cherchez plus, c'est ici ! Faites attention quand même : près des bars de nuit, on vous proposera, surtout le week-end, pas mal de drogues. Passez tranquillement votre chemin ! Les dealers ne sont pas particulièrement agressifs, mais un routard averti en vaut deux.

O Bom O Mau e O Vilão (*le bon, la brute et le truand ; plan centre détachable, I10, 285*) : *rua do Alecrim, 21.* 📱 *964-231-631.* ● *thegoodthebadan dtheuglybar.com* ● *Ven-sam 19h-3h, dim-jeu 19h-2h. Cocktails à partir de 7 €.* Cadre de galerie d'art. Toute la

LISBONNE QUARTIER PAR QUARTIER

panoplie de cocktails traditionnels, et surtout « The Good, the Bad & the Ugly » (rhum, gingembre, basilic et jus d'orange). Sets de DJs et programmation d'invités pointue (dispo sur le site internet).

♪ *Cobre (plan centre détachable, I10, 285) : rua do Alecrim, 24. ☎ 213-461-381. Mer-dim à partir de 17h.* Un bar à cocktails tout cuivré (d'où le nom *cobre*) du sol au plafond. Belle carte de 25 cocktails. Pas plus ! Sets de DJs tous les soirs.

♪ *A Bicaiense (plan centre détachable, I9, 286) : rua da Bica de Duarte Belo, 42. ☎ 213-257-940. Tlj.* Dans une rue sacrément en pente (attention aux derniers ou aux premiers passages du funiculaire !), où la jeunesse branchée design et artistique de Lisbonne se retrouve. Pas bien grand, comptoir métal et noir, projections de films expérimentaux

et musiques tendance livrées par des DJs à la pointe. Et, surtout, la rue rien que pour vous !

♪ *Portas Largas (plan centre détachable, I8, 287) : rua da Atalaia, 105. ☎ 213-466-379. Tlj.* Un repaire d'oiseaux de nuit au plumage multicolore. Plus de garçons que de filles, vous comprendrez vite pourquoi. C'est toujours plein à craquer, et le samedi soir, ça déborde allègrement sur le trottoir. Belle atmosphère entre les murs à damiers de ce bar à la déco oscillant entre rustique et rétro.

♪ *Clandestino (plan centre détachable, I8, 300) : rua da Barroca, 99. Interdit aux moins de 16 ans. Tlj sf dim 17h-2h. Cocktails 2-4 €.* Minuscule petit bar de nuit. 2 petites salles en enfilade, aux murs décorés de tags par les clients, du sol au plafond. Très sympa, bonne musique et bonne ambiance. Patron accueillant et jovial.

Où écouter du fado ?

Ne demandez pas où l'on peut encore trouver des adresses qui ne soient pas touristiques, ça fait rire même ceux qui sont en pleine *saudade party* !

♪ |●| *Tasca do Chico (plan centre détachable, I9, 139) : rua do Diário de Notícias, 39. ☏ 965-059-670. Lun-sam 19h-3h.* Dans une toute petite échoppe avec photos de Chico d'hier et d'aujourd'hui. Clientèle mélangée d'habitués et de touristes. Bonne cuisine, bons vins et chanteurs au top. Pour une soirée fado chaleureuse.

♪ |●| *Café Luso (plan centre détachable, I8, 310) : travessa da Queimada, 10. ☎ 213-422-281. ● cafeluso@ cafeluso.pt ● cafeluso.pt ● Fado tlj à partir de 20h30 (le resto ouvre à 20h). Conso min 25 € à partir de 19h30, 16 € après 22h30 ; carte 45-50 € ; menu touristique 44 €.* Sous les voûtes en pierre du XIIe s, dans les anciennes écuries et caves du palais São Roque. On vient ici pour écouter du fado au milieu des tables d'affamés, plus que pour la qualité de la cuisine. Et vous ne serez pas seul dans ce lieu hyper touristique !

Où écouter de la musique ? Où danser ?

Quelques boîtes ont bien survécu, mais le Bairro Alto, c'est avant tout des bars, et il y en pas mal dans un rayon restreint. Pour les boîtes, on ira plutôt dans le coin des Docas (voir plus loin).

♪ *ZDB (Zé Dos Bois ; plan centre détachable, I9, 311) : rua da Barroca, 59. ☎ 213-430-205. ● zdb@zedos bois.org ● Tlj 22h-2h.* Petit lieu alternatif dynamique pour les 18-30 ans.

D'abord consacré à l'art contemporain, notamment aux arts visuels (expos à l'étage), il abrite également une petite salle proposant presque tous les soirs des concerts à prix très raisonnables. Programmation éclectique.

♪ 🏃 *Music Box (plan centre détachable, I10, 313) : rua Nova do Carvalho, 24 (entrée sous une arche). ● office@ musicboxlisboa.com ● Tlj sf dim-lun 22h-7h. Concert à partir de minuit et*

DJ à partir de 2h. Entrée : 7-20 € selon programme. Au cœur de l'ancien quartier chaud qui naguère offrait un peu de joie terrestre au marin de passage.

Quand les bars ferment, c'est la boîte troisième partie de soirée de Cais do Sodré.

Achats

À boire et à manger

⚜ **Mercado da Ribeira** *(plan centre détachable, H-I10) : av. 24 de Julho. Tlj 10h-minuit (2h jeu-sam).* Un marché traditionnel (fruits, fleurs et légumes) doublé d'une halle entièrement dédiée à la fine fleur de la gastronomie portugaise, voire lisboète. Conserves de poisson, vins, chocolats, de quoi faire ses emplettes. Et même des restos (voir « Où manger ? ») !

⚜ **Chocolataria Equador** *(plan centre détachable, I8, 106) : rua da Misericórdia, 72.* ☎ *213-471-229. ● chocolatariaequador.com ● Tlj 11h-20h.* Une chocolaterie pour faire le plein de ces fèves des anciennes colonies portugaises, comme São Tomé. Emballages élégants et délicieusement rétro. À déguster sans modération !

❗ ⚜ **Alfaia Garrafeira** *(plan centre détachable, I8, 143) : rua do Diário de Notícias, 125.* ☎ *213-433-079. ● garrafeira.alfaia@clix.pt ● Tlj 16h-1h.* Boutique-bar pour faire le plein de raisins (à boire) ! Voir « Où manger ? ».

⚜ **Garrafeira Internacional** *(plan centre détachable, H7, 336) : rua da Escola Politécnica, 15-17.* ☎ *212-346-292. Tlj sf dim 10h-20h.* Bon choix de vins portugais, de régions trop peu connues. Une bonne occasion de les découvrir ! Dégustation gratuite de vin de table et de porto. Bons conseils (et bons emballages pour le retour).

De la tête aux pieds

⚜ **Paris em Lisboa** *(plan centre détachable, I9, 337) : rua Garrett, 77.* ☎ *213-468-144. Tlj sf dim 10h-19h (13h sam).* Du beau linge, en vitrine comme sur les rayons, on peut le dire. C'est à Torres Novas (100 km) qu'on fabrique les *turcos* (tissu éponge) les plus réputés du pays. Serviettes de toilette douces au toucher dans une gamme de coloris variée.

⚜ **El Dorado** *(plan centre détachable, I9, 338) : rua do Norte, 25.* ☎ *213-431-239. Lun-sam 13h-21h, dim 15h-20h.* Les fringues vintage déjantées côtoient des 33-tours collectors. Pour les fouineurs branchés ou les nostalgiques. Et la proprio est très sympa !

⚜ Les ruas Dom Pedro V et da Escola Politécnica rivalisent à chaque numéro ou presque en matière de *concept stores* de fringues, bijoux, objets design, meubles, gadgets, chaussures et autres. Le plus spectaculaire est **Embaixada** *(plan centre détachable, H7, 339),* en face de la praça do Príncipe Real, au n° 26, installé dans un ancien palais mauresque superbe du XIXᵉ s *(tlj 12h-20h).* Dispose aussi d'un joli jardin et d'une salle à colonnades pour déjeuner entre deux séances shopping.

Artisanat, art

⚜ Dans la **rua da Rosa** *(plan centre détachable, I8-9),* de nombreuses **galeries d'art** *(Arquivo 237,* au n°... 237 ; *Galeria Tereza Seabra,* aux nᵒˢ 158-160), mais aussi des **créateurs de vêtements et d'accessoires** *(Montana Shop,* au n° 14 G ; *Poise,* au n° 197 ; *Jans,* au n° 212). Bref, un vent d'air frais sur la création contemporaine portugaise !

⚜ **A Vida Portuguesa** *(plan centre détachable, J9, 340) : rua Anchieta, 11.* ☎ *213-465-073. ● avidaportuguesa.com ● Tlj 10h (11h dim)-20h.* Dans une ancienne fabrique de cosmétiques préservée de la démolition, une vieille boutique qui vend « l'âme portugaise ». Belle sélection de produits fabriqués localement et qui ont marqué la mémoire portugaise : cosmétiques, crèmes pour les mains, parfums, shampoings, eaux de Cologne, savons, bougies, huile d'olive, conserves de sardines, jouets pour enfants, bibelots, petits souvenirs de qualité et rares. Une autre boutique largo do Intendente (voir la rubrique « Achats » dans le quartier de Graça).

⚜ **Vista Alegre** *(plan centre détachable, I9, 341)* : *largo do Chiado, 20-23.* ☎ *213-461-401. Tlj sf dim 10h-19h.* La plus réputée des fabriques de porcelaine portugaises, fondée en 1824 (peut se visiter près d'Aveiro). Du classique tendance chic. On n'est plus obligé d'acheter un service complet.

⚜ **Cerâmicas na Linha** *(plan centre détachable, J9, 335)* : *rua Capelo, 16.* ☎ *215-984-813. Lun-sam 10h-20h.* Dans une petite ruelle au calme, des étagères de céramique très colorées, aux formes variées, qu'on achète au poids.

⚜ **Pau Brasil** *(plan centre détachable, H7, 336)* : *rua da Escola Politécnica, 42.* ☎ *213-420-954. Lun-sam 12h-20h.* Un *concept store* autour du design portugais, mis en scène par Joanna Astolfi, une des pointures du genre ! Chaises, canapé, vaisselle... de quoi s'inspirer ou rapporter des objets.

⚜ **Sant'Anna** *(plan centre détachable, I9, 342)* : *rua do Alecrim, 95.* ☎ *213-422-537.* ● *santanna.com.pt* ● *Lun-sam 9h30 (10h sam)-19h.* Très belle boutique d'azulejos, mais également toutes sortes de céramiques, vaisselle, etc.

⚜ **Claus Porto** *(plan centre détachable, I8, 323)* : *rua da Misericórdia, 135.* ● *clausporto.com* ● *Tlj 10h-20h.* Une marque mythique de savons et de soins germano-portugaise, née en 1887. Beaux emballages qui s'inspirent de la Belle Époque française.

⚜ **Luvaria Ulisses** *(plan centre détachable, J8, 356)* : *rua do Carmo, 87 A.*

Lun-sam 10h-19h. Une toute petite boutique de 1925 avec son mobilier Empire et sa façade néoclassique qui ne vend que des gants en cuir. Rien ne semble avoir changé depuis l'ouverture !

Azulejos

⚜ **Solar** *(plan centre détachable, H-I8, 343)* : *rua Dom Pedro V, 68-70.* ☎ *213-465-522. Tlj sf dim 10h-19h (13h sam).* Attention, pas d'enseigne ! Cet antiquaire est spécialisé dans la vente d'azulejos anciens (XVIe-XXe s). Les prix sont corrects, compte tenu de la qualité, et il est inutile de discuter.

Linges de maison, broderies, layettes

⚜ **Teresa Alecrim** *(plan centre détachable, J9, 344)* : *rua Nova da Almada, 76.* ☎ *213-421-831.* Magnifique boutique de linge de maison brodé, serviettes de toilette... Tout ou presque est fait main. Pas donné, mais bon rapport qualité-prix vu le travail que tout cela représente !

Disques

⚜ **Louie Louie** *(plan centre détachable, J9, 324)* : *escadinhas do Santo Espírito da Pedreira, 3.* ☎ *213-472-232.* ● *louielouie.biz* ● *Mar-dim 11h (15h dim)-19h30.* Plus de 3 000 disques, du premier d'Amalia Rodrigues *(75 € !)* à Ana Moura. Accueil charmant de Jorge.

À voir. À faire

Les quartiers du Carmo et du Chiado

Le 25 août 1988, le cœur de Lisbonne brûle : un incendie s'est déclaré dans le grand magasin *Grandela*, au bas de la place du Rossio. Le feu se propage très vite, les pompiers accèdent difficilement aux immeubles. Les rues do Carmo, Nova do Almada, Assunção et do Crucifixo sont les plus touchées. Cet incendie a infligé à ce quartier historique l'un des plus graves dommages depuis le tremblement de terre de 1755. Pour la reconstruction, l'architecte Álvaro Siza Vieira a tenu à préserver le style du quartier au charme années 1930.

Aujourd'hui, boutiques de luxe et immeubles de standing donnent le ton. Le soir venu, l'animation quitte peu à peu le Chiado pour se glisser dans les ruelles du Bairro Alto voisin. Pour accéder au quartier du Carmo, emprunter l'âpre calçada do Carmo.

À VOIR. À FAIRE | **101**

António Ribeira Chiado était un moine poète du XVIe s. Trop bon vivant, il préféra abandonner son froc. Si on le vénère moins pour ses vers gouailleurs que Pessoa, qui est assis pour l'éternité à quelques pas de lui devant le café *A Brasileira,* c'est quand même lui qui a eu le dernier mot : un quartier à son nom, si vivant que tout Lisbonne passe et repasse.

Pour commencer, faites un tour (d'horizon) en empruntant l'**elevador de Santa Justa** *(plan centre détachable, J8-9, 367) : payant – voir plus haut « Comment se déplacer ? Les funiculaires (ascensores) et les ascenseurs (elevadores) » dans le chapitre « Infos pratiques sur place ».* Du haut de l'édifice, outre la machinerie, on a une vue sur la colline du *castelo* et sur les alignements de la Baixa. À faire en début de matinée de préférence, il y a moins de monde. Astuce : il est possible d'accéder gratuitement au belvédère qui est au 1er étage de l'elevador de Santa Justa en passant par le largo do Carmo juste à côté du Museu arqueológico do Carmo, et en empruntant la passerelle qui passe au-dessus de la rua do Carmo ; on a déjà une très belle vue !

> ## UNE MACHINE À VISITER LA LUNE
>
> *Jusqu'en 1907, l'elevador de Santa Justa fonctionnait grâce à une turbine à vapeur, puis il fut électrisé. On imagine bien les nuages de vapeur débordant de cette mécanique julesvernesque. « Une machine à visiter la Lune », comme le disait l'écrivain Valery Larbaud ! Et ne dites pas qu'il fut construit par Eiffel : ce fut l'un de ses élèves qui s'attela à la tâche, Raoul Mesnier du Ponsard !*

Convento-musée do Carmo – Museu arqueológico do Carmo *(plan centre détachable, J8, 368) : largo do Carmo.* ☎ 213-478-629. ● *museuarqueologicodocarmo.pt* ● *Tlj sf dim 10h-18h (19h juin-sept). Entrée : 4 € ; réduc avec la Lisboa Card.* Cette église du XIVe s, l'une des plus grandes de la ville, avec sa nef à ciel ouvert, est restée dans l'état où l'a laissée le tremblement de terre de 1755. Une atmosphère étrange et romantique règne dans ce lieu qui mérite une visite. On découvre tout d'abord la grande nef en ruine où sont exposés des pierres tombales et les blasons sculptés de plusieurs personnages de la bourgeoisie et de la noblesse portugaises (au sol et sur les murs). Remarquer la solitaire stèle funéraire de 1814 avec ses caractères hébreux.
Au fond, dans le chœur, abrité par un toit, voici le remarquable petit Musée archéologique avec de beaux tombeaux en pierre, dont la sépulture de dom Nuno Alvares Pereira (1360-1431), second connétable du Portugal qui fonda cette église. Voir aussi le tombeau de la reine Maria Ana de Austria (son style rappelle celui des tombeaux des Habsbourg à Vienne). Plus loin, des vestiges romains, wisigothiques et précolombiens (statuettes aztèques et chimu), un bas-relief hindou. Une des pièces les plus étonnantes est ce sarcophage égyptien (avec sa momie) de l'époque ptolémaïque, ainsi que les momies incas du Pérou (XVe-XVIe s). Ce sont des restes desséchés et ficelés de jeunes filles qui portent encore des cheveux longs, fragiles comme des fils...

Musée et igreja São Roque *(plan centre détachable, I8, 369) : largo Trindade Coelho.* ☎ 213-235-444. ● *museu-saoroque.com* ● *Musée : lun 14h-18h (19h avr-sept), mar-dim 10h-18h (19h avr-sept ; 20h jeu avr-sept). Fermé j. fériés. Entrée (musée) : 2,50 € ; réduc, notamment avec la Lisboa Card. Essayer de suivre une visite guidée. Petite brochure en français.* Le musée abrite une collection d'art sacré remarquable, allant du XVIe au XVIIIe s, en provenance de plusieurs pays d'Europe. Très beau christ crucifié de Ceylan du XVIe s, en ivoire finement travaillé. Reliquaires richement ouvragés, dont un délicat du Japon (fin XVIe s) en bois laqué, nacre, poudre d'or et d'argent, d'autres en écaille de tortue, mais surtout le reliquaire du fameux saint Valentin. Quelques belles huiles sur bois également, des tapis, des

LISBONNE QUARTIER PAR QUARTIER

chandeliers dont un qui pèse plus de 350 kg... d'or. La visite se termine par l'église. On peut ne visiter que l'église en accès libre.

L'église date du XVIe s mais la façade fut reconstruite après la catastrophe de 1755. Voir l'immense plafond en bois peint et surtout la très riche chapelle *São João Baptista* (4e à gauche), témoignage des caprices insensés des rois de l'époque. Elle fut construite à Rome avec tous les matériaux précieux existants, puis transportée par bateau pour être remontée ici. Cafétéria reposante dans le cloître du musée.

🍴 ⊛ *A Vida Portuguesa* *(plan centre détachable, J9, **340**) :* rua Anchieta, 11. Voir plus haut la rubrique « Achats. Artisanat, art ». Également largo do Intendente, 23, dans Graça *(plan centre détachable, K6, **353**).*

🍴 *Museu nacional de Arte contemporânea do Chiado* (plan centre détachable, J9, **370**) : rua Capelo, 13. ☎ 213-432-148. ● museuartecontemporanea. pt ● Ⓜ Baixa-Chiado. Tlj sf lun 10h-18h. Fermé 1er janv, Pâques, 1er mai et 25 déc. Entrée : 4,50 € ; réduc ; gratuit le 1er dim de chaque mois jusqu'à 14h. Le musée d'Art contemporain du Chiado

LES HIRONDELLES DE PINHEIRO FONT LE PRINTEMPS LISBOÈTE !

Accrochées au mur du magasin A Vida Portuguesa, *elles ne risquent pas de s'envoler. En retrouvant le dessin original de Pinheiro, Catarina Portas ne pensait pas qu'elle allait donner un nouveau symbole au peuple portugais. Un peuple en noir et blanc, voyageur, courageux, qui s'est retrouvé dans ces hirondelles en terre cuite faisant autrefois la fierté des maisons dans les quartiers populaires et devenues aujourd'hui cultes.*

présente des œuvres de son fonds permanent, qui tournent tous les 3 mois. Beaucoup d'installations, ainsi que de la peinture et de la sculpture portugaise et internationale. C'est l'architecte français Jean-Michel Wilmotte qui en réalisa la rénovation. L'espace intérieur mérite à lui seul une visite pour sa conception et la mise en valeur du site autant que des œuvres.

|●| Terrasse surélevée avec cafétéria pour grignoter, au soleil, des petits plats dans l'air du temps *(tlj sf lun ; sandwichs 3,50-5 €, plats du jour 8,50-10,50 €).*

🍴 *Largo de São Carlos* (plan centre détachable, I9) : sur cette petite place ensoleillée se tient un immeuble couleur pastel (au rez-de-chaussée, magasin *Godiva*) où est né l'écrivain Fernando Pessoa (1888-1935). Au pied, une sculpture surréaliste de l'auteur avec un livre à la place de la tête.

Le Bairro Alto

🍴🍴🍴 Ce vieux quartier aux façades usées avec ses balcons fleuris est un brassage sans heurts du vieux tissu populaire, de l'émigration originaire des anciennes colonies africaines et des branchés colonisant doucement le quartier pour y créer de nouveaux lieux. Nous le décrivons dans l'introduction comme un quartier caméléon, qui change de façade et d'humeur selon les heures. Dans l'après-midi, on arpente ses ruelles calmes à la recherche de boutiques qui, le vent ou rigolotes, dont la rua do Norte, notamment, est très friande. En soirée, les boîtes à fado touristiques et les nombreux petits restos drainent les foules, qu'ils déversent, la nuit tombée, dans les nombreux bars du quartier, largement concentrés dans la rua da Atalaia et ses voisines proches, dans lesquelles il devient difficile de circuler à partir de 23h.

🍴🍴 À l'est, le *miradouro São Pedro de Alcântara* (belvédère São Pedro de Alcântara ; plan centre détachable, I8), qui surplombe un très beau petit jardin, livre une magnifique échappée sur la ville basse, la colline du castelo de São Jorge et le Tage. Un lieu qui a retrouvé tout son charme après une sérieuse rénovation.

MADRAGOA, LAPA, CAMPO DE OURIQUE,... | **103**

🎥🎥 **Convento de São Pedro de Alcântara** (*plan centre détachable, I8, 371*) : *rua Luisa Todi, 1. Avr-sept, tlj 10h (14h lun)-19h (20h jeu) ; oct-mars, tlj 10h (14h lun)-18h. GRATUIT ; visite guidée ven à 11h30 en français et à 15h en anglais (2,50 €).* Couvent du XVIIe s ouvert au public depuis peu. À voir notamment, la chapelle des Lencastres, joyau du couvent, en marbre marqueté inspiré du style italien. Dans l'église, magnifiques autels en boiserie dorée avec une iconographie franciscaine et peintures du XVIIIe s, comme le *Couronnement de la Vierge*. Plafond peint en trompe l'œil par un artiste français. Les murs de la nef sont recouverts d'azulejos de l'époque baroque, représentant des scènes de la vie de saint Pierre d'Alcântara.

🎥🎥 Dans l'ouest et le sud du quartier, loin de l'agitation touristique, sommeillent des rues de village où le linge sèche aux fenêtres. À partir de la petite **praça das Flores** (*plan centre détachable, G8*), le Bairro Alto offre aux promeneurs un réseau d'adorables ruelles où flâner.

🎥 🎥 Ne manquez pas d'aller faire un tour en haut du **miradouro de Santa Catarina** (*plan centre détachable, H9, 372*). Un lieu qui incite à la flânerie et au repos des sens au milieu des touristes et des jeunes qui se prélassent au soleil. Au centre du petit parterre, la statue du monstre Adamastor, personnage mythique des *Lusiades* de Camões. On peut y rêver tout en regardant au loin le ponte 25 de Abril. Un lieu bien vivant en journée, avec ses bistrots en terrasse, mais qui craint un peu une fois la nuit tombée...

🎥🎥 Le populaire **funiculaire da Bica** (*plan centre détachable, H-I9*) : *compter env 1,40 € pour 1 ticket sur les transports Carris, 3,60 € l'A/R ; voir plus haut* « *Comment se déplacer ? Les funiculaires (ascensores) et les ascenseurs (elevadores)* » *dans le chapitre* « *Infos pratiques sur place* ». Il vous rapproche du *mercado* avec son curieux dôme à bulbe tout en bas, à Cais do Sodré. Il est traditionnel d'y voir, dès 5h, marchands, ouvriers, bourgeois en goguette et étudiants déguster le réputé chocolat chaud des troquets du coin. Parfois, le dimanche, s'y tient un bal populaire animé. Le soir, si vous remontez par le funiculaire, l'ambiance aura peut-être déjà changé, avec l'ouverture d'un bar-salon de thé ou du dernier resto à la mode dans les rues voisines, attirant une clientèle différente. À partir de 23h-minuit, bien sûr, car avant, c'est toujours très calme. C'est le nouveau quartier tendance, celui où il fait bon se retrouver près d'un bar à vins ou d'une cave à jazz, à deux pas mais déjà si loin, semble-t-il, du haut du Bairro Alto et de sa frénésie.

🎥🎥 🎥 **Le square de la place do Príncipe Real** (*plan centre détachable, H7-8, 373*) : lieu de promenade très apprécié des enfants le dimanche, tandis que les plus âgés préfèrent l'ombre prodiguée par le parasol naturel d'un gigantesque cyprès. Sous la fontaine se cache un réservoir souterrain octogonal (abusivement appelé « musée de l'Eau »), avec des voûtes d'une dizaine de mètres de hauteur. Il n'est ouvert qu'à l'occasion d'expositions temporaires à l'intérêt très relatif. Le samedi matin, marché bio.

MADRAGOA, LAPA, CAMPO DE OURIQUE, SANTOS, DOCAS (LES DOCKS) ET LX FACTORY

● **À voir. À faire**...............**109**	Amália Rodrigues, jardim et basílica da Estrela, casa Fernando Pessoa, cemitério dos Prazeres, museu	nacional de Arte antiga et museu da Marioneta
● Les quartiers de Lapa, Madragoa, Campo de Ourique et Santos : casa-museu		● Docas (les docks) : museu do Oriente
		● LX Factory

LISBONNE QUARTIER PAR QUARTIER

Un quartier éclectique qui est loin d'avoir terminé sa mue, à découvrir en remontant depuis Santos et les docks, nouveau lieu de vie de jour (presque) comme de nuit, jusqu'à Madragoa, Lapa et Campo de Ourique, où la bourgeoisie portugaise a fait son nid. Un quartier où résideront, côté colline, les amoureux et les touristes plus argentés, dans l'une des deux demeures de charme de la rua das Janelas Verdes.

Comme ce quartier est baigné par les eaux du Tage, en descendant les ruelles et les escaliers, on arrive au port. Qui dit port dit mers lointaines et voyages maritimes, ces expéditions qui ont fait la fortune et la gloire du Portugal au XVIe s. Dès lors, il est compréhensible que deux grands musées de Lisbonne soient installés là : le museu de Arte antiga (étatique) et le museu do Oriente (privé), deux hauts lieux de la culture qu'il ne faut pas manquer.

On peut aussi venir dans ce secteur de la capitale pour faire la fête, côté docks, ou plus loin vers l'Alcântara, à la nuit tombée, ou surtout en allant vers LX Factory, encore plus loin (train direction Cascais, arrêt Alcântara Mar, ou taxi). Restos à la mode dans des décors de récupération, cafés branchés, boîtes bondées : couche-tard, fêtards, braillards, rigolards et routards se filent un rancard pour boire un verre de pinard ou danser dans les bars, d'autres fument le cigare en costard, le soir, tintamarre garanti sur les trottoirs !

Où dormir ?

Beaucoup plus chic

🛏 **Casa do Bairro B & B** *(plan centre détachable, H9, 70)* : *beco do Caldeira, 1.* ☎ *914-176-969.* • *info@shiadu.com* • *shiadu.com* • *Depuis Boavista, prendre la rua das Gaivotas, puis à droite la rua Fernande Tomás. Doubles env 100-140 € selon confort et saison, petit déj inclus.* 📺 📶 Accueil en portugais et en français. Les propriétaires appellent leurs pensions des *Boutiques Guest House*. Ce sont en fait des maisons d'hôtes de charme, parmi les plus belles de la capitale. Celle-ci se trouve dans un étroit passage accessible à pied (attention, ça grimpe pour arriver !). La maison ancienne et bien restaurée abrite une dizaine de grandes chambres superbes, aménagées avec soin (douche/w-c, AC). Tout est décoré avec recherche et imagination. Demandez une chambre avec vue sur le côté sud (les toits, le fleuve). Petit déj servi dans le patio. *Shiadu* possède 3 autres maisons d'hôtes de charme à Lisbonne, celle de la travessa do Caldeira (voir ci-après), la maison *Ribeira Tejo* (voir la rubrique « Où dormir ? » dans le Bairro Alto) et la maison *Monte Belvedere* (rua Santa Catarina, toute proche, avec une plus belle vue encore). Elles sont toutes aussi charmantes. Vraiment d'excellentes adresses !

🛏 **Casa do Patio B & B** *(plan centre détachable, H9, 71)* : *travessa do Caldeira, 19.* ☎ *914-176-969.* • *info@shiadu.com* • *shiadu.com* • *Doubles env 70-120 € selon confort et saison.* 📶 Notre coup de cœur dans le quartier ! À 3 mn à pied de la *Casa do Bairro*, dans le quartier de Santa Catarina, voici une pension de charme très originale. On y accède par un passage discret (patio das Parreiras), et on arrive dans une grande cour intérieure, calme et ensoleillée, décorée par du mobilier design aux couleurs vives. Chambres doubles, suites familiales et appartements (de 2 à 4 personnes), tous confortables, avec accès direct au patio où se prend le petit déj le matin. Les chambres sont installées dans des maisonnettes blanches adorables, toutes restaurées et aménagées avec le même charme, et d'un très bon goût. Pour les appartements, pas de petit déj mais cuisine à dispo. Et surtout, vue sur le Tage ! Accueil adorable et sensation agréable de partager une tranche de vie lisboète.

OÙ MANGER ? | 105

Très chic

🛏 *York House (plan centre détachable, F10, 72) : rua das Janelas Verdes, 32.* ☎ 213-962-435. ● *reservations@york houselisboa.com ● yorkhouselisboa. com ● À deux pas du musée nacional de Arte antiga. De Cais do Sodré, trams nos 25 ou 15 et bus n° 714. Doubles 160-300 € selon saison ; petit déj 15 €.* 🖵 🛜 En surplomb de la rue, un ancien monastère du XVIe s transformé en hôtel de charme, que l'on découvre en haut d'une volée de marches. Graham Greene et John Le Carré y séjournèrent, Catherine Deneuve ou Marcello Mastroianni également. Délicieux jardin intérieur avec palmiers et bougainvillées pour prendre un verre au calme. Escaliers sculptés, dallages d'origine en terre cuite, plafonds à caissons et mobilier ancien d'un côté, chambres design de l'autre. Certaines chambres viennent d'être entièrement refaites, sobres et élégantes. Salles de bains tout en marbre. Un peu sombre. Apprécié pour son calme (en revanche, évitez le côté rue) et sa douceur toute monacale. Salle à manger dans l'ancien réfectoire des moines. En été, on dîne (ou on prend le petit déjeuner) à des prix qui sont certes à la hauteur du reste, dans le joli patio intérieur.

🛏 *As Janelas Verdes (plan centre détachable, F10, 73) : rua das Janelas Verdes, 47.* ☎ 213-968-143. ● *janelas. verdes@heritage.pt ● heritage.pt ● Doubles 157-298 € selon saison ; petit déj 14 €. Promo sur Internet. Parking payant.* 🛜 *Apéritif maison offert sur présentation de ce guide.* À proximité du musée nacional de Arte antiga, une petite maison bourgeoise du XVIIIe s tout droit sortie d'un roman, où la gouvernante vous accueille avec le sourire et en français. Atmosphère romantique aussi bien dans les salons que dans la trentaine de chambres, délicieusement désuètes (mais avec des éléments de confort tout à fait modernes). Objets d'art, livres, tableaux, souvenirs évoquent déjà un autre temps, et la vue sur le Tage depuis la belle bibliothèque-terrasse laisse rêveur. Petite cuisine attenante où se préparer un thé. Cour très verdoyante pour prendre le petit déj en saison. En plus, l'accueil est délicieux et les conseils excellents.

Où manger ?

Pour grignoter le soir ou même au cœur de la nuit, voir aussi la rubrique « Où sortir ? Où danser ? », car, sur les Docas, c'est au moment où passe le marchand de sable que la vie s'éveille.

De bon marché à prix moyens

🍴 *Mercado de Campo Ourique (plan d'ensemble détachable, D7-8) : rua Coelho da Rocha, 106. Trams nos 25 et 28. Marché ouv tlj dès 6h, kiosques 10h-23h (1h ven-sam).* Super pour manger bon marché des produits frais cuisinés sous vos yeux. Viande, poisson, soupes, fruits, pâtisseries (aux œufs, miam !). Tables au centre pour s'installer. Ambiance sympa. Un de nos spots préférés.

🍴 🥯 *Raffi's Bagel (plan d'ensemble détachable, E7, 158) : rua Saraiva de Carvalho, 120.* ☎ 214-055-099. ● *raffisbagels.com ● Lun-ven 9h30-19h30, sam 10h-19h30. Env 5-8 €.* Des Français ont importé le bagel américain à Lisbonne. Excellents petits sandwichs avec pain fait maison, ou une variante, le *challah*, sans lait, avec ou sans sésame, qu'on remplit au choix de jambon, fromage, légumes, etc.

🍴 *Cervejaria O Zapata (plan centre détachable, H9, 165) : rua do Poço dos Negros, 47/9.* ☎ 213-908-942. *Tlj sf mar 10h-2h. Carte 7-10 € ; soupes moins de 3 €.* Derrière une bien jolie façade d'azulejos, une institution du quartier. Grand comptoir pour les habitués, et tables en arrière-salle, dont une creusée dans la roche ! Ici, tout est frais dans les vitrines réfrigérées. Plats affichés à l'entrée. La carte fait la part belle aux produits de la mer (crabes, poissons, calamars, etc.), et il y a même des petits escargots *(caracoletas)* à gober ! Accueil rustique et sincère.

LISBONNE QUARTIER PAR QUARTIER

lOl La Boulangerie *(plan centre détachable, F10, 163)* : rua do Olival, 42. ☎ 213-951-208. ● laboulangerielisboa@gmail.com ● Mar-dim 8h-20h. Sandwichs 3-7 € ; petit déj 7,50-13 € ; assiettes de fromages et charcuterie 14-23 €. En surplomb d'une fontaine, au calme. Terrasse. À l'intérieur, ambiance maison de campagne chic. Parfait pour un petit déj ou une pause simple, avec tarte, salade ou pizza. Les becs sucrés ne seront pas en reste pour le goûter.

lOl Heim Café *(plan centre détachable, F10, 166)* : rua de Santos-O-Velho, 2-4. ☎ 212-480-763. Tlj sf mar 9h-21h. Petit déj 7 €, brunch 8,50 €. 📶 Petit café simple, avec béton brut au sol et mobilier vintage scandinave. Très fréquenté par les étudiants et touristes en goguette. Spécialités de tartines (thon, fromage, viande). Terrasse.

lOl O Tachadas *(plan centre détachable, F10, 166)* : rua da Esperança, 176. ☎ 213-976-689. Tlj sf lun. Plats du jour à partir de 5,50 € ; plats 5-16 €. Difficile de trouver moins cher pour cette qualité ! Situé près du consulat de France, en plein quartier de Santos, il s'agit d'un modeste restaurant portugais, sans prétention, sans tralala. Accueil jovial et cuisine traditionnelle sincère : frango no churrasco, arroz de tamboril...

lOl Varina da Madragoa *(plan centre détachable, G9, 167)* : rua das Madres, 34-36. ☎ 213-965-533. 📱 917-613-282. ● brunobarbosa42@gmail.com ● Dans une ruelle vivante de Madragoa. Tlj sf lun. Repas 15-20 €. Apéritif maison offert sur présentation de ce guide. Le décor est résolument ancien et chaleureux : murs couverts d'azulejos patinés, de poèmes et de photos de prestigieux convives (Amália Rodrigues, l'actuel président Marcelo Rebelo da Sousa, l'écrivain Saramago...), tables et chaises en bois. Bonne cuisine traditionnelle, et patron jovial. Assurément un lieu plaisant où venir dîner avant de découvrir les mystères de la nuit lisboète en grignotant quelques petiscos.

lOl Osteria *(plan centre détachable, G9, 167)* : rua das Madres, 52-54. ☎ 213-960-584. ● osteria.pt ● Tlj sf lun midi. Repas complet 16-25 €. Un petit resto discret, aménagé dans une ancienne épicerie et qui sert une « cuisine d'amis ». La carte fait la part belle aux produits italiens (risottos, lasagnes, tiramisù). Tout est préparé à la minute et copieusement servi. Cadre génial de brocante, avec chaises dépareillées, tables en formica et vieilles affiches des héros italiens d'autrefois. Ajoutez un service jovial et de bon conseil. Une Osteria où l'on se sent bien.

lOl Kais Restaurant Bar *(plan centre détachable, F-G10, 168)* : rua da Cintura Santos (1200-109). ☎ 213-932-930. Sur le quai. En venant de la gare de Santos, compter 3 mn à pied ; arrivé à la sculpture représentant un grand K rouillé au pied de l'entrepôt, faire 20 m sur la gauche ; l'entrée du resto est à l'angle du bâtiment, au sous-sol. Mar-sam 20h-2h. Compter env 20 €. Immense salle genre table d'hôtes, au sous-sol d'un entrepôt en brique qui abrite à l'étage le restaurant Kais, chic et branché, et un bar lounge. Ambiance chaleureuse mais pas très intime, malgré les éclairages à la bougie. Pas de carte, mais un menu unique, avec une longue série de plats de la cuisine typique portugaise. C'est rustique, frais et très copieux. À chaque passage, le serveur propose au client un peu de ceci, un peu de cela... De l'entrée au dessert en passant par viandes et poissons, on vous sert 5 plats différents pour chaque catégorie. Autant dire que le rapport qualité-quantité-prix est assez exceptionnel ! Souvent complet le week-end, pensez à réserver.

lOl Picanha *(plan centre détachable, F10, 169)* : rua das Janelas Verdes, 96. ☎ 213-975-401. Derrière le museu nacional de Arte antiga. Tlj sf sam et dim midi, jusqu'à minuit. Menu déj 8 € ; carte env 25 €. La rencontre d'une vieille épicerie patinée et du Brésil. Murs décorés d'azulejos d'où émerge la figure bienveillante de santo Antão. Beau comme une boutique oubliée des colonies.

lOl Madragoa Café *(plan centre détachable, G9, 170)* : rua da Esperança, 136. ☎ 214-005-447. Tlj sf mar 19h30-minuit. Plats env 15-20 €. Digestif offert sur présentation de ce guide. Petit resto de quartier qui propose une cuisine familiale traditionnelle portugaise et méditerranéenne. Goûter aux pâtes à la cataplana de poisson et fruits de mer. Garder une petite place pour le gâteau au chocolat. Mention spéciale pour l'accueil.

De prix moyens à plus chic

|●| Tasca da Esquina (plan d'ensemble détachable, E8, **171**) : rua Domingos Sequeira, 41 C. 919-837-255. ● info@tascadaesquina.com ● Tlj sf dim et lun midi. Résa vivement conseillée. Compter 30-40 €. Apéritif offert sur présentation de ce guide. Le chef portugais Vitor Sobral a ouvert cette petite table discrète mais riche de ses trouvailles. De la cuisine gastronomique portugaise à petits prix ! 2 salles, l'une avec ses chaises hautes et vue directe sur la cuisine ouverte, l'autre plus cosy sous la verrière. Le chef choisit à votre place 4, 5, 6 ou 7 miniplats (style tapas) selon votre appétit, et vous voilà embarqué dans l'histoire de la cuisine portugaise. Saveurs exceptionnelles. Service jeune et dynamique. Vin au verre possible (sommelier parfait).

|●| Peixaria da Esquina (plan d'ensemble détachable, D7, **172**) : rua Correia Teles, 56. ☎ 213-874-644. Tlj sf dim soir 13h-15h30, 19h30-23h30. Compter 30-40 €. 🛜 Vitor Sobral a ouvert une autre table, dédiée cette fois aux produits de la mer. Déco de bois brut, grand comptoir et tables hautes avec tabourets pour spécialités de poissons ou fruits de mer. Une expérience pour les papilles, où saveurs, condiments, aromates et épices se télescopent. Service sympa et simple. Terrasse aux beaux jours.

Plus chic

|●| Espaço Lisboa (plan d'ensemble détachable, C10, **173**) : rua da Cozinha Económica, 16. ☎ 213-610-212. Tlj 15h30-minuit. Repas 30-35 €. Ce resto a investi une ancienne fonderie. Superbe espace cuisine où grillent les spécialités de cabri et de cochon de lait dans les étonnants fours d'origine, et espace lounge avec fauteuils club côté bar. Également un coin épicerie fine joliment aménagé autour de la table de présentation des desserts. Sans oublier fontaine et oliviers à l'entrée, et une hauteur sous plafond conférant à l'espace une dimension aérienne. Le volume n'a certes rien d'intimiste au départ (plus de 200 couverts...), mais le résultat est néanmoins moderne et très chaleureux. Cuisine tout à fait correcte. Personnel charmant.

|●| Alcântara Café (plan d'ensemble détachable, B10-11, **174**) : rua Maria Luisa Holstein, 15. ☎ 213-622-662. ● info@alcantaracafe.com ● Tlj slt le soir, 20h-1h. Repas env 40 €. L'un des temples du design et de la cuisine de bistrot esthétiquement marqué. Gigantesque bar-resto à l'architecture métallique 1900, hérissé de moulages de statues antiques, dont la Victoire de Samothrace. Vous l'avez deviné, le spectacle n'est pas vraiment dans l'assiette mais dans la salle.

|●| Restaurante A Travessa (plan centre détachable, F-G9, **175**) : travessa do Convento das Bernardas, 12. ☎ 213-902-034 ou 213-940-800. ● info@atravessa.com ● En face du 21, rua das Trinas ; accès par la calçada Castelo Pacão et la rua Vicente Borga. Ts les soirs sf dim mais mieux vaut appeler pour réserver. Carte 30-45 €, sans la boisson. Dans les anciennes cuisines d'un somptueux couvent du XVIIIᵉ s, restauré comme il se doit, à quelques pas du museu da Marioneta. Viviane, belge de naissance et portugaise d'adoption, accueille ses convives avec professionnalisme. Belle clientèle et beau mobilier Art nouveau, les deux créant une atmosphère certaine. Cuisine et prix à la hauteur.

Où manger les meilleures glaces de la ville ?

🍦 Nanarella (plan centre détachable, G8, **262**) : rua Nova da Piedade, 68. 926-878-553. Tlj 12h-22h. La file d'attente aux beaux jours ne trompe pas. Glaces maison aux parfums classiques ou plus exotiques (sabayon au porto, basilic, etc.). Un régal ! Et un parc juste en face pour les déguster tranquille.

Où boire un verre ? Où grignoter ?

Le Chat (plan d'ensemble détachable, E10, **288**) : jardim 9 de Abril, 18/20. ☎ 213-963-668. ● booking@lechatlisboa.com ● À la sortie du museu nacional de Arte antiga. Sandwichs, salades 8-9 €. Resto-bar lounge aux allures de cube de verre, avec vue extra sur le Tage.

Où sortir ? Où danser ?

La communauté capverdienne s'est installée dans le quartier autour de la rua de São Bento et dans celui de Madragoa. Notes de musique langoureuse et douces odeurs d'épices s'échappent des boutiques et des fenêtres. C'est un coin d'Afrique à Lisbonne. L'occasion aussi de tester les vinhos des anciennes tascas (tavernes) du quartier.

Quant à l'avenida 24 de Julho, elle est devenue l'un des pôles de la nuit lisboète. Le gros de l'animation se concentre autour de la station ferroviaire de Santos (trains jusqu'à 2h30). On poussera aussi jusqu'à LX Factory (voir plus loin, dans « À voir. À faire »).

Alcântara Café (plan d'ensemble détachable, B10-11, **174**) : rua Maria Luisa Holstein, 15. ☎ 213-621-226. ● info@alcantaracafe.com ● Tlj slt le soir, 20h-3h. Superbe décor pour ce resto-bar branché-chic (voir « Où manger ? »). À côté, le **W** pour danser jusqu'au lever du soleil sur une musique électronique.

A Barraca (plan centre détachable, G10, **289**) : largo de Santos, 2. ☎ 213-965-360. ● abarraca.com ● Au 1er étage d'un ancien cinéma à l'architecture paquebot. Tlj sf lun 19h-2h. Un café-théâtre (petit centre culturel, en fait) qui propose aussi des concerts de très bonne qualité (jazz, musique latino, impros...), et parfois aussi des spectacles de mime. Ancien entrepôt de bananes et de morue, c'est aujourd'hui un tremplin pour artistes débutants.

Tous les dimanches soir, on danse le tango à 21h15 (compter 5 € de participation). Le décor est basique, l'équipe très sympa, et on s'y amuse bien.

A Lontra (plan centre détachable, G9, **315**) : rua de São Bento, 157. ☎ 213-956-968. Tlj sf dim, à partir de 23h. Entrée (chère) donnant droit à 2 consos. Une boîte à ne pas rater. Bonne ambiance. Clientèle mélangée : dominante capverdienne, quelques Blancs cravatés, étudiants et amoureux de la musique du Cap-Vert... Pas d'angoisse, pas de tensions, plutôt cool. Y venir après minuit.

Plateau (plan centre détachable, F10, **316**) : escadinhas da Praia, 3. ☎ 213-965-116. Mar-sam 22h-6h. La première boîte du quartier. Décor rococo-baroque avec des fresques de Pompéi. Atmosphère musicale de style pop-rock, acide et house.

K Urban Beach (plan centre détachable, F-G10, **168**) : rua da Cintura Santos. ☎ 213-932-930. ● comer cial@kais.co.pt ● Sur le quai. Tlj sf dim. Bar de nuit branché. Même maison que le Kais Restaurant Bar (voir la rubrique « Où manger ? »), juste en face. Un vrai cas, cette affaire !

– Si vous avez épuisé ce florilège d'adresses et que vous êtes en manque de nouveaux lieux, il existe une façon simple de l'actualiser : acheter l'édition du vendredi du Diário de Notícias, qui publie un supplément sur tout ce qui bouge à Lisbonne, Porto et dans quelques autres grandes villes.

Achats

Depósito da Marinha Grande (plan centre détachable, G8, **345**) : rua de São Bento, 234-242 et 418-420. Tlj sf sam ap-m et dim. La Real Fábrica de Vidros da Marinha Grande existe depuis 1769, et fut créée à l'initiative du marquis de Pombal. Au premier de ces magasins, vous trouverez tout ce qu'on peut imaginer qui soit en verre, décliné dans toutes les tailles : verres, bouteilles, flacons, fioles, carafes, bougeoirs, vases, verres de lampes, bocaux... Plus haut dans la rue, la seconde boutique est davantage axée sur la décoration intérieure, et le design se fait plus audacieux. Un festival de transparence et de reflets.

⚜ *Companhia do Chá (plan centre détachable, G9, 357) : rua Poça dos Negros, 105.* ☎ *213-951-614. Lunsam 10h30-19h30.* Un temple pour les amateurs de thé dans un décor de pharmacie d'antan. Le proprio, Sebastian Filgueiras, saura vous conseiller et transmettre sa passion des feuilles rares dénichées à travers le monde.

⚜ *Mercado de Campo Ourique (plan d'ensemble détachable, D7-8) : rua Coelho da Rocha, 106. Trams nos 25 et 28. Marché ouv tlj dès 6h, kiosques 10h-23h (1h ven-sam).* Un des plus vieux marchés traditionnels de Lisbonne. Dès l'aube, les habitants de ce quartier résidentiel et populaire s'affairent pour choisir fruits, fleurs, légumes, viandes, poissons... Beaucoup moins touristique que Cais do Sodré (Mercado da Ribeira), mais depuis sa rénovation, on peut, en plus d'y faire son marché, y manger au comptoir de l'un des nombreux kiosques, et y goûter les produits, cuisinés ou non.

À voir. À faire

Les quartiers de Lapa, Madragoa, Campo de Ourique et Santos

Au-delà du palais de São Bento (qui abrite l'Assemblée nationale), à l'ouest de l'avenida D. Carlos, les marcheurs urbains impénitents découvriront un autre quartier propice à la balade romantique. Dans le lacis de venelles autour des ruas Vicente Borga, das Trinas, do Meio da Lapa, vous trouverez l'empreinte d'un vrai quartier populaire, sans fard ni artifices. Et puis, au bout de votre quête de sensations et de sourires, le merveilleux musée d'Art ancien... Petit détour, en attendant, par la maison de la reine du fado.

🎤 *Casa-museu Amália Rodrigues (plan centre détachable, G8, 374) : rua de São Bento, 193.* ☎ *213-971-896. ● amaliarodrigues.pt ● Tlj sf lun 10h-13h, 14h-18h. Visite guidée (chère) : 5 €. Durée : 20 mn.* Amália Rodrigues (1920-1999), la chanteuse portugaise de fado la plus célèbre de tous les temps, a vécu 44 ans dans cette maison. On visite des appartements meublés à l'ancienne, ornés d'objets, meubles, tableaux, etc. des XVIIIe-XIXe s, sa chambre à coucher et son salon. Nombreuses tenues de scène, bijoux, accessoires et de beaux portraits d'elle à tous les âges. Elle fut bardée de décorations, dont la Légion d'honneur, qui lui a été remise par François Mitterrand. Ses cendres reposent depuis 2001 au Panthéon national.

🎤 🚶 *Jardim et basílica da Estrela (plan centre détachable, F8, 375) : av. Infante Santo. Bus nos 9, 20, 22 et 38 ou tram no 28.* Un gros gâteau néoclassique de la fin du XVIIIe s, grandiloquent et réfrigérant, qui mérite bien un détour pour son parc romantique. Lisbonne a toujours été soucieuse de la beauté de ses jardins. Celui-ci, avec ses grottes artificielles, ses arbres exotiques et son café, fournit aussi l'occasion d'observer les Lisboètes au quotidien. Remarquez, près de l'entrée nord-est, l'arbre sculpté qui jette comme un défi au ciel les diverses représentations narrant l'histoire de Lisbonne. Sur le sol, les armes de la Cité (bateau et corbeaux) en mosaïque de pierre particulièrement travaillée. On peut grimper jusqu'au dôme de l'église, d'où la vue est superbe (entrée par la tour ouest). On trouve aussi la Bibliotheca Jardim, lieu de lecture en plein air.

110 | LISBONNE QUARTIER... / MADRAGOA, LAPA, CAMPO DE...

🏃 **Casa Fernando Pessoa** (plan d'ensemble détachable, E7, **376**) : rua Coelho da Rocha, 16. ☎ 213-913-270. ● casafernandopessoa.cm-lisboa.pt ● Trams n°s 25 et 28. De la basilique da Estrela, remonter la rua D. Sequeira. Tlj sf dim 10h-18h. Fermé 1er janv, 1er mai et 25 déc. Entrée : 3 € ; réduc ; gratuit avec la Lisboa Card et avec la carte CARRIS. L'auteur du Livre de l'intranquillité y louait une chambre pourtant bien paisible. Il y passa les 15 dernières années de sa vie. La maison a été transformée en centre d'études de son œuvre, mais on apprécie toujours le mobilier d'époque. La bibliothèque personnelle de Pessoa contient 1 200 livres annotés par l'écrivain. Caféteria.

🏃🏃 **Cemitério dos Prazeres** (cimetière des Plaisirs ; plan d'ensemble détachable, C-D8-9, **377**) : trams n°s 25 et 28 (terminus). Ferme à 18h (17h en hiver). Plan à la réception du cimetière avec emplacement des tombes des personnalités ayant marqué l'histoire du pays. Au Portugal, la mort n'inquiète pas ; on la respecte et on la côtoie. Certains caveaux montrent ostensiblement les cercueils à travers les vitres et leurs petits rideaux. Dans les cimetières, c'est l'occasion pour chacun de flâner entre les petites résidences, manière étonnante d'aménager l'ultime séjour. Vaste, propre, avec des allées ombragées par des pins. Très peu de tombes abandonnées. Essentiellement des caveaux familiaux et de petites chapelles, parfois insolites. La tombe la plus aristocratique (et la plus grande) est un énorme mausolée dédié aux ducs de Palmela au nord (pyramide et fronton de temple grec). La plus « révolutionnaire » est la sépulture du capitaine Galvão, juste à droite en entrant dans le cimetière. On la remarque à sa colonne torsadée et à la paroi de Plexiglas qui abrite un caveau orné du drapeau national. Dans la partie sud du cimetière, très belle vue sur le Tage et le ponte 25 de Abril. Petite buvette sur la place centrale devant l'entrée.

🏃🏃🏃 **Museu nacional de Arte antiga** (plan centre détachable, F10) : rua das Janelas Verdes ; mais entrée principale par le porche, au-dessus des escaliers. ☎ 213-912-800. ● museudearteantiga.pt ● Bus n°s 28, 714, 713, 727, 732 et 760 ; trams n°s 15 et 18 (arrêt Cais da Rocha). Tlj sf lun et j. fériés 10h-18h. Entrée : 6 € ; réduc ; gratuit avec la Lisboa Card et pour les moins de 12 ans. Demandez un plan à l'entrée, très pratique ! Installé dans un palais du XVIIe s acheté par le marquis de Pombal au comte d'Alvor. Celui-ci, suspecté d'avoir participé à une tentative d'assassinat contre le roi, fut contraint de vendre ses biens. Le musée réunit une collection européenne unique de toiles inspirées ou non par les voyages, et bien sûr la collection d'art portugais la plus complète. Un fabuleux voyage dans le temps, du Moyen Âge au début du XIXe s. La plupart des œuvres sont exposées aux 1er et 2e étages (2o et 3o pisos).

– **Au rez-de-chaussée** (piso 1, officiellement) : de la salle 48 à 70. C'est la grande galerie. Les primitifs portugais côtoient des œuvres de Gérard David, Vélasquez, Van Dyck, Bruegel (le Jeune), Zurbarán, Ribera et Poussin. D'autres œuvres de grande qualité des écoles allemande, hollandaise et espagnole : une Vierge de Hans Memling, un triptyque exquis de Jan Gossaert dit « Mabuse », La Sainte Famille (richesse des vêtements, douceur du paysage), une Salomé très déterminée de Lucas Cranach.

– **Dans la salle 61 :** un chef-d'œuvre de **Jérôme Bosch**, La Tentation de saint Antoine, réalisé vers 1500. L'anachorète zélé combat en lui toutes les pulsions humaines et se protège par l'ascèse des sombres œuvres sataniques. L'artiste a représenté les tentations sous forme de scènes hallucinatoires et cauchemardesques. L'imagination de Jérôme Bosch est ici sans limites pour illustrer les visions les plus farfelues, grotesques, horribles, diaboliques. Voir aussi le Saint Jérôme en prière de **Dürer.** On dit que Dürer aurait offert sa toile à un Portugais (beau cadeau !).

– **Au 1er étage** (piso 2, officiellement) : les sections les plus intéressantes concernent l'**art indo-portugais.** On y voit du mobilier remarquable (en teck, ébène et ivoire) venant de Goa et des objets religieux (orfèvrerie). L'**art afro-portugais** est représenté par des trompettes de chasse notamment. À côté, l'**art namban** (issu de la rencontre entre le Portugal et le Japon) avec des œuvres superbes comme ces grands paravents (biombos) peints et laqués (dominante de couleurs noir et or) représentant l'arrivée des Portugais au XVIe s dans le sud du Japon, en costume bouffant, portant la moustache et affublés d'un long nez. Un vrai choc des cultures pour les Japonais, qui rencontraient des Blancs et des Noirs pour la première fois de leur histoire.

– Au 1er étage toujours, impressionnante collection de faïences portugaises de diverses époques (du XVIIe s jusqu'à aujourd'hui).

UNE AUTRE PLANÈTE

Premier « japonologue » européen, le jésuite portugais Luis Frόis raconte que les Japonais avaient l'habitude, au XVIe s, de broyer les perles pour en faire des médicaments, d'arracher les dents avec un arc et une flèche attachée à la dent du patient, de manger des singes, des chats, des chiens, et du goémon cru... Les Japonaises étaient plus libres et alphabétisées que « chez nous ». Les enfants portaient un sabre dès 12 ans, et on tuait pour un oui pour un non... Ça fout la trouille !

– La collection d'art religieux est elle aussi très importante, du fait que tous les ordres religieux ont été chassés du pays et leurs biens confisqués en 1834. Dans les salles consacrées à l'Ourivesaria (orfèvrerie religieuse en or et argent), le *joyau du musée* est ce magnifique ostensoir *(Custodia de Belém)* commandé par Manuel Ier. Richement ornementé (or massif ou en feuilles, pierres précieuses), avec les armes royales, l'ostensoir symbolise le monde céleste et le monde terrestre. Les minuscules escargots (sphères armillaires) sculptés sur le pied sont les symboles du roi Manuel. Les 12 apôtres en prière forment un cercle autour d'une petite boîte en verre destinée à exposer l'hostie sacrée.

– *Au 2e étage (piso 3) :* sculptures du Portugal. Sur fond rouge, étonnant polyptyque, *L'Adoration de saint Vincent.* Peint vers 1470 par Nuno Gonçalves (peintre du roi Afonso V), le livre un témoignage exceptionnel sur la société de l'époque. Près de 60 personnages y sont représentés autour de la figure de saint Vincent : le roi, les grands personnages, les religieux, les chevaliers, le peuple, les artisans du peuple. Inspirateur de la conquête militaire du Maghreb sous la dynastie des Avis, le vénéré saint Vincent est deux fois présent sur les panneaux. Sur celui de gauche, il tient un livre ouvert. Sur celui de droite, il porte un sceptre. Si vous observez la toile avec attention, sur la droite de saint Vincent (il porte un chapeau rouge), l'homme au visage austère coiffé d'une sorte de grand couvre-chef noir serait le roi Henri le Navigateur. Un tableau d'autant plus important qu'il s'agit du premier portrait collectif de l'histoire de l'art européen.

🍷 |●| Resto-cafétéria *Le Chat,* avec belvédère donnant sur le port (voir la rubrique « Où boire un verre ? Où grignoter ? »). Petit jardin très agréable devant le musée.

🎒 🚶 *Museu da Marioneta (musée de la Marionnette ; plan centre détachable, G9, 378) :* rua da Esperança, 146. ☎ 213-942-810. ● museudamarioneta.pt ● *Dans l'ancien convento das Bernardas. Tlj sf lun et j. fériés 10h-18h (dernière entrée 30 mn avt la fermeture). Entrée : 5 € ; réduc avec la Lisboa Card ; 1,50 € moins de 5 ans. Petit support de visite en français.* Des marionnettes aux têtes d'argile, immobiles, vous sourient derrière des vitrines. L'idée de la toute première vitrine (juste avant de passer le rideau de velours) est d'ailleurs amusante puisqu'elle présente des marionnettes réalisées par chacun de ceux qui travaillent dans le musée... On entre dans un univers de rêve, assez unique, où le Portugal éternel se reflète dans ses plus belles pièces, mais où le monde entier est aussi représenté. Quelques écrans de-ci de-là présentent des marionnettes en mouvement ou en cours de fabrication ; ailleurs, on peut s'essayer aux ombres chinoises ou découvrir quelques trucages. Et même un vrai théâtre pour s'entraîner ! Un petit spectacle est parfois présenté aux jeunes visiteurs pendant les vacances.

|●| Et dans la cour qui vous mène à la sortie, resto ouvert midi et soir du lundi au samedi, où vous pouvez faire une halte.

Docas (les docks)

Accès avec le tram n° 15. Départ praça de Figueira ; arrêt à la station Alcântara Mar (passage souterrain pour les piétons). Ou prendre un taxi.

N'attendez pas forcément la nuit (voir plus haut « Où sortir ? Où danser ? ») pour aller dans les anciens docks de Santo Amaro, sur les berges piétonnes : cafés-boîtes branchés et restos s'alignent, modernes, dans une succession d'entrepôts en bois et brique rouge restaurés, face à un ancien bassin à flot converti en port de plaisance.

Dans la journée, on vient y prendre l'air du temps autant que le soleil, en terrasse, le week-end surtout. Balade assez belle en fin d'après-midi, quand le soleil déclinant embrase les piles du ponte 25 de Abril.

⛏⛏⛏ 🚶 *Museu do Oriente* *(musée de l'Orient ; plan d'ensemble détachable, C-D11, 379) :* doca de Alcântara (Norte), av. Brasília, 1350. ☎ 213-585-200. ● *museudooriente.pt* ● Bus n⁰ˢ 12, 28, 714, 738 et 742 ; trams n⁰ˢ 15 et 18 ; train Lisbonne-Cascais, station Alcântara Mar. Tlj sf lun et j. fériés 10h-18h (22h ven). Entrée : 6 € ; réduc avec la Lisboa Card ; gratuit ven 18h-22h. Parking à proximité. Comprend 3 niveaux : le rdc est réservé aux expos temporaires, les niveaux 1 et 2 abritent des collections permanentes. Proche de Belém sur les bords du Tage, dans le secteur du port et des docks. Un vaste entrepôt frigorifique a été spécialement reconverti pour abriter le *musée de l'Orient* (de l'Extrême-Orient, en fait). Financé par la fondation privée Espirito Santo (grosse banque), destiné à offrir un témoignage de la présence portugaise en Asie, il présente les trésors issus des arts traditionnels asiatiques. L'activité muséologique est enrichie par une série d'autres activités culturelles liées aux secteurs de la recherche, de la formation et des spectacles. Le centre de documentation (bibliothèque) est ouvert au public et très complet.

Portugal-Japon : le choc des cultures

Les Portugais ont été les premiers Européens à découvrir le Japon et à essayer de l'évangéliser au XVIᵉ s. L'apothicaire et diplomate **Tome Pires** mentionne en 1513 pour la première fois le nom « Jampon » dans un récit de voyage *(Suma oriental)*, mais il n'y a pas mis les pieds. Les premiers Portugais débarquent sur l'île de Tanegashima (sud de Kuyshu) en 1543 (ou 1542) ; ce sont des marins et des pères jésuites venus de Macao : Antonio da Mota, Antonio Peixoto et Francisco Zeimoto... Ils sont sidérés par ce qu'ils découvrent : la culture japonaise est si différente de la Chine, encore plus du Portugal et du reste du monde ! C'est la planète Mars ! Ils utilisent le mot « Jampon », qui est d'origine malaise et signifie « pays du Soleil levant ». Depuis Marco Polo, les Européens ne connaissaient que le mot « Cipangu » pour désigner le Japon. C'est une déformation du mot chinois *Ji-Pen-Kouo* (qui signifie aussi « pays du Soleil levant »). En 1547, **Jorge Alvarez** voyage dans l'archipel nippon et rédige à la demande de **François Xavier** (1506-1552 ; le fameux saint y a prêché) un rapport sur ce pays méconnu des Européens. Alvarez est le premier à décrire une cérémonie shinto. Son récit est fiable et unique. La première carte géographique sur le Japon est aussi l'œuvre d'un Portugais. Publiée vers 1550, elle est conservée en Italie à la bibliothèque Vallicelliana.

En 1563, le jésuite portugais **Luis Frόis** atteint le Japon, où il restera jusqu'à sa mort, en 1598. Il apprend le japonais, et le parle couramment pour mieux diffuser le christianisme. Fin observateur, il prend des notes sur les mœurs nippones. Son récit *Traité de Luis Frόis sur les contradictions de mœurs entre Européens et Japonais* est publié en 1585. Claude Lévi-Strauss (père de l'ethnologie moderne) admira ce chef-d'œuvre qui consacra Luis Frόis comme le premier « japonologue » de l'Histoire ! Cet homme génial meurt à Nagasaki en 1598, au moment où commencent les persécutions contre les chrétiens.

À VOIR. À FAIRE | 113

Le « siècle chrétien » du Japon correspond à la période 1543-1640, au cours de laquelle les jésuites portugais ont eu le monopole de l'évangélisation. En 1640, le shogun (autorité suprême) ferme le Japon aux étrangers et met tout le monde dehors, sauf quelques marchands hollandais autorisés à faire du commerce à Deshima (Nagasaki), seul et unique port ouvert aux Européens *(gaijin)*. Le Japon se referme ensuite sur lui-même comme une huître ; après avoir ouvert ses portes à l'Europe, il restera fermé pendant 268 ans... jusqu'en 1868.

Visite du musée
– *1er étage* (« *Présence portugaise en Asie* ») : les plus belles pièces sont d'abord les *biombos,* merveilleux témoignages de l'*art namban* (art né de la rencontre entre le Portugal et le Japon au XVIe s). Les *biombos* sont de grands paravents (composés de plusieurs panneaux pliants) peints, laqués, parfois incrustés d'or et d'argent. Y ont été peintes avec finesse des scènes illustrant la rencontre entre les Portugais et les Japonais. Ces remarquables paravents ont été réalisés par des artistes portugais et avaient une fonction pratique. Les maisons n'ayant pas de vrais murs, on dépliait ces paravents dans les pièces.
Par ailleurs, comme des dessinateurs de bandes dessinées, les artistes s'amusaient à peindre la vie de tous les jours, avec des détails drôles : arrivée des galions (les *kurofune* ou « bateaux noirs ») dans les ports de Kyushu, équipage composé d'esclaves noirs faisant des farces et des acrobaties, débarquement des marchandises, parades, cérémonies et réceptions des officiels, des marins et des pères jésuites portugais par les samouraïs, les daimyo (seigneurs) et le shogun.
Collection de meubles, commodes-secrétaires, cabinets portatifs, peintures sur rouleaux, éventails *(leques),* tuniques de femme du XVIIe s, oratoires portables (bois laqué à la feuille d'or). Superbe collection d'*inro* (petites boîtes portatives japonaises qui remplaçaient les poches que les kimonos n'avaient pas), de *netsuke* et de *tsuba.* Plus loin, la *collection Manuel Teixera Gomes* (il fut président de la république

L'ÉVENTAIL ARRIVE PAR LA MER

La reine Catherine du Portugal (épouse de João III) est à l'origine de l'introduction des éventails en Europe. En 1564, elle fait faire 178 éventails à Goa (Inde). Le mot « éventail » en portugais se dit leque, *qui vient d'une altération du mot chinois* liu-chiu. *La reine les offre aux femmes de la Cour.*

du Portugal en 1923) dévoile une très rare série de 165 flacons à tabac *(snuff bottles).* En verre ou en porcelaine, ces flacons contenaient du tabac que l'on inhalait... pour se soigner (médecine naturelle). Même l'empereur de Chine avait cette habitude...
Salle « *Bouddhisme et taoïsme* » *et bouddhisme tibétain :* quelques belles pièces.
Sections consacrées à l'Inde et à l'art indo-portugais (grands piliers en bois sculptés, maquette de la cathédrale de Goa), vitrines sur Macao (vaisselle, céramiques, jonque en argent, pipe à opium), Timor Est (parures, statuettes, portes sculptées), et même Birmanie.
Japão (Japon) : outre les deux paravents *(biombos),* voir les trois belles armures de samouraïs, les guerriers japonais de l'ancien temps. Comparées aux armures occidentales toutes métalliques, ce sont des chefs-d'œuvre de raffinement et de technicité. Une armure de samouraï est faite d'une bonne douzaine de matériaux (fer, cuivre, laque, corne, bois, cuir, laine, soie...).
– **Au *2e étage,*** une expo dédiée à l'opéra chinois avec le rôle des différents personnages, des hommes aux femmes, en passant par les sages et les fous. Costumes, instruments et films.
|●| Caféteria (bon marché, mais pas de vue) au 1er niveau, et resto au 5e étage (prix sages, et vue superbe sur le port et le Tage).

LISBONNE QUARTIER PAR QUARTIER

LX Factory *(plan d'ensemble détachable, B10-11, 314)*

Juste en dessous du ponte 25 de Abril, dans d'anciennes usines de vêtements, des graphistes, créatifs, designers ont investi les lieux aujourd'hui surnommés « Lisbon Art District ». Boutiques, bars, restos, galeries et une immense librairie s'offrent à vous.

➤ Pour y aller, train au départ de Cais do Sodré (3-6 trains/h 5h30-1h30, 5 mn de trajet), arrêt Alcântara Mar, puis marche ; en bus, prendre le n° 714 depuis la praça da Figueira, arrêt Calvário. Sinon taxi.

🏠 **The Dorm :** *rua Rodrigues Faria, 103.* ☎ *211-346-746.* ● *thedorm.pt* ● *Juste à l'entrée de LX Factory, sur la gauche, au 1ᵉʳ étage du bâtiment G. Selon saison, dortoirs 20-30 €, doubles 50-70 €.* 📶 Parfait pour faire la fête et aller dormir après ! 3 dortoirs, pour 6, 10 et 12 personnes, dans d'étranges caissons boisés, à l'ambiance industrielle. Salles de bains communes, lampe de chantier, AC partout et *lockers* à disposition. Le plus grand des dortoirs a même vue sur le ponte 25 de Abril ! 2 chambres doubles sur les thèmes musique et lecture, déco très originale et salle de bains à partager également. Grande salle commune bien décorée, avec toutes ses planches de skate, canapés, cuisine et petit déj sympa.

🍸 **Rio Maravilha :** *rua Rodrigues Faria, 103.* 📱 *966-028-229.* ● *email@riomaravilha.pt* ● *riomaravilha.pt* ● *Dans l'enceinte de LX Factory, entrée 3, 4ᵉ étage. Mar 18h-2h, mer-sam 12h30-2h, dim 12h-18h.* Déco de bric et de broc dans un cadre industriel. On vient ici pour le bar avec terrasse et ses cocktails sympa. Quelques plats exotiques bien tournés pour jouer les prolongations.

🍴🍴 À priori, un drôle d'endroit pour une balade. Et pourtant, voici l'un des projets culturels, artistiques et de vie le plus vivifiant de Lisbonne. Le long d'un chemin pavé, une ancienne friche industrielle autrefois dédiée au textile, et désormais colonisée par des galeries d'art, des expos, des boutiques rigolotes, des librairies, des cantines chic et des bars-boîtes underground dédiés aux musiques électroniques (ou autres). Comme *Bairro Arte (dim-jeu 9h-minuit, ven-sam 10h-1h),* avec ses innombrables objets en tout genre, plus ou moins chers, plus ou moins utiles, idéal si on est en panne d'idées de petits cadeaux à rapporter. Ou *Impossibly Funky,* l'une des boîtes les plus rigolotes du moment, avec des mélanges jazz et funk ; DJs et artistes invités de renom (programmes sur le site internet). Pour info : LX, c'est l'abréviation branchée pour dire Lisbonne.

RATO, L'AVENIDA DA LIBERDADE ET SANT'ANA

● À voir. À faire................120 • Museu da Ciência et museu da História natural • Praça das Amoreiras • Mãe d'Água e aqueduto das Águas	Livres • Fundação Arpad Szenes – Vieira da Silva • Casa-museu da Fundação Medeiros e Almeida • Praça dos Restauradores	• La gare do Rossio • À l'est de l'avenida da Liberdade : rua das Portas de Santo Antão, jardim do Torel et le quartier de Sant'Ana

L'avenida da Liberdade, grande avenue partant au nord du Rossio et menant aux quartiers modernes, est bordée de compagnies d'assurances, de banques et de sièges sociaux, de magasins et d'hôtels-restaurants très chic jusqu'à la place Marquês de Pombal. Percée en 1882, large de 90 m et longue

OÙ DORMIR ? | 115

de 1,5 km, elle est, dit-on, aux Lisboètes ce que les Champs-Élysées sont aux Parisiens. Fontaines, cascades, sculptures se cachent sous les arbres, et dans les contre-allées, plusieurs terrasses pour boire un verre. Si une ambiance chic règne sur l'*avenida* et les quartiers qui la bordent à l'ouest, celle-ci redevient populaire dans les petites rues et les quartiers plus à l'est, comme celui de Sant'Ana, autour de l'hospital de São José.

Où dormir ?

Quelques adresses très chic (voire très, très chic !) dans cette partie de la ville, mais aussi des petits hôtels ou des pensions d'un très bon rapport qualité-prix.

De bon marché à prix moyens

🛏 *Chez nous Guesthouse* (plan centre détachable, G7, **104**) : rua Vale do Pereiro, 17 ; réception au demi-étage (!). ☎ 214-058-078. 📱 912-580-276. ● chez.nous.lisboa@gmail.com ● cheznous.pt ● Doubles 40-80 € selon confort et saison. 🛜 Une dizaine de chambres spacieuses, avec salle de bains à partager ; seule la triple dispose d'une salle de bains privée. Hyper pro-pre. Déco simple, parquet, et accueil jovial et souriant d'Ana et Gaëlle (la Française !). Café, thé, céréales, fruits, pain à dispo (pas de petit déj). Un balcon donne sur une cour intérieure. Un de nos coups de cœur dans le coin. Bon rapport qualité-prix.

🛏 *Lisbon Dreams Guesthouse* (plan centre détachable, G6, **74**) : rua Rodrigo da Fonseca, 29 (à l'angle avec Alexandre Herculano) ; 1º. ☎ 213-872-393. ● info@lisbondreams.com ● lisbondreamsguesthouse.com ● Double 67 €, triple 90 €, petit déj-buffet inclus ; appart 105 € (sans petit déj). Voir les offres spéciales sur le site. 🛜 Bien situé, dans un coin calme, à l'écart de l'animation de l'avenue de la Liberdade mais proche de tout. Petit immeuble et chambres joliment décorées. Déli-cate attention d'un peignoir pour se promener dans les couloirs à l'heure des ablutions, car aucune chambre ne possède de salle de bains privée. Chambres plus petites à l'arrière, mais plus calmes. Terrasse côté cour pour se reposer après la balade. Cuisine à

disposition. Grand soin dans la déco : tout est clair, gai, nickel et accueillant. Accueil en plusieurs langues, dont le français. Une excellente adresse. Pro-pose aussi 2 appartements tout équi-pés pour 4 personnes, pas trop loin, vers le Gulbenkian.

🛏 *Residencial Florescente* (plan centre détachable, J7, **38**) : rua Por-tas de Antão, 99. ☎ 213-426-609. ● geral@residencialflorescente.com ● residencialflorescente.com ● Double 68 €. Dans une rue piétonne, à 2 mn du métro, un établissement bien tenu, avec déco d'azulejos dans les couloirs. Chambres confortables, propres et spacieuses, avec TV et AC. Petit déj-buffet copieux et frais (7,50 €/pers et par nuit). Très bon accueil.

🛏 *The Imperial Guesthouse* (plan centre détachable, J8, **75**) : praça dos Restauradores, 78 ; 4º et 5º. ☎ 213-420-166. ● sales@vivehotels.zendesk. com ● hostal-the-imperial-guesthouse-lisboa.lisboaive.com ● Doubles avec lavabo ou douche (mais w-c à l'exté-rieur pour ttes) 20-50 € selon saison. CB refusées. 🛏 🛜 Une grande pen-sion aux derniers étages d'un vieil immeuble sans ascenseur (vous allez cracher vos poumons, mais c'est bon pour le galbe de vos mollets !). Cham-bres simples. Au 4e, elles sont un peu plus vastes qu'au 5e (les moins chères). Et pourtant, notre préférée, la 518, est sous les combles, tout en longueur, comme un nid douillet pour amou-reux, et avec vue sur le château ! Ven-tilo. Double vitrage à tous les étages. Assez propre. Cuisine à dispo, avec frigo, micro-ondes, etc. Bon rapport qualité-prix.

🛏 *The Elevator Guesthouse* (plan centre détachable, J7, **77**) : calçada do Lavra, 11. ☎ 213-470-770. Dor-toirs 25-50 €/pers ; doubles 60-100 €. Dans une rue en pente et en escalier (pas facile pour les valises à roulettes !) et dans un vieil immeuble au parquet grinçant, des chambres simples, avec casiers à clé, salles de bains à partager et cuisine à dispo. Vue splendide depuis la petite salle commune.

🛏 *Lavra Guesthouse* *(plan centre détachable, J7, 78)* : *calçada de Santana, 198 A.* ☎ *218-820-000.* ● *lavra guesthouse@hotmail.com* ● *lavra.pt* ● *À env 15 mn de grimpette au nord du Rossio. En journée, penser au funiculaire ascensor do Lavra. Selon saison, doubles avec douche 55-65 €, triples 65-95 €, penthouses 90-120 € ; petit déj 5 €.* 🛜 Dans le quartier populaire de Sant'Ana, cette adresse atypique tire son charme des volumes (escaliers, couloirs) et matériaux (pierres apparentes, bois) d'une grande demeure du XVIIIᵉ s, ici et là additionnés d'inscriptions et de touches design. Une vingtaine de chambres de taille et de confort très variables. Celles du 4ᵉ sont minus sans être glauques, faisant plutôt nid douillet, tandis qu'on trouvera plus d'espace et des balcons au 3ᵉ. AC et ventilo dans certaines. Autant visiter avant de choisir. Accueil relax et attentionné.

🛏 *Hotel Portuense* *(plan centre détachable, I7, 79)* : *rua das Portas de Santo Antão, 149-157.* ☎ *213-464-197.* ● *info@hotelportuense.com* ● *hotel portuense.pt* ● *Résa indispensable. Doubles 45-99 € selon saison, petit déj inclus.* 🛜 Ambiance pension de famille pour cet hôtel situé dans une rue bien étroite et animée mais peu bruyante la nuit. Une trentaine de chambres de bon confort, simples, avec salle de bains et AC. Ascenseur. Pas mal de travaux de rénovation sont prévus.

Plus chic

🛏 *Flores Guesthouse* *(plan centre détachable, G8, 76)* : *travessa Piedade, 38 B (réception).* ☎ *218-288-001.* ● *welcome@floresguesthouse.com* ● *floresguesthouse.com* ● *Doubles 100-130 € selon confort et saison, petit déj inclus.* 🛜 À deux pas de la romantique praça das Flores. Ne vous attardez pas à la réception, tout se passe en face, dans de belles bâtisses noyées sous les fleurs et azulejos ou autour de la place voisine. Charme et élégance sont au rendez-vous de ces nids douillets aux escaliers raides et salles de bains croquignolettes (attention à la tête !). Les plus chères ont même un balcon. Couleurs chaudes, literies moelleuses, déco élégante et accueil au top. Parfait pour une escapade en amoureux.

🛏 *Casa Amora* *(plan centre détachable, G6, 80)* : *rua João Penha, 13.* 📱 *911-151-576 (Juan)* ou *919-300-317 (Luis).* ● *casaamora.com* ● *Doubles et studios 125-190 € selon confort et taille.* Adorable maison transformée en petit hôtel de charme. Les 5 chambres magnifiquement décorées rendent chacune hommage à un artiste différent. Également 6 studios, tout aussi jolis ; on a bien aimé ceux en duplex dans la petite maison indépendante. On prend le petit déj sur une charmante terrasse dans la cour-jardin. Excellent accueil. Un vrai coup de cœur.

🛏 *Casa de São Mamede* *(plan centre détachable, G7, 81)* : *rua da Escola Politécnica, 159.* ☎ *213-963-166.* ● *reservas.casasaomamedehotel@ gmail.com* ● *casadesaomamede. com* ● *Doubles avec douche ou bains 60-100 € selon saison, petit déj inclus. À noter : les chambres doubles supérieures (les plus chères) peuvent accueillir une famille avec 2 enfants (gratuit moins de 12 ans).* 🛜 Une ancienne maison patricienne de 1758, à la façade joliment restaurée. Les chambres sont toutes différentes et non-fumeurs, plutôt spacieuses, meublées bourgeoisement (certaines avec du mobilier années 1930). Préférer celles du 1ᵉʳ étage, les plus claires. Entrée et couloirs avec de beaux azulejos du XVIIIᵉ s, et, partout, une épaisse moquette rouge sombre qui donne une atmosphère feutrée à l'ensemble. Tous les étages ont du charme. Accueil jovial et aimable. Une des rares adresses de caractère et de charme à prix encore raisonnables.

🛏 *The House* *(plan centre détachable, F8, 82)* : *travessa do Pinheiro, 11 ; 4º.* ☎ *218-042-043.* ● *thehouselisboa@ gmail.com* ● *thehouse.pt* ● *Accès facile avec le tram nº 28, arrêt Calçada da Estrella / Rua Borges Carneiro. Doubles avec ou sans wc et balcon 60-120 € selon saison, petit déj inclus.* 🛜 Dans un quartier résidentiel, une adresse multi-atouts : les chambres sont confortables et meublées avec soin dans un esprit très design. Et, cerise sur le gâteau, toit-terrasse avec vue sur Lisbonne et le Tage. Accueil aimable, pour ne rien gâcher.

🛏 *Gat Rossio (plan centre détachable, J8, 83) : rua do Jardim do Regedor, 27-35.* ☎ *213-478-300.* ● *hotelgatros sio@gatrooms.com* ● *gatrooms.com* ● *Doubles standard à partir de 85 €, petit déj inclus. Réduc fréquentes sur Internet.* 🖥 📶 Une adresse acidulée, vert pomme, blanc et noir. Chambres très gaies, avec de petits détails de déco amusants et ludiques (on vous laisse découvrir). Fonctionnent aussi, TV, coffre-fort, salle de bains design, vaste terrasse ; distributeurs de boissons et de snacks. Les moins chères, bruyantes, ne sont pas bien grandes : préférez les « suites » si vous êtes en fonds. Grandes tablées pour le petit déj généreux. Ambiance internationale.

🛏 *Aparthotel Vip Éden (plan centre détachable, I8, 84) : praça dos Restauradores, 24.* ☎ *213-216-600.* ● *apar thoteleden@viphotels.com* ● *viphotels. com* ● *Entrée en bas à droite de l'Eden Teatro, passé la façade années 1930 (qui fut celle de l'ancien cinéma du même nom). Selon saison, studios 2 pers 66-129 €, apparts 2-4 pers 99-189 € (voir offres spéciales sur le site) ; petit déj en sus.* 🖥 📶 Bon, l'intérieur n'a rien conservé du passé, mais tout ici est fait pour que votre séjour se passe le mieux du monde. Studios plus pratiques que romantiques avec kitchenette (micro-ondes), mais calme garanti si vous donnez côté hôtel particulier. Grande terrasse sur le toit avec une petite piscine.

Très chic

🛏 *Torel Palace (plan centre détachable, J7, 107) : rua Camara Pestana, 23.* ☎ *218-290-810.* ● *info@torelpa lace.com* ● *torelpalace.com* ● *À pied, on y accède par l'ascenseur de Lavra (qui ferme hélas à 21h, et ça grimpe !) ; autrement, taxi ou voiture (parking payant). Doubles 120-300 € ; petit déj 15 €.* 📶 Dans 2 palais lisboètes rose et bleu de 1902, transformés en hôtel. Pas d'inquiétude, ces palais ont su rester simples, rien d'intimidant dans ces lieux aux allures de pension de famille chic surplombant toute la ville. Chambres pleines de charme, toutes différentes, aux couleurs chaleureuses, inspirées des rois et reines portugais. Jolie terrasse avec arbres odoriférants, vraie grande piscine et bar extérieur. Plein de petites attentions. Excellent petit déj.

🛏 *Altis Avenida Liberdade (plan centre détachable, J8, 108) : rua 1° de Dezembro, 120.* ☎ *210-440-000.* ● *reservationsavenida@altishotels. com* ● *altishotels.com* ● *Doubles 180-250 € selon confort et saison ; petit déj 20 €.* Un hôtel de charme qui surplombe la place. Déco années 1940, très élégante, du *lobby* aux chambres, avec mobilier aux touches sombres et métalliques. Tout confort naturellement. On passerait des heures à apprécier les petits détails de chaque chambre. Service extra. Salle des petits déjeuners avec vue plongeante sur l'animation de la praça dos Restauradores, spa. Le luxe, quoi !

🛏 *Hotel Britânia (plan centre détachable, I6, 85) : rua Rodrigues Sampaio, 17.* ☎ *213-155-016.* ● *britania. hotel@heritage.pt* ● *heritage.pt* ● *Doubles 143-255 € ; petit déj 14 €. Promos sur le site. Parking payant.* 📶 *Apéritif offert sur présentation de ce guide.* En pleine ville, dans une rue paisible parallèle à l'avenida da Liberdade, un refuge discret, calme et luxueux. Cet hôtel des années 1940, restauré dans son style d'origine, abrite une trentaine de chambres élégantes, spacieuses et confortables : peignoirs, valet, sols en liège, meubles d'époque... Les plus belles restent celles du 6e étage (désolés, ce sont aussi les plus chères !) : plus design dans la déco, ces petits nids d'amour jouissent d'une très jolie terrasse. Attenant à la réception, un superbe salon-bar, ainsi que l'ancienne boutique du coiffeur conservée en l'état, du temps où l'hôtel s'appelait encore l'*Hotel do Imperio*, en 1942.

🛏 *Heritage Av Liberdade Hotel (plan centre détachable, I7, 86) : av. da Liberdade, 28.* ☎ *213-404-040.* ● *avli berdade@heritage.pt* ● *heritage.pt* ●

Doubles 163-325 € selon saison ; petit déj 14 €. Promos sur le site. Parking env 15 €. 📶 🛜 Apéritif offert sur présentation de ce guide. Adresse design, puisque c'est Miguel Câncio Martins, l'architecte portugais, qui s'est amusé à lui donner forme et vie. Un espace réception-salle de petit déjeuner donne le ton : atmosphère sereine, couleurs du temps, fauteuils confortables. Le contraste n'est que plus saisissant avec le coin herbes et médecines douces, témoin de l'ancienne boutique d'herboristerie, à l'entrée de la réception. Certaines chambres ont 2 fenêtres ; d'autres, plus sombres, donnent sur une petite cour. Ascenseur étonnant, coin salon-bibliothèque en mezzanine. Piscinette. Une très belle adresse.

🔺 **Inspira Santa Marta Hotel** (plan centre détachable, I6, **87**) : rua de Santa Marta, 48. ☎ 210-440-900. ● ismh@inspirahotels.com ● inspirahotels.com ● 🔺 Doubles 109-179 € selon taille, confort et saison ; petit déj possible. 📶 🛜 Une adresse d'inspiration feng shui. Chaque chambre est décorée selon ce principe. Pour compenser le manque de lumière extérieure, de grands puits de lumière inondent le haut et vaste hall central sur lequel donnent les couloirs aux parois de verre accédant aux chambres. Grand confort et calme garanti. Suites familiales. 2 chambres ont même un jacuzzi ! Spa, salle de jeux avec billard. Resto prodiguant une cuisine aux influences méditerranéennes. Eau filtrée, embouteillée et scellée selon un procédé écologique et dont les recettes sont destinées à des projets humanitaires en Afrique.

Où manger ?

De très bon marché à prix moyens

|●| **Solar 31** (plan centre détachable, J8, **177**) : calçada de Garcia, 31. ☎ 218-863-374. Tlj midi et soir. Résa impérative. Compter env 15 €. Apéritif offert sur présentation de ce guide. Le resto ne paie pas de mine avec sa porte vitrée et ses petites salles sans charme particulier, mais on ne regrette pas d'y être entré pour déguster du poisson bien frais, que vous présente le patron, avant de le faire cuire. Spécialité de poulpe à l'ail et aux crevettes (un pour deux suffit). Accueil adorable, aux petits soins pour les clients.

|●| **Chimera** (plan centre détachable, H7, **178**) : rua Salitre, 131 B. 📱 918-717-050. Tlj sf lun. Menus déj 7 € et complet 8,50 € ; le soir, menus 18 € (3 plats), 24 € (5 plats) et 29 € (7 plats). Une cuisine locale bonne et à des prix imbattables. Dans une déco originale, plafonds recouverts de cagettes et de vieilles fenêtres, tout comme le bar avec azulejos sur les tables !

|●| **Honorato** (plan centre détachable, I6, **179**) : rua de Santa Marta, 35. ☎ 213-150-452. Tlj 12h-minuit (2h jeuven). Burgers 5-10 €. 🛜 Considérés par beaucoup comme les meilleurs burgers de la ville ! Du plus simple au plus complexe en passant par le plus original, une quinzaine de burgers à la carte et rien d'autre. Pas de couverts, on se pourlèche les babines. Le Pimenta est relevé ; le Vegeteriano, avec soja, comblera les végétariens ; quant à l'Honorato, il satisfera les affamés. Cadre tout noir, assez design, industriel. Grandes tablées, étage surplombant la salle et DJs set en fin de semaine. Petite terrasse.

|●| **Terras Gerais** (plan centre détachable, J8, **120**) : calçada Santana, 70. ☎ 218-007-429. ● geral@terrasgeraisbistro.com ● Tlj 13h-minuit. Un petit resto brésilien d'à peine 5 tables. Accueil chaleureux du patron, originaire du Minas Gerais. Un vrai régal à prix raisonnable, caïpirinhas de légende, kibes en entrée (pâtés au boulgour) et délicieuse moqueca cuisinée avec finesse. Plus une accolade à la sortie !

|●| **Floresta do Salitre** (plan centre détachable, H7, **216**) : rua do Salitre, 42 D. ☎ 213-547-605. Tlj 12h-15h, 19h-22h. Plat du jour 9 €. Grande salle tout en longueur, nappes sur les tables, et plats traditionnels de poissons grillés avec crudités et pommes de terre, et de viandes pour

OÙ MANGER ? | 119

les amateurs. Simple et rapide. Bons desserts.

|●| Restaurant Brooklyn (plan centre détachable, I7, **111**) : *praça da Alegria, 35.* ☎ *213-460-201.* ● *brooklyn. lisboa@gmail.com* ● *Tlj sf dim 9h-20h. Menus 7-8,50 € ; brunch 11 €.* Petit resto bon marché où la jeunesse lisboète se retrouve. Déco éclectique avec toiles de jute transformées en coussins, vélo suspendu et tables en bois. Grand comptoir avec le gâteau du jour. Quelques places en terrasse. Salades, soupes, burgers. Service sympa.

|●| O Cantinho de São José (plan centre détachable, I7, **182**) : *rua de São José, 94.* ☎ *213-427-866. Tlj sf sam midi. Plats 6,50-8,50 €. Digestif offert sur présentation de ce guide.* Dans la lignée de ces cantines d'où l'on ressort non pas déçu mais repu, avec des plats du jour à oublier son régime ! Déco froide de carreaux blancs, mais endroit plein comme un œuf le midi avec menu affiché à la main sur les nappes en papier. Ici palpite le cœur populaire de Lisbonne. Service sans chichis et super accueil.

|●| Casa do Alentejo (plan centre détachable, J8, **183**) : *rua das Portas de Santo Antão, 58.* ☎ *213-405-140.* ● *comercial@casadoalentejo.pt* ● *Tlj ; arriver tôt. Plats 11-20 € ; menu déj env 10 €. Espace non-fumeurs.* C'est la maison régionale de l'Alentejo (littéralement, « au-delà du Tage »). Passé le porche anonyme, on monte un escalier et on pénètre dans un palais mauresque reconstruit à l'identique sur le modèle de celui qui se tenait là avant le séisme de 1755. Au rez-de-chaussée, vaste patio sous une verrière à plus de 10 m. Une frise en arabe proclame que Dieu est unique (toujours bon à savoir). Au 1er étage se trouvent une salle de bal avec un minuscule théâtre baroque, une minuscule épicerie (où l'on peut consommer fromage, chorizo, vin et manger debout), un fumoir éclairé au néon et des tables de bridge, des w-c style années 1930 et des salles de resto décorées d'azulejos dédiés aux travaux des champs. Taverne sympa, avec tables dans un petit patio. Une adresse aussi surannée que bien connue, patinée par le temps, où l'on

vient plus encore pour le cadre (visite libre) que pour la cuisine, traditionnelle, qu'un vin maison fait très bien passer !

|●| Devagar Devagarinho (plan centre détachable, I6, **181**) : *travessa Larga, 15.* ☎ *210-137-982. Dans une ruelle qui grimpe perpendiculairement à la rua de Santa Marta. Tlj sf dim 10h (18h sam)-2h. Plats 6-8 €.* Ambiance familiale, une pincée de coquetterie et un bonus d'attention dans le service (surprise !). À la carte, beaucoup de grillades. Soirée fado le vendredi *(à partir de 21h30 normalement ; résa conseillée).* Authentique et fréquenté plus par les Portugais que par les touristes.

Plus chic

|●| K.O.B by Olivier (plan centre détachable, G7, **217**) : *rua do Salitre, 169.* ☎ *934-000-949.* ● *ko@olivier.pt* ● *Lunven 12h30-15h30, 20h-minuit ; sam 20h-minuit ; dim et j. fériés 20h-23h. Menu déj 15 € ; carte 20-25 €.* K.O.B est le spécialiste de la viande maturée. On y trouve le fameux Black Angus version portugaise et le *wagyu* du Japon, le meilleur mais le plus cher. Cadre élégant, avec le cuivre et les miroirs du décor, le béton brut des sols et le bleu pétrole des murs. Petite musique jazzy. Parfait pour un dîner en amoureux. Attention à la marche à l'entrée et aux toilettes !

Entre Lavra et la colline de Graça

De prix moyens à plus chic

|●| Cervejaria Ramiro (plan centre détachable, K7, **184**) : *av. Almirante Reis, 1 H.* ☎ *218-851-024. Tlj sf lun. Selon appétit et poids de certains produits, compter 20-35 €.* De l'avis de beaucoup de Lisboètes, c'est l'un des meilleurs restaurants de fruits de mer de Lisbonne. Fondée en 1956, cette brasserie-resto décorée sur le thème de la mer propose poissons, coquillages, crustacés, mollusques, tous pêchés sur les côtes portugaises. Voir les langoustines géantes de

LISBONNE QUARTIER PAR QUARTIER

l'Atlantique et les gambas d'Algarve. Grande fraîcheur, arrivages réguliers, service impeccable, accueil jovial,

carte des vins à la hauteur du lieu. Venir tôt pour éviter l'attente, succès oblige !

Où boire un bon café ?

🐾 **Fabrica Coffee Rosters** (plan centre détachable, I7, 256) : rua das Portas de Santo Antão, 136. ☎ 211-399-261. Tlj 9h-21h. Une brûlerie pour déguster son breuvage préféré, dans une grande salle tout en longueur à la déco industrielle. De grands sofas pour se reposer. Musique tendance.

Où boire un verre ?

Ginjinha

🍷 **Ginjinha Sem Rival** (plan centre détachable, J8, 290) : rua das Portas de Santo Antão, 7. Tlj sf dim 7h-minuit. Notre petite ginjinha préférée consiste en quelques étagères remplies de bouteilles, un bar en bois et un homme jovial qui sert à boire derrière son comptoir. Clientèle masculine, parfois haute en couleur ! On sirote debout (dehors ou dedans) la liqueur Eduardino, faite à base de plantes, ou la liqueur de cerise (sorte de guignolet local). Très bon accueil.

Bar à vins, bar à bières

🍷 **Bar Procópio** (plan centre détachable, G6, 292) : alto de São Francisco, 21 A. ☎ 213-852-851. Dans un semblant de páteo, avec une ancienne petite fontaine et des escaliers à partir de la pl. des Amoreiras et de la rua João Penha. Tlj sf dim 18h (21h sam)-3h. Selon l'histoire, ce serait le plus vieux bar de Lisbonne. Pour vivre heureux, vivons cachés : le Procópio est si secret, si discret, au fond de sa petite impasse patinée par le temps, à l'ombre de la maison-studio de la grande artiste Vieira da Silva... L'ambiance aristocratique de velours rouge et de bois ancien attire une clientèle sage et respectable. Musique douce, propre à favoriser les échanges intimes autour d'une bière étrangère ou d'un cocktail. Assez chic mais très accueillant.

Achats

⚙ **Mistura de Estilos** (plan centre détachable, I7, 346) : rua de São José, 21. ● misturaestilos@gmail.com ● La rue parallèle à l'av. da Liberdade. Lun-ven 15h30-19h. Grand choix d'azulejos fabriqués à la main. Propose également des cours, pour ceux qui veulent fabriquer eux-mêmes leurs azulejos... et qui en ont le temps !

À voir. À faire

🦖 🚶 **Museu da Ciência et museu da História natural** (musée de la Science et musée d'Histoire naturelle ; plan centre détachable, H7, 380) : rua da Escola Politécnica, 56. ☎ 213-921-808 ou 800. ● museus.ulisboa.pt ● Mar-ven 10h-17h, w-e 11h-18h. Entrée pour chacun des musées : adulte 5 €, enfant 3 € ; billet famille et billet jumelé (pass Museus da Politécnica) ; réduc avec la Lisboa Card. Squelettes de dinosaures, fossiles et minéraux assez bien classés, mais les explications sont entièrement en portugais et la présentation est un peu tristounette. Dans le musée de la Science (explications en anglais), quelques expériences pour comprendre la loi de la gravité, l'inertie, le principe du vide, la force centrifuge, les ondes, le pendule, le magnétisme, les éclipses, l'électricité et l'optique dans un cadre de laboratoire désaffecté. Pas le plus impressionnant dans son genre mais toujours intéressant pour les enfants. Expos d'art contemporain.

🎯 **Praça das Amoreiras** (place des Mûriers ; plan centre détachable, F-G6) : adorable place ombragée, calme, loin de l'agitation urbaine. Elle ne conserve malheureusement plus aucune trace des centaines d'arbres plantés au XVIIIe s pour alimenter la fabrique royale de soie, mais elle reste un délicieux espace de verdure, longé par l'aqueduc.

🎯🎯 *Mãe d'Água e aqueduto das Águas Livres* (plan centre détachable, G6, **381**) : *praça das Amoreiras.* ☎ 218-100-215. ● *epal.pt* ● *La citerne* (Mãe d'Água) *se visite. Entrée par la pl. das Amoreiras, angle avec calçada Bento da Rocha Cabral. Marsam 10h-12h30, 13h-17h30. Entrée : 3 € ; réduc ; 1,50 € avec la Lisboa Card. Billet couplé avec l'aqueduc, situé à env 500 m de là, près du grand centre commercial Amoreiras, qui ne se visite qu'en été, lun-sam (avec guide mer et ven mat), à partir de la calçada da Quintinha, alto de Campolide (plan d'ensemble détachable, D-E5) : 5 €.* Construit entre 1732 et 1748, l'*aqueduc* était destiné à alimenter en eau les fontaines de Lisbonne dans une conduite tracée dans la campagne sur près de 60 km, et ponctuée de tourelles caractéristiques : les « sources ». L'aqueduc enjambe ensuite la vallée de l'Alcântara grâce à 35 arcs d'une longueur totale de 940 m : le plus haut culmine à 65 m. L'eau arrive ensuite dans la *Mãe d'Água,* citerne des Amoreiras construite au début du XVIe s, où elle est stockée sous d'imposantes voûtes de pierre. Elle s'écoule le long d'une cascade de mousse et de calcaire dans un bassin de 7 m de profondeur. Mis en valeur par un éclairage subtil, ce lieu distille à juste titre une atmosphère particulièrement paisible et rafraîchissante. On peut grimper au sommet sur une terrasse splendide qui donne sur l'aqueduc et la place voisine.

🎯🎯 *Fundação Arpad Szenes – Vieira da Silva* (plan centre détachable, G6, **381**) : *praça das Amoreiras, 56.* ☎ 213-880-044. ● *fasvs.pt* ● Ⓜ *Rato. Tlj sf lun 10h-18h. Entrée : 5 € ; réduc avec la Lisboa Card ; gratuit moins de 14 ans. Ts les trimestres, des expos sont consacrées à des artistes qui ont influencé l'œuvre du couple ou qui s'en sont inspirés. Une partie du musée abrite et expose en permanence leurs peintures. Petit café sur place.* Dans une annexe de l'ancienne manufacture de soieries, le musée présente des peintures des années 1930 aux années 1970 du célèbre couple d'artistes de la mouvance cubiste, appartenant à l'école de Paris. Fille unique d'un diplomate et journaliste renommé, Maria Helena Vieira da Silva (1908-1992) suit des cours privés. À Paris, elle rencontre Arpad Szenes, un jeune Hongrois (1897-1985), élève de l'atelier de la Grande Chaumière à Montparnasse, et les deux artistes se marient l'année suivante. Ils mènent une vie d'apatrides bohèmes et de sans-papiers. Née portugaise, elle perd sa nationalité d'origine en épousant un Hongrois. Arpad Szenes demande au dictateur Salazar la citoyenneté portugaise, et pour l'obtenir se convertit même au catholicisme. Le Portugal refuse. Les voilà sans papiers. La guerre éclate. Le couple s'exile à Rio de Janeiro, où il vit pauvrement de 1940 à 1947. Retour en France, et en 1956, grâce à André Malraux, ils obtiennent la nationalité française.
Après 1956, Arpad et Maria Helena passent presque toute leur vie en France (ce qui explique le titre des tableaux), entre leur appartement du 34, rue de l'Abbé-Carton, dans le 14e arrondissement, et leur maison d'Yèvre-le-Châtel (où ils sont enterrés). Quand elle vient à Lisbonne, Maria Helena loge à l'hôtel *Tivoli,* avenue da Liberdade, bien qu'elle ait une maison-studio (celle avec une balustrade sur le toit) juste à côté de l'actuelle fondation, à l'angle de la rua da Penha et de l'escalier qui mène au bar *Procópio.*
L'œuvre de Maria Helena Vieira da Silva, aujourd'hui très cotée sur le marché de l'art (1 million d'euros pour un tableau vendu en 2012), est emplie de lignes qui

s'enchevêtrent, se nouent et se dénouent, créant aussitôt des espaces : labyrinthes, quadrillages, échiquiers aux multiples points de fuite... Elle est considérée comme une des plus grandes peintres modernes d'origine portugaise. À sa mort, n'ayant pas d'enfants, elle a légué une grande partie de ses œuvres à la galerie Bucher, à Paris, à qui elle devait tant. Elle avait demandé aussi qu'une fondation soit créée à Lisbonne.

– Prolonger par la visite de la *station de métro Cidade Universitária* (près de l'université, ligne de métro orange), entièrement et magnifiquement décorée par Maria Helena Vieira da Silva.

– À proximité du largo do Rato, rua Alexandre Herculano, jetez un regard aux immeubles des nos 57 et 65, superbes édifices Art nouveau, en particulier le garage *Auto-Palace*.

ART NOUVEAU EN SOUS-SOL

Savez-vous que l'on trouve à Lisbonne une bouche de métro parisien 1900 signée Hector Guimard ? Ce témoignage de l'Art nouveau se situe à la station Picoas (angle avenida Fontes Pereira de Melo et rua Andrade Corvo). Elle a été offerte en 1995 par la RATP ! En échange symbolique, un artiste portugais a décoré la station Champs-Élysées-Clemenceau de Paris.

🏃🏃🏃 *Casa-museu da Fundação Medeiros e Almeida* (plan centre détachable, H6) : *rua Rosa Araújo, 41.* ☎ 213-547-892. ● casa-museumedeirosealmeida.pt ● Ⓜ Marquês de Pombal. Tlj sf dim 13h (10h sam)-17h30 (dernière entrée à 17h). Entrée : 5 € ; réduc avec la Lisboa Card ; gratuit sam 10h-13h. Infos disponibles en français dans chaque salle. Fondation créée par l'homme d'affaires António Medeiros e Almeida (1895-1986) pour assurer la conservation de sa collection d'art décoratif. Musée installé dans sa propre maison, demeurée telle quelle, et dans l'ancien jardin qu'il a aménagé dans ce but. Quantité impressionnante d'objets achetés au Portugal et à l'étranger, notamment lors de ventes aux enchères en Europe et aux États-Unis. Excellente mise en valeur, dans une succession de salles à admirer du sol au plafond.

– *Au rez-de-chaussée,* une spectaculaire *chapelle* au retable en *talha dourada* et au chœur garni d'azulejos.

– *Au 1er étage,* mobilier portugais, indo-portugais, anglais et français (meubles style Boulle, cartonniers à tiroirs secrets, fauteuils recouverts des fables de La Fontaine). Intéressante salle Louis XIV. Tapisseries flamandes et françaises (les Gobelins). Tableaux d'artistes portugais (Mestre da Lourinhã, José Veloso Salgado) et des Boucher, Rubens, Delacroix, Van Goyen, Huysmans. Dans une chambre à coucher, près d'un lit à baldaquin (satin et damas), voir l'insolite bidet en porcelaine de Chine aux armes royales de France (une rareté) et le pot de voyage anglais du XIXe s (une autre rareté). Dans le corredor D. Catarina de Bragança, ne pas rater cette remarquable et unique *horloge de nuit* du XVIIe s en état de marche ! Éclairé par de l'huile, ce type d'horloge pouvait s'enflammer facilement, d'où son abandon par la suite. Service à thé portugais ayant appartenu à Napoléon et collection insolite de *paliteiros* (porte cure-dents) dans la salle réservée à l'argenterie (sala de Pratas).

– Magnifique *sala do lago* – disponible pour vos réceptions – avec ses plafonds peints représentant les quatre continents, ses murs couverts d'azulejos, et sa monumentale fontaine en marbre au centre. Les vitrines autour contiennent une collection de bijoux, de pierres précieuses et de tabatières en porcelaine.

– *Au 2e étage,* appartements privés de Margarida et António, restés en l'état. Immense salle de bains pourvue d'un appareil de musculation, un des premiers appareils de fitness importé au Portugal (vous ne trouvez pas que ça a des allures d'appareil de torture ?). Ne manquez pas la superbe collection d'éventails de style Empire, caractérisée par les broderies. Regardez : certains ont même des trous pour les yeux ! De quoi apprendre en même temps le langage de l'éventail.

À VOIR. À FAIRE | 123

– De retour au rez-de-chaussée, pour admirer la fabuleuse **collection de montres et d'horloges** *(sala dos relógios)* de styles et d'origines variés (c'était la grande passion d'António Medeiros) : réveil à bougie, horloge japonaise à cadran vertical (XVIIIᵉ s, les aiguilles se déplacent de haut en bas !), montre maçonnique, montre érotique, etc. Vitrine consacrée aux montres Breguet. Voir aussi l'étonnante horloge à billes d'acier *(rolling ball clock),* le grand sablier du XVIIIᵉ s fabriqué à Gdansk et l'horloge de l'impératrice Sissi d'Autriche, en cristal de roche et argent, incrustée de lapis-lazuli. Porcelaine chinoise également : quelques pièces rares et bien conservées.

IOI Self-service avec terrasse couverte.

🏃 **Praça dos Restauradores** *(place des Restaurateurs ; plan centre détachable, I-J7-8) :* au centre de cette place se dresse le monument commémorant la guerre de Restauration, qui débuta en 1640. L'obélisque a été érigé en 1886.

🏃 En descendant de la praça dos Restauradores vers la praça Rossio, sur le côté droit, la **gare du Rossio,** aux allures de palais, offre une curieuse façade, avec deux portes en forme de fer à cheval, pastiche du style manuélin.

À l'est de l'avenida da Liberdade

🏃 **Rua das Portas de Santo Antão** *(plan centre détachable, I-J7-8) :* piétonne dans sa partie proche du Rossio, cette rue animée, très touristique (avec le bon et le moins bon), est bordée de quelques monuments importants.
– Du n° 92 au n° 100, le très grand **Coliseu dos Recreios,** ouvert en 1890, sur les plans des ingénieurs français Goulard et Bauer. Opéra comique jusque dans les années 1980, c'est aujourd'hui une grande salle de concerts *(☎ 213-240-580 ; ● coliseulisboa.com ●).*
– À gauche de cet édifice, la **Sociedade de geografia de Lisboa,** fondée en 1875 *(lun-ven 10h-13h, 15h-18h).* Jetez un coup d'œil, dans le hall d'entrée, sur le grand tableau (Veloso Salgado, 1898) représentant Vasco de Gama devant le *samorin* de Calicut. L'une des statues représente Cabral, le découvreur du Brésil.
– Au n° 113, le **Teatro Politeama,** avec une façade aux frises sculptées et une grande verrière en anse de panier.
– Au n° 110, l'**Atheneu,** grand gymnase de 1880, doté de trois belles portes au fronton sculpté. Le rez-de-chaussée est occupé par le resto *Solmar.* L'intérieur de l'*Atheneu* a retrouvé sa vocation primitive et abrite aujourd'hui un complexe sportif (gymnase, piscine, salle de basket, cours de yoga, de karaté, de danse...).

🏃 🏃 **Jardim do Torel** *(plan centre détachable, I-J7, 382) : accès par la rua Júlio Andrade, en haut du funiculaire de Lavra.* Ignoré même sur certains plans de ville, il offre au promeneur éreinté un lieu de repos inespéré. Minuscule parc très goudronné surplombant l'avenida da Liberdade, il brille sous le soleil du soir. Mais c'est la nuit qu'il est le plus beau et le plus mystérieux, avec son éclairage intimiste et, surtout, ses escaliers qui vous ramènent peu à peu vers la civilisation.

🏃 **Le quartier de Sant'Ana** *(plan centre détachable, J7-8) :* perché entre les deux avenues convergeant vers la Baixa, il s'étend de part et d'autre de la *calçada* du même nom. À deux pas du centre, c'est un véritable quartier populaire avec ses gargotes, ses ruelles, ses cris et ses senteurs. Il permet de monter au *campo dos Mártires da Pátria* ; encore un petit parc avec ses coqs et ses cygnes, et aussi la statue étonnamment vénérée d'un brave docteur. *O senhor doutor Sousa Martins* a dû et doit encore soigner beaucoup de monde. Mais, est-ce un hasard, tout près se trouvent la morgue, l'institut médico-légal et la plus grande concentration d'entreprises de pompes funèbres de la ville...

LISBONNE QUARTIER PAR QUARTIER

ALFAMA, CASTELO DE SÃO JORGE, MOURARIA ET GRAÇA

- À voir. À faire 135
  - Igreja da Conceição Velha • Casa dos Bicos • Museu do Fado • Sé Patriarcal • Museu do Aljube Resistencìa e Liberdade • Igreja Santo António • Museu de Lisboa San António • Museu do Teatro romano • Miradouro de Santa Luzia • Museu de Artes decorativas portuguesas – Fundação Ricardo Espírito Santo Silva • Castelo de São Jorge • Mosteiro e claustro de São Vicente de Fora • Feira da Ladra • Igreja de Santa Engrácia – Panteão nacional • Museu militar • Le quartier de Graça : largo da Graça, igreja da Graça, rua da Graça, rua Virgínia Rosalina, bairro Estrela d'Ouro, miradouro da Nossa Senhora do Monte • Le quartier de la Mouraria : largo dos Trigueiros, rua de São Pedro Mártir, rua do Capelão, beco do Forno, largo da Severa • À l'est de l'Alfama, au bord du Tage : museu nacional do Azulejo et convento de Madre da Deus, museu da Água

- Pour le plan de l'Alfama, se reporter au plan détachable en fin de guide.

Si, ailleurs, il suffit parfois de passer un pont, ici, il suffit de gravir une colline (grâce notamment aux nouveaux ascenseurs à prendre dans la Baixa ; voir plus loin « Visiter l'Alfama ») pour se retrouver au cœur d'un quartier cher à tous les trekkeurs urbains. Sur les pentes de la colline médiévale du castelo de São Jorge s'étagent les plus vieux quartiers de Lisbonne – Alfama, Graça et Mouraria – aux ruelles tortueuses et aux venelles étroites, formant un dédale qui ravira le promeneur.

UN ALLER SIMPLE POUR L'ALFAMA

Prenez place dans le *fameux tramway n° 28,* il vous emportera, tout bringue-balant, par-delà le temps, le long des rues pentues, jusqu'au cœur de l'Alfama. Le seul quartier populaire de Lisbonne ayant survécu au tremblement de terre de 1755 comme à l'Expo universelle de 1998. Quelques petits malins ne montent pas mais s'accrochent à l'arrière du tram...
Lorsque le wattman actionne la cloche commence un voyage mémorable, la mécanique filant droit sur ses rails avant d'aborder des virages en épingle spectaculaires et de frôler à quelques centimètres les étals des magasins et les piétons qui doivent jouer aux toreros entre les voitures stationnées.
Profitez des arrêts forcés, destinés à laisser un livreur décharger sa marchandise, pour admirer les devantures des pâtisseries et des épiceries fines débordant de gâteaux, de fruits confits, de pots remplis de *marmelada,* de jambon fumé, de fromages et vins de pays.

L'ÂME DE LISBONNE

Ce quartier, c'est *l'âme de Lisbonne.* Longtemps habité par les pêcheurs et les marins, il est resté populaire, avec ses personnages bien typés : truculentes matrones, artisans, commerçants ambulants, gamins frondeurs, vieillards malicieux prenant le frais... L'Alfama est le quartier le plus ancien et le plus connu de la capitale, emblème du Lisbonne éternel.
Les Wisigoths l'habitèrent avant les Arabes, qui lui donnèrent d'ailleurs son nom : Alfama, déformation d'*alhama,* mot évoquant d'anciennes fontaines sur la colline.

Il consiste en un réseau inextricable de ruelles tortueuses, volées de marches *(calçadas)*, culs-de-sac, passages voûtés, cours intérieures, patios minuscules fleuris et venelles ne menant nulle part (les *becos*) et bordées de mille maisons enchevêtrées, agglutinées, présentant autant de styles différents.
Le flâneur s'y déplace à pied. Il peut y admirer de belles façades en encorbellement, délavées par les pluies, des balcons en fer forgé ou sculptés, dissimulés par les draps qui claquent au vent. Au fil de la promenade, de temps en temps apparaît le Tage, cette mer de Paille qui surgit tel un miroir bleu et étincelant (quand le soleil brille) au débouché d'une ruelle, entre deux vieux immeubles presque collés, ou entre deux échafaudages.

SAUDADE PARTY

Le soir, il se dégage de l'Alfama une atmosphère presque moyen-orientale, qui tient de la casbah et du théâtre de rue. C'est ici qu'on vient pour découvrir le vrai fado, cet art de la rue autour duquel les hommes et les femmes du quartier se retrouvent encore pour chanter leur ville, leur vie, leur souffrance, leur pauvreté. C'est le fado des amateurs, à entendre dans une *tasca* plutôt que dans un resto à touristes... Il faut simplement accepter de venir tard, de rester debout, un verre d'alcool à la main...

LA FÊTE DE SANTO ANTÓNIO (SAINT ANTOINE)

Chaque année le 13 juin, l'Alfama célèbre António, le saint patron de la Sé et du quartier, qui a eu l'idée malheureuse d'aller finir ses jours à Padoue. Pour beaucoup, saint Antoine est souvent considéré comme le saint patron de Lisbonne et serait donc en concurrence avec São Vicente (saint Vincent). En réalité, saint Antoine est seulement le saint patron de la Sé, la cathédrale, laquelle est située dans l'Alfama. Il est devenu par extension le saint patron de l'Alfama.
C'est lui qui mène la procession dans les ruelles et sur les places. Un grand moment de vie collective à partager. Profitez-en pour offrir à l'élu(e) de votre cœur un petit pot de basilic porte-bonheur (ça changera du muguet). Lors de cette fête religieuse très populaire, chaque rue, dans un fiévreux esprit de compétition, tente d'être plus colorée, plus lumineuse que celle d'à côté. Les cuisines, les tables sont de sortie, on grille des sardines un peu partout, le *vinho verde* coule à flots ; l'Alfama vit entièrement dans la rue, dans une atmosphère de kermesse indescriptible.

Visiter l'Alfama

➤ *Pour gagner l'Alfama,* prendre bien sûr le *tram n° 28*^{E} de la rua da Conceição, dans la Baixa, ou le *tram n° 12*^{E}, qui fait la boucle depuis la praça da Figueira en passant par la Sé (cathédrale), ou encore le *bus n° 737* du Rossio, qui vous conduit au castelo de São Jorge. On vous le redit, ne laissez pas vos sacs ni vos affaires en général sans surveillance : le pittoresque du tram n° 28 est gâché par les pickpockets qui montent depuis la Baixa ou la station Martim Moniz. Vous pouvez aussi prendre l'un des *2 ascenseurs* (plan centre détachable, K9 ; tlj 8h-21h ; GRATUIT) qui permettent de grimper directement au sommet, au pied du château (voir plus haut « Comment se déplacer ? Les funiculaires *(ascensores)* et les ascenseurs *(elevadores)* » dans le chapitre « Infos pratiques sur place »).
– *Les miradouros* (ou belvédères) : s'y rendre au coucher du soleil pour la beauté du paysage. Le *miradouro de Santa Luzia (plan centre détachable,*

L9 et zoom détachable Alfama) possède une petite buvette où l'on peut siroter un verre en admirant le paysage, avec le Tage au loin.

➤ **Visites guidées :** voir plus haut

« Comment se déplacer ? Découvrir Lisbonne autrement » dans le chapitre « Infos pratiques sur place » pour des idées de balades à pied dans le quartier. Les *tuk-tuk* ont le vent en poupe !

Où dormir ?

De bon marché à prix moyens

🛏 **Hostel B. Mar** *(zoom détachable Alfama,* **109***) : largo do Terreiro do Trigo, 16.* ☎ *218-872-181.* ● *hostelb. marlisboa@yahoo.com* ● *hostelbmar. com* ● *Réception au 1er étage. Nuitée en dortoir 22 € ; doubles à partir de 60 €.* Belle vue sur le Tage pour cette auberge en plein cœur de l'Alfama. Doubles, triples et quadruples, avec ou sans salle de bains. Certaines ont même un balcon. Très propre. Bon confort, déco très colorée, et accueil sympa.

🛏 **This is Lisbon** *(plan centre détachable, K8,* **92***) : escadinhas Marquês de Ponte de Lima, 1.* ☎ *218-014-549.* ● *info@thisislisbonhostel.com* ● *thisis lisbonhostel.com* ● *L'escalier d'accès se trouve entre les nos 63 et 65 de la rua da Costa do Castelo. Selon saison, dortoirs 4-8 lits 13-22 €/pers et doubles sans ou avec sdb 50-70 €, petit déj inclus. Dîner sur résa (min 6 pers) 8 €.* 🖥 📶 Cet *hostel* occupe le rez-de-chaussée d'une jolie maison rose. Déco soignée aux parquets d'antan, rehaussée du rouge lie-de-vin des portes. Dans les chambres, teintes sobres et confort extra. Sanitaires rutilants de propreté. Essayer d'avoir une chambre ou un dortoir donnant sur la terrasse commune avec vue sur Lisbonne. Cours de yoga. Cuisine à dispo.

🛏 **The Keep** *(plan centre détachable, K8,* **94***) : costa do Castelo, 74.* ☎ *218-854-070.* ● *thekeep.lisbon@gmail. com* ● *thekeep-lisbon.com* ● *Doubles 35-80 € selon confort (sans ou avec douche ou bains) et saison.* 🖥 📶 *(parties communes).* Une adresse installée dans une vieille maison de famille, accrochée à la colline du château, avec son petit jardin fleuri dominant le nord

de Lisbonne et des perruches à l'arrivée. Incroyable belvédère au sommet de la maison, offrant une vue saisissante sur la ville. Les 18 chambres sont « faites maison », avec têtes de lit peintes sur les murs, meubles recouverts de stickers des grandes peintures portugaises, et dans les escaliers, des messages hilarants pour vous faire sourire. Et ça marche ! Dilemme : les chambres aux grandes fenêtres n'ont pas de salle de bains privée, quand celles aux plus petites fenêtres, en sous-sol, en ont une... Petit salon. Accueil souriant.

🛏 **Pensão São João da Praça** *(plan centre détachable, K9,* **95***) : rua de São João da Praça, 97 ; 2o et 3o.* ☎ *218-862-591.* ● *21886259@sapo. pt* ● *Doubles 35-60 € selon confort (sans ou avec sdb) et saison, petit déj inclus.* 📶 Dans une ancienne maison aux vieux parquets et à la déco d'époque, juste derrière la cathédrale. L'ensemble, bien qu'abîmé par le temps, est correctement entretenu. Il y a même la télé ! Une pension lumineuse et calme. Accueil aimable.

🛏 **Residencial Do Sul** *(plan centre détachable, K6,* **96***) : av. Almirante Reis, 34.* ☎ *218-147-253 ou 259.* ● *hotel-residencial-do-sul-lisboa. lisboavive.com* ● Ⓜ *Intendente. À 50 m de la sortie du métro. Doubles 35-60 € ; petit déj 4-5 €.* 📶 Hôtel d'une quarantaine de chambres de bonnes tailles (2 à 4 lits) avec douche et w-c. Déco simple et chambres impeccables. Préférer celles ne donnant pas sur l'avenue, moins bruyantes. Vraiment excentré, mais bon rapport qualité-prix.

🛏 **Casa de hospedes Brasil-Africa** *(plan centre détachable, K9,* **97***) : travessa das Pedras Negras, 8 ; 2o.* ☎ *218-869-266.* ● *info@pensaobra silafrica.com* ● *À la limite de la Baixa et de l'Alfama. Doubles 35-50 € selon*

OÙ DORMIR ? | 127

confort (sans ou avec douche) et saison, petit déj inclus. ▢ 🛜 Quelques chambres modestes mais lumineuses et bien arrangées. Une de nos préférées : la n° 210 avec ses 2 fenêtres d'angle. Pièce commune avec quelques petites tables, un micro-ondes et un frigo pour ceux qui voudraient se préparer un en-cas ou petit déj sur place. Déco vieillotte. Quartier un peu bruyant, mais rien de terrible. Bon rapport qualité-prix-accueil.

▲ **Inn Possible Lisbon Hostel** (plan centre détachable, K8, **93**) : rua do Regedor, 3. ☎ 218-861-465. ● booking@innpossible.pt ● innpossiblelisbon.com ● Dortoirs 4-10 lits 14-18 €/pers, doubles 35-50 €, petit déj inclus. ▢ 🛜 Dans un quartier en plein renouveau, à deux pas d'une place charmante, entre les 2 ascenseurs qui montent de Baixa vers le château. Dans une grande bâtisse en pierre, peinte en rouge, une quarantaine de lits. Déco moderne, blanc et gris, avec vieux parquets et photos d'artistes contemporains aux murs. Grands lits superposés et lockers dans les dortoirs. Salles de bains nickel. Sous les toits, cuisine et salle de télé chaleureuse.

De plus chic à beaucoup plus chic

▲ **Albergaria Senhora do Monte** (plan centre détachable, K7, **98**) : calçada do Monte, 39. ☎ 218-866-002. ● senhoradomonte@hotmail.com ● albergariasenhoradomonte.com ● Ⓜ Martim-Moniz. Tram n° 28 ; descendre à l'entrée de la calçada do Monte. Doubles 68-120 € selon confort (terrasse) et saison, petit déj inclus. Ascenseur. ▢ 🛜 Apéritif offert aux clients de l'hôtel sur présentation de ce guide. Hôtel fonctionnel mais pas très déco, situé au miradouro da Nossa Senhora do Monte, dans un quartier ancien et charmant. Excellent niveau de confort, les chambres sont impeccables, certaines avec une vue superbe.

▲ **Solar dos Mouros** (plan centre détachable, K9, **99**) : rua do Milagre de Santo António, 6. ☎ 218-854-940.

● reservation@solardosmouros.com ● solardosmouros.com ● Réception 24h/24. Doubles 119-259 €. ▢ 🛜 Un vieil immeuble de l'Alfama, transformé en hôtel de charme, accroché au flanc sud de la colline du château. Les 13 chambres sont toutes décorées avec raffinement et originalité (peintures contemporaines dont certaines du propriétaire lui-même, couleurs vives, mobilier design). N'oubliez pas vos CD préférés puisque toutes les chambres sont équipées d'une petite chaîne. Vue sur le Tage et l'Alfama (plein sud) à travers de grandes baies vitrées pour les plus spacieuses, ou sur le castelo (plus d'ombre). Une excellente adresse pour les couples en lune de miel, pour tous les amoureux qui ne comptent pas et pour ceux qui ont Lisbonne au cœur, comme les amants du Tage du roman de Joseph Kessel.

▲ **Hostel Petit Lusa** (zoom détachable Alfama, **105**) : largo do Chafariz de Dentro, 24. ☎ 218-872-773. 🖷 969-894-951. ● info@hostelpetitlusa.com ● hostelpetitlusa.com ● Doubles 89-124 €, familiales, petit déj-buffet inclus. Non-fumeurs. 🛜 En plein cœur de l'Alfama, 6 petites chambres doubles très colorées, confortables (visez l'épaisseur des matelas !) et décorées par des artistes locaux selon différents thèmes (musique, littérature, etc.).

Très chic

▲ **Solar do Castelo** (plan centre détachable, K8, **100**) : rua das Cozinhas, 2. ☎ 218-806-050. ● solar.castelo@heritage.pt ● heritage.pt ● Doubles 178-340 € (promos sur Internet) ; petit déj-buffet 14 €. ▢ 🛜 Apéritif maison offert sur présentation de ce guide. Une bien belle demeure construite au cours de la seconde moitié du XVIIIᵉ s dans l'enceinte du château São Jorge sur le site auparavant occupé par les cuisines du palais d'Alcáçova. Dommage que le petit bâtiment récent qui a été ajouté soit si laid... Très belle entrée qui nous mène dans une charmante petite cour (regardez la belle fontaine ancienne qui y trône), où l'on peut prendre son petit déjeuner en saison. Décor arabisant sympathique mêlant éléments de style

LISBONNE QUARTIER PAR QUARTIER

pombalin, canapés en cuir et chaises en fer forgé. Un refuge antibruit et anti-stress. Le taxi vous dépose à l'entrée du château, une voiture de golf vient vous chercher. La classe ! Au sous-sol, dans l'ancienne citerne, des vestiges de la vie d'autrefois retrouvés sur place sont présentés dans quelques vitrines.

🛏 **Memmo** *(zoom détachable Alfama, 101) : travessa das Merceeiras, 27.* ☎ *210-495-660.* ● *reservations.alfama@memmohotels.com* ● *memmoalfama.com* ● *Doubles 95-200 €*

selon saison. 🖥 📶 Un boutique-hôtel niché au bout d'une rue pavée, dans une ancienne usine de cirage, un four de boulangerie et l'atelier d'un photographe. Hôtel design, avec des chambres à la déco soignée, presque trop sobres, tout confort et au mobilier aux lignes et formes scandinaves. Vue ahurissante depuis la terrasse du bar, avec petite piscine à débordement : vous aurez l'étrange impression de nager au-dessus des toits de l'Alfama ! Spectaculaire.

Où manger ?

Dans ces quartiers populaires, les petites tavernes sympas abondent. Ici, on s'arrête plutôt au hasard, quand une bonne odeur vient vous titiller les narines. Idéal pour sentir battre le cœur fatigué de la vieille ville, de jour comme de nuit. N'écoutez pas les âmes bien-pensantes qui vous déconseilleront de venir rôder dans notre quartier préféré à la nuit tombée.

Très bon marché

Dans la Mouraria

🍴 **Casa de Pasto O Eurico** *(plan centre détachable, K8, 191) : largo de São Cristovão, 3-4.* ☎ *218-861-815. Derrière l'église São Cristovão, en passant à droite du fronton. Tlj sf sam soir et dim, jusqu'à 22h. Plats à partir de 6 €.* Derrière les murs ce de resto de quartier se retrouve le midi la ruche bourdonnante des employés de la chambre de commerce voisine. Bon accueil d'une gentille dame. Bien bonne cuisine familiale où poisson et viande arrivent ex æquo.

🍴 **Tentação de Goa** *(plan centre détachable, K8, 193) : rua São Pedro Mártir, 23.* ☎ *218-875-824.* ● *tentacaodegoa@gmail.com* ● *Tlj sf dim et lun midi, jusqu'à 22h. Plats 9-14 €.* Comme l'Angola, le Mozambique ou la Guinée, l'Inde a sa place dans la Mouraria. Voici un petit resto coquet et discret, tenu par des Portugaises fort aimables. Elles connaissent Goa, où elles ont séjourné. Les murs sont peints en rose, la couleur du bonheur là-bas. La cuisine (une moitié de la carte est végétarienne) bien mijotée fait revivre avec bonheur et une belle subtilité les saveurs douces (ou épicées) de Goa. *Goa é boa !*

🍴 **The Food Temple** *(plan centre détachable, K8, 194) : beco do Jasmin, 14.* ☎ *218-874-397. Prendre la rua da Mouraria, puis la rua do Capelão jusqu'au bout, et tourner à droite au fond du largo da Severa. Mer-dim 19h30-minuit. Plats 2,50-8 €.* 📶 Quelle surprise de trouver une jeune Chinoise anglophone dans une cantine végétarienne très tendance... cachée sur une placette au cœur de la Mouraria labyrinthique ! Un peu plus difficile d'accès mais fait partie de cette nouvelle génération qui investit dans ce quartier populaire longtemps délaissé. Objectif : participer à la renaissance de la Mouraria soutenue par la municipalité de Lisbonne. Déco rigolote.

Dans le bairro do castelo de São Jorge

🍴🍸 **Café Pit** *(plan centre détachable, K9, 195) : rua Augusto Rosa, 19-21.* ☎ *218-863-851.* ● *cafepit3@hotmail.com* ● *Tlj sf lun 11h-20h (23h w-e). Plats 8-15 €.* 📶 *Digestif offert sur présentation de ce guide.* Bar-restaurant à deux pas de la cathédrale, grande salle à la déco vintage (c'est un peu à la mode à Lisbonne). Bons plats végétariens élaborés avec des produits très frais. Patron jovial et de bon conseil.

🍴 **Velha Gaiteira** *(plan centre détachable, K9, 196) : rua das Pedras*

OÙ MANGER ? | 129

Negras, 17. ☎ 218-865-046. ● velha gaiteira.reservas@gmail.com ● Tlj midi et soir sf dim soir. Menu 9 € ; menu apéro tapas et boisson 3 €. Apéritif offert sur présentation de ce guide. Au programme, une cuisine généreuse à base de produits essentiellement locaux, tout comme le bon petit vin de la maison. Le tout à déguster installé dans un décor soigné, fait de mobilier chiné.

|●| ☕ ♟ **Cruzes Credo** (plan centre détachable, K9, **197**) : rua Cruzes da Sé, 29. ☎ 218-822-296. ● cruzes credo@gmail.com ● Tlj 9h30-2h. Plats 10-13 €. Vin au verre 2,50 €. Un petit café à l'intérieur vintage (encore) où l'on peut « bruncher », boire un verre ou se régaler d'un vrai repas tout au long de la journée. Délicieux jus de fruits frais, toasts sucrés ou salés, salades, plats de viande ou de poisson, simples mais bons. Terrasse. Accueil souriant.

|●| **Mercearia Castelo** (plan centre détachable, K8, **199**) : rua dos Flores de Santa Cruz, 2-2 A. ☎ 218-876-111. ● velhacarta@gmail.com ● Tlj 10h-20h. Congés : janv. Quiches, sandwichs, salades et pizzas 3,50-9 € ; plats du jour 7,80-8,80 €. Une pause s'impose ? Arrêtez-vous dans ce café-resto de poche légèrement à l'écart de l'agitation. Un p'tit plat, un café et une pâtisserie, et ça repart ! Quelques tables à l'extérieur sur une place charmante minuscule, avec vue sur l'arrière du château et les bruits des paons en fond sonore. Très bon accueil.

|●| **The World Needs Nata** (plan centre détachable, K8, **200**) : rua de Santa Cruz do Castelo, 5 à 11. ☎ 218-872-050. Juste devant l'entrée du château. Tlj 9h-21h. Rien à plus de 10 €. 📶 Une halte bienvenue pour grignoter sucré (des pastéis naturellement), mais aussi salé avec des sandwichs et des pies (tourtes) au poulet, saucisses, etc. Quelques tables à l'intérieur et en terrasse.

Bon marché

Dans l'Alfama

|●| **Canto da Vila** (zoom détachable Alfama, **202**) : largo do Limoeiro, 2. ☎ 218-864-081. Tlj sf mer, midi et soir ; happy hours 16h-19h. Menu déj 13,50 € ; plats 6-14 €. Très bonne adresse brésilienne à Lisbonne ! Bel emplacement, à deux pas du cœur battant de l'Alfama avec terrasse. Un accueil souriant et enthousiaste. Des serveurs brésiliens et portugais. Quelques tables dehors, et une petite salle à la décoration plutôt avenante. Il y a un bon esprit dans cette maison, et un bon chef aux fourneaux. Prix sages pour la qualité proposée. On a aimé les spécialités du Brésil comme la feijoa tropeiro ou le saltimbocca de frango. Il y a aussi de la viande et du poisson, et des pasta pour ceux qui ne veulent pas trop de dépaysement. Bien sûr, on peut boire une bonne caïpirinha !

|●| **Barracão de Alfama** (zoom détachable Alfama, **204**) : rua de São Pedro, 16. ☎ 218-866-359. ● barra caodealfama@gmail.com ● Tlj 12h30-15h, 19h30-23h. Congés : fév. Repas env 15 €. CB refusées. 📶 Dans une ruelle de l'Alfama, un lieu sans prétention. Ambiance familiale et cuisine copieuse bien mitonnée. Petite terrasse à l'arrière, au calme. Accueil jovial du patron.

|●| **Pois Café** (plan centre détachable, K9, **205**) : rua de São João da Praça, 93-95. ☎ 218-862-497. ● poiscafe. com ● Tlj 11h (13h lun)-23h (22h j. fériés). Brunchs 6,20-13,50 € ; tapas 6,90-9,50 €. Une grande salle voûtée et décorée dans un style à la fois alternatif, écolo et design, pour ce café-salon-snack au nom intraduisible en français et tenu par une équipe austroportugaise souriante et tonique. On peut s'y poser, grignoter assis sur des chaises de bar, s'enfoncer dans des coussins pour lire la presse étrangère, un bouquin pioché sur les étagères, ou somnoler dans un canapé moelleux avec son jus posé sur une vieille malle récupérée. Bons gâteaux dans la pure tradition autrichienne : apfelstrudel, cake aux poires, etc. Mais aussi salades, sandwichs, toasts et petits plats du jour préparés dans la cuisine ouverte sur la salle. Quelques jus frais et du café à toute heure.

|●| **Taberna Ti Camila** (zoom détachable Alfama, **190**) : largo Chafariz de Dentro, 32. ☎ 218-853-214. Tlj de 12h jusque tard le soir. Une jolie

LISBONNE QUARTIER PAR QUARTIER

terrasse suspendue entre la rue et les immeubles. La tante du proprio officiait déjà autrefois (photos à l'appui !). Bons cocktails (hmm, la caïpirinha !). Cuisine simple et traditionnelle de la région de Porto. Parfait si vous êtes dans les parages. Bon accueil.

Prix moyens

|●| ¶ ♪ *Piano-bar Duetos da Sé* (*plan centre détachable, K9, 206*) : *travessa do Almargem, 1 B/C.* ☎ *218-850-041.* ● *geral@duetosdase.com* ● *Tlj sf mer 12h30-1h (2h jeu-sam). Plats 11-13 € ; repas 20-25 €. Entrée concert : 5 €.* 📶 En contrebas de la cathédrale (la Sé), dans une rue étroite, ce café-bar-restaurant est sans doute l'endroit idéal pour passer une soirée en musique tout en dînant. Art et gastronomie, tel est le thème de la maison, tenue par le sympathique Carlos. Décoration intérieure soignée et élégante avec un grand piano au centre. Cuisine portugaise savoureuse et bonne carte des vins. Excellente programmation musicale qui change toutes les semaines.

|●| ¶ *Maria Catita* (*plan centre détachable, K9, 207*) : *rua dos Bacalhoeiros, 30.* ☎ *211-331-313.* ● *geral@mariacatita.pt* ● *Tlj 9h-minuit. Petiscos 3-9 €, plats 7-13 €.* 📶 Ici, on mange carrément dans la boutique ! Vente de bons produits portugais (jambon, conserves, vins, etc.), mais aussi quelques tables vite prises d'assaut avec leurs nappes à carreaux. Au choix : soit on grignote plusieurs *petiscos* (amuse-gueules) de charcuterie, fruits de mer, fromages, préparés de façon originale, soit on choisit un plat, avec quelques incursions de spécialités des Açores. Belle carte des vins, notamment au verre. Service souriant. Et possibilité de repartir avec des victuailles en sus.

Dans le bairro do castelo de São Jorge

|●| *Trigo Latino* (*zoom détachable Alfama, 208*) : *largo Terreiro do Trigo, 1.* ☎ *218-821-282. Menus 20-30 € ; plats 12-16 €.* Un peu à l'écart de l'animation du quartier, une belle salle de bistrot hors d'âge avec son sol à damiers. De bons produits frais et bien cuisinés, aux tonalités méditerranéennes. Carte plutôt originale et accueil attentionné.

|●| *Carvoeiro* (*plan centre détachable, L8, 209*) : *calçada de São Vicente, 70.* ☎ *218-864-275. Proche du mosteiro de São Vicente de Fora. Tlj sf lun, midi et soir jusqu'à 23h. Plats 12-16,50 €.* Un restaurant de quartier, tenu par un Portugais avenant et communicatif. Cuisine traditionnelle avec des classiques comme le *filete de polvo* ou la *bacalhau à Brás*. Ou encore les calamars sauce coriandre, délicieux. Fado du jeudi au samedi.

De prix moyens à plus chic

Dans la Mouraria

|●| *Cantinho do Aziz* (*plan centre détachable, K8, 201*) : *rua de São Lourenço, 5.* ☎ *218-876-472. Tlj 11h30-16h, 19h30-22h. Plats 9-13 €.* Une bonne adresse très prisée des locaux et désormais des touristes. Chaque plat s'inspire de l'histoire d'Aziz, le proprio, et de ses voyages. Nombreux plats africains. Salle proprette avec nappes en plastique et citations aux murs. Mais on vient surtout pour (essayer de) s'installer en terrasse aux beaux jours, à l'ombre des murs colorés et pour observer le ballet des serveurs fiers de leur polo « Aziz ». Bon rapport qualité-prix.

|●| *O Corvo* (*plan centre détachable, K8, 201*) : *largo dos Trigueiros, 15 A.* ☎ *218-860-545. Mar-ven 12h-23h (minuit ven), sam 10h-minuit, dim 10h-17h. Plats 15-17 €.* 📶 À l'intérieur, un grand comptoir et plein de coins et de recoins pour cette adresse chaleureuse, conviviale, où venir partager un moment entre amis ou en famille. En été, les quelques tables sur la place ensoleillée sont très prisées. Cuisine simple mais généreuse et service souriant.

|●| *Chapitô* (*plan centre détachable, K9, 211*) : *rua Costa do Castelo, 7.* ☎ *218-855-550. Resto ouv tlj 12h-2h. Sur résa. Repas env 28 €.* À flanc de colline, dominant un paysage de toitures, avec une vue épatante sur

le Tage. Un petit complexe culturel intéressant qui abrite, dans ce qui fut une prison pour femmes, une petite école de cirque, un bar à tapas le soir sur l'esplanade intérieure, un petit chapiteau pour des spectacles de cirque et un bar musical de nuit (au sous-sol). À ne pas confondre avec le resto, plus tendance, au 1er étage de cette maison surplombant l'Alfama. Plusieurs menus au choix déclinant les saveurs portugaises, brésiliennes et s'aventurant dans la cuisine fusion. Service aimable et diligent. Un seul problème : l'affluence des clients certains jours.

À Graça

|●| Joséphine Bistrô & Bar (plan centre détachable, K7, **176**) : *largo do Intendente, 59.* ☎ *218-208-044.* ● *josephinebistro@gmail.com ● Mar et dim 11h-20h, mer-sam 11h-minuit (2h ven-sam). Grignotages 4-10 €.* 📶 Bistrot sans prétention pour faire une pause au calme en terrasse aux beaux jours, sur la place piétonne. Quiches, salades, etc.

|●| Bica do Sapato (plan d'ensemble détachable, N8, **212**) : *av. Infante Dom Henrique, armazém B, Cais da Pedra à Santa Apolónia.* ☎ *218-810-320.* ♿ *Tlj sf dim soir (ouv slt pour le brunch 12h-16h) et lun midi. Compter 35-40 € à la brasserie.* Ancien entrepôt des docks à côté de la gare, transformé en haut lieu high-tech de la branchitude lisboète. Superbe volume, grandes baies vitrées donnant sur le Tage. Contentez-vous d'avaler un morceau côté brasserie et laissez de côté le resto et le *sushi* bar *(ouv le soir slt).* Cuisine haut de gamme bien élaborée.

Dans l'Alfama

|●| Os Gazeteiros (plan centre détachable, L8, **218**) : *rua das Escolas Gerais, 114-116.* ☎ *218-860-399.* ☎ *939-501-211.* ● *davideyguesier@gmail.com ● osgazeteiros.pt ● Mar-sam 19h30-22h. Menu unique 35 €.* Naturel : le maître mot de la cuisine et des vins sélectionnés par David, musicien, jeune proprio zen et souriant. Cadre chaleureux et moderne de bois et de béton brut. Cuisine ouverte et menu sur les grands tableaux au mur. Sur fond de musique jazzy, David explique ses plats en français et son attrait pour les vins bio français et leurs équivalents portugais. Il s'amuse à travailler des légumes originaux ou oubliés, à créer des rencontres et des télescopages de saveurs uniques. Une bien belle découverte.

|●| Boi Cavalo (plan centre détachable, L8, **214**) : *rua do Vigário, 70.* ☎ *218-871-653.* ☎ *938-752-355.* ● *geral@boi-cavalo.pt ● boi-cavalo.pt ● Tlj sf lun 20h-2h. Menu-dégustation 32 €.* Dans une ancienne boucherie (reste encore le frigo central). L'idéal pour une découverte gustative. Poisson, viande, fruits, fromage, tout est revisité juste ce qu'il faut, dans des assiettes dressées comme des tableaux colorés. Le chef a fait ses classes dans différents restos du monde, et ça se sent. Un régal pour les papilles et les pupilles. Service excellent. Belle carte des vins et choix d'associations originales sympas.

Où manger une bonne glace ?
Où prendre un petit déj ?

↑ ☕ Augusto Lisboa (plan centre détachable, L8, **261**) : *rua de Santa Marinha, 26.* ☎ *218-860-271.* ● *augusto-icecreamlounge@hotmail.com ● Mar-sam 10h-19h, plus dim en été. Petits déj 6,50-10 €.* 📶 Un petit café-galerie bien sympa, tenu par un couple franco-portugais. Ils fabriquent eux-mêmes de délicieuses glaces artisanales. Petite restauration, plats cuisinés également.

↑ ☕ Gelateiro d'Alfama (plan centre détachable, L8, **218**) : *rua das Escolas Gerais, 124.* ☎ *968-656-226. Tlj sf dim 12h-19h.* Pause glaces bienvenue dans ce quartier. Également des smoothies, milk-shakes et autres boissons glacées. Quelques tables.

Où boire un verre ?

Café da Garagem (plan centre détachable, K8, **302**) : dans l'enceinte du Teatro Taborda, Costa do Castelo, 75. ☎ 218-854-190. Lun 18h-minuit, mar-jeu et dim 15h-minuit, ven-sam 15h-2h. N'hésitez pas à pousser la porte du théâtre. Vue splendide sur la ville pour ce café sous verrière, un peu vintage et redécoré par la designer portugaise tendance Joana Astolfi. Musique jazzy, étudiants branchés et voyageurs de passage. Parfait pour une assiette de fromages ou de charcuterie.

Ginja d'Alfama (zoom détachable Alfama, **204**) : rua de São Pedro, 12. Tlj sf mar. Échoppe grande comme un mouchoir de poche, devant laquelle on pourrait presque passer sans l'apercevoir. Idéal pour tester la ginja, alcool de cerise fait maison par le sympathique proprio. Fréquentée par les habitués. Fromage, croquettes pour grignoter.

Pois Café (plan centre détachable, K9, **205**) : rua São João da Praça, 93-95. ☎ 218-862-497. Tlj sf lun 11h-20h. À ne pas rater, car il s'agit d'un endroit rare dans l'Alfama (voir plus haut « Où manger ? »).

Zambeze (plan centre détachable, K8, **296**) : calçada Marquês de Tancos. ☎ 218-877-056. Au sommet de l'ascenseur qui monte au château depuis la Baixa (voir « Comment se déplacer ? Les funiculaires (ascensores) et les ascenseurs (elevadores) » dans le chapitre « Infos pratiques sur place »). Tlj 10h-23h. Idéal de prendre un verre dans ces canapés ou juste sur un siège, avant de repartir vers le centre-ville, après la visite du château. Quelle vue ! On ne s'en lasse pas !

Kiosque Portas do Sol (zoom détachable Alfama, **297**) : sur le largo das Portas do Sol. Tlj jusqu'au crépuscule et très tard en été (1h). Un petit kiosque, quelques tables, des poufs et des chaises sur une terrasse en plein air, donnant sur les toits et les clochers de l'Alfama et le Tage au loin. Un endroit très agréable, surtout en fin d'après-midi, face à un envoûtant paysage.

Kiosque do largo de N. S. da Graça (plan centre détachable, L7, **298**) : sur le belvédère qui jouxte l'église Nossa Senhora da Graça. Un lieu extraordinaire au crépuscule. On peut y boire un verre en regardant Lisbonne illuminée par le couchant. Rendez-vous des jeunes et des amoureux, des flâneurs inspirés et des promeneurs solitaires, des artistes et des poètes de Lisbonne.

Wine Bar do Castelo (plan centre détachable, K9, **299**) : rua Bartolomeu de Gusmão, 13. 📱 962-928-956. Après la visite du château, rien de tel qu'un petit verre de porto pour se requinquer ! Les propriétaires, deux fins connaisseurs parlant français, sauront vous conseiller. Charcuteries, fromages, huiles d'olive n'auront plus de secret pour vous ! Bonne ambiance.

Belmonte Palacio, Cultural Club (plan centre détachable, K8, **294**) : rua do Chão do Feira, pátio do Fradique. ☎ 218-816-600. ● office@palacio belmonte.com ● Tlj 10h-20h. Installé dans un ancien palais. Superbe salle à l'intérieur et adorable cour pour faire une halte et siroter un jus.

Où sortir ? Où danser ?
Où écouter de la musique ?

♪ Chapitô (plan centre détachable, K9, **211**) : voir plus haut « Où manger ? ». ☎ 218-855-550. ● cha pito.org ● En plus de 2 restos, ce lieu atypique abrite aussi un bar et un chapiteau de cirque sous lequel se produisent élèves et troupes extérieures. Au bar, de la musique live, souvent jazz, des spectacles de danse...

Lux (hors plan d'ensemble détachable par N7) : av. Infante Dom Henrique, armazém 1, Cais da Pedra à Santa Apolónia (gare et métro juste à côté).

OÙ SORTIR ? OÙ DANSER ? OÙ ÉCOUTER DE LA MUSIQUE ? | 133

☎ 218-820-890. ● lux@luxfragil.com ● luxfragil.com ● Jeu-dim 22h-6h. Entrée libre. Grande boîte de 2 000 m² sur plusieurs niveaux, ouverte là par ce même Manuel Reis qui a « fait » le Bairro Alto autour du *Frágil*. Y gravite la fine fleur de la nuit et du spectacle. Un ensemble plein de promesses et de folie. C'est à 4-5h du matin qu'on voit la queue se former à l'entrée ! Ici passent les plus grands DJs internationaux pour mixer dans un décor assez hallucinant de vidéos graphiques, de metal (hurlant) et de lasers.

🍸 À deux pas de là, il faut montrer patte blanche pour pouvoir entrer au **Bica de Sapato** *(plan d'ensemble détachable, N8, 212 ; av. Infante Dom Henrique, armazém B, Cais da Pedra à Santa Apolónia)*, un bar à la mode lisboète où on en prend plein la vue, surtout quand on regarde côté Tage... et puis le verre si on se laisse aller à quelques folies.

♪ **Docas do Jardim do Tabaco** *(plan d'ensemble détachable, M9)* : en bas de l'Alfama, d'anciens docks ont été réaménagés pour abriter des cafés et des restos ouvrant eux aussi leur terrasse sur la mer de Paille.

Les maisons de fado (casas de fado)

Le fado est né ici, dans les tavernes miteuses de l'Alfama, au cours du XIXᵉ s (voir un peu plus loin le museu do Fado). Rien à voir avec les usines à touristes que les tour-opérateurs recommandent aujourd'hui. Alors, fuyez si vous ne « sentez pas » les lieux ! Vous y perdriez de précieux euros, et surtout, vous rateriez votre rencontre avec ce blues portugais. D'authentiques lieux existent encore, mais on hésite à les livrer, car ceux qu'on aimait bien il y a peu tendent très vite à se laisser aller à la facilité : une participation est demandée si vous ne dînez pas, et même si vous ne buvez qu'un verre, vous ne vous en sortirez pas pour moins de 25-30 €...

🍴 ♪ **Esquina de Alfama Casa do Fados** *(zoom détachable Alfama, 312)* : rua São Pedro. ☎ 218-870-590.

🍴 919-053-387. ● restaurantees quinadealfamafado.yolasite.com ● esquina.de.alfama@gmail.com ● Ts les soirs. Plats 18-20 €. Resto familial, où l'on mange à touche-touche les spécialités régionales. Copieux et sans chichis. On vient surtout ici pour entendre chaque soir de la semaine à 20h30 les chanteurs de fado qui se relaient sous les voûtes de pierre.

🍴 ♪ **A Parreirinha de Alfama** *(zoom détachable Alfama, 213)* : beco do Espirito Santo, 1. ☎ 218-868-209. À côté du largo de Chafariz de Dentro. Tlj sf dim 20h-2h. Compter 40-50 €. Au fond d'une courette, on descend quelques marches et on entre dans une salle basse, décorée d'azulejos : voilà une *casa de fado* du quartier de l'Alfama devenue très touristique, mais d'excellents guitaristes et chanteuses y passent encore. En revanche, menu complet obligatoire. Les petits estomacs passeront leur chemin.

🍴 ♪ **Clube de Fado** *(plan centre détachable, L9, 317)* : rua São João da Praça, 94. ☎ 218-852-704. ● info@ clube-de-fado.com ● clube-de-fado. com ● Tlj à la nuit tombante. Menu env 50 €. 🖥 📶 Apéritif maison offert sur présentation de ce guide. Une des maisons de fado les plus réputées de Lisbonne, située à l'ombre de l'église São João da Praça, à moins de 300 m de la cathédrale (Sé). Décoration classique et salle plutôt petite. Artistes professionnels de haut niveau. Prestations un peu courtes toutefois, et cuisine au rapport qualité-prix décevant. Peut-être vivent-ils sur leur réputation ?

🍴 ♪ **Casa de Linhares – Bacalhau de Molho** *(plan centre détachable, L9, 318)* : beco dos Armazéns do Linho, 2. 🖥 910-188-118. ● booking@mail. telepac.pt ● casadelinhares.com ● Tlj à partir de 20h. Menu env 45 € (spectacle compris). Dans un décor plutôt chic, grande salle voûtée (plafonds hauts de 7 m) du XVIIᵉ s, aménagée avec soin, au rez-de-chaussée d'un vieil immeuble. Spectacles de fado traditionnel de qualité dans une ambiance tamisée. Cuisine portugaise décevante, mais le spectacle est correct.

LISBONNE QUARTIER PAR QUARTIER

Achats

Épicerie fine

❀ **Sister's Gourmet** (plan centre détachable, K9, **348**) : *rua da Madalena, 80 A.* ☎ *218-879-278.* ● *geral@sistersgourmet.pt* ● *Lun-sam 9h30-19h.* Une petite boutique-épicerie qui ne vend que des produits portugais. Idéal pour trouver un bon porto (que l'on peut goûter avant l'achat), mais également de délicieux biscuits (au porto), de l'huile d'olive... AOP Portugal et tout un tas d'autres spécialités à rapporter. Bon accueil.

Artisanat, art

❀ **A Loja** (plan centre détachable, K8, **349**) : *rua de São Cristovão, 3.* 🖥 *916-241-865. Tlj sf dim 11h-14h, 15h-19h. Voir détails sur sa page Facebook.* À l'ombre de la belle église São Cristavão, sur le chemin qui monte au castelo de São Jorge, cette boutique vend des objets de brocante et de grenier, tous de qualité, choisis avec soin et amour par la maîtresse des lieux, la charmante Gabrielle de Saint-Venant. Elle s'est installée à Lisbonne par passion pour le Portugal, qu'elle adore. Ses objets anciens (bibelots, vases, vêtements, livres, disques, peintures, images pieuses, antiquités à prix sages...) valent le détour.

❀ **A Vida Portuguesa** (plan centre détachable, K6, **353**) : *largo do Intendente, 23.* ☎ *211-974-512.* ● *loja.avidaportuguesa.com* ● *Tlj 10h30-19h30.* Dans une ancienne fabrique de céramiques à la superbe façade. Une sélection de plus de 3 000 produits fabriqués au Portugal et qui ont marqué la mémoire portugaise. De la vaisselle à l'épicerie fine en passant par le linge de maison, les jouets pour enfants, les bijoux, les céramiques... Une véritable caverne d'Ali Baba. Voir aussi l'autre boutique plus haut, rua Anchieta, 11, dans la rubrique « Achats » du Bairro Alto.

Éco-commerce

❀ **Garbags** (plan centre détachable, L8, **350**) : *rua de São Vicente, 17.* 🖥 *936-399-505.* ● *garbags.eu* ● Voici la première écoboutique de Lisbonne qui récupère des déchets urbains pour en faire des objets utiles (sacs à main notamment). La dynamique et sympathique Tania Anselmo (anglophone) est ingénieur en environnement. Elle est pionnière dans ce domaine et parvient à sensibiliser les gens du quartier à la collecte intelligente des déchets. En les transformant, elle crée de nouveaux produits qu'elle vend, et les bénéfices sont réinvestis dans le processus écologique. Une très belle initiative à soutenir : bravo, Tania !

Conserverie de poissons

❀ **Conserveira de Lisboa** (plan centre détachable, K9, **351**) : *rua dos Bacalhoeiros, 34.* ☎ *218-864-009. Tlj sf dim 9h-19h.* Bientôt 80 ans que ça dure ! Du sol au plafond, des boîtes de conserve à l'ancienne, vendues dans un emballage rétro qui plaira beaucoup à vos amis ou à votre famille. À l'intérieur, produits de qualité et raffinés.

Azulejos

❀ **Santa Rúfina** (plan centre détachable, K9, **352**) : *calçada do Conde de Penafiel, 9.* ☎ *218-876-018. Ruelle en pente qui monte de la rua de São Mamede à la Costa do Castelo. Lun-ven.* Cette petite fabrique ne met guère d'éclat dans son souci d'attirer le chaland. C'est davantage au curieux qu'elle ouvre sa vieille porte vitrée pour lui permettre de découvrir un panneau en cours de réalisation ou un passionné courbé sur son pinceau, occupé à peindre une céramique. Ici, tout est réalisé de A à Z, de la fabrication du biscuit – le carreau de terre de 14 x 14 cm – à la cuisson de l'azulejo, en passant par le savant geste qui consiste à enduire une face de poudre de verre liquide. Pour voir, pour acheter, pour apprendre aussi. Accueil charmant.

Céramique

❀ **Caulino** (plan centre détachable, K9, **354**) : *rua de São Mamede, 28.* 🖥 *917-296-439. Tlj sf sam (pas en saison)-lun et j. fériés 10h-13h, 14h-18h. Réduc de*

10 % sur le montant de vos achats sur présentation de ce guide. Une escale à ne pas manquer pour les amateurs d'artisanat contemporain. Ce lumineux atelier-boutique abrite la créativité de trois jeunes céramistes. Objets utilitaires ou purement décoratifs, les formes et les couleurs se côtoient sur les étagères, au gré de l'inspiration de l'une ou de l'autre. On peut même prendre des cours si on reste quelques jours !

✿ **A Arte da Terra** (*plan centre détachable, K9, 355*) : *rua Augusto Rosa, 40. ☎ 212-745-975. ● arte@net.sapo. pt ● aartedaterra.pt ● Tlj 11h-20h.* Artisanat local, cadeaux souvenirs, sculptures et céramiques décoratives. Mais également vente de vins locaux, confitures et gâteaux. On peut aussi goûter porto, café et gâteaux sur place. Salle voûtée splendide.

À voir. À faire

🏃 **Igreja da Conceição Velha** (*église de la Vieille-Conception ; plan centre détachable, K9, 403*) : *rua dos Bacalhoeiros, 123 A. Tlj 8h-13h, 15h-19h ; dim, messe 12h10-13h.* La façade manuéline provient d'une église détruite par le tremblement de terre de 1755. Voilà pourquoi les styles entre l'intérieur et l'extérieur sont si différents. Le pilier central de ce portail supporte une curieuse statue de saint Michel. Il tient une épée dans une main et une balance dans l'autre. Le plus étrange réside dans sa tenue. Il porte un vêtement de femme, autrement dit il s'expose comme un travesti. En outre, il a une calotte sur la tête. Ces détails ont été interprétés par les historiens. Ils signifient que l'église a été bâtie à l'emplacement d'une synagogue. Le catholicisme a donc remplacé le judaïsme. Cette statue de saint travesti signifierait le « travestissement » de la religion juive en religion chrétienne (ouf, on respire !).

🏃 **Casa dos Bicos** (*plan centre détachable, K9, 404*) : *rua dos Bacalhoeiros, 10. ☎ 218-802-040. ● josesaramago.org ● Tlj sf dim 10h-18h (dernière entrée à 17h30). Entrée : 3 € ; réduc, notamment avec la Lisboa Card et le ticket de transport CARRIS.* Inspirée par le palais des Diamants à Ferrare (Italie), la casa dos Bicos fut construite en 1523 pour le vice-roi des Indes portugaises, le puissant Afonso de Albuquerque. Il s'agit de l'un des rares monuments de la Baixa rescapé du tremblement de terre (1755). Sa façade sud est hérissée de dizaines de pierres taillées en forme de pointes de diamant, symboles de luxe et de richesse. Il existe une autre maison avec une façade de ce type à Ségovie (Espagne). Selon la rumeur historique, Albuquerque voulait incruster un vrai diamant dans chaque pierre, mais le roi Manuel ne voulait pas d'un palais plus somptueux que le sien. Il s'y opposa. Une légende raconte par ailleurs qu'une reine africaine y aurait caché un trésor de diamants.
Aujourd'hui, cette superbe demeure princière abrite au rez-de-chaussée des fondations et découvertes archéologiques, et dans les étages la Fondation José-Saramago (1922-2010), le premier auteur portugais ayant obtenu le prix Nobel de littérature (1998). À l'intérieur, souvenirs, objets, livres évoquant la vie et l'œuvre de Saramago. Des expositions temporaires y sont organisées de temps en temps. Bibliothèque au calme et boutique.

🏃🏃 **Museu do Fado** (*musée du Fado ; plan centre détachable, L9 et zoom détachable Alfama, 405*) : *largo do Chafariz de Dentro, 1. ☎ 218-823-470. ● museu dofado.pt ● Tlj sf lun 10h-18h (dernière entrée à 17h30). Fermé 1er janv, 1er mai et 25 déc. Entrée : 5 € ; réduc avec la Lisboa Card.*

LE FADO CENSURÉ

Sous la dictature, selon un décret de mars 1927, toutes les chansons de fado devaient être soumises à un service de censure. Les plus révoltées, les plus audacieuses étaient interdites. Aucune improvisation n'était possible. La censure imposait aussi aux artistes d'avoir une carte professionnelle et une tenue spéciale.

Ce musée remarquable occupe une vieille station de pompage et de distribution de l'eau recueillie autrefois au *chafariz* (fontaine) d'en face. La façade extérieure rose saumon porte encore la marque fonctionnelle tandis que l'intérieur adopte le style lyrique et mélancolique du fado. L'espace, fort agréable, propose rapidement une découverte du fado (des fados, devrait-on dire). Un audioguide est fourni avec des explications et des musiques chantées à mesure que l'on se déplace devant les trois grands murs d'images et de photos de la grande famille des *fadistes* du Portugal. C'est le cœur du musée. Tout commence là face à cette histoire et à ces visages expressifs et émouvants.

Au fil des pièces, on découvre le fado sous différents aspects. Voir cette maquette d'une maison close de la Belle Époque (*casa da Mariquinhas*), réalisée par Alfred Marceneiro, un chanteur de fado. Comme le tango argentin, le fado est né dans les bas-fonds et les bordels de la capitale, puis il s'est élargi au reste de la société. Une collection de pochettes de disques rappelle que le premier disque de fado fut gravé en 1904. On découvre aussi la guitare portugaise (belle collection) à 12 cordes, aux formes plus arrondies que la classique. Les plus grands guitaristes y sont à l'honneur, compagnons indispensables des fadistes. Ne pas rater ces intéressantes vitrines évoquant le fado et la censure et la désaffection des années qui suivirent la révolution des Œillets (1974). Le fado représentait un art de l'ancien régime et les révolutionnaires n'en voulaient plus. Cela dura peu de temps. Grâce à l'influence de Carlos de Carmo, le fado a été réhabilité vers 1976. Une salle d'écoute très agréable est à la disposition des visiteurs. Enfin, au sous-sol, très intéressant film documentaire où l'on voit de célèbres chanteurs (chanteuses), dont la talentueuse Marisa, faire l'éloge du fado portugais.

☞ La boutique du musée dispose d'un large choix de disques (on peut en écouter certains avant d'acheter), ainsi que quelques partitions.

🗡 *Sé Patriarcal* (cathédrale ; plan centre détachable, K9, *406*) : *cathédrale tlj 9h-19h (17h dim-lun) ; tesouro et* claustro *tlj sf dim 10h-18h30. Entrée* tesouro : *2,50 €,* claustro *2,50 € ; billet combiné* tesouro et claustro : *4 €.* De son vrai nom « igreja Santa de Maria Maior », elle fut construite au XIIe s à la place de la grande mosquée maure pour signifier le triomphe de la Reconquête. Malgré de nombreuses restaurations, elle a gardé une allure de forteresse romane. Des fouilles ont montré qu'il existait avant la mosquée un temple wisigothique et un forum romain. À l'intérieur, styles roman et gothique s'entremêlent sans heurt. Nef sombre aux ouvertures étroites. Belle grille romane fermant une chapelle du déambulatoire du XIVe s. Quelques beaux sarcophages comme celui de Bartolomeu de Joanes (1324), de Lopo Fernandes Pacheco (1349) avec son chien à ses pieds (pierre patinée par les caresses), et de son épouse D. Maria Vilalobos, qui lit un livre de prières (moins caressé).

– *Tesouro (musée du Trésor de la Sé) : en entrant dans la cathédrale, accès tt de suite par la droite de la nef. Tlj sf dim 10h-17h (horaires fluctuants).* Quelques pièces étonnantes comme ces reliques de la main de São Vicente (le vrai saint patron de Lisbonne) contenues dans une boîte en argent et ce curieux bras reliquaire de saint Grégoire de Nazianze, père de l'Église grecque, qui vécut au IVe s de l'ère chrétienne. À travers deux petites vitres percées dans le métal doré, on voit les os pétrifiés des doigts du saint (le reste de ses reliques était conservé à Rome). Dans la salle du chapitre, superbe vue sur le Tage. Là, un trône liturgique du XVIIIe s semble attendre l'arrivée d'un prince de l'Église. La pièce la plus précieuse du trésor est enfermée dans un solide coffre métallique, lui-même protégé par une robuste vitre incassable, d'épaisses grilles en fer, et deux très larges volets en bois. Il s'agit du joyau du Trésor : un ostensoir en or de 17 kg, haut de 94 cm et incrusté de 4 120 pierres précieuses ! Offert à la Sé par le roi dom João I, il a une valeur inestimable. Divisé en sept parties, il contient de nombreux et beaux symboles de la religion catholique, et notamment un pélican qui surgit parmi quatre anges pour nourrir ses petits. Si vous adorez cet ostensoir, c'est pour l'éternité !

À VOIR. À FAIRE | **137**

– **Claustro** *(cloître) : accès par le fond de la nef, par la galerie de droite. Tlj 10h (14h dim)-18h (horaires tt aussi fluctuants). Entrée : 2,50 €.* Construit au XIIIᵉ s avec des colonnes ornées de beaux chapiteaux romans. Au centre, un chantier de fouilles archéologiques a révélé des pans de mur, des restes d'une ruelle d'époque romaine (Iᵉʳ s apr. J.-C.), une citerne médiévale et des vestiges de maisons d'époque maure (un bout de mur de couleur rose).

🎭 **Museu do Aljube Resistencĩa e Liberdade** *(plan centre détachable, K9, 408) : rua de Augusto Rosa, 42.* ☎ *215-818-535.* ● *museudoaljube.pt* ● *Tlj sf lun et j. fériés. Entrée : 3 € ; réduc.* « Sans mémoire, pas de futur. » Ce musée est installé dans l'ancienne prison politique de la PIDE de Salazar pour justement ne jamais oublier. Exposition permanente qui tente de faire comprendre (hélas, pas en français) les ravages du nationalisme en général, et portugais en particulier, avec l'exemple du régime salazariste aussi bien au Portugal que dans ses anciennes colonies. C'est ici qu'étaient torturés les opposants au régime. On découvre encore leurs cellules, et la muséographie permet de se rendre compte en image et en sons des horreurs et des souffrances vécues par ces hommes.

🎭 **Igreja Santo António** *(église Saint-Antoine ; plan centre détachable, K9, 407) : largo de Santo António da Sé. À côté de la Sé. Bus nᵒ 37 ; tram nᵒ 28.* Élevée au XVIIIᵉ s à l'emplacement de la maison natale de saint Antoine de Padoue, un Portugais du XIIIᵉ s devenu le saint patron de la Sé et de l'Alfama. Intérieur dans les tons saumon et de style baroque. La crypte serait ce qu'il

---

LA FIN DES INDULGENCES

Sur l'église, face à la cathédrale, une plaque rappelle la proclamation de la reine Marie Iʳᵉ et du pape Pie VI annonçant la fin des indulgences. Désormais, pour absoudre les péchés mortels, plus besoin d'argent (qui fera la fortune du Vatican). Il suffit d'être baptisé et de pénétrer dans l'église Santo António.

---

reste du lieu de naissance de saint Antoine. Restes d'un fragment de relique dudit saint. Cette église est le point de départ, le 13 juin (jour de la fête de Santo António), de grandes processions dans l'Alfama. Lieu de prières de tous ceux qui ont perdu un objet, mais aussi des femmes en quête d'un mari en allumant un cierge... électrique !

🎭 **Museu de Lisboa San António** *(plan centre détachable, K9, 407) : sur la gauche du porche de l'église Santo António.* ☎ *218-172-513. Mar-dim 10h-18h. Entrée : 3 €.* Né en 1195 à Lisbonne, Fernando de Bulhões entre en religion sous le nom de Frei António. En 1222, il rencontre saint François à Assise, puis il combat l'hérésie albigeoise dans le sud de la France. Théologien, il enseigne à Montpellier, Toulouse, Le Puy et Limoges, et retourne en Italie, où il meurt en 1231 à l'âge de 36 ans. L'année suivante, il est canonisé par le pape Grégoire IX. Ce petit musée présente le destin foudroyant d'un homme réputé pour ses sermons. Statuettes, médailles, objets de culte, peintures et livres : avec le temps, un culte « antoniste » et une « industrie des images » sont nés et se sont popularisés à Lisbonne.

🎭 **Museu do Teatro romano** *(plan centre détachable, K9, 408) : patio do Ajube, 5 ; entrée par la rua A. Rosa, qui longe la cathédrale (Sé) sur le côté gauche (en regardant la façade).* ☎ *218-172-450.* ● *museudelisboa.pt* ● *Bus nᵒ 37 ; tram nᵒ 28. Tlj sf lun et j. fériés 10h-18h. Entrée : 3 € ; réduc.* Grand bâtiment naturellement éclairé par une grande verrière, qui donne le sentiment de pénétrer dans une galerie de design contemporain. Quelques vestiges romains (morceaux de colonnes, sculptures) et, à l'étage, belle vue sur le Tage, fleuve que Pline l'Ancien mentionnait déjà dans son *Historia Naturalis*. Par un passage au-dessus d'une fosse (vestiges de maisons), on accède au 3 B, rua São Mamede, l'entrée du site du théâtre romain d'Olissipo. Dédié à l'empereur Néron, il a été construit près du forum, entre 14 et 27 apr. J.-C. Longtemps enfoui, redécouvert en 1798 à l'occasion des travaux de reconstruction qui ont suivi le grand tremblement de terre,

LISBONNE QUARTIER PAR QUARTIER

les archéologues ne l'ont vraiment fouillé qu'à partir de 1964. Un grand hangar métallique au design plus affligeant abrite ce qu'il en reste (*orchestra* de forme semi-sphérique). Pour les mordus d'histoire romaine.

🏃🏃 Miradouro de Santa Luzia (*belvédère de Santa Luzia ; plan centre détachable, L9 et zoom détachable Alfama,* **409**) *: largo de Santa Luzia. Ascenseur pour monter rua Norberto de Araujo (9h-20h) ; sinon, à pied, par la rua Augusto Rosa.* Lieu cher à tous les amoureux de la ville, dédié à l'ordre de Malte. À l'ombre (toute relative) de l'église se cache un charmant petit jardin, malheureusement mal entretenu. Sous les arcades se retrouvent les joueurs de cartes, les amoureux, les familles en promenade, tous indifférents aux touristes venus s'en mettre plein les yeux. De la terrasse s'appuyant sur d'anciennes murailles arabes, on bénéficie en effet d'un très beau point de vue sur les toits de l'Alfama et sur le Tage. Sur l'esplanade, petit kiosque avec bar pour prendre un verre et l'air du temps de l'autre côté du jardin. Des *tuk-tuk* y sont stationnés, qui servent à faire des balades motorisées dans l'Alfama (voir « Comment se déplacer ? Découvrir Lisbonne autrement » dans le chapitre « Infos pratiques sur place »).

🏃🏃 Museu de Artes decorativas portuguesas – Fundação Ricardo Espírito Santo Silva (*musée et école des Arts décoratifs ; zoom détachable Alfama,* **410**) *: largo das Portas do Sol, 2.* ☎ 218-814-600. ● *fress.pt* ● *Bus n° 37 ; tram n° 28. Tlj sf mar 10h-17h. Fermé 1ᵉʳ janv, 1ᵉʳ mai et 25 déc. Entrée : 4 € ; réduc avec la Lisboa Card et le ticket de transport CARRIS ; visite des ateliers (lun-ven) : 10 € ; visite ateliers + musée : 15 €.* On le classe dans la catégorie des musées d'arts décoratifs, mais c'est bien plus qu'un musée. Installé dans le palais Azurara, une ancienne demeure du XVIIᵉ s, non loin de l'église Santa Luzia, ce musée appartient à la Fondation Espírito-Santo, dédiée à la protection du patrimoine et des arts. Malgré son nom, qui évoque une œuvre religieuse charitable, il s'agit en fait d'une fondation privée portugaise, créée par Ricardo Espírito Santo (1900-1954), le bien nommé, riche banquier, collectionneur et mécène de la première moitié du XXᵉ s. Ses descendants dirigent aujourd'hui l'une des plus grandes banques du Portugal, dans le même esprit, espérons-le.

À l'intérieur du musée, beau carrosse à l'entrée, intéressantes collections de mobilier portugais et colonial des XVIIᵉ et XVIIIᵉ s, argenterie, tapis d'Arraiolos, peinture ancienne, faïence, azulejos, etc., recréant l'atmosphère d'une jolie demeure aristocratique de l'époque. Observez les meubles de style indo-portugais, les porcelaines de Chine, les meubles en bois tropical de brésil (salle XVIIIᵉ s) et les étonnants caparaçons en velours et argent. À l'étage, oratoire portable, peinture sur cuivre très rare représentant la Sainte Famille, dans le style luso-japonais, dit « art namban ». Belle collection aussi de meubles miniatures.

Quant aux locaux attenants au bâtiment principal, ils abritent 18 ateliers d'ébénisterie, de travail du métal, de peinture décorative et de reliure de livres, etc. Des ateliers d'arts et métiers où les maîtres fabriquent de remarquables copies de meubles anciens, si réputées que la Maison-Blanche achète ici son mobilier d'État !

La fondation gère en outre, dans Lisbonne, l'École supérieure des arts décoratifs et l'Institut des arts et métiers.

🍴 ⚑ Cafétéria du musée : dans la cour intérieure où il fait bon se poser, au calme, près de la margelle d'un vieux puits. Peu de choix, mais produits frais. Très sympathique. Accès possible en dehors de la visite du musée même.

🏃🏃 🏃 Castelo de São Jorge (*château Saint-Georges ; plan centre détachable, K8*) *:* ☎ 218-800-620. ● *castelodesaojorge.pt/fr/* ● *Bus n° 31 et 737 ; tram n° 12, 18 et 28 ; ascenseur (elevador ; voir plus haut « Comment se déplacer ? Les funiculaires (ascensores) et les ascenseurs (elevadores) » dans le chapitre « Infos pratiques sur place »). Tlj mars-oct, 9h-21h (dernier accès 30 mn avt la fermeture) ; nov-fév, 9h-18h. Fermé 1ᵉʳ janv, 1ᵉʳ mai et 25 déc. Entrée : 8,50 € ;*

À VOIR. À FAIRE | 139

billet famille (2 adultes et 2 enfants de moins de 18 ans) : 20 € ; réduc, notamment avec la Lisboa Card et le ticket de transport CARRIS ; gratuit moins de 10 ans. Attention, surveillez bien les jeunes enfants quand vous montez parce que les garde-corps sont quasiment inexistants ou très rudimentaires quand il y en a. On arrive au château en remontant le largo Chão de Feira. Construit sur la plus haute colline de Lisbonne et sur les vestiges de la première forteresse connue (datée de 138 av. J.-C.), le *castelo* domine le vieux quartier de l'Alfama, telle une sentinelle aux murs crénelés, entouré d'une belle ceinture d'arbres et de paisibles jardins. Phéniciens, Romains et Maures l'ont occupé au fil des siècles. On retrouve ainsi des vestiges de la période wisigothique dans les parties les plus anciennes, et des éléments arabes. Après la reconquête de Lisbonne par les croisés et l'expulsion des Maures en 1147, les rois chrétiens le rebaptisèrent du nom de saint Georges, martyr et guerrier de Cappadoce, vénéré par les croisés.

Le secteur médiéval de Santa Cruz, englobé dans l'enceinte extérieure, autour du château, constitue le plus vieux quartier de Lisbonne. Possibilité de se balader sur le chemin de ronde en escalier. Le panorama sur la ville et le Tage est, bien entendu, magnifique. Ne manquez pas non plus la *tour d'Ulysse,* fondateur de la cité selon des légendes, pour une découverte en images de Lisbonne à 360° (ouverte uniquement quand la lumière du jour est suffisante, son principal moyen de fonctionnement – donc jours gris, tombée de la nuit, etc., à éviter).

– *Camera obscura (chambre noire) : 10h-17h30.* Instrument d'optique formé de lentilles pour observer la ville en détail.

– *Jardins et belvédère :* la promenade côté ouest est plantée de vieux oliviers. On y trouve un resto chic et cher mais qui peut mériter une escale rien que pour la beauté de la vue.

Dommage quand même qu'aucun panneau de reconstitution ou d'explication ne permette de s'imaginer l'activité qui a régné dans ce château. Un peu décevant, donc.

🐾🐾 **Mosteiro e claustro de São Vicente de Fora** *(monastère et cloître de Saint-Vincent-hors-les-Murs ; plan centre détachable, L8, 412) : largo de São Vicente. Tram n° 28 (il passe juste devant). Tlj sf lun 10h-17h30 (dernière entrée à 17h). Entrée : 5 € ; réduc ; gratuit moins de 12 ans.* Ce monastère domine la colline de l'Alfama depuis des siècles. On doit sa construction à Afonso Henriques, qui avait fait vœu d'élever un monastère s'il parvenait à reconquérir Lisbonne sur les Maures. Fondé en 1147, il a été remanié au XVIe s. Façade classique et austère. À l'intérieur, autel à baldaquin d'une lourdeur baroque incroyable. Au sol, magnifique plancher en bois de brésil.

Plus intéressante est la visite du *cloître* du monastère (claustro da Portaria), qui date de l'époque de João III (1502-1557). Juste après l'entrée (billetterie), on peut admirer la citerne souterraine qui date de l'époque des Maures (avant le XIIe s). Plus loin, la sacristie (on n'y entre pas) où les archéologues ont découvert des tombes de croisés (des chevaliers Teutoniques) qui étaient venus aider dom Afonso Henriques dans la reconquête de

INDIEN... VAUT MIEUX QUE DEUX TU L'AURAS !

Jean de La Fontaine le reconnaissait : c'est dans Khalila et Dimna (Albin Michel, 2006), un recueil de fables indiennes du VIe s où évoluaient des animaux, qu'il puisa pour créer ses fameuses fables. Vous en reconnaîtrez certaines.

Lisbonne. Superbes azulejos du XVIIIe s, représentant la prise de Lisbonne aux Arabes, et, clou de la visite, une ***collection unique d'azulejos illustrant 38 fables de La Fontaine** !* Livre sur les *Fables* de La Fontaine en vente en français à la librairie, superbe ! Pendant longtemps ces panneaux, peu conformes aux canons de l'Église, furent cachés sous des couches de plâtre et de peinture. Après leur redécouverte et leur restauration (qui fut longue), les voilà restitués dans toute leur splendeur sous le signe de leur humour cocasse. La présentation est réussie et les explications très claires et bien faites (en portugais, en anglais et en français). Ainsi découvre-t-on des fables oubliées et peu connues comme *Le Gland et la Citrouille*, *Le Pot de terre et le Pot de fer*, *Le Loup et la Cigogne*, *La Poule aux œufs d'or*... À chaque fois, la fable délivre sa leçon de sagesse chère au fabuliste du Grand Siècle. Par exemple, cet astrologue qui avance la tête dans les étoiles, oubliant le sol où il marche. Il finit par tomber dans un puits...

Toujours dans le cloître, un peu plus loin, le ***mausolée de la dynastie des Bragance*** se trouve dans l'ancien réfectoire du couvent. Il renferme 44 tombes. La plus vieille date du début du XVIIᵉ s. Au centre de la salle se trouvent quatre tombeaux, dont celui de la *reine Amélie* (dona Amelia d'Orléans e Bragança), qui était française de naissance. Son époux, le roi Carlos I, fut assassiné en 1908. Amélie a survécu à l'attentat. Elle fut la dernière reine du Portugal. Elle est morte en exil au Chesnay près de Versailles, comme le prouve la plaque commémorative posée près de sa tombe.

Et s'il vous reste encore un peu de forces, n'hésitez pas à grimper au sommet pour apprécier Lisbonne depuis les ***terrasses.*** Vue à 360° à couper le souffle (au sens propre comme au figuré !).

🏹 **Feira da Ladra** *(foire de la Voleuse, appelée couramment aussi marché aux puces ; plan d'ensemble détachable, M7-8,* **413***) : le marché aux puces de Lisbonne se tient sur le campo de Santa Clara, mar et sam jusqu'à 17h. Tram nº 28 pour s'y rendre. Passer sous l'arche à gauche de São Vicente da Fora. Belle vue sur la mer de Paille.* Le paradis des chineurs. Beaucoup de fripes, bibelots, vieux jouets. Mais on vient là plutôt pour l'ambiance, surtout si le soleil est de la partie. Ne manquez pas, aux nᵒˢ 124-126, une superbe façade due au célèbre céramiste de la fin du XIXᵉ s, Luís Ferreira das Tabuletas.

🏹 **Igreja de Santa Engrácia – Panteão nacional** *(église Santa Engrácia – Panthéon national ; plan d'ensemble détachable, M8,* **414***) : tlj sf lun et certains j. fériés 10h-17h. Entrée : 4 € ; réduc ; gratuit avec la* Lisboa Card, *moins de 14 ans.* C'est le monument imposant tout à côté de l'église São Vicente, qui rappelle à tout un chacun que « tout vient à point à qui sait attendre ». Traduction non littérale de la formule « *obra de Santa de Santa Engrácia* » : c'est l'expression utilisée en effet à Lisbonne quand on commence une chose et qu'on ne la finit pas. Cette étonnante église figure au *Guinness Book des records :* commencée au XVIIᵉ s, elle a été achevée seulement en 1966. C'est alors qu'on y a installé le Panthéon national des grands hommes de l'histoire portugaise. Au travers de cénotaphes, les mémoires de Vasco de Gama, d'Henri le Navigateur ou de la chanteuse de fado Amália Rodrigues y sont honorées. D'en haut (ascenseur), la vue est encore une fois très belle.

🏹 **Museu militar** *(Musée militaire ; plan d'ensemble détachable, M8,* **415***) : largo Museu de Artilharia.* ☎ *218-842-569.* ● *geira.pt/mmilitar* ● *En face de la gare Santa Apolónia, mais entrée par l'autre côté. Bus nᵒˢ 9, 12, 25 et 39. Tlj sf lun et j. fériés 10h-17h. Entrée : 2,50 € ; ½ tarif étudiants ; réduc avec la* Lisboa Card. Installé dans l'ancien arsenal royal de l'armée datant du XVIIIᵉ s, avec des murs revêtus d'azulejos et ornés de peintures, riches témoins de leur temps. Toute l'histoire du pays racontée à travers ces collections d'armes présentées dans un cadre qui ne craint pas les télescopages historiques. Remarquable collection de canons.

Le quartier de Graça

Pour ceux qui aiment la marche, la flânerie, la découverte hors des sentiers battus, le quartier de Graça mérite d'être exploré au rythme lent des promeneurs. On y

À VOIR. À FAIRE | 141

accède à pied depuis la colline du *castelo* ou par la rua Voz do Operário avec le tram n° 28. Là aussi, vieux quartier populaire sympathique. Si les maisons ne présentent pas d'intérêt architectural particulier, en revanche vie locale intéressante, rues animées, boutiques pittoresques.

✗✗✗ **Largo da Graça** *(plan centre détachable, L7)* : à deux pas du miradouro de Graça et du charmant escalier qui descend dans la Mouraria et qui répond au doux nom de *caracol* (escargot). Ne manquez pas, tout à côté, un bel exemple de *calçada portuguesa* dans l'escalier du square. Au n° 18, le vieux palais Tavora avec sa belle porte (blason). Il n'appartient plus à la famille Tavora, mais a été transformé en appartements privés.

Pour qui voudrait découvrir ces ancêtres de nos HLM qu'étaient les villas plurifamiliales, prenez le temps de voir la **Vila Sousa** au n° 82 du largo da Graça (face à l'église). C'est un grand immeuble en U, couvert de céramiques bleues. Allez aussi flâner rua do Sol, aux n°s 57-59. Vous pourrez traverser à pied la **Vila Berta,** étonnante rue de village avec des jardinets, devant ce qui était certainement, à la fin du XIXe s, un bel ensemble de villas ouvrières avec terrasses suspendues.

✗✗ **Igreja da Graça** *(plan centre détachable, L7-8)* : *largo da Graça. Ouv dans la journée. Accès libre.* Pour l'écrivain Fernando Pessoa, c'était l'une des plus belles églises de la ville. Elle borde la jolie place (largo da Graça) qui se termine par le belvédère *(miradouro).* Après la reconquête de Lisbonne en 1147 (qui fut une ville maure) par dom Afonso Henriques, une partie de l'armée campa sur cette colline. Des moines s'y installèrent et y construisirent un premier petit oratoire. L'église fut édifiée en 1556, détruite par le tremblement de terre de 1755, puis reconstruite dans le style baroque du XVIIIe s.

Très belle nef richement décorée, surplombée par des loges nobles dignes de celles d'un théâtre royal. Sur le côté gauche après la porte d'entrée, une salle abrite les sarcophages de quatre vice-rois des Indes, dont le célèbre conquistador Afonso de Albuquerque (1453-1515). Après sa mort, sa dépouille fut ramenée de Goa (Inde) à Lisbonne. L'église est connue pour être le siège d'une confrérie *(Irmandade)* religieuse très active.

✗ **Rua da Graça** *(plan centre détachable, L6-7)* : quelques tavernes avec vins au tonneau. Au n° 98, un vieux cinéma Art déco abrite un supermarché. Par la rua Josefa Maria, on accède à une autre petite cité ouvrière, la **rua Virgínia Rosalina,** dédale de ruelles pavées bordées de maisonnettes à balcons avec des escaliers métalliques extérieurs. C'est le **bairro Estrela d'Ouro,** édifié en 1908, comme en témoigne le grand panneau en azulejos rua Rosalinas.

✗✗ **Miradouro da Nossa Senhora do Monte** *(plan centre détachable, K7)* : l'un des plus charmants belvédères de Lisbonne. Il livre, en plus des autres belvédères, une vue très étendue sur les quartiers nord de la ville et, au sud, sur le miradouro da Nossa Senhora da Graça, le *castelo* et la colline de l'Alfama, avec, au loin, le Tage et le pont 25 de Abril. Un endroit très agréable au coucher du soleil, pour voir la Ville blanche rosir de plaisir. Au bord de la placette ombragée se tient la chapelle Nossa Senhora do Monte, modeste et mignonne, avec des murs blancs.

FEMMES ENCEINTES, NE PAS S'ABSTENIR

À droite de l'entrée de la chapelle de Nossa Senhora do Monte, demandez (si possible) à ouvrir la petite porte « Cadeira de São Gens ». Elle renferme un étrange siège en marbre poli par le temps. La mère de São Gens, évêque de Lisbonne vers 300 apr. J.-C., serait morte en couches. Les femmes qui voulaient avoir une grossesse sereine venaient donc s'asseoir sur le fameux siège de São Gens le miraculé.

LISBONNE QUARTIER PAR QUARTIER

Le quartier de la Mouraria
(plan d'ensemble détachable, K8)

Étendu sur le versant sud-ouest de la colline du castelo de São Jorge, prolonge-tion en fait de l'Alfama vers le nord, ce quartier dévale jusqu'à la Baixa dans un lacis de ruelles tortueuses. La Mouraria commence à la place Martim Moniz (les Lisboètes l'ont longtemps appelé « le trou »), tout en bas de la colline du castelo de São Jorge, et elle grimpe jusqu'à la rua do Capelão (beaucoup plus en hauteur vers le nord de la colline).

Vu d'en haut, on dirait que le quartier s'enroule en écharpe autour de la colline. Une forme de turban ? Un clin d'œil de ses premiers habitants : les Maures ? Refuge des Maures persécutés au Moyen Âge en effet, berceau du fado magnifique et maudit au XIXe s comme l'Alfama, la Mou-raria fut longtemps le quartier des bas-fonds aux ruelles étroites, aux escaliers sinueux (*becos, escadinhas, calçadas...*), un obscur et étrange labyrinthe urbain aux impasses sombres bordées de pauvres maisons habitées par la misère et la tristesse.

LE CROISSANT ET L'ÉTOILE

Au Moyen Âge, les Maures de la Mouraria devaient porter un signe distinctif : un croissant (symbole de l'Islam). Le pouvoir royal les obligeait à s'habiller avec un turban et un burnous, à la façon nord-africaine. Dans la Judiaria, plus au sud, les juifs portaient une étoile rouge. Déjà !

Pendant longtemps, la Mouraria ne vivait plus que du souvenir de ses cabarets bourrés de marins ivres, de ses hôtels borgnes, abritant des amours à la petite semaine, des rixes parfois sanglantes. Aujourd'hui, 38 nationalités différentes (Angola, Mozambique, Goa, Cap-Vert, São Tomé, Macao, Bangladesh...) y vivent, et se débrouillent. Pour arrêter la paupérisation de la Mouraria, la Mairie de Lisbonne, entourée de plusieurs associations, a lancé depuis les années 2010 un ambitieux programme de réhabilitation de ce quartier situé au cœur de la capitale, à 5 mn de marche seulement du Rossio et de la Baixa.

Un peu d'histoire

Après la reconquête de Lisbonne en 1147 et l'expulsion des Maures, les chrétiens (et les croisés) se livrent à des massacres. Les évêques n'arrivent pas à calmer cette violence aveugle. Même l'évêque mozarabe de Lisbonne est tué. Ceux qui s'enfuient dans les campagnes des environs sont rattrapés, les vaincus réduits en esclavage. Les rescapés de la tuerie sont alors regroupés avec les musulmans dans un quartier réservé (hors les murs à cette époque) sur le versant de la colline du château (*castelo*). C'est ce quartier qui deviendra la Mouraria (le quartier maure). Dans ce périmètre fermé par trois portes, les habitants sont surveillés, soumis à des règles strictes, victimes d'une ségrégation raciale et religieuse à la fois. Ils ne peuvent pas se déplacer comme ils le souhaitent. Malgré ces turpitudes, ils conservèrent longtemps leur religion, leurs coutumes et, bien sûr, leurs commerces.

Selon une légende, ce serait devant la porte de la Mouraria

LES ANGES NOIRS DE SAINT VINCENT

São Vicente, représenté un peu partout avec une palme dans une main et une caravelle dans l'autre, est aussi accompagné de deux corbeaux qui ont permis (au XIIe s) de rapporter sa dépouille en bateau jusqu'ici. Depuis, ces adorables volatiles sont devenus les anges protecteurs de tout un peuple. Bateau et corbeaux sont les armes de la ville. Il faut être un chat impie pour oser chasser un de leurs descendants.

À VOIR. À FAIRE | 143

(dite « de São Vicente ») que la caravelle contenant la dépouille de saint Vincent, gardée par son fidèle corbeau, aurait échoué. Croa, croa !

Au XIXᵉ s, pour connaître les bas-fonds de Lisbonne, il suffisait de pénétrer dans la Mouraria, refuge des pauvres gens, des bars louches, des mauvais garçons, des prostituées et des ivrognes, mais aussi des artistes inspirés. Est-ce un hasard si la Mouraria fut aussi un quartier destiné au fado ? La célèbre chanteuse Maria Severa Onofriana, dite « la Severa » (voir plus loin), y avait sa maison. Aboutissement d'une longue période de déclin, dans les années 1960 la basse Mouraria ressemblait à un quartier saccagé, délabré, négligé, abandonné par les pouvoirs publics.

Le renouveau d'un quartier oublié

« *A Mouraria vai mudar para melhor* » (la Mouraria va changer pour le meilleur), tel est le slogan du grand projet de requalification de la Mouraria, décidé par la municipalité de Lisbonne, et de son maire socialiste António Costa surnommé « le Gandhi de Lisbonne » (il a des origines indiennes de Goa). Pour donner l'exemple, celui-ci a installé en 2012 son bureau et ses équipes au cœur de ce quartier défavorisé qui connaît les mêmes maux que nos banlieues. L'objectif municipal est de réhabiliter la Mouraria, de la sortir de la paupérisation au profit de ses habitants, de rénover les maisons et les monuments, de créer des équipements sociaux et éducatifs, d'attirer les jeunes, de nouveaux commerçants et des investisseurs.

La Mairie souhaite aussi limiter la délinquance (drogue), et permettre aux minorités ethniques de se développer, en ouvrant des boutiques et des restos (c'est déjà le cas). L'ambition est grande, les moyens existent, vont-ils arriver à faire renaître la Mouraria ? On le souhaite de tout cœur. ● *aimouraria.cm-lisboa.pt* ●

🏃 ***Largo dos Trigueiros*** *(plan centre détachable, K8) :* avec ses pavés patinés par le temps, son arbre solitaire, sa fontaine, son lampadaire, ses façades anciennes et fanées (dont certaines couvertes de céramiques), cette petite et charmante place de la Mouraria est bien révélatrice de la métamorphose du quartier. D'ailleurs, de nouvelles adresses pour manger ont fleuri ici (voir « Où manger ? »). Une de ses maisons (au nᵒ 16 A du largo dos Trigueiros) abrite l'atelier de **Camilla Watson,** une photographe installée dans le secteur pour travailler en mettant son savoir-faire au service des habitants. Ainsi a-t-elle eu l'idée géniale de prendre en photo les vieux habitants du quartier, de les agrandir et de les fixer sur les murs des immeubles et des rues (notamment dans le beco das Farinhas). ● *camillawatsonphotography.net* ●

🏃 ***Rua de São Pedro Mártir :*** dans la partie basse de la Mouraria, une vieille rue reliée à la rua São Lourenço par plusieurs petits escaliers. Au nᵒ 23, un resto de cuisine indienne (*Tentação de Goa* ; voir « Où manger ? Très bon marché. Dans la Mouraria »). Un peu plus haut, aux nᵒˢ 3-5 de la rua de São Lourenço, autre petit resto de cuisine indo-africaine *(Cantinho do Aziz).*

🏃 Vieille ***rua do Capelão, beco do Forno.*** C'est une longue rue en pente qui décrit une courbe au nord de la Mouraria. Nous sommes plus que jamais dans le Lisbonne populaire et multiethnique. Au Moyen Âge, la grande mosquée de Lisbonne se situait au sommet de l'actuelle rua do Capelão (*capelão* signifie en fait « imam »). Au nᵒ 32, petit bar *Tasca Amigos da Severa.* Au-dessus de cette voie qui grimpe vers le château s'élèvent de luxuriants jardins en terrasses avec palmiers.

🏃 ***Largo da Severa :*** au nᵒ 2, une plaque sur le mur d'une maison blanche (fenêtres à l'anglaise) rappelle la mémoire de Maria Severa Onofriana, la « Severa », légendaire chanteuse de fado, morte à 26 ans (1846). Elle y vécut une partie de sa brève vie romantique que nous évoquons dans la rubrique « Fado » du chapitre « Hommes, culture, environnement » en fin de guide. En face, au nᵒ 1 B, la maison où vécut un grand interprète du fado : Fernando Maurício, né en 1933.

À l'est de l'Alfama, au bord du Tage

🏃🏃 Museu nacional do Azulejo et convento de Madre da Deus *(hors plan d'ensemble détachable par N7, 416)* **:** *rua Madre de Deus, 4.* ☎ *218-100-340.* ● *museudoazulejo.pt* ● *À l'est de l'Alfama, au bord du Tage, dans le quartier de Xabregas. Bus n⁰ˢ 718, 742, 794 ou 759. Tlj sf lun 10h-18h (dernier billet à 17h30). Fermé 1ᵉʳ janv, dim de Pâques et Noël. Entrée : 5 € ; réduc ; gratuit avec la Lisboa Card.* De l'ancien couvent construit entre le XVIIᵉ et le XIXᵉ s, il reste le petit cloître et le très beau portail manuélin de l'église. L'intérieur fut remarquablement restauré.

Au rez-de-chaussée, nombreuses explications relatives aux azulejos, aussi intéressantes que pédagogiques : matières premières, cuisson, découpe, dessin des motifs... On se souvient que le mot « azulejo » vient de *al zulaicha,* qui signifie « pierre polie » en arabe.

– Le charmant *claustrim* (cloître manuélin) du XVIᵉ s et son voisin plus grand sont réservés au *musée.* Commence alors un voyage onirique dans l'univers de ces carreaux de faïence, depuis leur apparition au XVᵉ s jusqu'à aujourd'hui. Ils ont servi de support à tous les thèmes : guerre, chasse, portraits, végétaux, navires, animaux, légendes... Dans la salle 6 : panneaux du XVIIᵉ s. Dans la salle 7, rares azulejos des Indes (Goa).

– L'*église* est située au rez-de-chaussée, à l'angle avec le grand cloître. C'est un bel exemple de l'art religieux de la fin du XVIIIᵉ s. Voir la capela de D. Leonor (à droite de l'entrée de l'église). Cette reine Leonor (1458-1525), surnommée « la parfaite reine », est la fondatrice du couvent en 1509. Dans l'immense nef de l'église, les murs sont couverts de panneaux d'azulejos hollandais bleus et blancs du XVIIᵉ s, de peintures encadrées et de magnifiques *talhas douradas* (bois sculptés dorés), ce qui donne une dominante bleu et or à cette église. Le *coro alto* (en fait, le chœur de la galerie supérieure) propose la même orgie de dorures. Tableaux portugais. Superbe plancher en jacaranda (bois précieux du brésil).

– *Salle 5 :* grand panneau italo-flamand du XVIIᵉ s qui évoque le dessin d'une tapisserie.

– *Au 1ᵉʳ étage (2° piso) :* sont exposés des azulejos dans les tons verts (original ; *salle 8*) et des azulejos de style baroque dont un panneau satirique et burlesque *(salle 11).* Les artistes ne manquaient pas d'humour, comme le démontre ce panneau intitulé *Macacaria, casamento da Galinha,* « la singerie, noces d'une poule »..., où des animaux à l'air stupide remplacent les humains non moins stupides... *Salle 2 :* salle dite « Coro » avec des stalles en bois et une vingtaine de vitrines dorées abritant des reliques. En passant par cette salle, on arrive à une balustrade qui domine l'église et la nef en dessous.

– *Au 2ᵉ étage :* la pièce la plus remarquable du musée s'y trouve. C'est la *Vista panorâmica de Lisboa.* Il s'agit d'un immense panneau d'azulejos montrant Lisbonne avant le tremblement de terre de 1755. Il provient de l'ancien palais dos Condes de Tentúgal et mesure plus de 22 m sur 1,15 m de large. Réalisé entre 1700 et 1725, le panneau révèle le caractère maritime et religieux de la ville. Comme avec une caméra ou un pinceau, l'artiste a fixé l'image de Lisbonne dans la superbe céramique blanc et bleu du XVIIIᵉ s. C'est un miracle d'avoir conservé cette œuvre étonnante ! On a compté 23 couvents, 15 églises, 5 chapelles, 8 palais et 4 *quintas* (domaines des familles riches à la campagne). On voit nettement la tour de Belém (à son emplacement d'origine jusqu'au tremblement de terre, soit au milieu du fleuve), le monastère dos Jerónimos, la colline du *castelo.*

Complétez cette initiation, maintenant que vous êtes incollable sur la question, par les pièces réalisées par des créateurs contemporains, que vous retrouverez dans la plupart des nouvelles stations de métro.

🍴 *Cafétéria du musée :* elle donne sur le vaste patio qui abrite un jardin intérieur (et quelques tables). Fond de décor d'azulejos d'une cuisine de fumerie de poissons. Quiches, salades, plat du jour, salade de fruits frais, gâteaux, tout ça à prix aussi sages que le lieu.

À VOIR. À FAIRE | 145

🎣 *Museu da Água* (*musée de l'Eau ; plan d'ensemble détachable, N7, 417*) *: rua do Alviela, 12.* ☎ *218-100-215. Bus n⁰ˢ 35 et 794. Tlj sf dim 10h-18h. Entrée : 2,50 € ; ½ tarif étudiants et avec la Lisboa Card ; gratuit 22 mars, 18 mai, 1ᵉʳ et 5 juin et 1ᵉʳ oct. Billet combiné avec Mãe d'Água e aqueduto das Águas Livres (voir la rubrique « À voir. À faire » dans les quartiers de Rato, de l'avenida da Liberdade et de Sant'Anna) : 5 €.* Installé dans une ancienne station de pompage, ce musée raconte l'histoire de l'eau courante à Lisbonne... en portugais. Une vidéo d'une quinzaine de minutes (en français sur demande) permet de découvrir, entre autres, l'aqueduc et la Mãe d'Água, vue de l'intérieur. Le bâtiment voisin abrite la gigantesque pompe à vapeur de la fin du XIXᵉ s, qui servait à acheminer l'eau vers les différentes parties de la ville. Cette salle des machines a été remarquablement restaurée : manomètres en laiton, pompes et conduites diverses constituent un superbe témoignage d'archéologie industrielle du XIXᵉ s. Pour les mordus du sujet...

LISBONNE QUARTIER PAR QUARTIER

LISBONNE, TOUJOURS PLUS LOIN

| À L'EST, LE PARQUE DAS NAÇÕES (PARC DES NATIONS)...146 | AU NORD DE L'AVENIDA DA LIBERDADE, AUTOUR DU MUSÉE | GULBENKIAN ET CAMPO GRANDE ....150 BELÉM ET AJUDA ....160 |

À L'EST, LE PARQUE DAS NAÇÕES (PARC DES NATIONS)

- À voir. À faire................148
  - Parque das Nações : Oceanário de Lisboa, pavilhão do Conhecimento – Ciência viva, Pavilhão Atlântico, Pavilhão de Portugal, les jardins (jardim de Água, jardim Garcia de Orta, parque do Tejo), estação do Oriente, torre Vasco da Gama et ponte Vasco da Gama

● Plan *p. 147*

 On quitte définitivement les quartiers du centre-ville (au sens le plus large du terme) pour aborder le nouveau visage que Lisbonne a voulu se donner à l'orée du XXe s : le fameux parc des Nations, quartier futuriste s'il en est. Pour y aller, plutôt que la voiture ou le bus, prendre de préférence le métro jusqu'à la station Oriente. Vous y êtes !

Après avoir accueilli l'Expo universelle de 1998, le parc des Nations reste le cœur du vaste projet de réhabilitation urbaine de cette zone de Cabo Ruivo, qui n'était qu'un ramassis de raffineries désaffectées, d'aires de stockage de matériel militaire rapporté des colonies et d'entrepôts abandonnés.

Sur ces 300 ha et ces 5 km de rive sont prévus bureaux, zones commerciales, logements et aires de loisirs. Ainsi est né un nouvel espace de vie autour de ce parc conçu comme un pôle commercial et culturel. Le site accueille des familles de promeneurs qui trouvent ici enfin un terrain plat pour laisser leurs enfants s'essayer aux patins à roulettes, mais aussi des joggeurs, des amoureux... L'ouverture de la galerie commerciale *Vasco da Gama*, idéalement placée, semble effectivement avoir insufflé une dynamique à défaut d'une âme. Infos générales sur ● portaldasnacoes.pt ●

Où dormir ?

Une poignée d'hôtels haut de gamme ont fleuri dans un quartier trop récent pour accueillir des adresses comme on les aime. L'auberge de jeunesse reçoit jeunes et moins jeunes, ainsi que les familles.

Auberge de jeunesse

🛌 *Pousada da juventude* (hors plan Parque das Nações, **10**) : rua de Moscavide, 47. ☎ 218-920-890. Résas : ● *lisboaparque@movijovem.pt* ● 🚇 Moscavide ; puis 1 km à pied. À 100 m à l'est de la gare de Moscavide, à l'angle avec l'av. Dom João II (entrée par l'Instituto português da juventude). Métro ou bus n° 44 depuis l'aéroport ou le centre. Résa conseillée.

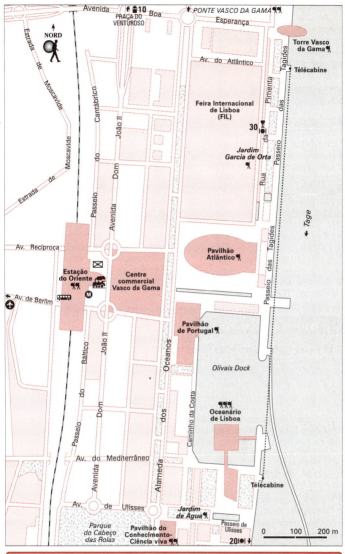

PARQUE DAS NAÇÕES (Parc des Nations)

- **Où dormir ?**
  - 10 Pousada da juventude
- **Où manger ?**
  - 20 Mestre Doce
- **Où boire un verre ?**
  - 30 Peter Café Sport

LISBONNE, TOUJOURS PLUS LOIN

Selon saison, lits en dortoir 15-17 €, doubles (avec douche et w-c) 40-44 €, petit déj compris. Parking à proximité (gratuit). 📶 AJ soutenue par le gouvernement, excentrée mais sympa, très colorée, vaste et bien tenue. 96 lits répartis en petits dortoirs (de 2 ou 4 lits) avec douches à partager ou chambres *twin*. Bar, resto self-service, petite cuisine à disposition avec lave-linge, consigne (prévoir son cadenas).

Où manger ?

Grand choix de restos et de snacks de toutes sortes dans la rua da Pimenta transformée en terrasse géante (au nord du Pavilhão Atlântico). Plus calme et complètement au sud du parc des Nations, le passeio de Neptuno abrite également une série d'établissements avec esplanade. Au milieu, entre le centre commercial et le fleuve, tendance chic. Cuisine souvent internationale, parfois brésilienne... ou portugaise !

Très bon marché

|●| **Mestre Doce** *(hors plan Parque das Nações, 20)* : *passeio de Neptuno, loja 11, zona sul.* ☎ 218-946-043.. ● *mestredoce@netcabo.pt* ● *Au bord de la marina. Tlj 9h-23h. Repas 12-15 €. Verre de vin 1 €. Apéritif ou café offert sur présentation de ce guide.* Quelques tables et une terrasse avec vue sur la serra da Arrábida composent le décor. Au menu, cuisine portugaise et bonne humeur. Quand la patronne vient s'enquérir de la satisfaction des clients, on a déjà l'impression de faire partie des habitués. Viandes et poissons grillés. Service un peu lent, mais on est en vacances !

Où boire un verre ?

🍷 |●| **Peter Café Sport** *(plan Parque das Nações, 30)* : *rua da Pimenta, 9.* ☎ 218-950-060. ● *expo@peterca fesport.com* ● *Situé plus ou moins au milieu de la rue. Tlj 12h-1h (2h ven-sam). Plats 10-14 €.* 📶 Né lui aussi sous le signe de la baleine, le petit frère du célèbre *Café des Açores* est recouvert de pavillons de navires, plafond compris. Pub tout en bois, pour siroter une bière avant le dîner ou la discothèque, ou bien pour grignoter omelettes, crêpes ou *tosta mista* (pain maison) à toute heure. Arrière-salle plus tranquille. Carte entre produits de la mer et steaks divers. Terrasse, bien sûr, ensoleillée le matin.

À voir. À faire

🎎 *Parque das Nações :* un espace reconstruit de toutes pièces, une préfiguration de ce que devrait être la ville idéale du futur ! Apparaissent ici les règles essentielles de l'aménagement urbain : espace vaste et ventilé, ouverture sur le fleuve retrouvée, priorité accordée aux piétons et aux transports « propres », importance réservée aux espaces verts et aux jardins, omniprésence de l'art dans le paysage. Il faut ajouter la proximité d'un nœud de communication qui associe transports ferroviaire et routier (le pont, les autoroutes), ainsi que l'objectif délibéré (sociologiquement et économiquement parlant) de partager le parc entre logements, bureaux, centres commerciaux, espaces culturels et de loisirs. L'aspect écologique, enfin, avec une alimentation du site entier en eau chaude à partir d'une même centrale, ainsi qu'une collecte pneumatique des déchets domestiques. Prouesse architecturale, ce nouveau quartier, avec sa gestion parcimonieuse des ressources, est aussi un laboratoire et le symbole d'une réflexion sur les enjeux futurs de l'urbanisation à Lisbonne. À défaut d'une âme, l'animation ne manque

À VOIR. À FAIRE | 149

pas dès que le soleil se fait généreux. Un bel exemple à suivre en matière de ville nouvelle, même si tout n'est pas pour le mieux dans le meilleur des mondes.
Le parc lui-même s'organise autour des attractions nées de l'Expo 1998, à commencer par l'*Océanorium*. Venez tôt, même en semaine, si vous voulez profiter du silence, car la direction semble avoir du mal à gérer le succès.
C'est devenu, bien sûr, la balade des week-ends en famille, avec arrêt dans les jardins ou en terrasse. Boutiques, restos et même un casino sont là, comme on peut l'imaginer, pour attirer le chaland ou les flâneurs autour de musées et de programmes culturels.
– **Télécabine** *(plan Parque das Nações)* : pour qui voudrait survoler les lieux – environ 1 km – sans perdre trop de temps (12 mn de trajet) ou d'énergie. *Fonctionne de mi-sept à début juin, tlj 11h-19h (18h de fin oct à mi-mars) ; de début juin à mi-sept, lun-ven 10h30-20h. Attention, 1er janv, 24-25 déc et 31 déc 11h-15h (17h 31 déc). A/R 5,95 € (3,95 € aller simple) ; réduc ; gratuit moins de 6 ans.*
– **Parking payant** *(parque)* : *av. de Berlim, dans la 1re rue à droite après la station-service pour qui vient de la 2a circular.*
– Attention, le parking en sous-sol juste après la station-service est un peu plus cher.

🐋🐋🐋 🧍👶 Oceanário de Lisboa *(Océanorium ; plan Parque das Nações)* : ☎ 218-917-002 ou 006. ● *reservas@oceanario.pt* ● *oceanario.pt* ● *Tlj 10h-20h (19h en hiver) ; dernière entrée 1h avt. Entrée : 15 € pour l'expo permanente, 18 € avec expo temporaire ; billet famille (avec 2 enfants de moins de 12 ans) 39 ou 47 € ; réduc ; gratuit moins de 4 ans.* Posé sur l'eau dans l'ancien bassin des Olivais, ce gigantesque navire imaginaire à la couverture de verre ondulé suggérant les flots a été conçu par l'architecte américain Peter Chermayeff (aquarium d'Osaka). L'Océanorium est certainement la tentative la plus audacieuse de l'Expo 1998.
Dans le bassin central, contenant l'équivalent de quatre piscines olympiques, évoluent des poissons de haute mer : requins, raies géantes... Une « face de lune » énorme passe, le mola-mola, poisson venu du fond des âges plus encore que des océans, et c'est un frisson qui secoue tout à coup le plus aguerri des baroudeurs en visite dans ce lieu. Assez magique, si la foule des grands jours n'est pas au rendez-vous. L'ensemble est accessible, sur deux étages, à travers des vitres bombées permettant une vision à 180°.
Quatre autres aquariums recréent la faune de quatre régions océaniques du globe en associant, sur deux niveaux, l'espace terrestre et aérien et le milieu marin correspondant. Ainsi le visiteur peut-il passer de l'Atlantique des Açores à la côte rocheuse du Pacifique avec les loutres marines très prisées. Il fera ensuite un détour par l'océan Indien et ses récifs coralliens animés de poissons multicolores, sans oublier l'Antarctique, ses paysages glacés et ses manchots très attachants, dont on peut découvrir les petits noms... On pourra même observer d'étonnantes créatures qui évoluent parfois au milieu de tout ce petit monde avec des bouteilles de plongée sur le dos... comme des poissons dans l'eau ! Et un peu plus loin, on en apprend même un peu sur certains animaux qui nous ont précédés sur la Terre, comme ces mégalodons, des requins qui pouvaient atteindre 16 m de long ! Pour l'anecdote, sachez qu'aujourd'hui, s'ils sont nettement plus petits, ils ont quand même plus de 20 000 dents qui poussent au cours de leur vie ! Ce sont au total près de 8 000 spécimens de 50 espèces différentes qui donnent vie à ce qui est devenu l'un des sites les plus visités de Lisbonne. Venez dès l'ouverture, vous serez plus tranquille. Film très intéressant. Effet de Coriolis, spirale d'Eckman...

🐋🐋 🧍👶 Pavilhão do Conhecimento – Ciência viva *(pavillon de la Connaissance – Science vive ; plan Parque das Nações)* : *à l'angle de l'alameda dos Oceanos et du passeio de Ulisses (entrée par le largo José Mariana Gago).* ☎ 218-917-100. ● *pavconhecimento.pt* ● ♿ *Mar-ven 10h-18h, w-e 11h-19h. Fermé 1er janv, 24, 25 et 31 déc. Entrée : 9 € ; billet famille avec 2 enfants de moins de 17 ans : 20 € ; réduc, notamment pers à mobilité réduite, avec la carte Jeune et avec la Lisboa Card. Casiers à clé pour déposer vos petites affaires.* 🖥 Entrée chère, mais vaut le détour.

Un pavillon dédié à la science et à la connaissance : loi de la gravité, de la force centrifuge, du magnétisme... Plein de manipulations de science amusantes pour les petits et les grands, bien présentées et dont le fonctionnement peut vous être expliqué par un animateur si besoin. Aussi ludique que pédagogique. Et on se dit qu'on aurait bien aimé qu'on nous explique les lois de la physique comme ça à l'école... Expos temporaires intéressantes (affluence en fin de journée et le week-end).

🏃 **Pavilhão Atlântico** *(plan Parque das Nações)* : gigantesque coquillage retourné face au Tage, le pavillon Atlantique est devenu la salle de spectacle polyvalente de Lisbonne et accueille concerts, événements sportifs et autres manifestations d'envergure.

🏃 **Pavilhão de Portugal** *(plan Parque das Nações)* : du plus bel effet architectural avec sa dalle en béton incurvée (65 m de long sur 50 m de large). C'est Álvaro de Siza Vieira (auteur de la reconstruction du Chiado) qui en est le concepteur.

🏃 🏃‍ **Les jardins :** au bord du Tage ont été aménagés des espaces verts racontant l'aventure botanique des découvertes, avec ce que l'Europe doit aux plantes rapportées des voyages d'exploration. Le *jardin de Água (plan Parque das Nações)* met en scène l'élément liquide, si essentiel à l'équilibre écologique de la planète. Quant au *jardin Garcia de Orta (plan Parque das Nações)*, il donne au parc une couleur verte bienvenue. Mais leur entretien régulier n'est pas toujours assuré, dommage. Plus au nord, le *parque do Tejo* étend ses pelouses depuis la tour Vasco da Gama jusqu'au-delà du pont.

🏃🏃 L'*estação do Oriente (gare d'Orient ; plan Parque das Nações)*, à la conception futuriste, est due à l'architecte espagnol Santiago Calatrava. Elle dessert l'ensemble du pays et l'Europe en complément de la gare de Santa Apolónia. Ses entrailles abritent aussi un vaste centre commercial (ouvert même le dimanche...), qui relie la station de métro Oriente et le parc des Nations. Le métro s'est doté d'une ligne desservant la gare d'Orient : elle compte six stations à partir d'Alameda, dont la décoration, toujours en azulejos, est l'œuvre de céramistes de renom. De petites merveilles !

🏃 **Torre Vasco da Gama** *(plan Parque das Nações)* : *dans la partie nord du parc.* La construction la plus haute du Portugal (145 m). Devenu un hôtel de luxe.

🏃🏃 🏃‍ **Ponte Vasco da Gama** *(hors plan Parque das Nações)* : il a battu des records avec ses 13 km, dont 8 km au-dessus des flots – une jolie prouesse technique. Mais ça a eu un coût : près d'une dizaine de vies humaines. Reste l'admirable tablier haubané brillant le soir sous les feux du soleil couchant. Conçu pour résister aux tremblements de terre, le pont est construit en plusieurs parties, ce qui lui procure une flexibilité maximale. Autrement dit, en cas de secousses prolongées, le tablier suspendu par les haubans bougera aussi bien en longueur qu'en largeur (imaginez la balançoire !), mais avec un astucieux système de sécurité pour éviter le télescopage des autres parties.

AU NORD DE L'AVENIDA DA LIBERDADE, AUTOUR DU MUSÉE GULBENKIAN ET CAMPO GRANDE

● **À voir. À faire 152**
• Autour du musée Gulbenkian : parque Eduardo VII, jardim Amália Rodrigues, Estufa Fria, museu Calouste Gulbenkian, le parque de la Fondation Gulbenkian

et praça dos Touros
• Autour de Campo Grande : palácio Pimenta, museu Bordalo Pinheiro, jardim do Campo Grande, museu nacional do Traje e da Moda et museu nacional do Teatro

• Un peu plus à l'ouest, autour du Jardin zoologique : Jardim zoológico, palácio Fronteira, museu da Música, parque florestal de Monsanto et parque recreativo do Alto da Serafina

OÙ DORMIR ? | 151

Et au nord de Lisbonne, que trouve-t-on ? En venant de l'actuel aéroport, qui devrait continuer d'accueillir les visiteurs encore quelques années, on se fait une petite idée des faubourgs actuels. Un quartier d'affaires, certes un peu à l'écart du centre touristique, mais qui a l'avantage du calme sitôt l'activité retombée. Quelques parcs publics et jardins privés ont su résister à l'urbanisation. Bien desservi par le métro, les bus et le train. Touristiquement parlant, vous aurez trois bonnes raisons d'aller jouer les hirondelles des faubourgs, oiseaux chers aux Lisboètes, comme chacun sait. Tout d'abord, la visite du musée Gulbenkian, qui vous occupera une bonne demi-journée, surtout si vous décidez ensuite de rejoindre la place Marquês de Pombal, en traversant le parc Eduardo VII, après un passage dans les serres et jardins de l'Estufa Fria. À moins que vous ne préfériez prendre le métro pour rejoindre Campo Grande, quartier vivant abritant quelques curieux musées. Une autre ligne de métro, depuis la même place Marquês de Pombal, vous permettra d'aller visiter le Jardin zoologique et, si vous avez encore du temps et aimez marcher, l'étonnant palácio Fronteira, autre vestige d'une gloire passée perdu aux portes d'un quartier qui a aujourd'hui un stade et des grandes surfaces pour le faire passer à la postérité : Benfica.

Où dormir ?

Parmi les nombreux hôtels pour hommes et femmes d'affaires, une offre hétéroclite bien plus abordable : camping, auberge de jeunesse, petits *residenciais...* et aussi le seul lieu de tourisme d'habitation de la ville.

Camping

⚑ *Lisboa Camping & Bungalows de Monsanto* (hors plan d'ensemble détachable par A5) : *dans l'immense parc de Monsanto, à l'ouest de la ville, à 5 km du centre.* ☎ 217-628-200. ● *info@lisboacamping.com* ● *lisboacamping.com* ● 🚌 *Bus n° 714 de la praça da Figueira (qui passe par Cais do Sodré et Belém) et n° 750 de la gare d'Oriente ; demander au chauffeur « parque de campismo ». Bus de nuit n° 202 (depuis Cais do Sodré, Rato ou Sete Ríos). Entrée par l'estrada da Circunvalação, sur le bord ouest du parc. Nuit 25-36 € pour 2 selon période avec petite tente et voiture ; loc de bungalows 2-6 pers 49-119 €/nuit selon période et nombre de pers (3 nuits min en hte saison).* Un vaste camping joliment aménagé, en terrasses, sous les pins, mais très fréquenté en haute saison ; et, surtout, pensez aux boules Quies pour oublier le bruit de fond des voitures sur les autoroutes environnantes !

Épicerie, distributeur automatique, journaux, piscines, minigolf et resto. Si vous n'avez pas de voiture et ne vous déplacez pas en camping-car ou avec une tripotée d'enfants, préférez plutôt une petite adresse dans le centre de Lisbonne. En effet, les quelques économies réalisées sur l'hébergement seront vite grignotées par le coût et la durée des transports (comptez une bonne demi-heure pour rejoindre le centre).

Auberge de jeunesse

🏠 *Pousada da juventude Lisboa* (plan d'ensemble détachable, H4, 88) : *rua Andrade Corvo, 46.* ☎ 213-532-696. ● *lisboa@movijovem.pt* ● Ⓜ *Picoas (sortie Poente). Bus nos 91, 44 et 45 de l'aéroport, n° 90 depuis la gare de Santa Apolónia (arrêt Picoas) ou n° 746 (arrêt Marquês de Pombal).* 🚿 *Lits en dortoir (4 ou 6 lits) 15-17 €, doubles avec sdb 40-44 €, petit déj compris. Repas 7 €. Carte des AJ indispensable.* 🛏 🛜 Propre, fonctionnel et des chambres d'un bon standing, même si l'AJ dans son ensemble n'a pas le charme des AJ privées du centre. Self-service et bar. Réserver à l'avance et apporter son cadenas.

LISBONNE, TOUJOURS PLUS LOIN

Bon marché

⌂ *Residencial Beirã* (plan d'ensemble détachable, E2, **89**) **:** *rua Professor Lima Basto, 97.* ☎ 217-248-560 ou 568. Fax : 217-248-569. Ⓜ *Jardim Zoológico ou Praça de Espanha. Gare : Sete Rios. Dans une rue calme, en face de l'hospital de Oncologia et de son parc. Double avec douche et w-c 27 €, triple 37 €, petit déj compris. CB refusées.* Taillé sur mesure pour ceux qui prennent le car ou le train tôt le matin, vu la proximité des gares routière et ferroviaire. Petite pension très modeste et pas toujours très propre, à la déco dépourvue de fantaisie. Chambres un peu étriquées ; celles donnant sur la cour sont sombres et sans vue. Mais accueil prévenant et prix « petits budgets » défiant toute concurrence dans ce quartier d'hôtels chic. En dépannage uniquement.

Plus chic

⌂ *Whatever Art B&B* (plan d'ensemble détachable, I1-2, **110**) **:** *av. dos Defendores de Chaves, 58 R/C, esq. av. Novas.* 🖃 914-808-481. ● *info@whateverabb. com* ● *whateverabb.com* ● Ⓜ *Campo Pequeno. Double 89 €.* 📶 Carlos, francophone, vous accueille dans ses 5 chambres d'hôtes, toutes différentes, décorées avec les luminaires créés par l'artiste lui-même. Cosy, tout confort, avec parquet, tapis épais, linges de maison élégants. Petit déj maison, terrasse et jardinet pour respirer. Atelier et boutique de l'artiste sur place. Pas rare d'avoir la visite des paons du palais Galveias voisin ! Bon accueil.

Où manger ? Où boire un verre ?

De bon marché à prix moyens

|●| 🍷 *Linha d'Água* (plan d'ensemble détachable, G4, **185**) **:** *rua Marquês de Fronteira – Parque Eduardo VII.* ☎ 213-814-327. *En haut du parque Eduardo VII et à droite dans le jardim Amália Rodrigues. Tlj 9h-20h (plus tard en été). Repas 10-15 €.* Dans son îlot de verdure planté au milieu de la ville, cette cafèt' tout en vitre propose une cuisine variant peu de celle d'autres self-services, tout en restant acceptable (soupe, plats du jour, buffet de garnitures, quiches, salades, desserts, jus de fruits maison). Les employés du coin ne s'y trompent pas et viennent surtout pour le cadre : la terrasse, au bord d'un petit lac artificiel, est très prisée par beau temps. Et le week-end, c'est en famille que l'on vient profiter de la pelouse. Très plaisant.

À voir. À faire

Autour du musée Gulbenkian

🗡 🚶 *Parque Eduardo VII* (plan d'ensemble détachable, F-G-H3-4-5) **:** Ⓜ *S. Sebastião ou Parque.* En haut de l'avenida da Liberdade, un parc qui doit son nom au roi d'Angleterre Edouard VII, venu à Lisbonne en visite au début du XXe s. Le plus vaste espace vert à deux pas du centre, avec 26 ha de jardin à la française ; idéal pour un pique-nique en famille ou un somme au soleil sur les talus latéraux. Dans sa partie nord-ouest, un petit lac avec ses canards et des jeux pour enfants en font un espace de détente et de promenade. Tout en haut, belle vue plongeante sur l'avenida da Liberdade, la Baixa et le Tage. Perché au-delà du monument, le *jardim Amália Rodrigues* permet d'apercevoir les collines au nord de la ville. Côté parc, ses murs extérieurs sont couverts de scènes d'azulejos narrant les exploits de la nation portugaise contre ses ennemis maures et espagnols. À l'intérieur, scènes plus bucoliques de vie rurale traditionnelle.

À VOIR. À FAIRE | 153

🎋🏃 **Estufa Fria** *(Serre froide ; plan d'ensemble détachable, F-G4 et plan centre détachable, G5, **383**) : dans le parc Eduardo VII.* ☎ 213-882-278. ● *estufafria. cm-lisboa.pt* ● Ⓜ *Marquês de Pombal ou Parque. Tlj 9h-17h (10h-19h en été). Entrée : 3,10 € ; réduc ; gratuit moins de 6 ans et avec la* Lisboa Card. Un lieu étonnant, hors du temps, celui qui passe comme celui qu'il fait. Idéal pour se réchauffer à la saison froide et se rafraîchir quand il fait chaud. Dépaysement total et balade agréable dans de petites allées ombragées, au milieu des plantes exotiques et des espèces rares, dans le chuintement des cascades, le clapotis des bassins et des fontaines. Les Lisboètes disent que celui qui n'a pas vu l'Estufa Fria aux quatre saisons ne connaît pas Lisbonne.

🎋🎋🎋 **Museu Calouste Gulbenkian** *(plan d'ensemble détachable, G2-3, **384**) : av. de Berna, 45 A.* ☎ 217-823-000. ● *museu.gulbenkian.pt* ● Ⓜ *São Sebastião ou Praça de Espanha (pas toujours bien fréquentée). Bus nᵒˢ 716, 756, 726 et 746. Tlj sf mar 10h-18h. Fermé 1ᵉʳ janv, lun de Pâques, 1ᵉʳ mai et 24-25 déc. Entrée : 14 € pour les 2 collections (« all inclusive ») et les expos temporaires ; billet possible pour les seules collections ; réduc, entre autres avec la* Lisboa Card *; gratuit moins de 12 ans et étudiants. Audioguide en français (4 €) permettant d'en savoir un peu plus sur ce qui est exposé (présentations très concises). Photos possibles sans flash. Casiers (pas trop grands) pour les sacs. Distributeurs.* 🛜

|●| Trois cafétérias donnent sur le parc. Mieux vaut arriver tôt car souvent beaucoup de monde.

Construit à la fin des années 1960 selon les principes architecturaux de Frank Lloyd Wright, intégrant l'harmonie du bâti avec la nature et niché dans le magnifique parc de Palhavã, le musée en deux parties forme la Fondation Gulbenkian. On distingue la **collection permanente du fondateur**, avec tous ses chefs-d'œuvre, et, de l'autre côté du parc, la **collection d'art moderne** (moins intéressante).

Fondation Calouste-Gulbenkian

Le multimilliardaire arménien et collectionneur Calouste Gulbenkian a 73 ans quand il s'installe à Lisbonne en 1942. Il y arrive en Rolls Royce avec sa femme et sa suite, son cuisinier oriental, son masseur et sa douzaine de chats... Il ne quittera plus cette ville au bord du Tage qui lui rappelle le Bosphore de son enfance. Il loge dans un luxueux palace aujourd'hui remplacé par le *Sheraton,* sort peu, reçoit peu, et gère sa fortune à distance. Ses immenses collections d'œuvres d'art restées à Paris et à Londres intéressent les Américains, mais Gulbenkian préfère le Portugal. *Il meurt à Lisbonne en 1955* (ses cendres sont aujourd'hui à Londres). Dans son testament, il donna une partie de l'héritage à ses enfants (quelques disputes) et la majeure partie à l'État portugais, en demandant que ses collections soient réunies dans un seul et même lieu. Ce vœu a été exaucé. Le *bâtiment moderne* que nous voyons aujourd'hui a été construit dans ce sens après le décès du collectionneur. Il abrite le *vaste musée,* une *salle de concerts,* un *centre de documentation (bibliothèque),* mais aussi les nombreux bureaux de l'administration.

Créée en 1956, il s'agit d'une fondation portugaise de droit privé, d'utilité publique, à vocation internationale. Elle possède à son actif près de 3 milliards d'euros et un budget annuel de 109 millions d'euros. C'est énorme. Cela en fait *l'une des plus riches fondations en Europe.* Environ un quart de sa fortune provient des intérêts pétroliers des concessions toujours actives au sultanat d'Oman et dans les Émirats arabes, plus des participations au Kazakhstan, au Brésil, en Angola et en Algérie. Les revenus que Gulbenkian avait autrefois en Irak ont été nationalisés en 1973. Le tout est aujourd'hui géré par la société Partex, qui alimente la trésorerie de la fondation. Aucun des fonds de la fondation Gulbenkian ne provient de sources étatiques ou publiques (hormis la billetterie). L'arrière-petit-fils de Calouste Gulbenkian, Martin Essayan, est actuellement administrateur de la fondation, son aïeul ayant demandé qu'il y ait toujours un membre arménien de la famille à la direction.

LISBONNE, TOUJOURS PLUS LOIN

Pour beaucoup de Portugais encore aujourd'hui, la Fondation Gulbenkian apparaît comme le « ministère bis » de la Culture du Portugal ! La fondation fonctionne à l'américaine, employant environ 500 personnes. **Science, art, éducation et bienfaisance, tels sont ses objectifs.** Elle se positionne comme mécène numéro un au Portugal, organise de grandes expositions, des spectacles, des concerts, des manifestations culturelles comme « Jazz em Agosto » (tous les ans). Elle accorde aussi chaque année des bourses d'études. Le rôle remarquable que joue la Fondation Gulbenkian dans ce pays est indiscutable.

Calouste Gulbenkian
Le destin étonnant de Calouste Gulbenkian (1869-1955) mérite un livre à lui tout seul. Notre petit résumé dans la rubrique « Personnages » du chapitre « Hommes, culture, environnement » vous donnera un aperçu de cet homme exceptionnel qui a su utiliser sa fortune à bon escient et transmettre une grande partie de son patrimoine au Portugal, par affection pour ce petit pays du sud de l'Europe. Son père possédait déjà des concessions pétrolières dans l'Empire ottoman. Très jeune, Calouste achetait des pièces de monnaie ancienne au marché et chez les antiquaires ; **la numismatique** fut sa première passion. Il fut citoyen de l'Empire ottoman jusqu'en 1919, et en même temps citoyen britannique (depuis 1902). Il avait aussi un passeport arménien et un autre de la Perse (Iran actuel).

« Seul le meilleur est assez bon pour moi », disait Calouste Gulbenkian. Par ailleurs, avec sa fortune, il aida généreusement les communautés arméniennes au Moyen-Orient, à Jérusalem, à Istanbul, en Arménie soviétique et à Londres. Il finança des hôpitaux arméniens, des écoles, des centres culturels, des églises, des œuvres sociales, en Syrie, en Jordanie, au Liban. Dans l'est de ce pays, il acheta des terres à Anjar, pour réinstaller les réfugiés arméniens du Sandjak d'Iskenderun. La majeure partie des œuvres arméniennes de sa collection a été léguée par Gulbenkian au patriarcat de Jérusalem.

Visite de la collection permanente
On notera l'élégant aménagement des salles avec des planchers de bois précieux. Les grandes salles s'ouvrent sur le parc par de larges baies vitrées. Peu d'objets exposés, mais chacun d'eux est digne d'intérêt.

– **Arte egípcia** (art égyptien) **:** 3 000 ans d'histoire égyptienne sont concentrés derrière les premières vitrines, juste à droite en entrant. Une vieille coupe à céréales en albâtre et, à côté, le bas-relief égyptien de la princesse Merytytes, en calcaire polychrome.

– **Arte greco-romana** (art gréco-romain) **:** de superbes bijoux gréco-romains en or ciselé. Belle collection de pièces de monnaie, présentées en alternance.

– **Arte da Mesopotâmia** (art de Mésopotamie) **:** la pièce maîtresse est ce bas-relief qui provient du palais d'Assurbanipal à Nimrud (IXe s av. J.-C.), avec une écriture cunéiforme sculptée dans l'albâtre qui barre le bas-relief en son milieu.

– **Arte do Oriente islâmico** (art de l'Orient islamique) **:** des vases syriens, des enluminures persanes, des faïences (toujours persanes) du XIIIe s, et surtout une belle collection de tapis des XVIIe et XVIIIe s pour lesquels Gulbenkian avait une affection particulière, peut-être parce que ses parents en faisaient le commerce à Istanbul. Noter aussi les étonnantes lampes de mosquée du XIVe s, dont une qui porte des fleurs de lys, choisie comme emblème par une grande famille musulmane (et non pas comme symbole du royaume de France). Ces lampes étaient offertes à la mosquée par de riches familles, et la flamme représentait une prière. Elles sont aujourd'hui exposées devant un petit jardin fermé. Dans la religion musulmane, le paradis est représenté par un jardin, en référence à l'aspect vital des oasis dans le désert.

– **Arte arménia** (art arménien) **:** belle collection. Parmi les pièces, voir le remarquable évangéliaire arménien.

– **Arte do Extremo-Oriente** (art d'Extrême-Orient) **:** dans cette section asiatique ont été rassemblés des objets en porcelaine chinoise et des vases dans les tons verts et noirs (du XVIIIe s). Une vitrine présente de fabuleuses boîtes laquées du Japon dont une qui servait de coffret à pique-nique, des tabatières et des boîtiers à médicaments. Ces boîtes – *inro* –, que l'on peut accrocher à la ceinture, étaient initialement utilisées par les médecins pour pallier l'absence de poches des kimonos, avant de devenir à la mode au milieu du XIXe s. Une autre très belle pièce est le « *biombo* de Coromandel », un grand paravent chinois de la fin du XVIIe s, probablement commandé par l'empereur de Chine.

– **Arte europeia** *(art européen) :* l'art des Flandres et du nord de l'Europe y est représenté par quelques très beaux tableaux de l'école hollandaise du XVIIe s. Impossible de tout énumérer : *Centaures* de Rubens, peintures de Franz Hals, de Van Dyck, et d'autres Rubens comme le *Portrait d'Hélène Fourment,* sa femme. *Portrait d'un vieillard* de Rembrandt, où seuls visage et mains sont éclairés pour mieux souligner le poids des ans. L'art d'Angleterre n'a pas été oublié. Citons un merveilleux Constable. Tapisseries, livres rares. *Portrait d'une jeune fille* de Ghirlandaio, d'une finesse extrême. On trouve aussi Hubert Robert.

– **Artes decorativas** *(arts décoratifs, France, XVIIIe s) :* cette salle abrite des pièces rares achetées par Gulbenkian au musée de l'Hermitage à Saint-Pétersbourg (Russie). Après la révolution de 1917, la situation économique de la Russie communiste est si désastreuse que la famine se déclare... Pour renflouer les caisses de l'État, Lénine aux abois permet à la Banque centrale de vendre des œuvres de leur plus prestigieux musée. Gulbenkian acheta la *Diane* de Houdon, deux Rembrandt, un Watteau, un Rubens ainsi que l'argenterie française

> ## « SEUL LE MEILLEUR EST ASSEZ BON POUR MOI ! »
>
> *Après la révolution de 1917, Gulbenkian avait prévenu la Banque centrale de l'URSS : « Ne vendez pas, gardez vos trésors mais si toutefois vous les vendez, j'insiste pour que vous me donniez la priorité... » Et le génial collectionneur arménien fut désigné. Certaines pièces portent toujours le blason de la famille impériale de Russie. Aujourd'hui, les visiteurs russes du musée ont la larme à l'œil...*

de François-Thomas Germain qui avait appartenu à Catherine II de Russie. Notez l'armoire aux panneaux noir et or, signée Boulle, un pastel de Quentin de La Tour et le portrait du maréchal de Richelieu. Intendant des menus plaisirs du roi, celui-ci défraya la chronique française au Siècle des lumières. Par ses frasques, il aurait inspiré le personnage de Valmont dans *Les Liaisons dangereuses*. Ami de Voltaire, ne sachant qu'à peine lire et écrire, il a quand même fini à l'Académie française ! Voir aussi les meubles ayant appartenu à la reine Marie-Antoinette, notamment son fauteuil. C'est l'original, mais il en existe deux répliques en France, offertes par la Fondation Gulbenkian.

– **Ourivesaria** *(orfèvrerie) :* pièces en vermeil réalisées par la famille Germain, laquelle est représentée sur une peinture, et œuvres de Biennais, l'orfèvre de Napoléon, dont un service à thé en argent doré de style Empire (gros samovar).

– **Peinture et sculpture** *(France, Angleterre et Italie, des XVIIIe et XIXe s) :* une salle est consacrée à la série des célèbres *Venise* de Francesco Guardi (Gulbenkian a toujours préféré Guardi à Canaletto) montrant Venise au XVIIIe s. Dans les autres salles, plusieurs Corot, Manet, Degas, Monet, et des bustes de nos plus grands sculpteurs. De Rodin, deux anges d'une grâce stupéfiante. Une toile de 1887 d'un peintre peu connu, Dagnan-Bouveret : *Les Bretonnes au pardon* montre un visage de femme songeur et mélancolique ; la précision et la netteté du trait pourraient laisser penser qu'il s'agit d'une photographie. De Turner, célèbre peintre anglais, un splendide et violent *Naufrage d'un cargo*. On est au cœur de la tourmente et non loin d'elle : c'est le style Turner, qui partait en mer les jours de tempête, se faisant attacher au mât des bateaux pour mieux observer la mer déchaînée. Il a peint aussi un extraordinaire *Quillebeuf*. Quant à *La Tête* de Legros, elle fut achetée directement à Rodin par Gulbenkian en novembre 1910. Quand il aimait une œuvre, plus rien ne comptait pour lui.

156 | LISBONNE, TOUJOURS PLUS LOIN / AU NORD DE L'AVENIDA...

– *Œuvres de René Lalique :* c'est ici que se trouve rassemblée la plus importante collection d'œuvres de Lalique. Le maître verrier inégalé de la fin du XIXe s était un ami proche de Gulbenkian. Celui-ci lui acheta un nombre important d'œuvres, des compositions élégantes, parfois étranges et souvent insolites.

FEMME-LIBELLULE

Dans une vitrine centrale de la collection Lalique, un bijou pectoral représente une femme au visage de déesse orientale sur un corps de libellule. Les ailes bougent vers le haut, ou vers le bas, selon le galbe de la femme.

Lalique avait réalisé des bijoux de scène pour la comédienne Sarah Bernhardt à laquelle Gulbenkian aurait prêté une parure de femme-libellule.

– Un immense *auditorium* accueille, avec une belle programmation tout au long de l'année, des concerts de musique classique, des projections de films et un festival de jazz au mois d'août. Si vous restez un peu à Lisbonne, ça vaut vraiment le coup de s'offrir l'une de ces soirées ! Programme et réservations accessibles sur le site ● *gulbenkian.pt* ●

Centro de Arte moderna José de Azeredo Perdigão

De l'autre côté du parc de la Fondation (voir ci-après), le Centre d'art moderne de la Fondation Gulbenkian porte le nom de l'avocat et ami du grand collectionneur, qui fut le premier président de la fondation. Il abrite les œuvres majeures de la peinture portugaise moderne de 1910 à nos jours, ainsi qu'une collection d'art moderne britannique. Ces œuvres ont été achetées après la mort de Calouste Gulbenkian par l'administration du musée. Expos temporaires de bonne qualité.

🚶🏃 *Le parque de la Fondation Gulbenkian (plan d'ensemble détachable, G3) :* à la fois jardin botanique, jardin public et annexe des deux musées-collections qui l'entourent. On peut y déceler une lointaine inspiration japonaise. Le cadre luxuriant se dispute les faveurs des amoureux, des retraités, des étudiants, des jeunes mariés en quête de photos inoubliables et des touristes. Les multiples variétés végétales servent d'écrin aux sculptures contemporaines présentées ainsi dans un décor de choix.

🏃 ❙●❙ *Praça dos Touros (plan d'ensemble détachable, I1, 386) : à l'angle de l'av. da República.* Ⓜ *Campo Pequeno.* En brique rouge, avec des portes de style mauresque et des bulbes byzantins sur le toit, le monument est une réhabilitation des belles et curieuses arènes construites en 1892. Dans la galerie qui les entoure, plusieurs boutiques, cafés et restos.

Autour de Campo Grande

Pourquoi faut-il aller si loin pour en apprendre de belles sur la vie et sur la ville telle qu'elle était autrefois ? Si vous passez peu de temps à Lisbonne, vous n'irez pas jusqu'à Campo Grande, et encore moins jusqu'au métro Lumiar, où deux autres musées hors du temps vous attendent, dans un cadre étonnant. Dommage... La visite de ces musées, perdus aujourd'hui au milieu de tours de béton et de routes à grande circulation, permet d'imaginer ce qu'a dû être autrefois la vie dans un *palácio*, ou du moins un ancien *retiro.*

🏃 *Palácio Pimenta (hors plan d'ensemble détachable par H1) : Campo Grande, 245.* ☎ *217-513-200.* ● *museudelisboa.pt* ● Ⓜ *Campo Grande. En sortant du métro, c'est en face (juste derrière le pont), le petit palais blanc qui fait l'angle. Bus nº 36 depuis le centre. Tlj sf lun et j. fériés 10h-18h. Entrée : 3 € ; réduc ; gratuit avec la* Lisboa Card *et le 18 mai (Journée internationale des musées).* Installé dans un beau palais du début du XVIIIe s, le palácio Pimenta est un ancien *retiro* royal flanqué d'un beau jardin fréquenté par les paons. Un nom très significatif, désignant une belle demeure, proche de la ville, où il faisait bon « se retirer » pour faire la fête.

À VOIR. À FAIRE | 157

Dommage que tout soit en portugais (et que la muséographie, très traditionnelle, n'éveille guère la curiosité). On peut y découvrir quelques cartes anciennes de Lisbonne, des dessins, des gravures du XVIe au XIXe s, des tableaux, maquettes et reconstitutions de la capitale. Également des photos, des céramiques, des sculptures... Bien observer les peintures et gravures de la ville d'avant le tremblement de terre (1755), ainsi que les plans du marquis de Pombal pour la reconstruction de la Baixa. Les détails y sont intéressants. Le musée renferme aussi quelques stèles et plaques funéraires provenant des fouilles archéologiques du castelo de São Jorge. De temps en temps, expositions temporaires dans les pavillons *Branco* et *Preto*, au fond du parc.

🏃 *Museu Bordalo Pinheiro* (hors plan d'ensemble détachable par H1) : *Campo Grande, 382.* ☎ *218-170-667.* ● *museubordalopinheiro.cm-lisboa.pt* ● Ⓜ *Campo Grande. En face du museu de Lisboa, de l'autre côté du parc-esplanade, dans une petite maison blanche. Bus no 36 depuis le centre. Tlj sf lun 10h-18h. Entrée : 1,50 € ; gratuit dim jusqu'à 14h, le 18 mai et avec la* Lisboa Card. Une visite à recommander à tous ceux qui ont déjà pu découvrir, dans leurs précédentes visites, l'étonnant personnage que fut Rafael Bordalo Pinheiro, qui restera avant tout le grand caricaturiste de la société portugaise de la fin du XIXe s. Un Daumier lisboète. Créateur du personnage de Zé Povinho, allégorie du peuple *(povo)* portugais. Amusant, même si les caricatures sont moins percutantes quand on ne connaît pas le contexte ou les individus représentés (ça n'empêche pas d'admirer le coup de crayon). Le musée comprend également des pièces de céramique du même auteur (on a un faible pour les théières !), qui sont aujourd'hui très recherchées (et que vous trouverez en vente si la fabrique qui perpétue le nom du grand homme arrive à suivre, côté reproductions). Également une galerie pour les expositions temporaires.

🏃 🏃 *Jardim do Campo Grande* (hors plan d'ensemble détachable par E1) : encore un parc, tout en longueur, débordant de verdure. Les Lisboètes s'y ruent le dimanche pour faire des tours en barque sur un petit lac artificiel.

🏃 *Museu nacional do Traje e da Moda* (musée national du Costume et de la Mode ; hors plan d'ensemble détachable par H1) : *largo Júlio de Castilho, parque de Monteiro Mor, Lumiar.* ☎ *217-567-620.* ● *museudotraje.imc-ip.pt* ● Ⓜ *Lumiar (ligne jaune), puis 10 mn à pied jusqu'au musée (remonter en direction de la rua do Lumiar et traverser le grand bd à la sortie nord de la ville ; suivre les panneaux aux feux, sur la gauche). Tlj sf lun et mar mat 10h (14h mar)-18h (dernière entrée à 17h30). Entrée : 4 € (6 € avec le musée national du Théâtre et le parc) ; réduc.* À l'entrée du parc de Monteiro Mor, une survivance du passé, que l'on découvre avec un bonheur fou si l'on est un amoureux des vieilles demeures ayant su garder leur charme, leurs dépendances, leur jardin. Avec plus de 37 000 pièces dans les réserves, il y aurait de quoi monter nombre d'expositions autour du thème du costume (féminin surtout) si l'argent n'était pas ici, comme dans de nombreux petits musées portugais que l'on adore, quelque peu manquant. De la chapelle à la bibliothèque ayant conservé toute la collection de *Elle* depuis l'origine, en passant par les pièces de l'ancienne demeure, vous remonterez le temps, jusqu'en 1800. Imaginez, si vous ne pouvez pas les voir, les petites mains qui recousent, protègent des centaines de pièces, dans des chambres sous les toits qui mériteraient un jour un circuit spécial de visite.

Faites un tour ensuite dans le jardin et profitez du calme, de la beauté des lieux, avant de rejoindre le musée national du Théâtre, accessible depuis le parc (il suffit de suivre les flèches).

🍴 Restaurant sur place, assez cher (mais une cafétéria très sympathique vous attend à la sortie de l'autre musée).

🏃 *Museu nacional do Teatro* (musée national du Théâtre ; hors plan d'ensemble détachable par H1) : *estrada do Lumiar, 10.* ☎ *217-567-410.* ● *museudoteatro. imc-ip.pt* ● *Même accès que le musée national du Costume depuis le centre.*

LISBONNE, TOUJOURS PLUS LOIN

158 | LISBONNE, TOUJOURS PLUS LOIN / AU NORD DE L'AVENIDA...

Mar-ven 10h-18h, 1er et 3e sam du mois (sf juin-oct) 10h-14h. Même prix d'entrée que le musée national du Costume. Un autre musée intimiste, qui ne déplace pas les foules mais que les amoureux du théâtre adoreront, même sans comprendre un seul mot de portugais. Costumes, accessoires, maquettes, programmes, affiches, on se laisse porter par son imagination autant que par le thème de l'exposition du moment.

De l'ancien palais, l'actuel musée n'a gardé que le décor, l'intérieur ayant été entièrement reconstruit après l'incendie dont témoigne une vieille photo en noir et blanc. Allez faire un tour dans les jardins, qui n'occupent que 2 des 11 ha du parc de la propriété achetée en 1975 par l'État portugais.

|●| Et posez-vous un instant en terrasse, à la cafétéria, où l'on vous proposera le midi un plat du jour tout à fait honorable.

Un peu plus à l'ouest, autour du Jardin zoologique

🦖 🧍 ***Jardim zoológico*** *(plan d'ensemble détachable, C-D1, 387)* : *praça Marechal Humberto Delgado, estrada de Benfica, 158-160.* ☎ *217-232-900.* ● *zoo.pt* ● Ⓜ *Jardim Zoológico. Tlj 10h-20h (18h en hiver). Entrée : 20,50 € ; 14,50 € 3-11 ans ; petite réduc avec la Lisboa Card et la CARRIS Card. Attention : billetterie au fond à gauche de la zone non payante, après les restos (ne pas confondre avec* Animax, *qui n'a rien à voir).* Dans le parc d'une ancienne *quinta,* où le chic kitsch du XIXe s s'estompe peu à peu. Tigre, ours, lynx, oiseaux, il y en a pour tous les goûts ! Spectacles de dauphins et d'oiseaux impressionnants plusieurs fois par jour. Le billet d'entrée permet l'accès à toutes les attractions (télécabine, reptilarium, delphinarium, spectacles d'oiseaux en vol libre, alimentation de certains animaux à heures fixes) ; seul le petit train n'est pas compris *(1 €).* L'endroit est vaste et on peut y passer une bonne partie de la journée. Y a même un McDo sur place !

🦖🦖🦖 ***Palácio Fronteira*** *(plan d'ensemble détachable, B2, 388)* : *largo São Domingos de Benfica, 1.* ☎ *217-782-023.* ● *fronteira-alorna.pt* ● Ⓜ *Jardim Zoológico. En taxi : le plus rapide ; donner au chauffeur l'adresse complète du palais, pour éviter les confusions. En métro et à pied, c'est faisable mais compliqué. En sortant du métro (station Jardim), longer le Jardin zoologique en laissant la grille sur la droite, tourner à droite et à gauche pour arriver dans la rua das Furnas ; remonter la rua das Furnas puis la rua São Domingos, dans son prolongement, traverser la grande passerelle qui enjambe la voie ferrée et l'autoroute ; on voit alors le palais rougeoyant à 500 m plus haut à flanc de colline. En bus : no 770 depuis le terminal rodoviário Sete Ríos (1-2 bus/h), puis c'est la 7e station : arrêt Palácio Marqueses de Fronteira. Visites guidées slt : juin-sept, tlj sf dim et j. fériés à 10h30, 11h, 11h30 et 12h ; oct-mai, tlj sf dim et j. fériés à 11h et 12h. Jardin ouv également tlj sf sam ap-m, dim et j. fériés 14h30-16h30. Entrée : 9 € ; pour le jardin slt : 4 € ; gratuit moins de 14 ans.* « Cette maison ne m'appartient pas, j'appartiens à cette maison » : telle est la conception philosophique de dom Fernando de Mascarenhas, 12e marquis de Fronteira. Tout aristocrate qu'il fût, ce grand démocrate et humaniste participa à la révolution des Œillets en permettant des réunions d'opposants à la dictature dans sa propriété. Un marquis « rouge », en somme, professeur de philosophie et d'histoire, adepte selon certains d'un élégant et pacifique « marquisme-léninisme ». Grâce à lui, ce palais fut l'un des rares endroits à avoir échappé à une reconversion en administration après 1974. La direction en est assurée par une fondation privée *(fundação das Casas de Fronteira e Alorna),* modèle de conservation du patrimoine, souvent cité en exemple au Portugal et en Europe. La fondation a obtenu plusieurs récompenses et prix internationaux. Le palais organise aussi des expositions culturelles, des concerts et des rencontres.

À VOIR. À FAIRE | **159**

Le palácio

Voici l'un des meilleurs exemples de palais portugais du XVIIe s. Il s'agit d'une *quinta,* c'est-à-dire d'une résidence à la campagne, sorte de « palais secondaire » d'une famille noble qui possédait son palais principal en ville. Cette campagne ayant été envahie par des banlieues hérissées d'immeubles et de tours modernes, il faut faire un effort d'imagination pour restituer le paysage bucolique de cette époque.

Une première vision : une grande partie des murs intérieurs et extérieurs de ce palais baroque est ornée d'azulejos. Ils devaient éblouir les invités du premier marquis.

– **À l'intérieur,** on visite le hall d'entrée orné d'une grande fontaine et la vaste salle de la bataille aux murs couverts de huit grands panneaux d'azulejos. Ils représentent les grandes batailles de la guerre de Restauration (elle dura 27 ans) opposant le Portugal à l'Espagne. Les batailles se déroulèrent dans l'est du Portugal : Estremoz, Évora, Elvas, Castelo Rodrigo... C'est l'un des aïeux de dom Fernando, le Conde da Torre, qui mena cette guerre jusqu'à la victoire, face à don Juan d'Autriche (les Habsbourgs d'Espagne). Cette victoire permit au Portugal de retrouver son indépendance après 60 ans d'annexion du Portugal par l'Espagne (1580-1640). Remarquer que l'artiste a nommé de nombreux officiers présents sur le champ de bataille et les a inscrits sur les azulejos.

Plus loin, belle salle à manger avec ses azulejos de Delft (du XVIIIe s), les seuls du palais qui ne soient pas portugais. Un tableau montre un marquis de Alorna qui fut vice-roi des Indes. Plus richement meublés et vivants que les autres pièces, les salons abritent des commodes de style français du XVIIIe s, des tapisseries d'Inde et une peinture de la mère de dom Fernando (très belle femme). Dans le salon Junon, belle vaisselle chinoise. De la bibliothèque-véranda, très jolie vue sur le jardin, avec, en perspective, les quartiers modernes (et peu esthétiques) du nord de Lisbonne.

Le jardin

Organisé autour d'un grand bassin, surmonté par la galerie des Rois (statues, bustes) et surplombant un parterre de haies taillées au tracé géométrique. Le moindre recoin de ce charmant et mystérieux jardin a été décoré par des azulejos représentant aussi bien des scènes mythologiques, poétiques, historiques et allégoriques que des scènes de la vie quotidienne, parfois burlesques ou grotesques. Au printemps, avec les fleurs, c'est somptueux.

– Pour en savoir plus, lire le très bel ouvrage de Pascal Quignard : *La Frontière, azulejos du palais Fronteira,* aux éditions Chandeigne. Un ouvrage réédité avec les reproductions des fameuses scènes de la vie quotidienne qui ont fourni à l'imagination de l'auteur le point de départ pour cette brillante et amusante reconstitution.

Museu da Música (*hors plan d'ensemble détachable par C1*) **:** rua João Freitas Branco. ☎ 217-710-990. ● museudamusica.pt ● Ⓜ Alto dos Moinhos. Tlj sf dim et certains j. fériés 10h-18h. Entrée : 3 € ; réduc ; gratuit avec la Lisboa Card. Installé au niveau de la billetterie, à l'intérieur de la station de métro (décorée par Júlio Pomar : avez-vous reconnu Fernando Pessoa et Luís de Camões ?). Dans une salle garnie de vitrines, le musée de la Musique présente une partie de sa collection d'instruments du XVIe s à nos jours – principalement européens, mais aussi d'Afrique et d'Asie – issus pour la plupart de collections privées. Au milieu des clavicordes trône le premier piano à queue apparu au Portugal, apporté par Franz Liszt pour un concert au théâtre São Carlos. Toutes sortes de guitares et autres cithares. Un souffle de fantaisie côté vents, avec un cor en porcelaine et deux trombones à tête de serpent, plutôt étonnants. Et aussi un *serpentão,* venu de l'époque où le tuba n'était pas encore enroulé sur lui-même. Également quelques peintures, photos et gravures. Dommage que le musée manque d'explications, ce qui le rendrait parlant aux non-avertis.

LISBONNE, TOUJOURS PLUS LOIN

Parque florestal de Monsanto *(plan d'ensemble détachable, A5, 389)* : *infos à l'Espaço Monsanto.* ☎ 218-170-200 ou 201. *Bus nos 711 (Baixa), 729 (Belém et Ajuda) et 70 (Sete Rios).* Poumon vert de Lisbonne, cette ancienne carrière, dont les pierres ont recouvert bien des trottoirs de la ville, offre 900 ha de verdure aux marcheurs, patineurs, VTTistes, pique-niqueurs... En été, nombreux concerts gratuits en plein air dans le cadre de « Lisboa em Festa » (programme à l'office de tourisme). Organisation d'activités sportives et de découverte du parc de Monsanto, parfois payantes.

Aux premiers rayons de soleil, les familles profitent des jeux pour enfants et du point de vue sur la ville du *parque recreativo do Alto da Serafina* *(plan d'ensemble détachable, B3, 390 ; tlj avr-sept 9h-20h, oct-mars 9h-18h ; entrée gratuite).*

BELÉM ET AJUDA

- À voir. À faire................164
- Belém : beco do Chão Salgado • Belém, côté ville : mosteiro dos Jerónimos, centro cultural de Belém, museu Colecção Berardo, capela do Restelo, museu da Marinha, museu nacional de Arqueologia, Jardim botânico tropical, ancien palais royal et museu da Presidencia da República, la relève de la garde nationale républicaine, museu dos Coches, museu nacional de Etnologia • Belém, côté Tage : monumento das Descobertas, torre de Belém et museu de Arte, Arquitetura e Tecnologia (MAAT) • Ajuda : palácio nacional da Ajuda, Páteo Alfacinha et ponte 25 de Abril

- Pour le plan de Belém, se reporter au plan détachable en fin de guide.

Belém, un nom qui chante à toutes les oreilles ! Le mot signifie « Bethléem » en portugais. C'est en appareillant d'ici, le 8 juillet 1497, que Vasco de Gama découvrit les Indes, ouvrant ainsi la route vers la Chine et le Japon. L'effervescence des découvertes y a laissé une concentration impressionnante de monuments, dont le plus beau de Lisbonne : le monastère dos Jerónimos. En 1940, Salazar a mis en scène, sur la vaste esplanade qui lui fait face, l'Exposition du monde portugais. Les jardins et le nom de *praça do Império* sont restés, alors que tous les bâtiments, construits à la hâte pour l'occasion, ont été démontés. Seul le monument des Découvertes conserve la mémoire de cette manifestation puisqu'il a été reconstruit, en dur cette fois-ci, en 1960. Au milieu de tout cela a surgi en 1992 l'énorme *Centro cultural de Belém,* qui dynamise le quartier avec des manifestations de prestige et abrite le *museu Colecção Berardo,* superbe musée d'art moderne et contemporain en bord de Tage et le MAAT désormais dans une ancienne usine électrique.

UN DIMANCHE MATIN À BELÉM

Rien de tel qu'une petite balade dominicale dans Belém pour découvrir le quartier qui fut au départ de tous les rêves portugais. Venez tôt car beaucoup de monde aux beaux jours et pendant les vacances. **Les plus pressés commenceront par le monastère et achèteront un billet combiné avec la Tour de Belém, « normalement » moins d'attente.** Le tram moderne sans grand charme mais confortable et pratique n° 15 vous y mène directement depuis praça da Figueira. Quelques coureurs et VTTistes s'arrêtent une fois passé le pont. On gonfle poumons et roues de vélos, en guettant l'arrivée des premiers bus, des premiers taxis jetant des Japonais fiévreux. Les marchands de souvenirs finissent de s'installer. Le train reliant Lisbonne à Cascais passe en fond sonore, emmenant vers la mer d'autres promeneurs du dimanche.

Quelques Lisboètes venus en famille longent le fleuve pour approcher le plus près possible de la célèbre tour manuéline sur le Tage, cette tour-Pénélope qui attend toujours l'arrivée, de moins en moins probable, de caravelles et de galions chargés de marchandises, épices et autres trésors de Macau, tissus des Indes, émeraudes et topazes du Brésil.

Torre de Belém, quel joli nom pour un rêve ! Ici, tout le monde se souvient d'un temps où le Portugal était le maître du commerce le plus étendu du monde. Grâce à ses navigateurs ! Comment voudriez-vous que les anciens n'aient pas la nostalgie en regardant cette tour d'où partit Vasco de Gama pour son voyage aux Indes (1498-1499) ? On devrait parler aussi de Magellan (Magalhães), l'un des plus grands navigateurs portugais de l'Histoire. Malheureusement pour le roi du Portugal, celui-ci ne roulait pas pour Lisbonne mais pour Séville. Magellan proposa ses services au roi d'Espagne, et c'est sous la bannière espagnole que le Portugais accomplit le premier tour du monde en 1519-1522 (il est mort en route, aux Philippines, au cours d'une rixe ridicule).

Un dimanche à Belém, c'est tout un programme, avec quelques incontournables, évidemment : la messe à la cathédrale (11h45-13h15), qu'on aperçoit de l'autre côté des jardins et de la route, longue barre de pierres blanches du monastère-nécropole dos Jerónimos. Des scouts, des vieilles dames se pressent pour monter les marches. Pour qui ne voudrait pas assister à la messe, une visite au musée de la Marine, quasiment mitoyen, est un régal. Avant la fin de la messe, filez rue de Belém, aux jolies petites maisons d'un étage, avant la ruée. Celle-ci s'arrête en fait devant l'*Antiga Confeitaria de Belém*. Certains feront la queue devant les comptoirs tandis que d'autres essaieront de trouver une place assise pour goûter les *pastéis de nata* qui ont fait la réputation de cette fameuse pâtisserie (voir la rubrique « Pâtisserie et salon de thé »).

Le 3e dimanche du mois, ne manquez pas la ***relève de la garde,*** à 11h tapantes, devant le palais présidentiel (s'arrêter devant les grilles situées à deux pas de la police) : du grand spectacle gratuit comme on n'en fait plus. Et filez ensuite jusqu'au célèbre musée des Carrosses, le plus visité de toute la ville, à juste raison. Vous pouvez même jeter un œil au « musée des souvenirs » qu'abrite le palais présidentiel.

– *Petits enquiquinements* : redoublez de vigilance dans les files d'attente et dans le tram, les pickpockets œuvrent sans agressivité. Mode opératoire : petite bousculade suivie d'un sympathique sourire pour effacer les soupçons. Ils opèrent souvent à deux. Gardez vos sacs sur le ventre, attention aux poches pantalon et poches poitrine, ils sont très doués. Un routard averti en vaut deux.

Arriver – Quitter

➢ *Tramway :* n° 15E, départ de la praça de Figueira. C'est le meilleur moyen pour aller à Belém. Durée : 40 mn. Nous vous conseillons de prendre le tram depuis son départ, comme ça vous aurez une place assise et ainsi vous éviterez tout contact avec d'éventuels pickpockets. Attention, c'est un tram moderne sans le charme des vieilles guimbardes !

➢ *Bus :* nos 714, 760 ou 728 depuis Cais do Sodré, praça da Figueira ou do Comercio.

➢ *En train :* depuis Rossio ou Cais do Sodré ; compter 1,30 €.

➢ *En voiture :* pas franchement pratique.

Adresses utiles

🛈 *Ask me Lisboa Belém* (plan détachable Belém) : *praça do Império, petit* kiosque en face du mosteiro dos Jerónimos (trottoir d'en face). ☎ 213-658-435.

● askmelisboa.com/en/content/belem ● Tlj sf dim-lun 10h-13h, 14h-18h. Informations touristiques sur Belém.

■ **Police Belém** *(plan détachable Belém, 8)* **:** *praça Afonso de Albuquerque, juste avt le palais présidentiel.*

☎ *213-619-626. Ouv 24h/24.* Ils vous aiguilleront dans vos démarches en cas de pépin avec les pickpockets. À deux pas se trouve la poste, avec distributeur de timbres à l'extérieur.

Où dormir ?

Prix moyens

■ **Pensão Setubalense** *(plan détachable Belém, 90)* **:** *rua de Belém, 28 ; 1°.* ☎ *213-636-639.* ● *reservas@setubalense.pt* ● *setubalense.pt* ● *À 300 m du monastère dos Jerónimos. Résa conseillée. Doubles 53-63 € selon confort.* 🛜 *Réduc de 10 % sur le prix de la chambre sur présentation de ce guide.* Façade ancienne pas très engageante sur une rue commerçante et animée ; mais derrière, long dédale de chambres bien tenues, vastes, au sol carrelé, équipées de douche et w-c, téléphone, AC et TV. Bon accueil. Pas encore de petit déj, mais bientôt, c'est promis !

🏠 **Chez Isabel et Gustave** *(plan détachable Belém, 91)* **:** *rua Dom Lourenço d'Almeida, 5 ; 5° ; interphone 5E.* ☎ *213-015-011.* 🖀 *917-247-190.* ● *i.lopes.queiroz@gmail.com* ● *Double 60 €, petit déj inclus.* 🛜 Une adresse pour vivre Belém en toute quiétude. Dans un immeuble moderne, 5 chambres d'hôtes confortables. L'une d'elles dispose d'une terrasse offrant un bout de vue sur le Tage. Les propriétaires sont adorables et partagent leur passion pour les arts, car Gustave est photographe pro et enseignant à la retraite des Beaux-Arts de Lisbonne. Proposent aussi des appartements tout proches ou dans le centre-ville de Lisbonne. Un bon plan.

Où manger ?

Dans la rua Vieira Portuense (entre la rua de Belém et le Tage), plusieurs restos avec terrasse donnant sur la verdure, en rang d'oignons et bondés le midi ! Néanmoins, l'endroit reste sympa et profite de la proximité d'un parc ombragé.

De bon marché à prix moyens

|●| **Cafétaria du Museu da Marinha** *(plan détachable Belém, 393)* **:** *praça do Imperio, dans l'aile ouest du musée.* ☎ *210-977-387.* ● *loja@lojamuseudemarinha.pt* ● *Tlj 10h-17h. Plat du jour 8,50 € ; soupes et plats 3-5 € ; menu complet 12,50 €.* 🛜 Comme à la cantine, on passe avec son plateau devant des plats aux saveurs méditerranéennes, des salades, et autres douceurs sucrées. Portions copieuses. Et on mange le tout au frais sur des tables recouvertes de cartes maritimes bien sûr ! Très bon rapport qualité-prix, cadre plaisant.

|●| **Pao Pao Queijo Queijo** *(plan détachable Belém, 186)* **:** *rua de Belém, 126. Presque à l'angle du largo dos Jerónimos. Tlj 10h-minuit (20h dim). Menu plat chaud + boisson env 8 € ; sandwichs, kebabs, pitas, salades env 5 €.* Un petit snack où tout est préparé à la commande avec des produits frais et qui ne désemplit pas de la journée. Idéal pour grignoter sur le pouce entre 2 visites. Personnel sympa mais parfois débordé. Juste à côté, si vous n'avez pas la patience, chez **Honorato**, très bons hamburgers, avec des produits frais.

|●| **Belem 2 a 8** *(plan détachable Belém, 187)* **:** *rua de Belém, 2-8.* ☎ *213-639-055.* ● *belem2a8@gmail.com* ● *Plats 8-10 €.* Une bonne petite table qui propose une cuisine traditionnelle revisitée, à prix raisonnables et de belle qualité. Terrasse sur la rue de Belém, aux beaux jours, avec le mouvement qui va avec !

|●| **Jerónimos** *(plan détachable Belém, 188)* **:** *rua de Belém, 74-78.* ☎ *213-638-423.* ● *jeronimos@gmail.*

ACHATS | 163

com ● *Plats 10-15 €*. Voilà une adresse qui permet de déjeuner dans une ambiance joviale, cerné par des serveurs efficaces qui virevoltent entre les tables, jonglent avec brio de l'allemand à l'italien ou au français, et se fendent d'un petit numéro à l'occasion. La clientèle compte autant d'habitués au comptoir, de jeunes cadres qui travaillent dans le quartier, que de touristes de passage. Évidemment, dans l'assiette, que des plats portugais bons, copieux et bien frais. Et si vous êtes pris d'une flémingite aiguë, on pourra même vous préparer votre poisson ! Le tout est très bien tenu. Une de nos adresses préférées à Belém.

▮●▮ **Portugalia Cervejaria** *(plan détachable Belém, 320) : av. Brasília, Edifício Espelho d'Agua.* ☎ *213-032-700.* ● *portugalia.pt* ● *Tlj 12h-minuit (1h vensam et veille de j. fériés). Prix moyens.* Très bien situé, entre le musée Berardo, le monument des Découvertes et le Tage. Baies vitrées donnant sur l'esplanade, grande salle claire et animée, service efficace, cuisine portugaise bien fraîche à dominante maritime (poulpe, coquillages, poissons).

Plus chic

▮●▮ **Enoteca de Belém** *(plan détachable Belém, 219) : travessa do Marta*

Pinto, 12. ☎ *213-631-511.* ● *enoteca@ travessadaermida.com* ● *Tlj 13h-22h30. Plats 17-20 €. Vins au verre à partir de 5 €.* Des bouteilles de vin dans tous les coins ou presque et plus de 80 références. Sans oublier le jambon sur le comptoir, découpé avec amour pour bien commencer le repas. Salle simple de bistrot. Les petits plats concoctés par le chef Gonçalves méritent qu'on reste quelques heures de plus après la visite du quartier. Viande ou poisson, rien ne lui résiste. Fin et délicat. Parfait pour un bon dîner.

▮●▮ ❢ **Darwin's Café** *(hors plan détachable Belém, 189) : av. Brasília, ala B.* ☎ *210-480-222.* ● *info@darwincafe. com* ● *Dans la Champalimaud Foundation, après la torre de Belém. Tlj sf lun soir. Repas servis 12h30-15h30, 19h30-23h ; salon de thé-snack 16h30-18h30. Plats 15-25 €, snacks 5-8 €.* Belle terrasse suspendue sur les bords du Tage. Ce lieu ultra-sélect permet de boire un verre avec l'une des plus belles vues qui soient sur la torre de Belém. La salle du restaurant est une réussite esthétique, brillant mélange de cabinet de curiosités et de design moderne. Ne manquez pas de vous balader sur le plan incliné de la Champalimaud Foundation et laissez-vous envahir par cette fluide architecture moderne qui mène sur la ligne franche de l'horizon.

Pâtisserie et salon de thé

☕ ▮●▮ **Antiga Confeitaria de Belém** *(plan détachable Belém, 260) : rua de Belém, 84-92.* ☎ *213-637-423.* ● *pasteisdebelem@pasteisdebelem. pt* ● *Juste avt d'arriver au monastère dos Jerónimos. Tlj jusqu'à 23h (22h dim).* Réputé depuis 1837 pour sa spécialité : les *pastéis de nata* ou *pastéis* de Belém, petits flans ronds lovés dans une délicieuse pâte feuilletée, saupoudrés de cannelle et de sucre glace selon les goûts de chacun. Plus de 15 000 de ces délicieuses gâteries s'écoulent les jours d'affluence ! On

peut assister à la fabrication, derrière une vitre. En revanche, seuls trois pâtissiers connaissent la recette confectionnée dans l'*oficina do segredo* (l'atelier du secret !). Admirez au passage les azulejos du XVIIᵉ s, superbes de naïveté, qui courent sur tous les murs des différentes salles, jusque dans les toilettes. Même s'il y a la queue, ça va très vite, ils sont très bien organisés, et les *pastéis* sont à se damner ! En revanche, les petits déj ne sont pas terribles.

Achats

⊛ **Coisas do Arco do Vinho** *(plan détachable Belém, 347) : rua*

Bartolomeu Dias, loja 7-8. ☎ *213-642-031.* ● *coisasdoarcodovinho.pt* ●

LISBONNE, TOUJOURS PLUS LOIN

Tlj sf lun et j. fériés 11h-20h (19h30 w-e). Une boutique pour vrais amateurs de vins portugais, tenue par des connaisseurs, derrière le centre culturel de Belém, dans l'ombre duquel elle prospère. Belle sélection et bons conseils.

À voir. À faire

Belém

🎯 Dans la première ruelle à gauche en venant du monastère, le **beco do Chão Salgado** (impasse du Sol-Salé). Il n'y a rien à voir, si ce n'est une colonne commémorant ce rien. C'est le seul témoignage de l'élimination d'un rival de Pombal qui, n'étant pas encore marquis, avait déjà quelque ambition. Vous êtes au cœur du domaine d'une des familles nobles les plus anciennes du Portugal, impliquée dans un attentat contre le roi Joseph Ier (manqué, mais on ne badine pas pour si peu !). La demeure fut rasée, le sol couvert de sel, les biens confisqués et les propriétaires joyeusement exécutés sur la place publique, sur ordre d'un certain ministre du nom de Carvalho. Les rois n'oublient pas ce genre de service, et quelques années plus tard, ce dernier sera fait marquis de Pombal.

Belém, côté ville

◎ 🎯🎯🎯 ⛪ **Mosteiro dos Jerónimos** *(monastère des Hiéronymites ; plan détachable Belém, 391) :* praça do Império. ☎ 213-620-034. ● mosteirojeronimos.pt ● *Tlj sf lun 10h-17h30 (18h30 mai-sept) ; dernière entrée 30 mn avt. Horaires église : 10h-17h (18h mai-sept) ; dernière entrée 30 mn avt. Fermé 1er janv, dim de Pâques, 1er mai et 25 déc.* **Église : entrée gratuite ; cloître et 1er étage de l'église (accès par le cloître) : payant.** *Entrée : 10 € ; réduc ; gratuit moins de 12 ans et avec la Lisboa Card. LE BON PLAN : billets combinés sur place ou sur Internet* **(en principe, ils permettent de ne pas refaire la queue)** *: mosteiro dos Jerónimos + torre de Belém ou museu nacional de Arqueologia 12 € ; torre de Belém + mosteiro dos Jerónimos + museu nacional de Arqueologia 16 € ; torre de Belém + mosteiro dos Jerónimos + museu nacional de Arqueologia + museu de Arte popular + museu nacional de Etnologia + museu dos Coches 25 €.* Classé au Patrimoine mondial de l'Unesco en même temps que la tour de Belém. Miraculeusement épargné par le tremblement de terre de 1755, c'est tout simplement grandiose, à ne pas manquer ! Sa construction, décidée par le roi Manuel Ier en 1496, a été en quelque sorte « dopée » par le retour des Indes de Vasco de Gama et les prodigieuses richesses. Mais les travaux ont duré près d'un siècle. Son nom provient de l'ordre monastique de saint Jérôme, dont l'une des missions était de veiller au bien-être et à la foi des marins.

– L'*église* *(accès gratuit, mais étage payant)* peut à juste titre, avec le monastère de Tomar, être qualifiée de chef-d'œuvre de l'art manuélin. Encadré de deux magnifiques fenêtres, le portail sud, foisonnement végétal et orgie de niches ouvragées garnies de statues, est un chef-d'œuvre dû à Boytac. En bas, admirez la statue d'Henri le Navigateur. Le portail principal, à l'ouest, est en partie caché par le long édifice ajouté au XIXe s dans un pastiche laborieux de l'église. Superbe, fascinant ! Dans la multitude de détails gothiques, on distingue, de part et d'autre de la porte en accolade, le roi Manuel et son épouse.

Passé le porche de l'église, on est accueilli par deux illustres Portugais. À droite, le **tombeau de Luís de Camões** (1525-1580), le grand poète qui chanta les exploits des navigateurs au bout du monde *(Les Lusiades)*, et à gauche, celui de **Vasco de Gama** (1460-1524), le premier découvreur de la route maritime des Indes en 1498, en contournant le cap de Bonne-Espérance. Notez les sculptures sur le coffre de marbre, représentant des cordages marins enlacés, un beau symbole.

À VOIR. À FAIRE | 165

À l'intérieur, admirable nef d'une grande audace architecturale, soutenue seulement par de très belles colonnes sculptées, à l'encontre de toutes les techniques en pratique en Europe à l'époque. Elles résistèrent au tremblement de terre de 1755. Admirez la décoration des piliers et les nervures en palmier. Vitraux admirables, d'une richesse de couleurs surprenante. Dans la *capela sul do transepto* (chapelle sud du transept), les tombes des enfants du roi João III. Dans la chapelle nord, autres tombes des cinq fils du roi Manuel.
– On accède au *cloître* datant du XVIe s par le portail à côté de l'église. Cour de palais plutôt que cloître, l'un des plus riches du monde, par l'invraisemblable profusion de détails et l'exubérance de l'ornementation, mélange original d'inspiration végétale, religieuse et royale. La rénovation a restitué la superbe couleur sable de la pierre d'Alcântara, ce qui permet d'apprécier la finesse du travail sur les colonnettes et les gargouilles. Sur le mur du fond, un simple bloc de granit signale la **pierre tombale de Fernando Pessoa.**

🏃 *Centro cultural de Belém* (plan détachable Belém, **347**) **:** *praça do Império, 1449-003. Le long du Tage, face au monastère dos Jerónimos.* Grand comme une cité maya. Construit en 1990 par les architectes Vittorio Gregotti et Manuel Salgado, il a été conçu pour doter le Portugal d'un outil culturel performant. Il s'est affirmé comme le rendez-vous incontournable des intellectuels et des artistes. Salles de congrès, auditoriums pour concerts et spectacles vivants, grandes expos, etc. Pour ceux que ça intéresse, grand centre de documentation sur l'Union européenne au rez-de-chaussée et **marché** *(1er dim du mois)* avec produits locaux (miel, fromages, charcuterie). Super pour un pique-nique improvisé ! Mais c'est surtout l'occasion de découvrir le museu Colecção Berardo (voir ci-après).

🏃🏃🏃 *Museu Colecção Berardo* (plan détachable Belém, **347**) *: praça do Império, à l'intérieur du centro cultural de Belém. Infos sur les manifestations :* ☎ 213-612-878. ● *museuberardo.pt* ● *Tram no 15E ; bus nos 729, 714, 727, 728 et 751.* 🚻 *Tlj 10h-19h (1er janv 12h-19h, 24 et 31 déc 10h-14h30) ; dernière entrée 30 mn avt. Fermé 25 déc. Entrée : 5 € ; réduc ; gratuit sam.* 📶 La collection Berardo est l'une des collections les plus importantes au monde. Originaire de Madère, l'enfant pauvre, qui collectionnait

UN CHEF-D'ŒUVRE IGNORÉ

Sylvester Stallone proposa au collectionneur José (ou Joe) Berardo de passer chez lui pour lui montrer une « petite » toile d'un artiste méconnu qu'il avait acquise il y a quelque temps et que sa femme trouvait plutôt moche. Quelle ne fut pas la surprise de José en découvrant la « petite » toile, qui se trouvait être tout simplement l'immense tableau de Bacon, le fameux Œdipe ! Une chance pour le collectionneur portugais, qui l'acheta immédiatement.

les timbres et les boîtes d'allumettes, s'est mué en un important homme d'affaires érigeant sa fortune dans les mines d'or en Afrique du Sud, puis en spéculant auprès des banques et en rachetant des vignobles, de prestigieux hôtels et entreprises à travers le monde. Fin amateur d'art, il s'offrit de nombreuses œuvres : Picasso, Miró, Bacon, Dalí, Warhol, Man Ray, Jean Arp, Magritte, Sonia Delaunay, Vieira da Silva, Mondrian, Pollock, Roy Liechtenstein, Paula Rego (la Portugaise) et tant d'autres se retrouvent ici, rien que pour vos yeux... Aujourd'hui, ce musée abrite la plus importante de ses collections, tant en terme de valeur qu'en terme de volume. Elle fut l'objet d'un accord avec le gouvernement portugais en 2006. Depuis, ce sont plus de 6 millions de visiteurs ravis qui ont arpenté les lieux.
Son installation dans cet espace déclencha une grande polémique entre José Berardo et l'État portugais. Berardo a menacé d'emporter ses fonds artistiques en France. Finalement, on a créé la Fondation d'art moderne et contemporain de la collection Berardo, dont le contrat prévoit la concession pour 10 ans et l'obligation par l'État d'entretenir, d'exposer et d'enrichir la collection par de nouvelles acquisitions durant tout ce temps.

LISBONNE, TOUJOURS PLUS LOIN

Ce musée abrite aujourd'hui plus de 1 084 œuvres de 563 artistes. Surréalisme, abstraction, années pop (au passage, « pop art » vient de *popular art*), hyperréalisme, expressionnisme, mouvements de la couleur et de la forme, des motifs...
– *Niveau - 1 :* collection contemporaine 1960-1990.
– *Niveau 0 :* expos temporaires.
– *Niveau 1 :* accueil du public.
– *Niveau 2 :* de 1900 à 1960. De loin l'étage le plus intéressant car chaque salle est organisée par mouvement artistique, du cubisme au pop art. Des chefs-d'œuvre dans chaque salle ou presque ! Amoureux de l'art avec un grand A, Berardo a récemment élargi ses collections à l'achat de vidéos et de photos, entre autres, disséminées au gré des accrochages.

🏃 *Capela do Restelo* (chapelle du Restelo ; hors plan détachable Belém, **392**) : *accessible par le haut de l'av. Torre de Belém.* Faites un saut dans le Restelo pour admirer la chapelle dos Jerónimos, jadis dans le domaine du monastère. C'est le même Boytac qui a œuvré, mais ici l'austérité domine, renforçant encore l'impression de volume. On ne peut malheureusement pas y entrer. Remarquez toutefois les gargouilles. Joli belvédère avec vue plongeante sur la tour de Belém dans les reflets de la mer de Paille. Peu fréquenté.

🍴🏃 *Museu da Marinha* (plan détachable Belém, **393**) : situé dans la partie XIXe s du monastère. ☎ 213-620-019. ● museu. marinha.pt ● Tlj sf lun 10h-18h (17h oct-avr). Fermé 1er janv, dim de Pâques, 1er mai et 25 déc. Entrée : 6,50 € ; réduc, notamment avec la Lisboa Card. Petit dépliant en français. Excellente cafétéria.

SECRETS BIEN GARDÉS

Le roi Manuel le Fortuné avait ordonné d'exécuter par pendaison les capitaines qui osaient communiquer leurs secrets géographiques et cartographiques (les routes maritimes) à des puissances étrangères. Dans ce climat de terreur, le Portugal garda longtemps le monopole de ses découvertes.

Le musée rappelle que le Portugal fut une grande puissance maritime aux XVe et XVIe s. Bien avant les autres nations européennes, le Portugal lança des expéditions sur les mers inexplorées, découvrant des contrées jusque-là inconnues. Un décret royal de juillet 1863 entraîne la création de ce musée. On y voit de belles cartes d'époque. Maquettes magnifiques, instruments de navigation rutilants et mystérieux, peintures, uniformes, un autel portatif et même des cabines d'un paquebot du XIXe s, qui furent celles de la famille royale lors de son émigration au Brésil. Pour les amateurs, belle série de maquettes de bateaux, figures de proue, tableaux de combats navals et portraits hauts en couleur, boulets de canons, tenues d'époque, etc.
En face, de l'autre côté de la cour, changement d'échelle ! Après quelques barques de pêche, une étonnante embarcation avec toutes ses rames, sorte de galère d'apparat pour messieurs les souverains. Un hangar où l'on vous rappellera que l'aventure maritime fut aussi celle des premiers hydravions.
Pour compléter votre visite, il convient de traverser le Tage en ferry, et de découvrir, amarré à un quai de Cacilhas, le superbe trois-mâts *Don Fernando II*, qui a été restauré et ouvert au public (voir plus loin à Cacilhas dans le chapitre « Les environs de Lisbonne. Au sud du Tage... »).

🏃 *Museu nacional de Arqueologia* (plan détachable Belém, **394**) : *praça do Império.* ☎ 213-620-000. ● museuarqueologia.pt ● ♿ Tlj sf lun 10h-18h (avec parfois une interruption au déj). Fermé 1er janv, Pâques, 1er mai et 25 déc. Entrée : 5 € ; réduc ; gratuit avec la Lisboa Card. Installé dans l'aile du monastère qui servait de dortoir, ce musée a choisi de mettre en valeur ses collections d'objets (de la préhistoire à l'époque médiévale) à travers des expositions temporaires et thématiques. Seule une magnifique collection de bijoux et d'orfèvrerie reste permanente, ainsi qu'une belle salle égyptienne contenant, entre autres, deux sarcophages. Un agréable voyage dans le passé.

À VOIR. À FAIRE | **167**

🦇 🏃 *Jardim botânico tropical* *(Jardin tropical ; plan détachable Belém,* **395***) :* *calçada do Galvão.* ☎ *213-609-660 ou 665. Derrière la rue de Belém, il jouxte le* *palais présidentiel. Bus n°s 27, 28, 29, 43 et 51. Mai-août, tlj 10h-20h ; avr et sept,* *tlj 10h-19h ; fév-mars et oct, tlj 10h-18h ; nov-janv, tlj 10h-17h. Entrée : 2 € ; réduc.* Sur 7 ha, l'ancien *jardim do Ultramar* présente des espèces végétales acclimatées des anciennes provinces portugaises : Brésil, Angola, Mozambique, Cap-Vert, Macao...

🦇 🏃 Passez devant l'**ancien palais royal,** devenu résidence du président de la République. Il abrite le *museu da Presidencia da República* *(plan détachable* *Belém,* **396** *; mar-ven 10h-18h, sam 10h30-16h30 ; entrée : 2,50 €, gratuit dim* *et j. fériés jusqu'à 13h)* qui est, comme vous l'aviez certainement deviné, un petit musée du souvenir permettant, comme à Château-Chinon ou partout dans le monde, de stocker les cadeaux en trop, qui n'ont pas trouvé place dans les armoires de la présidence. Amusant si on n'en abuse pas, comme tous les musées de ce type.

🦇🦇 🏃 Ne manquez pas le spectacle assez incroyable de la *relève de la garde* *nationale républicaine,* le 3e dimanche de chaque mois à 11h. Même les chiens sortent en musique, accompagnant la garde descendante, tandis qu'une fanfare donne envie d'applaudir à tout rompre, au passage des chevaux, des casques dorés (et pas seulement par le soleil), des 28 musiciens à cheval, imperturbables. À ne pas manquer, car la fanfare à cheval serait fière d'être la seule au monde à exécuter des morceaux de musique au galop... Quant aux chevaux, ce sont pour la plupart de magnifiques alezans, de race lusitanienne.

🦇🦇🦇 🏃 *Museu dos Coches* *(musée des Carrosses ; plan détachable Belém) :* *praça Afonso de Albuquerque (la place juste avt d'arriver au monastère).* ☎ *213-* *610-850.* ● *museudoscoches.pt* ● *Bus n°s 28, 714 et 727 ; tram n° 15E. Tlj sf lun* *10h-17h30 (dernière entrée). Fermé 1er janv, 1er mai et 25 déc. Entrée : 4 € pour* *la partie ancienne du musée (la plus intéressante), 10 € pour la partie ancienne* *+ l'annexe ultramoderne (8 € seule) juste en face ; réduc ; gratuit avec la Lisboa* *Card et moins de 12 ans.* Ce musée est divisé en deux bâtiments. D'un côté, le musée d'origine, dans l'ancienne école d'équitation royale à la façade néo-classique du XVIIIe s. Il est né de l'initiative de la *reine Amélie du Portugal,* française d'origine, épouse de Carlos I. Elle échappa à l'attentat de 1908 et s'exila au Chesnay, près de Versailles, après la chute de la monarchie et l'établissement de la République en 1910. Elle demanda que le premier catalogue des carrosses soit rédigé en français. De l'autre côté de la rue, un bâtiment hyper moderne, présentant des expos temporaires accessibles par... un monte-charges, une boutique et quelques pièces.

Visite

La visite se déroule en deux parties : l'ancienne et la moderne. La partie ancienne, superbe, renferme plusieurs dizaines de magnifiques carrosses royaux et pontificaux, des coches, des berlines du XVIe au XIXe s, la plupart somptueusement peints et décorés. Souvenirs d'un temps où Lisbonne ne connaissait pas les embouteillages, où les taxis étaient des voitures de voyage conduites par des postillons montés, aux intérieurs rouge et or, aux rideaux en soie brodée... Le diamètre des roues atteint facilement la taille d'un adulte ; impressionnant !
Vous y trouverez le *carrosse du roi Philippe II* d'Espagne, le plus vieux de la collection. N'oublions pas qu'il avait annexé le Portugal à l'Espagne entre 1580 et 1640. Philippe II fut donc également roi du Portugal... S'y trouve aussi le carrosse XVIIe s de Marie-Françoise de Savoie offert par Louis XIV à sa cousine pour son mariage avec Afonso VI en 1666 (un beau cadeau royal encore !). *Le plus* *baroque* est un carrosse du XVIIIe s de l'ambassadeur du Vatican, qui faisait partie du cortège diplomatique envoyé par le roi João V au pape Clément XI. Notez que la cabine est sans vitres... Il est chargé comme un retable d'église baroque, orné de sculptures dorées évoquant la rencontre de l'océan Indien et de l'Atlantique.

Appréciez aussi la litière qui était portée par des mules, la chaise à porteurs portée par des hommes, et la chaise à hublots, étrange attelage avec ses deux rideaux de cuir et ses hublots. L'occupant pouvait conduire sa calèche lui-même en cas de pluie... C'est dans un semblable véhicule que le roi José Ier, en 1758, échappe à une tentative d'assassinat. À propos de régicide, sachez que l'histoire portugaise se répète en 1908 avec l'assassinat du roi Carlos I dans un landau royal également exposé.

RENCONTRES BIEN CARROSSÉES

Un curieux carrosse (n° 50), appelé coche da mesa, *renferme une table ronde dans un luxueux habitacle tapissé de velours carmin et orné de rideaux pourpres. Aux XVIIe et XVIIIe s, il se rendait souvent à la frontière du Portugal et de l'Espagne pour échanger les épouses entre les deux royaumes rivaux et parfois ennemis. Les palabres et les négociations se tenaient autour de la table. Ces noces arrangées servaient la diplomatie. Elles évitaient parfois les guerres...*

🎎 **Museu nacional de Etnologia** *(hors plan détachable Belém,* **397)** *: av. Ilha da Madeira.* ☎ *213-041-160.* ● *mnetnologia.wordpress.com* ● *Dans une av. perpendiculaire au Tage, sur la droite juste avt d'arriver au monastère dos Jerónimos ; le musée est à 200 m sur la droite. Bus n°[s] 28, 714 et 732. Tlj sf lun et j. fériés 10h (14h mar)-18h. Entrée : 3 € ; réduc ; gratuit avec la Lisboa Card. Visites guidées de la galerie amazonienne (au sous-sol) mer-dim à 10h30, 12h30, 14h30 et 16h30.* Un musée peu connu et très bien arrangé, qui mérite une visite pour la qualité (et non pour la quantité) des objets présentés. Explications en portugais et en anglais.

Les collections permanentes déclinent des thèmes intéressants : les marionnettes traditionnelles de Bali, les poupées rituelles du sud-ouest de l'Angola, les instruments de musique populaire du Portugal, les bâtons sculptés du village de Rio de Onor au nord-est du pays... Bien que le Mali ne soit pas dans la sphère d'influence historique portugaise, le musée abrite une remarquable collection de masques, marionnettes, sculptures d'animaux de carnaval, provenant de ce pays. Enfin, au sous-sol, dans la galerie amazonienne, nombreux objets rapportés du Mato Grosso (Brésil) et d'Amazonie (tribus Wauja, Waiapi, Yanomami, Parakana...) par des ethnologues portugais ayant vécu au Brésil : parures indiennes en plumes multicolores du Xingu, ornements d'apparat en paille et fibres végétales, hamacs, poteries, vaisselle, armes, lances, arcs et flèches, nasses de pêche, instruments de musique...

Belém, côté Tage

🎏 **Monumento das Descobertas** *(plan détachable Belém,* **398)** *:* ☎ *213-031-950.* ● *padrao dosdescobrimentos.pt* ● *Marssept, tlj 10h-19h ; oct-fév, tlj sf lun 10h-18h ; dernière entrée 30 mn avt. Fermé 1er janv, 1er mai et 25 déc. Entrée : 5 € ; réduc, notamment avec la Lisboa Card et la CARRIS Card.* Un bon résumé en images, qui se passe de commentaires ou presque (voir encadré). Élevé en 1960 pour le 500e anniversaire de la mort d'Henri le Navigateur,

POUSSEZ PAS DERRIÈRE !

C'est l'ancien dictateur Salazar qui commanda, sur le rivage du large fleuve, ce monument des Découvertes, monolithe sculpté dans les années 1960. Un monument que certains Lisboètes réfractaires à l'esthétique salazariste ont baptisé, non sans humour, « Poussez pas derrière » : il représente une file de héros aux noms célèbres s'avançant à la queue leu leu vers le Tage, derrière l'infant, futur Henri le Navigateur.

il reprend la construction provisoire qui trônait à la même place lors de l'Exposition de 1940. Il avance, telle une lourde proue de navire, sur le Tage. Derrière l'infant, futur Henri le Navigateur, sont représentés tous les grands personnages de l'histoire portugaise liés aux découvertes maritimes. Sur l'esplanade, marqueterie de marbre de 50 m de diamètre, dessinant une rose des vents. Au centre, un planisphère dresse l'inventaire des découvertes portugaises, cadeau de l'Union sud-africaine en commémoration du franchissement du cap de Bonne-Espérance. Autour, pavage en noir et blanc figurant les flots tels qu'ils couvraient le Rossio. Possibilité d'accéder au sommet, à 50 m d'altitude (ascenseur). Le belvédère n'offre rien d'extraordinaire, sinon l'occasion d'apprécier l'esplanade, les jardins de la praça do Império, la vue sur le monastère et l'ensemble du quartier, qui ne manque pas de charme.

⊙ 🎏🎏🎏 🚶 **Torre de Belém** (hors plan détachable Belém, **399**) : *av. da India.* ☎ *213-620-034 ou 038.* ● *torrebelem.pt* ● *Du monastère des Hiéronymites, à 10-15 mn à pied par l'av. da India, sur la gauche. Tlj sf lun 10h-17h30 (18h30 mai-sept) ; dernière entrée 30 mn avt. Fermé 1er janv, 1er mai et 25 déc. Entrée : 6 € ; réduc ; gratuit avec la Lisboa Card. LE BON PLAN : billet combinés sur place ou sur Internet, **en principe permettant de ne pas refaire la queue** : mosteiro dos Jerónimos + torre de Belém ou museu nacional de Arqueologia 12 € ; torre de Belém + mosteiro dos Jerónimos + museu nacional de Arqueologia 16 € ; torre de Belém + mosteiro dos Jerónimos + museu nacional de Arqueologia + museu de Arte popular + museu nacional de Etnologia + museu dos Coches 25 €.* L'un des monuments emblématiques du patrimoine portugais. Attention : escalier en colimaçon raide. Ce monument a servi de tour de contrôle maritime pendant des siècles, surveillant les navires à l'embouchure du Tage, attendant le retour des caravelles, guettant l'arrivée des galions chargés de marchandises précieuses. À elle

> **SECOUEZ-MOI...**
>
> *Aujourd'hui, on observe cette élégante tour depuis le bord du Tage, mais autrefois, elle trônait au milieu du fleuve. Depuis le séisme de 1755, le lit du fleuve a bougé.*

seule, cette petite tour est le plus beau symbole de l'épopée portugaise sur toutes les mers du monde. Elle fut édifiée en 1515 par le roi Manuel, dans une période féconde en découvertes maritimes.

Notez les très belles croix lusitaniennes aux créneaux et les ornementations d'inspiration mauresque qui couronnent les tours d'angle. L'intérieur se visite. La tour était une tour de garde, mais elle abritait aussi un bureau qui enregistrait tous les mouvements de bateaux. Quatre étages de salles voûtées d'ogives ou d'arêtes. De la terrasse supérieure, belle vue sur le Tage. Bon, faut avouer quand même qu'on en a vite fait le tour, de cette tour... et vue l'attente aux beaux jours, on peut s'abstenir !

🎏🎏🎏 **Museu de Arte, Arquitetura e Tecnologia (MAAT** ; hors plan détachable Belém, **400**) : *av. Brasília.* ☎ *210-028-130.* ● *maat.pt* ● *Tram n° 15 ; bus n°s 728, 714, 727, 729 et 751. Train : arrêt Belém. Tlj sf mar 12h-20h. Fermé 1er janv, 1er mai et 25 déc. Entrée : 5 € pour l'ancienne centrale électrique, 5 € pour le MAAT et 9 € pour les 2 sites ; réduc.* C'est la nouvelle attraction phare de Lisbonne. Le MAAT a été créé dans le prolongement du musée de l'Électricité, qui a pris une nouvelle dimension avec ce bâtiment ultra-contemporain de 190 m de long. On dirait une vague, une aile, où les piétons peuvent circuler au-dessus et au-dessous. La lumière et les vagues du Tage viennent se refléter dans les 15 000 tuiles qui rappellent les azulejos portugais. Les expositions temporaires permettent de découvrir les nombreuses facettes du savoir, de la science à l'art, en passant par l'architecture et la technologie, à travers des expositions temporaires d'art assez pointues, tout comme dans l'ancien musée de l'Électricité avec ses turbines toujours en place. Ne manquez pas le point de vue sublime sur le Tage.

Ajuda

Situé sur l'une des sept collines de Lisbonne, enserré entre le parc de Monsanto, le Tage, le ponte 25 de Abril et Belém, ce quartier populaire est peut-être l'un des plus authentiques de Lisbonne. Il reste bien quelques *páteos,* mais c'est à Ajuda qu'ils sont le moins rongés par l'urbanisation. Un *páteo* était à l'origine un véritable petit quartier, né dans la seconde moitié du XIXe s de l'afflux vers la capitale d'ouvriers, artisans et autres gens de petits métiers à la recherche d'une vie meilleure. Habitat spontané, amas de constructions disparates autour d'une cour ou d'une ruelle, cachés des regards extérieurs, ces *páteos* préservent une vie autonome quasi villageoise derrière une simple grille ou une porte close. Tous les habitants se connaissent, se saluent et se retrouvent pour festoyer. Certains disposent même de lavoirs communs, d'une boulangerie, d'une taverne, voire d'une école, d'une chapelle et de petits commerces. Mais la modernité est passée par là, et il vous sera difficile de distinguer ces petits lieux préservés, d'autant que le quartier autour ne présente pas grand intérêt.

※※ Palácio nacional da Ajuda *(hors plan détachable Belém,* **402***) : largo da Ajuda.* ☎ *213-637-095.* ● *pnajuda.imc-ip.pt* ● *Tram n° 18 de la praça do Comércio ; descendre 2-3 arrêts avt le terminus. Bus n°s 729, 732, 742 et 60. Tlj sf mer 10h-18h (dernière entrée à 17h30). Fermé 1er janv, dim de Pâques, 1er mai et 25 déc. Entrée : 5 € ; réduc.* À visiter pour découvrir l'une des dernières résidences de la famille royale de Bragança, jusqu'à l'avènement de la République (1910). Destiné à remplacer la bâtisse de bois qui abrita durant 30 ans la famille royale, chassée de ses appartements par le hoquet tellurique de 1755, cet imposant palais néoclassique vit sa construction, commencée en 1802, retardée par l'invasion napoléonienne et le départ des souverains pour le Brésil. Le musée offre au public d'intéressants témoignages sur la vie quotidienne d'une cour européenne au XIXe s avec photos de famille : mobilier, décoration, expos à thèmes variés sur la famille, du XVIe s à 1910. Concerts en saison. Un bel endroit.

※ Páteo Alfacinha *(hors plan détachable Belém,* **401***) : rua do Guarda Jóias, 44.* ☎ *213-642-171.* ● *pateoalfacinha.com* ● *Bus n°s 32, 38, 42 et 60 ; tram n° 18 jusqu'au largo da Boa Hora (face à un hôpital militaire rouge), puis, faisant face à ce bâtiment, prendre à droite travessa Moinho Velho et enfin à gauche ; en remontant la rue, c'est sur la droite. Accessible aussi à partir du largo da Ajuda (devant le palais) ; c'est la rue qui descend de l'angle sud-est de la place.* Une construction contemporaine sur le plan imaginaire d'un *páteo* traditionnel. Franchissez la grille et demandez à l'accueil si vous pouvez visiter (car c'est privé !). De mars à septembre, évitez le samedi, traditionnellement consacré aux agapes et autres libations nuptiales (ou alors, allez-y assez tôt en matinée, ce qui permet de franchir certaines portes entrouvertes...). Puis laissez-vous guider par votre imagination. La plupart des matériaux utilisés proviennent d'autres édifices ruinés par le temps. En suivant les panneaux d'azulejos, les balcons suspendus, les escaliers « dédalesques », vous découvrirez un petit village abritant quelques boutiques, un atelier de céramique, des salles de réception et un resto (pour groupes seulement, réservation par téléphone). Ne manquez pas la chapelle de « Saint-Antoine-Fatigué ».

※※ Ponte 25 de Abril *(plan d'ensemble détachable, B10-12) :* entre Ajuda et Alcântara, orgueil du régime salazariste, terminé en 1966. À l'époque, évidemment, il s'appelait Salazar comme la moitié des rues du pays. Il fut débaptisé au profit de la date rappelant le début de la révolution des Œillets. Cette merveille eut, bien sûr, son heure de gloire et quelques records (hauteur des pylônes et travée centrale), mais le temps file et jeunesse passe. Face au pont Vasco da Gama, il ne pèse plus grand-chose. Le soir, lorsqu'il brille de tous ses feux, le spectacle est tout de même bien joli. Parcours santé du pont au MAAT pour les plus sportifs !

Plage

Oubliez tout ce qui se disait il y a quelques années encore sur les plages de Lisbonne : polluées, surpeuplées, sales. Lisbonne a non seulement le rare privilège d'avoir les pieds dans l'eau, mais des travaux importants ont permis au fil des mois de refaire entièrement le front de mer, de créer des promenades. La plage la plus proche est à quelques stations de train du centre, au départ de la gare de Cais do Sodré. Idéal pour couper la journée.

➢ **Carcavelos** *(moins de 30 mn) : prendre le train, destination São Pedro ; sortir à Carcavelos, du côté du terminal rodoviário ; au rond-point, prendre à gauche, direction Marginal ; accès à la plage par le souterrain.* 2 km de sable, à 700 m de la gare. Pas d'arbres, pas d'ombre !

➢ **Passeio marítimo de Oeiras :** 3 km de promenade entre la plage de Santo Amaro et le fort de São Julião da Barra (limite sud de la plage de Carcavelos). Accessible en train (Santo Amaro). Possibilité de louer des vélos à *CiclOeiras,* situé dans l'enceinte de la *piscina oceânica* (gratuite).

LES ENVIRONS DE LISBONNE

CAP À L'OUEST............172	• Santuário da Peninha	• Convento da Arrábida
• Queluz........................172	• Les plages	• Plages • Palmela
• Estoril.........................174	• Mafra.......................200	• Setúbal.......................221
• Cascais 178	• Ericeira.....................202	• La réserve naturelle de l'estuaire du Sado
• En suivant la route côtière vers Sintra 184	**AU SUD DU TAGE : LA PÉNINSULE DE SETÚBAL**...............207	*Vers l'Alentejo* *227*
• Forte de São Jorge de Oitavos • Praia da Cresmina • Duna da Cresmina • Praia do Guincho • Cabo da Roca • Praia Grande	• Cacilhas 208	• Comporta.....................227
	• Costa da Caparica 209	• En allant vers le nord : la péninsule de Tróia et l'observation des dauphins • En allant vers le sud : les plages de Carvalhal et Pêgo, praia da Galé et praia de Aberta Nova
	• Sesimbra....................214	
	• Cabo Espichel • Plages	
• Sintra............................186	• Parque natural da Serra da Arrábida ...218	
• Parque e palácio de Monserrate • Convento dos Capuchos	• Vila Nogueira de Azeitão • Portinho	

Si vous avez peu de temps à passer autour de Lisbonne, vous pouvez pratiquement tout voir en utilisant les transports en commun (train et bus) au départ de la gare du Rossio ou de celle de Cais do Sodré. En revanche, une voiture s'impose si vous comptez butiner le long de la côte, avant de découvrir Sintra et sa belle serra – où l'odeur des pins chauds fait écho au sable blond des plages proches, battues par l'Atlantique.

CAP À L'OUEST

• Carte *p. 174-175*

QUELUZ (2745) 28 000 hab.

À 10 km à l'ouest de la capitale, cette petite ville de banlieue, très urbanisée, se visite facilement au départ de Lisbonne, en prenant le train à la gare du Rossio. On n'y vient que pour une raison : son palais royal, inspiré en toute modestie du château de Versailles.

QUELUZ | 173

Arriver – Quitter

➤ **De / vers Lisbonne :** trains de la gare du Rossio, direction Sintra, ttes les 10-30 mn 6h-1h (● cp.pt ●). Durée du trajet : 17 mn. À la sortie, prendre à droite, descendre par le 1er escalator jusqu'à une placette, puis, presque en face, les escaliers de la rue Maria I. Au 2e carrefour (pont), vous verrez légèrement sur votre droite le jardin public. Traversez-le sur toute sa longueur (env 800 m) jusqu'au palais. Plusieurs cafés et snacks sur votre chemin, si nécessaire.

Où dormir ? Où manger ?

Très chic

🏛 |●| **Pousada de Dona Maria I :** largo do Palácio Nacional. ☎ 214-356-158. ● pousadas.pt ● Doubles env 130-220 € selon période, durée du séjour, formule et promo (consulter leur site). Menu 33 € ; carte 30-60 €. Face au palais, la tour de l'Horloge, aux murs rose bonbon, fut autrefois garde-meuble royal, maison de gardes, puis école. Elle abrite aujourd'hui un membre des *Historic Hotels of Europe,* alignant 26 chambres (dont 2 suites luxueuses et 3 supérieures) hautes de plafond et bien confortables malgré leur déco un poil désuète (moquette). Il y a même un petit théâtre privé ! Les anciennes cuisines du château, derrière la statue, prêtent leur cadre élégant à un resto de prestige, le *Cozinha Velha.* Bon, si le service est bien, on paie quand même surtout le décor...

À voir

🏯🏯🏯 **Le palais :** largo do Palácio Nacional. ☎ 219-237-300. ● parquesdesintra. pt ● Avr-oct, tlj 9h-19h ; nov-mars, tlj 9h-17h30 ; dernière entrée 1h avt la fermeture. Fermé 1er janv et Noël. Entrée : 10 € (6,50 € après 15h30) ; 5 € jardins seuls ; réduc. Audioguide (3 €) ou application (2 €) en français. Construit à partir de 1747 comme palais d'été autour d'une ancienne *quinta,* cet élégant édifice aux apports rococo servit d'écrin à la décadence de la cour royale portugaise. La reine Maria Ire, qui y résida régulièrement pendant les 38 années de son règne (1777-1815), y sombra doucement dans la folie, au rythme des fêtes galantes et des goûters princiers organisés entre les jardins à la française et le vaste parc boisé – semé de bassins, statues et azulejos. Après l'incendie du palais d'Ajuda en 1794, le prince régent et son épouse Carlota Joaquina, vite surnommée « la mégère de Queluz », s'y installèrent ; il fallut alors ajouter un étage pour leurs neuf enfants.

L'occupation française du Portugal par les troupes de Napoléon marqua le départ précipité de la famille royale au Brésil en 1807 ; Junot fit du palais sa résidence jusqu'en 1810. La Cour revint en 1821, mais le cœur n'était plus à la fête... Aujourd'hui, les chefs d'État étrangers en visite officielle sont accueillis dans l'aile du pavillon Dona Maria. Des concerts sont parallèlement organisés dans les jardins ou dans la salle du trône.

C'est par cette dernière, veillée par huit caryatides et écrasée par deux lustres gigantesques, que commence la visite, dans une ambiance très versaillaise. Suit une éblouissante succession de pièces à la décoration foisonnante, mâtinée d'une patine bien présente : salon de musique, chapelle aux dorures rococo et faux-marbre, appartements à la décoration « pompéienne » ou Empire, fumoir, salon de café, jusqu'à l'impressionnante *sala dos Azulejos,* dépeignant les quatre saisons, les quatre continents et des scènes mythologiques. La *salle des Ambassadeurs* a de la prestance avec son dallage en marbre noir et blanc, ses grandes jarres chinoises et ses trônes surélevés sous baldaquin. On termine par l'aile du pavillon Robillion, plus typiquement néoclassique.

LES ENVIRONS DE LISBONNE / CAP À L'OUEST

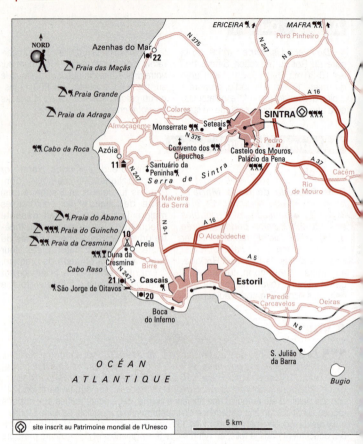

⛺ 🏠 **Où camper ? Où dormir ?**	**11** Convento
10 Orbitur Parque de Campismo Guincho	de São Saturnino

Les ***jardins*** manquent un peu d'entretien. Jetez un œil au canal tapissé d'azulejos et, éventuellement, au secteur de la fontaine de Neptune, cœur du Jardim novo. Le côté opposé est nettement moins calme : il borde l'autoroute.

ESTORIL (2765) 26 400 hab.

À 25 km à l'ouest de Lisbonne, passé l'embouchure du Tage, Estoril ne se pose pas de questions existentielles. Bénéficiant d'un microclimat

ESTORIL | 175

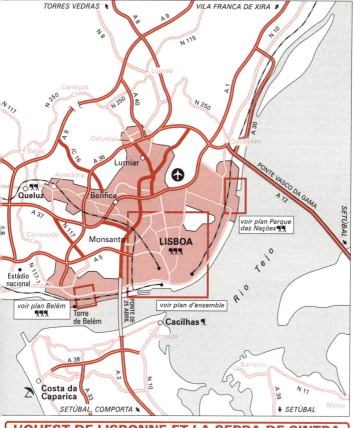

L'OUEST DE LISBONNE ET LA SERRA DE SINTRA

LES ENVIRONS DE LISBONNE

|⚫|	**Où manger ?**	
20 Furnas do Guincho		22 Restaurante Piscinas Azenhas do Mar
21 Monte Mar		

très doux qui l'a vue surnommée « la ville des deux printemps », voilà un lieu où il fait bon vivre – et même mourir, pour parler comme le père de James Bond, qui participa à sa gloire en faisant de son « casino royale » la vedette d'un de ses romans. Inauguré en 1931 à l'aube de l'ère balnéaire, racheté par le magnat chinois Stanley Ho dans les années 1980, le casino est toujours là, aux côtés d'un golf et de boutiques huppées. Open de tennis ATP et Grand Prix automobile puis moto ont contribué à la renommée d'Estoril, et les prix se sont envolés. Aujourd'hui, on y trouve surtout des immeubles résidentiels. On se baigne en contrebas de la voie ferrée, sur une enfilade de plages de sable très bien entretenues mais tout de même bien urbaines.

176 | LES ENVIRONS DE LISBONNE / CAP À L'OUEST

UN PEU D'HISTOIRE

Au début du XXe s, de riches Anglais, en quête de douceur hivernale, découvrirent Estoril et s'installèrent dans des villas cossues, aujourd'hui propriétés des grandes familles portugaises. Inventeur du personnage de James Bond 007, Fleming s'inspira du casino de la station pour écrire *Casino Royale*, porté à l'écran en 1967, puis à nouveau en 2006. Un autre James Bond, *Au service de Sa Majesté*, fut tourné en partie à Estoril. La

NID D'ESPIONS

Pendant la Seconde Guerre mondiale, la neutralité portugaise vit Estoril transformée en rendez-vous des agents secrets. Ils séjournaient tous au Palácio, alors truffé de micros. Parmi eux : le yougoslave Dušan « Duško » Popov, qui ne se déplaçait qu'avec une jolie créature à chaque bras... Ian Fleming s'en inspira pour créer James Bond quand il vint à Estoril en 1941.

ville servit aussi de lieu d'exil et de séjour pour pas mal de têtes couronnées. Juan Carlos d'Espagne y passa une partie de son enfance avant la restauration de la monarchie en Espagne. Le comte de Paris, héritier des rois de France, y vécut de nombreuses années. La reine de Bulgarie y est morte en l'an 2000 et Umberto II d'Italie s'installa à Cascais après l'adoption de la république en 1946. Quant à Salazar, il habita le fort d'Estoril. Difficile d'être mieux protégé de la foule.

Arriver – Quitter

🚉 **Gare ferroviaire :** *près de la mer, en contrebas du casino, au centre-ville.* ● *cp.pt* ● Pour Lisbonne (gare Cais do Sodré), ttes les 12-30 mn 5h30-1h30 ; compter 35 mn de trajet et 2,30 € l'aller. Pour Cascais (4 mn) : idem 6h-2h. *Bilhete Praia* illimité pour 7 j. sur la ligne Lisbonne-Cascais : 12 €. Pour Sintra, il faut repasser à Lisbonne ; privilégiez le bus.

🚌 **Gare routière :** *à côté de la gare ferroviaire.* ● *scotturb.com* ● Pour Sintra, bus n° 418 ttes les 40 mn à 1h40, lun-ven 6h10-23h25, sam 6h10-22h50, dim 6h55-21h35. Pour Cascais, bus n°s 413 (ttes les 20 mn 6h20-20h en sem, ttes les 40-80 mn 6h55-20h le w-e) ou 406 (moins fréquent). Cascais n'est qu'à 20 mn à pied en longeant les plages.

Où dormir ?

De bon marché à prix moyens

🛏 **The Salty Pelican Beach Hostel :** *rua de Madrid, 6.* ☎ *218-073-259.* 🖷 *932-560-960.* ● *hello@saltypelican-cascais.com* ● *saltypelican-cascais. com* ● *Sur les hauteurs, plus facile d'accès depuis Cascais : du supermarché Jumbo, remonter par la route de Sintra sur env 400 m, puis prendre à droite la rua do Alcaide (panneau orange « Ludoteca do Monte ») ; continuer sur env 500 m, puis prendre à droite face aux assurances Zurich et à*

nouveau tt de suite à droite. Congés : janv. Dortoirs 4-8 lits 12-35 €/pers selon taille et saison, doubles 50-120 €, petit déj inclus. 🛜 Occupant une jolie maison des années 1920 dans un quartier où les immeubles remplacent peu à peu les vieilles demeures, cette AJ pimpante arbore azulejos en façade et terrasse herbeuse aux poufs colorés. À l'intérieur, parquets anciens rénovés, carreaux de céramique d'origine et baignoire à pattes contrastent avec les dortoirs récents aux lits solides (tiroir et lumière individuelle pour chacun), la déco *trendy* et l'unique chambre cosy. Le dortoir du bas est frais mais sombre.

LES ENVIRONS DE LISBONNE

Organise des tas d'activités (avec forfaits à la clé) et des soirées barbecue ou pizza fréquentes.

🛏 **Blue Boutique Hostel & Suites :** *av. Marginal, 6538.* ☎ *214-663-006.* 📠 *967-330-753.* ● *reservations@blueboutiquehostel.com* ● *blueboutiquehostel.com* ● *Congés : 1ʳᵉ quinzaine de janv. Dortoirs 4-12 lits 14-30 €/pers selon taille et saison, doubles 29-75 €, petit déj inclus.* 🖥 📶 Plus centrale que la précédente mais donnant sur la route principale (double vitrage), cette belle AJ occupe une ancienne villa entièrement rénovée sur de joyeuses tonalités pastel. Elle est tenue par Carolina, qui parle parfaitement français (son père est suisse). C'est à l'étage que l'on trouve les dortoirs (avec sols en marbre !) et les chambres les plus agréables, certes pas géantes (2 ont leur propre salle de bains). Il y a aussi la *Master Suite,* dans la tourelle, idéale pour les familles. Ajoutons une superbe cuisine équipée, un grand salon commun avec Playstation, un bar-snack, une machine à laver, des vélos en location, des cours de yoga et... la plage à 2 mn.

🛏 **Casa Londres :** *av. Fausto de Figueiredo, 143.* ☎ *214-682-383.* ● *reservas@casalondres.com* ● *casalondres.com* ● *À 300 m de la plage. De l'avenue côtière (Marginal), en allant vers Cascais, tourner à droite dans l'av. Fausto de Figueiredo ; c'est un peu plus haut, sur la gauche. Congés : 2ᵈᵉ quinzaine de déc. Doubles 40-60 € selon saison, petit déj (léger) inclus.* 📶 Cette petite villa abrite une dizaine de chambres claires et sobres, avec douche (petite) et TV (pas d'AC). Notre préférée : la nº 202, avec 3 fenêtres, la terrasse et ses azulejos. L'entretien pourrait être un peu amélioré, mais les prix se tiennent. Très bon accueil en français (mais pas toujours quelqu'un sur place).

De prix moyens à beaucoup plus chic

🛏 **Casa Shanti Niketan :** *av. das Acácias, 108, Monte Estoril.* ☎ *214-680-465.* 📠 *917-789-142.* ● *reservations@casa-shantiniketan.com* ● *casa-shantiniketan.com* ● *Depuis Marginal (route côtière), en allant vers Cascais, prendre à droite l'av. Fausto de Figueiredo, puis à gauche dans av. Acácias. Congés : vac de Noël. Doubles 40-90 € selon saison, petit déj inclus.* 📶 Tenue par une Indo-Portugaise, Sofia (qui parle français), cette sympathique « maison de la paix » se dresse dans un quartier résidentiel peu à peu grignoté par des immeubles. Entourée d'un jardinet ombragé par un pin parasol XXL, elle abrite 7 chambres, toutes avec salle de bains privée, frigo, bouilloire, ventilo (pas d'AC) et double vitrage ; 3 ont un balcon. L'accueil des dames de la maison est gentil et le carré de gazon avec chaises longues, au fond, fort agréable.

🛏 **Hotel Smart :** *rua Maestro Lacerda, 6.* ☎ *214-682-164.* ● *reservas@hotel-smart.net* ● *hotel-smart.net* ● ♿ *À l'entrée est d'Estoril, à la hauteur de l'hôtel Sana, prendre l'av. perpendiculaire à Marginal, direction Sintra, puis la 3ᵉ à droite. Congés : vac de Noël. Doubles 32-115 € selon saison, petit déj inclus. Parking.* 📶 Occupant une belle et grande maison de couleur orange entourée d'un jardin et d'une piscine, les 26 chambres sont confortables, avec grande douche pluie vitrée, TV à écran plat et carrelages brun-orange. L'adresse est un poil excentrée, mais le lieu est au calme (si l'on excepte l'insonorisation intérieure) et l'accueil francophone.

De beaucoup plus chic à très chic

🛏 **Hotel Inglaterra :** *rua do Porto, 1.* ☎ *214-684-461.* ● *geral@hotelinglaterra.com.pt* ● *hotelinglaterra.com.pt* ● *Juste à l'est du casino, au centre-ville. Doubles env 100-305 € selon catégorie et saison (voir offres spéciales sur le site).* 📶 Vous serez accueilli avec un petit verre de porto dans cet ancien palace victorien perché sur son tertre, devenu hôtel 4 étoiles. On y distingue 2 catégories de chambres : celles du bâtiment historique, qui commencent à dater (avec moquette), et celles de l'aile contemporaine *(twin superiors),* nettement mieux, plus spacieuses et

178 | **LES ENVIRONS DE LISBONNE / CAP À L'OUEST**

lumineuses, avec belle douche pluie et balcon vitré. Elles épousent le flanc de la superbe piscine noire en terrasse. Profitez des promos sur Internet !

Quelques places de parking gratuites *(sinon 7,80 €/j.)*, location de vélos *(12,50 €/j.)* et réduction de 15 % au spa du proche *Banyan Tree*.

Où manger ?

|●| 🍴 Garrett : *av. de Nice, 54.* ☎ *214-680-365. À côté de la poste. Tlj 8h-19h.* Dans cette pâtisserie-salon de thé assez chic, on croise de jeunes mamies venues papoter, des couples bien mis, des hommes d'affaires... Côté déco, on est plus proche de la brasserie branchée que du *tea-room* anglais. Bons petits plats chauds, mais on vient ici surtout pour la partie sucrée, et notamment pour le *quadrado moka,* un gâteau à la crème et au café. Bons petits déj également, des jus de fruits frais et des milk-shakes.

|●| Villa Tamariz : *praia Tamariz.* 🏠 *910-127-990. Tlj (sf le soir lun et jeu en basse saison) 12h-18h, 19h-22h30. Plats 8-23 €.* Aucun doute : on est ici en plein balnéaire chic. Juché au-dessus de la plage, le bâtiment, jaune délavé, dresse sa tourelle comme un phare appelant à profiter de sa vaste terrasse lounge (musique un peu envahissante) ou de la très belle salle intérieure aux grandes baies vitrées tournées vers la mer. La carte des plats principaux est courte, mais elle se complète d'un choix de salades, *wraps* et burgers assez abordables. Essayez le hot-dog de poulpe.

CASCAIS

(2750)   35 400 hab.

● Plan *p. 179*

Posée à la proue du Portugal, Cascais (à prononcer « cache-cahich ») a vu cingler vers le large les grands découvreurs, avant de sombrer dans la douce torpeur des stations balnéaires. En 1870, le roi Louis Ier du Portugal, passionné d'océanographie, y fit aménager les appartements du gouverneur en palais royal. La cour et la haute bourgeoisie suivirent dans un froufrou de bains de mer, de bals et de soirées forcément huppées.
Un siècle et demi plus tard, Cascais (jumelée avec Biarritz) s'est nettement densifiée. Mais sous sa croûte de développement urbain bat encore le cœur d'un vieux village aux ruelles blanches. Là, une forteresse du XVIIe s récemment restaurée épouse une succession de criques et de modestes plages de sable blond. Les boutiques un peu chic et les visiteurs y affluent, façon Saint-Tropez, les yachts en moins. Résultat : on a bien du mal à trouver de la place sur les terrasses du largo de Camões, où le café est à prix parisien.

Arriver – Quitter

🚌 **Terminal des bus** *(plan B1) : au-dessous du grand centre commercial* Cascais Villa. *Compagnie* **Scotturb.** ☎ *214-699-125.* ● *scotturb.com* ●
➤ **Estoril** *(gare) :* ttes les 10-25 mn 6h30-0h20, avec les n[os] *406, 407, 411, 412 (exprès)* ou *413.* Trajet : 14-30 mn, mais il ne faut que 4 mn de train ou

25 mn à pied par la promenade des plages.
➤ *Sintra :* direct par le n° *417,* ttes les 40 mn à 1h 7h20 (8h10 dim)-19h50, ou par la jolie route côtière (ligne n° *403*) via le cabo da Roca, ttes les 30-60 mn 8h40-20h40 (trajet : 1h).

179

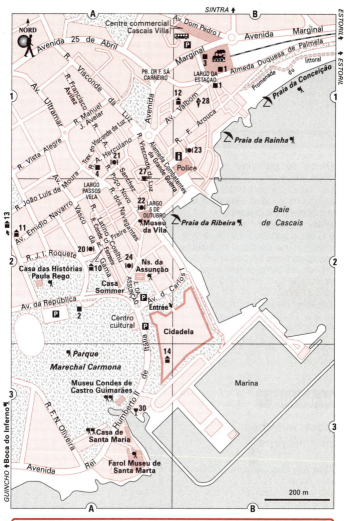

LES ENVIRONS DE LISBONNE

CASCAIS

Adresses utiles
- Office de tourisme
- 1 et 2 Mobi Cascais et location de vélos
- 3 Location de vélos électriques et de scooters
- 4 Laverie libre-service

Où dormir ?
- 10 Nice Way Cascais
- 11 Ljmonade Hostel & Suites
- 12 Casa da Pérgola
- 13 Casa Vela Guest House
- 14 Pestana Cidadela Cascais

Où manger ?
- 20 Casa dos Pescadores – O Cantinho da Bélinha
- 21 Polvo Vadio
- 22 Dom Pedro I
- 23 Café Galeria House of Wonders
- 24 5entindos

Où manger un *pastel de nata* ou une glace inoubliable ?
- 27 Bijou
- 28 Santini

Où boire un verre ?
- 30 Esplanada Santa Marta

180 | LES ENVIRONS DE LISBONNE / CAP À L'OUEST

🚂 **Gare ferroviaire** (plan B1) **:** largo da Estação. ● cp.pt ●

➤ **Estoril et Lisbonne** (gare de Cais do Sodré) **:** ttes les 12-30 mn 5h30-1h30. Trajet : respectivement 4 mn et 33-40 mn. Billet simple : 2,30 € + 0,50 € le pass rechargeable. Bilhete Praia illimité pour 7 j. sur la ligne Lisbonne-Cascais : 12 €.

➤ **Pas simple de se garer à Cascais !** Lorsqu'enfin on trouve une place dans la rue, il en coûte 1 €/h, tlj 9h-20h, avec un maximum de 4h au même endroit. Pour ne pas vous retrouver ruiné, on vous conseille le parking situé à côté du parque Marechal Carmona (plan A2), à 5 €/j. L'entrée est en face de la casa das Histórias Paula Rego.

Adresses et info utiles

ℹ️ **Office de tourisme** (plan B1) **:** kiosque sur le largo Cidade Vitória. 🖥 912-034-214. ● visitcascais.com ● Tlj 9h-18h (20h mai-sept). Plan de la ville, résa d'hôtels et excursions.

■ **Mobi Cascais :** ● mobicascais. pt ● C'est le service Vélib' de la ville. Il dispose d'une douzaine de stations de vélos, dont une devant la gare (plan B1, **1**) et une autre devant le parque Marechal Carmona (plan A2, **2**). Il y en a aussi 3 à Estoril.

■ **Location de vélos :** devant la gare (plan B1, **1**), dans un kiosque, et au posto de informação de turismo de natureza, devant le parque Marechal Carmona (plan A2, **2**). Dans les 2 cas, tlj 8h-19h (17h oct-avr). Compter 2 €/h

ou 4 €/j. Une piste cyclable se déroule sur 10 km jusqu'à la praia do Guincho.

■ **Vélos électriques et scooters** (plan B1, **3**) **:** avec **Tomorrow's Adventure**, dans la gare. 🖥 967-287-969. ● tomorrowsadventure.pt ● Tlj 9h-19h (21h en général en été). 3 autres boutiques en ville (à partir de 10h). Compter 10-15 € pour un VTT ou un vélo classique, 25-40 € pour un vélo électrique et 25-45 € pour un scooter (50 ou 125 cc). On y parle français. Les tarifs comprennent une assurance assistance, même en cas de simple pneu crevé (intervention sous 15 mn) !

■ **Laverie libre-service** (plan A1, **4**) **: Mary Clean,** rua Herculano, 25 C. Tlj 8h-23h.

Où dormir ?

De bon marché à prix moyens

🏠 **Nice Way Cascais** (plan A2, **10**) **:** rua Conde Ferreira, 117. ☎ 214-863-660. ● info@nicewaycascais.com ● nicewaycascais.com ● Congés : déc-fév. Dortoirs 4-8 lits 15-26 €/pers selon taille et saison, doubles 45-80 €, petit déj inclus. 📶 Occupant une vieille maison du centre, cette AJ pimpante décline tous les classiques du genre : 4 dortoirs mixtes et 1 pour les filles, avec rideaux, casier, lampe et prise électrique pour chaque lit, 5 chambres privées pas géantes à la déco joliment individualisée (1 avec sa propre salle de bains), une grande cuisine, un petit jardin très cool à l'arrière avec bar et canapé, des soirées barbecue et tapas, sans oublier

des cours de surf et de yoga (en saison, le yoga). Cool, on vous dit !

🏠 **Ljmonade Hostel & Suites** (plan A2, **11**) **:** rua Manuel Joaquim Gama Machado, 4a-6. ☎ 214-865-671. 🖥 916-880-056. ● hostel@ljmonade. com ● ljmonade.com ● Dortoirs 4-6 lits 15-22 €/pers selon taille et saison, doubles 45-75 €, petit déj inclus. 📶 Plus étroit mais plus calme que le Nice Way, le Ljmonade occupe 2 petites maisons attenantes à 5 mn à pied à l'ouest du centre, dans un quartier résidentiel tranquille. On y trouve 3 dortoirs (dont 1 pour les filles), 3 chambres avec salle de bains privée et 4 autres avec sanitaires partagés – un peu légers en nombre. Il y a aussi une cuisine par maison et, à l'arrière, une agréable terrasse commune semée de coussins. L'ensemble est clair et très bien tenu.

CASCAS / OÙ MANGER ? | 181

En prime : verre de vin offert, soirées et location de vélos.

De plus chic à très chic

🛏 *Casa Vela Guest House (hors plan par A2, 13) : rua dos Bem Lembrados, 17.* ☎ *218-093-996.* • *casavela17@sapo.pt* • *casavelahotel.com* • *À 5 mn à l'ouest du centre, près de la casa das Histórias Paula Rego (de là, prendre la rue Guilherme Gomes Fernandes, puis la 2e à gauche et la 2e à droite). Doubles 70-145 € selon saison, petit déj inclus. Parking possible slt dans la rue (env 8 €/j.).* 📶 Ah, quelle belle oasis ! Tenue par un Portugais francophone qui a passé son enfance au Mozambique, cette *guesthouse* occupe un vaste jardin boisé au cœur duquel s'alanguit une piscine. On est en fait plus près de l'hôtel de charme, avec 18 chambres (très confortables) toutes différentes, décorées sur le thème des grandes découvertes portugaises du XVIe s – Timor, Goa, Macao, poivre, curry, etc. Leur taille oscille entre 17 et 28 m^2 et il y a même des suites avec cuisine (38-52 m^2). La plupart ont un balcon. En prime : *honesty bar,* machine à expresso à disposition dans le salon et petit déj servi à des horaires très flexibles. Pour l'anecdote, sachez que le boss, tombé fou de ski lorsqu'il a débarqué d'Afrique, est commentateur sur Eurosport !

🛏 *Casa da Pérgola (plan B1, 12) : av. Valbom, 13.* ☎ *214-840-040.* • *reservations@pergolahouse.pt* • *pergolahouse.pt* • *Congés : de mi-déc à mi-janv. Doubles 92-167 € selon confort et saison, petit déj-buffet inclus. Porto (inclus) servi 18h-20h. Parking possible slt vers la gare (env 10 €/j.).* 📶 *(réception).* Séjour en amoureux ? Ultra centrale, cette belle et confortable maison de famille du XIXe s, avec azulejos ornant les fenêtres, donne sur un jardin fleuri où ont été disposées quelques chaises longues. Les 10 chambres, très cosy, sont toutes différentes, décorées avec goût et du mobilier ancien, même si elles ont conservé leurs salles de bains colorées rétro. On aime bien aussi le salon cossu dans le style british, avec cheminée, relevé d'azulejos. Accueil adorable en français. Attention, pas d'enfants de moins de 10 ans !

🛏 *Pestana Cidadela Cascais (plan A3, 14) : av. Dom Carlos I.* ☎ *214-814-300.* • *guest@pousadas.cpt* • *pestana.com* • *Doubles env 155-400 € selon confort et saison, petit déj inclus.* 📶 On ne s'adresse pas ici à toutes les bourses ! Ce 5-étoiles s'est installé au sein même de la citadelle restaurée, devenue « art district » (un bien grand mot). L'établissement joue les contrastes avec, d'un côté, des chambres aménagées dans les parties anciennes, très confortables mais nécessairement assez sombres et confinées, et de l'autre une aile moderne avenante avec baies vitrées et petite terrasse. Ajoutons 2 piscines (une intérieure, une extérieure avec *deck* en gazon), un spa, une salle de gym et 2 restos très chers. En revanche, il faudra vous garer vous-même (à 3 mn).

Où manger ?

Beaucoup de restos attrape-touristes se regroupent autour du largo de Camões et derrière le largo Cidade Vitória.

De très bon marché à prix moyens

🍴 *Casa dos Pescadores – O Cantinho da Bélinha (plan A2, 20) : av. Vasco da Gama, 133.* ☎ *214-822-504. Tlj sf lun 12h-23h. Plats 6,50-20 €.* C'est la cantine de l'association des pêcheurs. Le week-end, le lieu est envahi par les familles portugaises et les tables se font rares, tant à l'intérieur (sombre) que sous la véranda de la courette. Au menu : du poisson grillé, bien sûr, et des fruits de mer, selon le retour de pêche – affiché sur le grand tableau noir à l'entrée. Ne vous attendez pas à un service 4 étoiles.

🍴 *Dom Pedro I (plan A2, 22) : beco dos Inválidos, 4.* ☎ *214-833-734.* • *mail@dompedrocascais.com* • *Tlj*

LES ENVIRONS DE LISBONNE

sf dim 12h-14h30, 19h-21h30 (21h en basse saison). Plats 8-13 €. 🛜 Planquée dans l'angle d'une ruelle partant à droite de l'hôtel de ville, voici une adresse appréciée des initiés. Poissons et viandes se partagent la carte à égalité pour des plats gourmands, et, si la salle est un peu vieillotte (mais typique), nous avons craqué pour les 4 tables coincées en « terrasse » et pour le service vraiment sympathique.

I●I *Polvo Vadio* (plan A1, **21**) : rua Afonso Sanches, 47. ☎ 214-830-968. ● polvo.vadio@gmail.com ● Tlj sf dim soir et lun 12h30-16h, 19h30-22h (minuit sam). Plats 10-14 €. Ici, on mange du poulpe, rien que du poulpe (ou presque) ! Il est préparé avec du riz, des pâtes, en beignet, grillé, etc. Il y a aussi de la morue et on accompagne tout ça d'une bière artisanale locale ou d'un gin de l'Alentejo.

I●I ♟ *Café Galeria House of Wonders* (plan B1, **23**) : largo da Misericórdia, 53. ▦ 911-702-428. ● anna@ house-of-wonders.eu ● Tlj 12h-22h. Buffet env 9-15 €. Très appréciée de la clientèle féminine, cette adresse fait la part belle à une cuisine saine : pas de congelé ni de micro-ondes, mais un buffet de « *mezze* » (en fait, plutôt des salades de légumes) à base de produits frais locaux, du houmous maison, ou encore une trilogie de petits plats chauds (du jour) à 10 €. Outre la salle de resto en bas, on peut squatter la placette du niveau supérieur ou la terrasse de l'étage – idéale pour s'enfiler un cocktail de jus de fruits en lézardant. Et pour ceux qui préfèrent le jus de houblon, il y a aussi des bières artisanales...

De prix moyens à plus chic

I●I *5entidos* (plan A2, **24**) : largo da Assunção, 6. ▦ 961-571-194. ● 5enti doscascais@gmail.com ● Tlj sf mar 12h30-15h30, 19h-21h (plus tard et service continu en été). Plats 12,50-24 €. Loin de l'agitation touristique, voici un sympathique gastropub, à la fois smart et décontracté. Dans une jolie salle décorée de tableaux, avec cheminée et bar, ou sur l'élégante terrasse en bois, on déguste une cuisine portugaise de qualité, revisitée à la mode du chef. Elle fait la part belle aux poissons locaux. Les plats, copieux et bien présentés, réveilleront vos 5 sens ! Belle carte des vins et accueil pro.

Où manger un *pastel de nata* ou une glace inoubliable ?

☕ *Bijou* (plan A1-2, **27**) : largo de Camões. ☎ 214-830-283. Tlj 8h-2h. Si les restos de l'esplanade ne sont pas vraiment recommandables, cette pâtisserie, fondée en 1929, offre une escale parfaite pour s'offrir un café serré avec son incontournable *pastel de nata* matinal. Il y en a même au caramel et aux fruits rouges. Belle terrasse sur la place.

🍦 *Santini* (plan B1, **28**) : av. Valbom, 28 F. ☎ 214-835-929. Tlj 11h-20h (minuit ven-sam). Également av. Combatentes, 102. La queue, souvent longue, devrait vous l'indiquer. On y a léché certaines des meilleures glaces au monde. Sans blague ! Parmi la vingtaine de parfums : la fraîcheur de la pomme verte, l'excellente mangue, la succulente framboise, la surprenante gorgonzola aux noix...

Où boire un verre ?

♟ *Esplanada Santa Marta* (plan A3, **30**) : av. Rei Humberto II de Itália, 7. ☎ 211-379-692. Tlj 10h-22h (minuit en été). L'accueil n'est guère gracieux, mais le lieu est séduisant : une sorte de guinguette coincée sur un étroit terrasson, au-dessus d'une crique, face au palais de la casa de Santa Maria et au phare. Sympa pour boire un verre ! Certains tombent sous le charme et commandent une assiette de poisson grillé.

À voir. À faire

⚲ Museu da Vila *(plan A2) : largo 5 de Outubro. ● museudavila.pt ● Tlj sf j. fériés 10h-18h (pause 13h-14h w-e). GRATUIT.* Installé au rez-de-chaussée de l'hôtel de ville, à la façade enchâssée de sept saints en azulejos, ce petit musée moderne se penche sur l'histoire de Cascais à travers quelques objets, de vieilles photos et des cartes postales.

⚲ Nossa Senhora da Assunção *(église paroissiale ; plan A2) :* datant du XVIᵉ s, elle conserve son décor de bois sculpté et doré et de nombreux panneaux d'azulejos.

⚲⚲ Museu Condes de Castro Guimarães *(plan A3) : tlj sf lun et j. fériés 10h-13h, 14h-17h. Entrée : 3 € ; gratuit jusqu'à 11 ans et à partir de 65 ans.* Il occupe le palais des comtes de Castro Guimarães, bâti en 1897 au fond d'une crique. Dans un décor aux influences orientales notables (le patio évoque l'Alhambra), on découvre un bel ensemble de peinture et sculpture portugaises et européennes, du mobilier indo-portugais, des horloges françaises et autres pièces d'arts décoratifs semées au gré des salles. Le salon de musique conserve un grand orgue et des azulejos du XVIIᵉ s, et la tourelle renferme une collection d'armes. À l'arrière, on accède librement au vaste **parque Marechal Carmona** *(tlj 8h30-20h en été, 18h en hiver).* Ici, on nourrit les poules et les canards se promenant en liberté, et on se couche sur le gazon ou sur les chaises longues aimablement disposées sous les arbres par la municipalité.

⚲⚲ Casa de Santa Maria *(plan A3) : praça Farol. ☎ 214-815-380. Tlj sf lun et j. fériés 10h-17h (coupure 13h-14h w-e). Entrée : 3 € (billet aussi valide au phare) ; gratuit jusqu'à 11 ans et à partir de 65 ans.* Bâtie en 1902 en bord de mer, cette demeure abrite un superbe ensemble d'azulejos baroques remis en scène dans l'escalier et à l'étage. Ne manquez pas la *sala das Caravelas,* avec ses bateaux peints au plafond et sa terrasse-pergola sur la mer.

⚲ Farol Museu de Santa Marta *(plan A3) : à côté de la casa de Santa Maria. Mêmes horaires et billet.* Cet espace tout blanc raconte joliment, en portugais et en anglais, l'histoire de ce phare, mais aussi de tous ceux du pays. Nostalgie et technologie font ici bon ménage. Les lentilles Fresnel made in France sont impressionnantes.

⚲ Casa das Histórias Paula Rego *(plan A2) : av. da República, 300. ☎ 214-826-970. ● casadashistoriaspaularego.com ● Tlj sf lun 10h-18h (dernière entrée 30 mn avt). Entrée : 3 €.* L'édifice, contemporain, conçu par l'architecte Eduardo de Mora, rappelle les cheminées des cuisines du palais de Sintra avec ses deux « pyramides ». Il a été choisi par Paula Rego, peintre portugaise de renommée internationale, née en 1935 à Lisbonne, pour exposer ses œuvres (par roulement) – qui empruntent notamment à l'expressionisme et au pop art. L'artiste a passé une grande partie de sa vie à Londres, où elle demeure encore.

⚲ Boca do Inferno *(hors plan par A3) : à 2 km au sud-ouest de la ville. Accès facile à pied ou à vélo (piste cyclable) ; ou bus nᵒ 427, ttes les 10-15 mn 7h40 (8h50 w-e et j. fériés)-21h15.* La Bouche de l'Enfer n'a rien de démoniaque par temps calme : ce n'est qu'une excavation dans la falaise où la mer s'engouffre (parfois) avec fracas. L'enfer, ici, serait plutôt le vol... Ne laissez rien de visible dans votre voiture. Étonnamment, le resto installé sur place tire bien son épingle du jeu pour qui voudrait déjeuner de poissons ou fruits de mer face à l'océan (voir ci-après « Où dormir ? Où manger chic sur la côte ? »).

⚲ ⌇ Plages : plusieurs plages soulignent le littoral de la commune. La plus petite, la **praia de Ribeira** *(plan A-B2),* au pied même du largo 5 de Outubro, est vite envahie aux beaux jours. En contrebas de la gare, la **praia da Rainha** *(plan B1),* au sable caramel veillé par une corolle de falaises, est (un peu) plus tranquille. Elle précède, plus à l'est, la grande **praia da Conceição** *(plan B1),* où commence

184 | **LES ENVIRONS DE LISBONNE / CAP À L'OUEST**

la promenade littorale qui conduit (en 20-25 mn env) jusqu'à Estoril de plage en plage. Ces tapis de sable sont noirs de monde à la belle saison et le train qui passe juste en arrière n'est pas très avenant...

EN SUIVANT LA ROUTE CÔTIÈRE VERS SINTRA

Aux zones urbaines de Sintra succèdent vers l'ouest une côte rocailleuse et, bientôt, de splendides dunes et plages sauvages. Le secteur peut se visiter en bus, par les n°s 405 ou 415, qui effectuent chacun une boucle en sens contraire (ttes les 25-45 mn lun-ven 7h40-20h ; ttes les heures w-e 7h15-18h30). Sinon, une piste cyclable suit en partie le littoral.

Où camper ?

⚠ *Orbitur Parque de Campismo Guincho (carte Ouest de Lisbonne et serra de Sintra, 10) : lugar de Areia, Guincho.* ☎ *214-870-450.* ● *infoguincho@orbitur. pt* ● *orbitur.pt* ● *À 6 km de Cascais par les terres ou à 10 km par la jolie route côtière. Au niveau de la plage de Guincho, en venant de Cascais, prendre à droite (fléché « Campismo ») ; c'est 1 km plus haut. Ouv tte l'année. Pour 2 pers* *avec tente et voiture, 18-32 € selon saison ; caravanes, mobile homes et bungalows 30-160 € selon taille (2-5 pers) et saison.* 📶 Ombragé par un toit de pins parasols, le camping est attenant aux dunes de Cresmina. Bon niveau d'installations sanitaires. Piscine, tennis, bar, resto, laverie et supérette. Accueil très sympa.

Où dormir ? Où manger chic sur la côte ?

🏠 *Convento de São Saturnino (carte Ouest de Lisbonne et serra de Sintra, 11) : à Azóia (2705-001), à 5,5 km au nord de Malveira da Serra.* ☎ *219-283-192.* ● *contact@saosat.com* ● *saosat. com* ● *De la N-247, prendre vers le cabo da Roca, puis à 150 m un chemin sur la gauche (fléché) ; c'est à env 1 km. Doubles à partir de 140-160 € (dégressif dès 2 nuits) selon vue, confort et saison, petit déj inclus.* 📶 On adore cette adresse secrète, atteinte en suivant une route cabossée jusqu'à un portail préservant la tranquillité des lieux. Niché dans un vallon tapissé par le maquis, vierge de toute autre construction, voilà un vénérable monastère de poche (XIIIe s.) réinventé en hôtel de charme. Le propriétaire, français, est un savant décorateur qui a collecté de beaux objets des XVIe-XVIIIe s. La maison regorge de marches, de passages desservant des petits coins cosy (attention la tête !). Les 10 chambres, charmantes, se répartissent dans 2 édifices – certaines avec vue mer imprenable, comme la « Sea view Suite C ».

Une piscine occupe une ancienne citerne. Bon petit déj servi en terrasse ou dans l'ancienne cuisine.

|●| Plusieurs restaurants sont implantés sur le littoral entre Cascais et Guincho avec, en vedettes, la vue sur la mer et le coucher de soleil, le poisson et les fruits de mer. Ça commence avec le *Mar do Inferno (carte Ouest de Lisbonne et serra de Sintra ;* ☎ *214-832-218),* à la Boca do Inferno, pour continuer avec le *Furnas do Guincho (carte Ouest de Lisbonne et serra de Sintra, 20 ;* ☎ *214-869-243),* un cran plus chic, et le *Monte Mar (carte Ouest de Lisbonne et serra de Sintra, 21 ;* ☎ *214-869-270),* le plus smart. Les prix sont dans tous les cas élevés *(40-50 €/pers)* et on paie le plus souvent au kilo, même si le *Mar do Inferno* propose un plateau de poisson et fruits de mer à 39,50 € pour 2 qui retient l'attention. Dans tous les cas, pensez à réserver et faites attention à l'addition, elle grimpe vite !

|●| *Restaurante Piscinas Azenhas do Mar (carte Ouest de Lisbonne et serra*

de Sintra, **22**) : à **Azenhas do Mar,** à env 10 km au nord du cabo da Roca. ☎ 219-280-739. ● azenhas-do-mar@sapo.pt ● Tlj 12h30-22h (23h en été). Plats 18-29 € ; menu « touristique » 25 €. Azenhas do Mar ? Une bourgade blanche agrippée à son promontoire marin, dominant une crique sablonneuse où se niche ce resto. On fait ici dans le classique : baies vitrées pour profiter du panorama, bruit du ressac, fruits de mer et poissons frais du secteur – levés à votre table. Les prix sont un peu élevés, mais la qualité est là et le service est pro. Le menu est d'un bon rapport qualité-prix.

À voir. À faire

🏸 **Forte de São Jorge de Oitavos :** à 5 km à l'ouest de Cascais, sur la route côtière (N-247). ☎ 214-815-949. Tlj sf lun et j. fériés 10h-17h (coupure 13h-14h w-e). Entrée : 3 € ; réduc. Ce fortin bâti au XVIIe s, le long de la côte rocheuse, gardait l'accès au port de Lisbonne. Ses murailles peu élevées, enchâssées d'échauguettes à chaque angle, abritent désormais une expo consacrée à son rôle historique.

🏸🏸 ⌂ **Praia da Cresmina :** à env 8 km de Cascais par la route côtière (N-247). Cette belle plage sauvage étire sa corolle entre le moutonnement des dunes (voir ci-dessous) et le promontoire occupé par l'hôtel Fortaleza do Guincho – hors de prix mais sympathique pour prendre un verre.

🏸🏸 ⚑ **Duna da Cresmina :** accès au sentier face à l'hôtel Fortaleza do Guincho ou, plus loin, depuis la route menant au camping. Les vents puissants soufflant du large ont accumulé une quantité considérable de sable au-dessus des plages de Cresmina et de Guincho. Il « migre » ainsi au travers du cap pour retomber en mer vers Oitavos. Le parcours, sur des passerelles en bois, pénètre le cœur du champ de dunes, au-dessus duquel a été aménagé un café-centre d'interprétation (tlj 9h-18h). On n'y interprète pas grand-chose, mais on y fait une super pause avec vue !

🏸🏸🏸 ⌂ **Praia do Guincho :** à env 11 km de Cascais par la route côtière (N-247), puis à gauche après la bifurcation menant au camping (fléché « Praia do Abano »). Attention, ne laissez rien traîner dans votre voiture sur le parking ! C'est la plage vedette de la région. Très large et venteuse, elle est le paradis des surfeurs. Plusieurs championnats y sont organisés. Les baigneurs se méfieront de ses courants, dangereux. En continuant sur la piste, on atteint le **fortin** et la **plage d'Abano.** De là, ceux qui ont envie de se dégourdir les jambes suivront un morceau du superbe **GR 11** le long des falaises ; n'allez pas trop loin, il grimpe ensuite vers l'intérieur des terres.

🏸🏸 **Cabo da Roca :** à 16 km au nord-ouest de Cascais (20 km par la route côtière). Le bus nº 403 dessert le cap sur son trajet entre Cascais et Sintra, ttes les 30 mn à 1h 8h40-20h40 depuis Cascais, 9h-19h10 depuis Sintra. Le cabo da Roca, c'est un peu la pointe du Raz portugaise – le point le plus occidental du continent européen. À la longitude de 9°30' ouest, cette falaise abrupte, dernier soubresaut de la serra de Sintra, surplombe l'Atlantique du haut de ses 140 m. Selon Pline, les Lusitaniens y adoraient la Lune. Luís de Camões en parle dans ses Lusiades comme le lieu « où la terre finit et où la mer commence ». Pas besoin d'être poète pour écrire ça, direz-vous. L'endroit, battu par les vents, est assez magique hors saison, mais envahi en été. Accrochez-vous à votre volant et tenez ferme votre chapeau et vos lunettes de soleil les jours de tempête.

🏸 ⌂ 🚶 **Praia Grande :** à 11 km au nord du cabo da Roca. Rendez-vous des surfeurs, cette longue plage battue par la houle est assez développée, avec plusieurs surf shops. Ceux qui rêvent d'Hawaii iront casser la croûte au Pipeline – ou au joli Bar do Fundo, tout en bois, planté à l'extrémité sud du tapis de sable. Plus chic et très bien aussi : le Nortada, sur la falaise. À voir pour les enfants : des traces de dinosaures !

LES ENVIRONS DE LISBONNE

LES ENVIRONS DE LISBONNE / CAP À L'OUEST

➢ Le GR 11 (balisé) longe joliment la **côte atlantique** avec quelques incursions dans les terres. On peut notamment le suivre depuis Cascais (ou la praia do Guincho) jusqu'à la plage de Magoito, sur environ 35 km, en passant par les praias da Adraga, Grande, das Maçãs et da Aguda.

SINTRA (2710) 6 230 hab.

● Plan La serra de Sintra p. 187 ● Sintra – zoom p. 189

> « C'est la chose la plus belle que j'aie jamais vue.
> C'est ici le véritable jardin de Klingsor
> - et là-haut se trouve le château du Saint-Graal. »
>
> Richard Strauss.

◈ Ignorant le proche littoral et ses écrasantes torpeurs estivales, cette petite ville très étalée s'accroche à sa montagne, au cœur d'un massif tapissé de forêts aussi superbes que profondes. Les brumes marines dérivent souvent jusque-là, enrobant dans un voile de mystère ses châteaux perchés, ses palais et ses *quintas* (domaines), souvent farfelus, retirés dans la sérénité de vastes parcs et jardins où prospèrent – notamment – les fougères arborescentes. Autant de *retiros*, où l'on faisait retraite, l'été venu, pour se protéger de la canicule.

Sintra est une ville désinhibée, comme sortie d'un conte de fées, où l'imaginaire des architectes romantiques a trouvé libre cours au XIXe s. Le néogothique y règne, mâtiné de touches Renaissance, mauresques et même mogholes ! L'Unesco a classé au Patrimoine mondial cette grande folie attachante, où l'on peut rester au moins 2 jours pour tout explorer.
– **Conseils :** évitez les grands week-ends, toujours noirs de monde, ainsi que le lundi, jour d'affluence – les musées nationaux de Lisbonne étant fermés ce jour-là.

UNE COLLINE INSPIRÉE

Si Sintra, par sa position privilégiée, a attiré les rois du Portugal depuis le Moyen Âge, c'est à la fin du XVIIIe s et au XIXe s que la ville a véritablement connu son âge d'or – façonné par la rencontre de l'aristocratie portugaise et des voyageurs (essentiellement britanniques) de l'époque romantique.

Parmi les pionniers, citons **William Beckford**, richissime écrivain-collectionneur, tombé amoureux du domaine de Montserrate, où il réside de 1793 à 1808, ajoutant au parc cascade et faux cromlech (alignement de menhirs), dans l'esprit du moment. Dès l'année suivante, **lord Byron** rend gloire au lieu, enveloppé par la torpeur de l'abandon, lançant par ses écrits de nombreux voyageurs sur les traces de ce « glorieux Éden »...

En 1838, le « roi artiste » **Fernando II** acquiert un vieux monastère perché au-dessus de Sintra pour le remanier à son goût : ce sera le très éclectique et farfelu *palais de la Pena*. Il y partage son temps avec le *chalet de la comtesse d'Edla*, sa maîtresse suisse, la cantatrice Elisa Hensler – épousée en secondes noces, en 1869, après son veuvage. À cette époque, pléthore d'artistes fréquentent Sintra, comme l'écrivain danois **Andersen**, qui y passe en 1866. Quatre ans plus tard, **Eça de Queiroz**, considéré comme le Balzac portugais, écrit Le Mystère de la route de Sintra dans une chambre du *Lawrence's Hotel* (toujours existant).

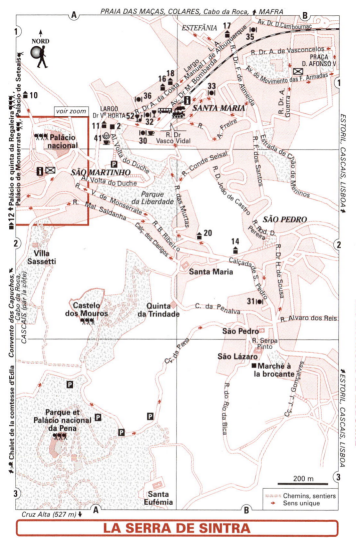

LA SERRA DE SINTRA

- **Adresse utile**
  - 2 Tuk-Tuk Sintra

- **Où dormir ?**
  - 10 Nice Way Sintra Palace
  - 11 Moon Hill Hostel
  - 12 Almáa Sintra Hostel
  - 14 Hotel Sintra Jardim
  - 16 Sintra Bliss House
  - 17 Hotel Nova Sintra
  - 18 Chalet Saudade
  - 20 Quinta das Murtas

- **Où manger ?**
  - 30 Café Saudade
  - 31 Nau Palatina
  - 32 Incomum
  - 33 D. Pipas
  - 35 Taberna Criativa
  - 36 A Raposa – Casa de Chá

- **Où manger (et acheter) des pâtisseries locales ?**
  - 41 Fabrica das Verdadeiras Queijadas da Sapa

- **Où boire un verre ?**
  - 32 Incomum
  - 52 Legendary Cafe

188 | **LES ENVIRONS DE LISBONNE / CAP À L'OUEST**

Hommes d'affaires, commerçants et rentiers sont toujours plus nombreux à s'installer, comme le marchand et collectionneur d'art anglais **Francis Cook,** qui rachète Montserrate et fait aménager le palais néo-moghol que l'on connaît aujourd'hui. Le riche esclavagiste **Manuel Pinto da Fonseca,** alias « Montecristo », fait bâtir en 1865 la *quinta do Relogio* dans un style néomauresque ; le futur roi dom Carlos et son épouse Amelia y passent leur lune de miel en 1886. Bientôt surgissent de terre le « chalet » Biester (1890) – qui a fait une apparition à l'écran dans *La Neuvième Porte* de Roman Polanski – et la fantastique *quinta da Regaleira* (1904-1910) de **Carvalho Monteiro,** alias « Monteiro le millionnaire », aussi excentrique que fortuné. Un sacré domaine qui multiplie les allusions à la franc-maçonnerie, à l'alchimie et aux templiers !

Arriver – Quitter

🚂 **Gare ferroviaire** (*plan Serra de Sintra, A-B1*) **:** *av. Dr Miguel Bombarda.* ● *cp.pt* ● *Au nord de la ville, à env 1 km du Palácio nacional.* Petit bureau d'infos touristiques (☎ *219-241-623).* Les bus nᵒˢ 433, 434 et 435 mènent au Palácio nacional.

➢ **Lisbonne :** ttes les 6-30 mn depuis la gare du Rossio, 5h20-0h20 ; env 40 mn de trajet. Billet : 2,70 €. Également vers la gare d'Entrecampos (36 mn) et do Oriente (46 mn), ttes les 4-30 mn 5h-minuit env. Dans tous les cas, le train passe par Queluz. Ne pas descendre à Portela de Sintra...

🚌 **Terminal d'autobus** (*plan Serra de Sintra, A1*) **:** *devant la gare.* ☎ *214-699-100.* ● *scotturb.com* ●

➢ **Cascais :** le nᵒ 403 passe par la côte, avec arrêt au *cabo da Roca* (ttes les 30-60 mn tlj 9h-19h10). Le nᵒ 417, plus rapide, passe par les terres (ttes les 40-60 mn tlj 7h10-20h35).

➢ **Estoril :** par le nᵒ 418 ; ttes les 50 mn à 1h30 7h40-22h40 (23h25 sam, 20h55 dim).

➢ Un adorable **vieux tram** centenaire (*eléctrico de Sintra*) fait l'A/R jusqu'à la praia das Maçãs fin mars-fin oct, avec 3 rotations/j. en sem et 6 le w-e et les j. fériés, 10h20-16h (17h) ; dernier retour à 17h (18h). Service le w-e slt en hiver. Trajet : 45 mn. Billet : 3 € ; réduc.

➢ *Il est extrêmement difficile de circuler et de se garer à Sintra en haute saison !* On vous conseille de venir en train. Si vous êtes en voiture, vous pourrez (peut-être) vous garer gratuitement rua Dr Vasco Vidal, derrière la gare *(plan Serra de Sintra, A-B1),* ou sur le parking situé en contrebas du Palácio nacional, devant le museu Teixeira *(plan Serra de Sintra, A2),* accessible par la rua de Rio do Porto. Bien planqué, ce dernier est un peu moins encombré, mais il faut ensuite remonter à pied vers le centre ! Ailleurs, le stationnement est limité à 7h (0,80 € la 1ʳᵉ heure, puis 1,20 €/h en été ; max 4,10 € oct-mars).

Adresses et infos utiles

@ **Wifi** gratuit dans le centre de Sintra !
🛈 **Ask me Sintra** (*zoom A2*) **:** *praça da República, 23.* ☎ *219-231-157.* ● *askmelisboa.com/sintra* ● *Tlj 9h30-18h (19h juil-août). Fermé 24-25 déc.* Demandez le plan de Sintra et des alentours, les dépliants illustrés (en français) sur les principaux sites et la brochure des balades à pied. *Pratique : on peut y acheter ses billets pour les différents monuments, ce qui évite d'y faire la queue en haute saison (guichet dédié*

fermé 30 mn plus tôt). L'édifice abrite une exposition consacrée aux mythes et légendes, avec film en 3D *(entrée : 4,50 €, réduc, gratuit avec la Lisboa Card).* **Annexe** de l'office de tourisme à la gare *(ouv 10h-13h30, 14h30-17h).*
■ **Bilheteria de la Torre do Relógio** (*zoom B1-2, 1*) **:** *rua da República. Tlj 9h30-18h.* Un autre endroit très pratique où l'on peut acheter ses billets pour les différents monuments (sauf Pena). En plus, il n'y a souvent pas grand monde.

SINTRA / ADRESSES ET INFOS UTILES | 189

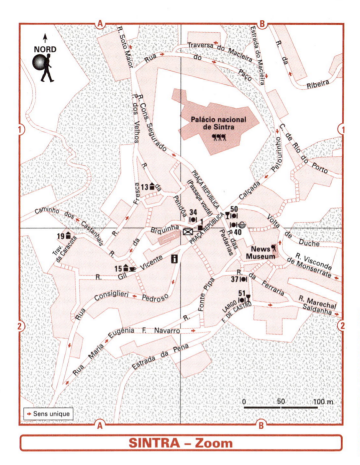

SINTRA – Zoom

- **Adresses utiles**
  - Ask me Sintra
  - 1 Bilheteria de la Torre do Relógio

- **Où dormir ?**
  - 13 Casa da Pendôa
  - 15 Sintra 1012 Boutique Guesthouse
  - 19 Cinco

- **Où manger ?**
  - 34 Restaurante Pendôa
  - 37 Tacho Real

- **Où manger (et acheter) des pâtisseries locales ?**
  - 40 Casa Piriquita

- **Où boire un verre ?**
  - 50 Loja do Vinho
  - 51 Dona Maria

– **Brocante** (plan Serra de Sintra, B3) : *les 2e et 4e dim du mois, dans le quartier de São Pedro.* Pour s'y rendre, prendre le bus n° 433 ou 434 en redescendant de Pena.
– Entre mai et juillet, les palais de la ville accueillent un **festival de musique et de ballet** réputé (depuis 1950). Il se partage avec le palais de Queluz. ☎ 219-107-110. • *festivaldesintra.pt* • *ticketline.pt* • *(billetterie).*

Se déplacer à Sintra

☎ 214-699-100. ● scotturb. com ● *Billet touristique : 12 €/j.*
➤ La ligne de bus n° 433 dessert le centre historique.
➤ *Castelo dos Mouros et palácio da Pena :* bus n° 434 de la gare, via le centre historique, ttes les 15-20 mn tlj 9h15-19h50. Très pratique, mais ne s'arrête pas s'il est plein. Tarif : 5,50 €.
➤ *Quinta de Regaleira et palácio de Montserrate :* bus n° 435 de la gare, via le centre historique, ttes les 25-35 mn tlj 9h40-18h45. Tarif : 2,50 €.
■ *City Sightseeing :* les 2 lignes de ce service *hop-on hop-off* (aux bus rouges) desservent tous les sites à visiter de Sintra et des environs, au gré d'une trentaine d'arrêts – notamment le cabo da Roca – et sont les seules qui permettent de visiter le convento dos Capuchos. *Juil-sept, tlj 9h30-18h30 ; le reste de l'année, tlj 9h30-17h. Tarif : 18 €/pers.*

■ *Tuk-Tuk Sintra (plan Serra de Sintra, A1, 2) : volta do Duche, 2 A.* ☎ 219-243-881. ● turislua.pt ● *Tlj 10h-18h. À partir de 40 € pour 2 pers (CB acceptées).* Les balades en *tuk-tuk* (fabriqués en Italie) sont devenues hyper populaires à Sintra comme à Lisbonne. L'engin marche avec un moteur de moto (125 cc) et se faufile facilement dans les ruelles. Plusieurs pilotes parlent le français. Les tarifs comprennent le temps d'attente pour la visite des monuments. Seul hic : on ne peut embarquer plus de 2 personnes à bord. Si vous êtes plus nombreux, adressez-vous plutôt à *City Tuk* (☎ *213-530-298 ; ● citytuk.pt ●), Dreams (▯ 917-488-674 ; ● tukdreams. pt ●)* ou encore *Sight Sintra (▯ 919-835-573 ; ● sightsintra.pt ●).*
■ Attention, les *taxis* sont beaucoup plus chers qu'à Lisbonne. Compter 6-7 € pour la moindre course.

Où dormir ?

De très bon marché à prix moyens

♜ *Nice Way Sintra Palace (plan Serra de Sintra, A1, 10) : rua Sotto Mayor, 22.* ☎ 219-249-800. ● info@ nicewaysintrahostel.com ● *nice waysintrahostel.com ● À 10 mn à pied (en pente !) du Palácio nacional. Selon saison, dortoirs 6-10 lits 16-20 €/pers, doubles 40-65 €, petit déj inclus.* 🛜 Occupant une belle et grande maison familiale transformée en *hostel,* cette adresse pourrait aussi s'appeler *Routard Palace* avec ses plafonds à moulures, sa déco pimpante et sa jolie cuisine tout droit venue des années 1940. On y trouve 2 dortoirs bien équipés et 12 chambres, dont 4 avec salle de bains privée. Les autres partagent 3 sanitaires – ceux du rez-de-chaussée étant assez basiques. Ajoutons un petit salon pour papoter, un beau jardin et des apparts dans un bâtiment voisin, avec des touches de déco rétro marrantes. Un bon plan à la cool, comme on les aime.
♜ *Moon Hill Hostel (plan Serra de Sintra, A1, 11) : rua Guilherme Gomes Fernandes, 17.* ☎ 219-243-755. ▯ *969-831-095.* ● info@moonhillho stel.com ● moonhillhostel.com ● *Selon saison, dortoirs 17-21 €/pers, doubles sans ou avec sdb 59-84 €, petit déj inclus.* 🖥 🛜 Plus central mais plus condensé que le *Nice Way,* le *Moon Hill* compense en confort ce qu'il perd en charme et en individualité. Occupant 2 bâtiments contigus, les 7 dortoirs mixtes (pour 4) et les 7 chambres sont impeccables, à l'image du salon et de la cuisine. On trouve un vrai resto sur place et un bar. De juin à août, diverses activités sont proposées (dîners, sorties...).
♜ *Almáa Sintra Hostel (hors plan Serra de Sintra par A2, 12) : quinta dos Lobos, caminho dos Frades.* ☎ 219-240-008. ▯ *919-850-805.* ● info@ almaasintrahostel.com ● almaasin trahostel.com ● *Prendre la rue qui descend en face de l'entrée basse*

de la quinta de Regaleira ; c'est à env 500 m. Selon saison, dortoirs 2-8 lits 16-26 €/pers, doubles sans ou avec douche 48-64 €, petit déj végétarien (surtout bio) inclus. 🛜 *(parties communes).* Parvenu à la quarantaine, João a tout plaqué : fini la banque, place au partage, à l'écologie et au recyclage. Dans une vieille *quinta* entourée de 3,5 ha de parc sauvage, il a aménagé une brochette de piaules et de dortoirs tout simples, avec matelas posés sur des estrades en palettes – fabriquées par des prisonniers. Le mobilier est de récup, les draps 100 % coton, les confitures du petit déj faites par des mères célibataires sans le sou... Une adresse différente, où sont régulièrement organisées des retraites de yoga et de méditation. Le chant des oiseaux, seul bruit à la ronde, devrait vous y plonger.

De prix moyens à plus chic

🛏 *Casa da Pendôa (zoom A1, 13) : rua da Pendôa, 17.* ☎ *969-011-322.* ● *casadapendoa@gmail.com* ● *casa dapendoa.com* ● *Studios 64-94 € selon saison ; chambres (dans un bâtiment différent à 200 m) 39-89 €.* 🛜 Ultracentrale, cette adresse conviendra parfaitement à ceux qui cherchent un peu d'autonomie. On y trouve une quinzaine de studios et apparts de 1 ou 2 chambres loués à la journée, vraiment impeccables (avec AC), refaits récemment sur une ligne très scandinave. Certains sous les toits sont mansardés, d'autres en rez-de-chaussée un peu sombres, mais la plupart sont vraiment top. Les ingrédients du petit déj sont disponibles dans la cuisine et il y a une machine à laver commune (gratos) au sous-sol. Un excellent rapport qualité-prix, surtout en été. Les boss louent aussi des chambres à 200 m de là, mais on a été un peu moins convaincus.

🛏 *Hotel Sintra Jardim (plan Serra de Sintra, B2, 14) : largo Sousa Brandão, 1.* ☎ *219-230-738.* ● *hotelsintra jardim@gmail.com* ● *residencialsintra. blogspot.fr* ● *Bus n° 433 vers São Pedro, demander l'arrêt Arrabalde.*

Doubles 55-90 € selon vue, confort et saison, petit déj inclus. Parking gratuit. 🖥 🛜 *Apéritif ou café offert sur présentation de ce guide (résas en direct slt).* On aime bien cette vieille bâtisse bourgeoise posée sur les hauteurs, au cœur d'un vaste jardin où s'alanguit une grande piscine de 25 m. Elle abrite 16 chambres, certaines au cachet ancien, d'autres plus actuelles. Nos préférées ? Les n°s 15, 18, 24 et 28 pour la vue ! Il n'y a pas d'AC, mais on peut demander un ventilateur sur pied à la réception. Accueil invariablement souriant.

🛏 🚻 *Sintra 1012 Boutique Guesthouse (zoom A2, 15) : rua Gil Vicente, 10-12.* 🖥 *918-632-997.* ● *info@sin tra1012.com* ● *sintra1012.com* ● *Doubles 60-110 € selon taille et saison, petit déj inclus (pour les extérieurs, 8h30-10h ; 8 €).* 🛜 On est ici en plein centre, dans une petite rue calme. Tenue par un couple américano-portugais (Karen et Gonçalo), cette *guesthouse* propose juste 2 chambres doubles, une familiale (avec 2 chambres séparées) et un studio (avec kitchenette), tous très spacieux et confortables. On aime beaucoup la suite 1, au rez-de-chaussée, très lumineuse, avec son lit au centre. Le matin, le petit déj se prend autour d'une table commune. Karen accueille aussi des non-résidents, qui peuvent venir profiter de ses pancakes ou de ses œufs dans une ambiance conviviale.

De plus chic à très chic

🛏 *Sintra Bliss House (plan Serra de Sintra, A1, 16) : rua Dr Alfredo da Costa, 15-17.* ☎ *219-244-541.* ● *geral@sintrablisshouse.com* ● *sin trablisshouse.com* ● *Doubles 70-95 € selon catégorie et saison.* 🖥 🛜 Parmi les hôtels classiques, celui-ci est vraiment l'un des mieux. Proche de la gare, bien isolé, il abrite 17 chambres de belle taille (sauf 2 éco plus petites), récentes et très propres, avec moquette, jolie salle de bains à porte coulissante et grande TV à écran plat. En contrebas s'étend un vaste deck en bois avec fauteuils moulés. Pas de parking, mais on trouve souvent de la place derrière la gare.

192 | **LES ENVIRONS DE LISBONNE / CAP À L'OUEST**

🏠 *Hotel Nova Sintra (plan Serra de Sintra, B1, 17) : largo Afonso de Albuquerque, 25.* ☎ *219-230-220.* ● *reservas@hotelnovasintra.com* ● *hotel novasintra.com* ● *Doubles 80-100 € selon saison, petit déj inclus.* 🛜 *Apéritif offert sur présentation de ce guide.* Perchée sur une grande terrasse ensoleillée semée de plantes en pots, cette belle maison bourgeoise domine la rue avec prestance. Elle renferme 10 chambres de bon confort (presque toutes avec AC), rénovées avec goût et relevées de tapis colorées. La n° 5, à l'arrière, dispose à la fois d'une tête de lit en azulejos et d'une terrasse. La n° 11, au 1er étage, offre une belle vue, comme la n° 21 sous les toits. Réceptionniste et patron parlent français. Demandez-leur de vous aider à monter les valises.

🏠 *Chalet Saudade (plan Serra de Sintra, A1, 18) : rua Dr Alfredo da Costa, 21-23.* ☎ *210-150-055.* ● *chalet@saudade.pt* ● *saudade.pt* ● *Doubles 59-130 € selon confort et saison, petit déj inclus.* 🛜 *Apéritif offert sur présentation de ce guide.* La demeure, aux notes Art nouveau, date de la fin du XIXe s. Complètement rénovée par des propriétaires charmants, elle décline mobilier et parquets anciens, salles de bains en marbre et chambres supérieures très spacieuses. Un jardin s'étend en contrebas, avec 2 chaises longues. Personnel très sympa. Le petit déj est servi à l'excellent *Café Saudade*, à 50 m (voir « Où manger ? ») ; un vrai festin !

🏠 *Cinco (zoom A2, 19) : tourner à droite après la poste dans la rua da Biquinha, c'est tt au bout.* 📠 *914-502-255.* ● *carole@stayatcinco.com* ● *stayatcinco.com* ● *Résa indispensable (disponibilités sur le site). Double env 101 € ; 25 €/pers supplémentaire (max 4 pers). Min 2 nuits (sf dispos).* 🛜 La sympathique propriétaire, britannique, loue 2 appartements bien aménagés : l'un au rez-de-jardin de sa maison en pierre, entourée d'un jardin-oasis ; l'autre, façon studio, dans un « cottage » surplombant le potager. Chacun dispose d'une cuisine équipée, d'un salon et d'une terrasse privée fleurie. En prime : une piscine couverte aux atours romains et une vue imprenable sur la campagne !

🏠 *Quinta das Murtas (plan Serra de Sintra, B2, 20) : rua Eduardo Van Zeller, 4.* ☎ *219-240-246.* ● *info@quintadasmurtas.com* ● *quintadasmurtas.com* ● *Doubles 60-126 € selon confort et saison, petit déj inclus.* 🛜 Perchée sur les hauteurs, cette grande bâtisse rouge aux allures de manoir regroupe une vingtaine de chambres assez différentes. Certaines sont un peu petites, d'autres spacieuses, certaines rénovées, d'autres un peu plus dans leur jus. La plupart sont dans le manoir, mais d'autres se disséminent dans des pavillons plus ou moins gracieux semés en contrebas dans le parc – près d'un étang où coassent les grenouilles. Il y a quelques triples et quadruples, dont certaines avec une kitchenette, mais aucune n'a l'AC. Autres trouble-fête : 2 aras, volontiers causants. Piscine, jacuzzi et parking. Accueil courtois.

Où manger ?

De très bon marché à bon marché

🍽 🚊 *Café Saudade (plan Serra de Sintra, A1, 30) : av. Dr Miguel Bombarda, 6.* ☎ *212-428-804.* ● *cafe@saudade.pt* ● *Tlj 8h30-20h. Sandwichs, paninis, scones 1,10-6,95 € ; tasca menu 10 €.* 🛜 Occupant l'ancienne maison de la pâtissière préférée du roi Ferdinand II, ce café chaleureux et convivial multiplie les salles cosy, prolongées par une terrasse. On y goûte le thé des Açores, le seul produit en Europe (depuis 1883), ou le pain de Madère pour les sandwichs ou paninis. Il y a aussi des petits déj, un brunch *(12h-16h)* et de bons cheese-cakes. Les patrons proposent quelques chambres charmantes dans la rue parallèle (voir « Où dormir ? »).

🍽 *Nau Palatina (plan Serra de Sintra, B2, 31) : calçada de São*

SINTRA / OÙ MANGER ? | 193

Pedro, 18. ☎ 219-240-962. Mar-sam 18h-minuit. Congés : 1 mois en déc-janv. Apéritif ou digestif offert sur présentation de ce guide. Exilée dans le quartier de São Pedro, cette adresse de poche assure côté cuisine. Sa devise ? Redécouvrir la tradition des petiscos (tapas) alentejanos et naviguer sur les saveurs des quatre vents sans renier l'héritage arabe. D'avril à octobre, le samedi, on dîne sur fond de fado, de musique traditionnelle ou même de reggae (live), après avoir bu un verre dans la cour ou côté rue. Accueil sympa.

❙●❙ ❢ Incomum (plan Serra de Sintra, A1, 32) : rua Dr Alfredo Costa, 18-22, ou rua Dr Miguel Bombarda, 13. ☎ 219-243-719 (resto) ou 354 (bar à vins). ● restaurante@incomumbyluis santos.pt ● Tlj 12h (16h30 sam)-minuit. Menu exécutif (lun-ven 12h-15h) 9,50 €. Petisco et verre de vin 8-12,50 €. Formé à l'Hôtel du Rhône puis au Lion d'Or à Genève, le chef Luís Santos a réussi un pari difficile : ouvrir un restaurant de qualité à prix (très) abordables. D'un côté, des petites salles intérieures élégantes, un peu formelles, où l'on déguste une cuisine marquée par la rencontre des produits portugais et du grand savoir-faire européen. De l'autre, un bar à vins, avec tables sur rue, où l'on apprécie les tablettes de fromage et charcuterie, ou les formules avec petisco – façon foie gras chaud servi avec son verre de late harvest... Un excellent rapport qualité-prix. Les serveurs sont un peu durs à attraper, mais quelle connaissance des vins portugais !

❙●❙ D. Pipas (plan Serra de Sintra, B1, 33) : rua João de Deus, 62. ☎ 219-234-278. Tlj sf lun 12h-15h, 19h-23h. Plats 7,50-16,50 €. 🛜 Planqué derrière la gare, ce resto familial se distingue par sa clientèle : enfin des Portugais qui y mangent, c'est bon signe ! La déco et la carte sont à l'avenant, 100 % classiques, avec bar, présentoir réfrigéré à desserts, bonne bacalhau à Brás à prix léger et grillades de poisson pour les plus en fonds. Essayez donc le pez espada à la banane, une recette de Madère ! Le service n'est pas forcément très souriant mais il est diligent.

❙●❙ Restaurante Pendôa (zoom B1, 34) : rua da Pendôa, 14. ☎ 219-244-614. Tlj 8h-20h. Plats 7-12 €. Caché juste en contrebas de la place du Palácio nacional, ce petit resto sans façon a l'avantage de sa situation et de ses prix très raisonnables. La cuisine est elle aussi très simple (mais copieuse) et l'accueil gentil. La patronne parle même quelques mots de français. Ne vous attendez pas à des miracles, et vous ne serez pas déçu.

De prix moyens à plus chic

❙●❙ Taberna Criativa (plan Serra de Sintra, B1, 35) : av. Héliodoro Salgado, 26. ☎ 210-186-147. ● taberna. criativa1@gmail.com ● Tlj sf dim 12h-15h30, 19h-23h. Réservez ! Plats 13-25 € ; menu dégustation 50 €. En s'éloignant du centre touristique, on découvre cette perle, tenue à bout de bras par le chef Vitor Rocha. On le voit s'affairer avec ses aides derrière les vitres, ciselant une jolie cuisine créative, où la morue confite est magnifiée par les graines de coriandre, et où le carpaccio de confit de canard fumé s'accompagne de purée d'oignon à la bergamote... Une vraie belle cuisine, aux accords réfléchis, sublimée par une musique douce et un lumignon sur chaque table. Un bémol : des portions un peu légères. Ne vous installez pas contre le mur de bouteilles, vous risqueriez d'être dérangé par les serveurs qui viennent s'approvisionner.

❙●❙ A Raposa – Casa de Chá (plan Serra de Sintra, A1, 36) : rua Conde Ferreira, 29. ☎ 219-243-440. ● ara gao_sergio@hotmail.com ● Tlj sf dim 11h-minuit. Plats 15-23 €. 🛜 Derrière la façade à verrière de cette demeure de caractère (datant de 1888) se cache un charmant salon de thé-restaurant aménagé avec goût, dans un décor coquet, soigné et fleuri. Le propriétaire est un jovial Brésilien marié à une charmante Espagnole. La carte est courte et la cuisine savoureuse et fraîche, naviguant entre carpaccio de saumon à la mangue, tarte aux légumes, risotto negro et carrilheira de porc au vin. Les

LES ENVIRONS DE LISBONNE

desserts sont succulents et le choix de thés impressionnant. Du vendredi au dimanche, on dîne en musique.

Ⓘ Tacho Real *(zoom B2, 37)* **: *rua da Ferraria, 4.* ☎ *219-235-277. Tlj sf mar soir et mer 12h-15h, 19h30-22h30. Plats 10-30 €.* 🌐 *Digestif (porto) offert sur présentation de ce guide.* Dans la salle voûtée, les serveurs attendent au garde-à-vous, nœud pap' bien ajusté et serviette sur le bras. Au sol, des tapis d'Orient réchauffent les fraîches tomettes et donnent une atmosphère chaleureuse – et pas trop guindée – au lieu. Côté cuisine, de bons plats portugais, copieux, avec quelques envolées imaginatives. Un peu cher tout de même.

Où manger (et acheter) des pâtisseries locales ?

Les 2 spécialités de Sintra sont les *queijadas,* petits gâteaux à base de fromage blanc et de cannelle, et les *travesseiros,* à base de pâte feuilletée fourrée de crème d'amande. Ils sont vendus à des prix ultra-démocratiques *(env 0,90-1,40 €).*

Ⓘ ⚙ Casa Piriquita *(zoom B1-2, 40)* **: *rua das Padarias, 1-3.* ☎ *219-230-626. Tlj sf mer.* Fondée en 1862, la maison fabrique « à l'ancienne » *queijadas* et *travesseiros,* à déguster dans une salle rétro pastel. Une annexe *(Piriquita Dois)* a ouvert un peu plus haut, au n° 18, où l'on peut en plus commander un petit plat chaud bon marché le midi. Accueil sympa.

☕ ⚙ Fabrica das Verdadeiras Queijadas da Sapa *(plan Serra de Sintra, A1, 41)* **: *av. Volta do Duche, 12.* ☎ *219-230-493. Tlj sf lun 9h30-18h.* Cette adresse historique (1756 !) a été reprise par une parente du dernier créateur d'authentiques *queijadas* à l'ancienne. 3 tables en terrasse invitent à boire un café tout en se régalant de ces petites douceurs.

Où boire un verre ?

Ⓘ 🍷 Loja do Vinho *(zoom B1, 50)* **: *praça da República, 12-14.* ☎ *219-244-410. Tlj 10h30-22h.* Sur la place principale, ce bar à vins propose des dégustations de portos *(10-18 €)* et une trentaine de vins portugais au verre, pas trop chers. On les accompagne de fromages, charcuterie (saucisses), sandwichs ou même salades, sur les 3 tables-tonneaux en terrasse ou dans la petite cave aux murs tapissés de bouteilles.

Ⓘ 🍷 Voir aussi **Incomum** *(plan Serra de Sintra, A1, 32),* dans « Où manger ? ». Notre préféré pour la vraie connaissance du vin des serveurs.

🍷 Dona Maria *(zoom B2, 51)* **: *largo Ferreira de Castro, 3.* ☎ *219-241-176. Tlj 10h-22h.* En surplomb du centre historique, ce resto (où l'on ne vous conseille pas de manger) est idéal pour boire un verre au soleil déclinant. Son atout majeur : une terrasse-balcon en bois avec vue panoramique.

🍷 ♪ Legendary Cafe *(plan Serra de Sintra, A1, 52)* **: *rua Dr Alfredo Costa, 8.* ☎ *219-243-825. Tlj 8h-2h.* Le samedi soir, DJ ou musiciens débarquent dans ce petit rade pas bien rangé aux serveurs assez apathiques, attirant notamment les résidents du proche *Moon Hill Hostel.* L'occasion de s'envoyer quelques bières.

À voir. À faire

Demandez si les *combined tickets,* offrant une réduction de 5-10 % selon le nombre de sites visités (2-7), existent toujours. La *Lisboa Card* donne droit à - 10-15 % et inclut le train pour Sintra (et Cascais), mais celui-ci est très bon marché. Il n'est pas certain que la carte se révèle bien rentable au final. Les tarifs famille sont souvent plus intéressants.

SINTRA / À VOIR. À FAIRE | 195

Tous les palais proposent des visites guidées sur réservation ; pour le français, mieux vaut s'y prendre 2-3 jours à l'avance. Sachez en outre que concerts, reconstitutions, expositions et animations émaillent la belle saison *(mai-oct)* aux palais de Sintra, Pena et Montserrate et au castelo dos Mouros. Demandez le programme à l'office de tourisme.

Dans et à proximité du centre historique

%%% Palácio nacional de Sintra *(zoom B1) :* largo Rainha D. Amélia. ☎ 219-237-700. ● parquesdesintra.pt ● Tlj sf 1er janv et 25 déc 9h30-19h (18h en basse saison) ; dernière entrée 30 mn avt. Entrée : 10 € (8,50 € fin oct-fin mars) ; réduc. Audioguide en français 3 € (avoir une pièce d'identité). De l'extérieur, on est toujours un peu surpris par les deux gigantesques cheminées blanches (33 m !) qui coiffent les cuisines. Dernier château médiéval portugais conservé en l'état, le Palácio nacional de Sintra occupe l'emplacement d'un ancien fort arabe. Résidence royale durant 8 siècles, il a été habité principalement du XIVe au XVIe s, notamment par le roi Manuel Ier (1469-1521), à qui l'on doit l'essentiel de son apparence actuelle – mâtinée d'influences mauresques. Sa volonté ? Concurrencer le palais de l'Alhambra de Grenade. Sintra ayant lancé la mode des azulejos dans tout le Portugal, le Palais national en devint la plus brillante vitrine.

On passe d'abord dans la **salle des Cygnes** *(sala dos Cisnes),* où les plafonds à caissons sont ornés de cygnes tous semblables, puis dans la **salle des Pies** *(sala das Pegas),* ornée de 136 pies noires réputées immortaliser les commères de la cour qui prétendaient à une supposée infidélité du roi... Plus loin, la **chambre de dom Sebastião** révèle de beaux azulejos du XVIe s (à feuilles de vigne et épis de maïs) ; un globe céleste en métal de la même époque y est habituellement exposé. D'autres céramiques anciennes couvrent la **salle des Sirènes** *(sala das Sereias)* voisine. La **salle Jules César** abrite, elle, des meubles de style indo-portugais et une tapisserie flamande représentant l'empereur romain. Quant à la **salle des Galions** *(sala das Gales),* elle révèle un plafond peint de navires. Son balcon offre un joli panorama sur la vieille ville.

À l'étage, la **salle des Blasons** *(sala dos Brasões),* accessible par une superbe porte de style manuélin, affirme la force de la royauté. Au plafond sont peints les blasons des 72 grandes familles de l'aristocratie portugaise du XVIe s, l'âge d'or des découvertes. Ils dominent des scènes de chasse en azulejos. Moins glamour, on découvre ensuite la pièce où fut enfermé de 1674 à 1683 le pauvre Alfonse VI, dépossédé du trône par son frère et sa propre épouse ! Coup d'œil à une étonnante pagode chinoise en ivoire de 2,5 m de haut offerte à la reine Maria I (1777-1815) par le Sénat de Macao, puis à la **Chapelle palatine,** au plafond en bois sculpté typiquement mudéjar. On redescend vers les grandes cuisines, d'où s'élancent les deux hautes cheminées coniques, puis on ressort par le **patio central,** avec sa fontaine manuéline et sa *Grota dos Banhos* tapissée d'azulejos. Pour se remettre : une petite pause dans les jardins en terrasses.

% News Museum *(zoom B2) :* rua Visconde de Monserrate, 26. ☎ 210-126-600. ● newsmuseum.pt ● Tlj 9h-19h (18h en basse saison). Entrée : 8 € ; réduc. Inattendu et ambitieux musée du journalisme, créé par une boîte de communication lisboète ! Assurément moderne et interactif, il accumule images (notamment de propagande), sons et archives pour explorer les différentes facettes du métier de reporter et ses interactions avec le(s) pouvoir(s). Au final, tout cela est tout de même un peu générique, confus et « lusocentré ».

%%% %% Palácio e quinta da Regaleira *(hors plan Serra de Sintra par A2) :* ☎ 219-106-650. ● regaleira.pt ● À env 700 m à l'ouest de l'office de tourisme par la rua Barbosa du Bocage. Tlj 9h30-20h (18h oct-mars) ; dernière entrée 1h avt. Entrée : 6 € ; 12 € avec 2h de visite guidée en français (sur rdv 2-3 j. avt).

LES ENVIRONS DE LISBONNE

*Pas de parking sur place, mais on peut essayer de se garer, 100 m plus loin, devant l'*Hôtel Tivoli *ou même le long de son allée d'accès.* Le style de ce palais hors norme hésite, pour tout vous dire, entre le néogothique et le néomanuélin. La demeure, ses annexes et le vaste parc épousant les déclivités du terrain sont nés au début du XXᵉ s de l'imagination exaltée d'un (très) riche propriétaire, Carvalho Monteiro (1848-1920), associé à l'architecte italien Luigi Manini. Tout son (énorme) héritage, constitué au Brésil grâce au monopole du commerce du café et des pierres précieuses, suffit à peine pour

LA MONTRE LA PLUS COMPLIQUÉE DU MONDE

Esthète avéré, Carvalho Monteiro passa commande à la Maison Leroy, *de Besançon, d'une montre unique, la* Leroy 01, *regroupant 24 complications en supplément des heures, minutes et secondes ! Il pouvait ainsi connaître la position des étoiles à Rio, Paris et Lisbonne, et disposait d'un baromètre, d'un altimètre et d'un hygromètre à cheveux pour mesurer le degré d'humidité ! La* Leroy 01 *a reçu le grand prix de l'Exposition universelle de Paris en 1900. En revanche, elle ne faisait pas le café !*

transformer, entre 1904 et 1911, ce qui était déjà un beau domaine en une demeure capable d'accueillir les grands de l'époque. Mais si l'ensemble affirme une incontestable prestance, l'intérieur vous semblera dénudé : le mobilier et les collections de Monteiro ont été vendus. On y admire surtout la *sala de Caça*, à l'entrée, avec ses mosaïques au sol, son énorme cheminée et ses chapiteaux développant le thème de la chasse.

Il fallait le microclimat de la région pour aménager le vaste et fantaisiste *parc spirituel et romantique* accroché à la colline. Le dédale de ses allées tortueuses et de ses passages discrets dessert une collection de monuments secondaires presque farfelus. Ici une serre-temple, là une grotte-château et, sur les hauteurs, l'étrange « puits initiatique », profond de 27 m, que l'on dévale par un escalier en colimaçon, façon tour inversée ! L'esprit s'y confronte à la notion même d'existence, s'enfonçant dans un souterrain à plusieurs branches – dont l'une débouche sur le paradis retrouvé du lac de la Cascade, que l'on traverse sur des pas japonais jetés sur l'eau... Les aspects ludiques et philosophiques se complètent ici harmonieusement. N'hésitez pas à emporter une torche pour naviguer dans les recoins les plus sombres des souterrains.

|●| Cafétéria avec une merveilleuse terrasse.

🏹 **Palácio de Seteais** *(hors plan Serra de Sintra par A2) :* rua Barbosa du Bocage, *8. Env 100 m après l'entrée haute de la quinta da Regaleira.* Ce fut la demeure, à la fin du XVIIIᵉ s, du consul de Hollande. Sa façade claire est enchâssée d'un arc ajouté au XIXᵉ s entre les deux ailes du bâtiment. Il a été transformé en hôtel de luxe, mais on vous laissera avancer jusqu'au balcon, offrant une très belle vue sur la campagne et les jardins à la française en contrebas.

En dehors de la ville : le circuit de Pena

Les autres visites sont plus difficiles à pied. Les amateurs de rando pourront grimper jusqu'au castelo dos Mouros (45 mn) et enchaîner avec le palácio da Pena (10 mn de plus), mais si la balade est jolie, elle est aussi ardue. Alternative : monter par le bus nᵒ 434 et redescendre à pied (30 mn). Ou tout faire en bus ! En voiture, c'est galère en haute saison : il est alors très difficile de se garer ; seule solution : venir 10-15 mn avant l'ouverture. Voir aussi « Se déplacer à Sintra ».

🏹🏹🏹 **Castelo dos Mouros** *(château des Maures ; plan Serra de Sintra, A2) :* à *3 km au sud, par la route du palácio da Pena.* ☎ 219-237-300. ● parquesdesintra. pt ● *Fin mars-fin oct, tlj 9h30-20h ; fin oct-fin mars, tlj 10h-18h ; dernier billet 1h*

SINTRA / À VOIR. À FAIRE | 197

avt la fermeture. Entrée : 8 € ; réduc. Le billet peut être acheté au kiosque sur la route, mais aussi dans le château (mieux si vous montez à pied). Profitez-en pour prendre celui du palácio da Pena ! Au VIIIᵉ s, le territoire du Portugal est conquis par les Maures. À Sintra, ils construisent (au Xᵉ s) un château-nid d'aigle au sommet d'une colline dominant toute la région. Ils y demeurent jusqu'en 1147, année de sa reconquête par Afonso I. Les chrétiens investissent le *castelo* et le remanient en partie, avant de l'abandonner. Il faudra attendre 1839 pour voir débuter sa restauration. Qu'y découvre-t-on aujourd'hui ? Un ensemble d'édifices (église-musée, écuries, citerne souterraine) plus ou moins consolidés, enserrés dans un corset de murailles.

Courant tout au long de la crête, le **chemin de ronde,** entrecoupé d'une longue litanie d'escaliers, est splendide. Il relie le donjon à la Tour royale, la plus élevée, où dom Fernando II aimait venir peindre. La vue, à 360°, s'y étend de Lisbonne au cabo da Roca. En chemin, on passe au-dessus de la porte de la Trahison, ainsi nommée car elle permettait de quitter discrètement la forteresse... ou d'y pénétrer. ▌●▌ Agréable **cafétéria** dans l'enceinte du château.

🏃🏃🏃 👫 ***Parque et palácio nacional da Pena*** *(parc et palais de Pena ; plan Serra de Sintra, A3) :* à 4 km de Sintra. ☎ 219-237-300. ● *parquesdesintra.pt* ● *Bus nᵒ 434 (5,50 € A/R), à reprendre de préférence à l'entrée des Lacs (bas du parc), où la queue est moins longue pour le retour. Si vous êtes monté en voiture, vous aurez un tt petit peu plus de chance de trouver une place sur le petit parking situé 200 m après l'entrée du palais (en contrebas). Fin mars-fin oct, parc ouv tlj 9h30-20h, palais ouv tlj 9h45-19h ; derniers billets vendus respectivement 1h et 45 mn avt. Fin oct-fin mars, tlj 10h-18h dans les 2 cas ; dernier billet 1h avt. Entrée parc et palais : 14 € ; réduc ; « happy hour » (9h30-10h30) 13 € (!). Audioguide en français 3 €. Parc seul : 7,50 €. Bar et (mauvais) resto ouv 12h-16h.* Aucun doute, c'est le plus fou ! Perché 350 m au-dessus de Sintra, au sommet d'une colline coiffant l'immense *parque da Pena* – tout en pentes et détours –, voici l'un des monuments les plus visités du Portugal. De l'entrée principale du parc, il faut bien 10-15 mn pour rejoindre à pied celle du palais, à moins de prendre l'un des minibus électriques qui y monte *(3 €).* Sous vos yeux : de fausses murailles jaune canari, une tour néogothique rouge, un mini-pont-levis qui n'a jamais fonctionné, un donjon, des minarets et des dômes vaguement mauresques, qui disparaissent parfois à demi dans la brume...

Un peu d'histoire

Fils de Ferdinand de Saxe-Cobourg-Gotha et d'Antoinette de Kohary, dom Fernando II (1816-1885) est d'origine allemande, mais portugais par son mariage avec la reine Maria II (qui lui donnera sept enfants). Il règne comme roi consort du Portugal de 1837 à 1853. Veuf, il épouse en secondes noces Elisa Hensler (1836-1929), une cantatrice suisse qu'il fait comtesse d'Edla. Connu au Portugal comme le « roi artiste », détaché des contingences politiques, Fernando II s'éloigne du pouvoir. C'est à Sintra qu'il réside avec sa seconde épouse, fuyant l'agitation du monde. En 1834, il acquiert les ruines d'un monastère du XVᵉ s et y fait aménager, de 1842 à 1854, un « Palais nouveau » sous la direction du baron Ludwig von Eschwege. Plus géologue et géographe qu'architecte, ce dernier, à l'imagination débordante, conçoit un édifice éclectique, exubérant et romantique mêlant les styles mauresque, manuélin, baroque, gothique et Renaissance... Pena est considéré comme le premier palais romantique d'Europe, 30 ans avant le château de Neuschwanstein voulu par Louis II de Bavière.

Visite du palais

La terrasse du palais, envahie par la foule compacte des visiteurs, hisse face aux regards une première fantaisie de taille : une porte gardée par un triton géant... Il faut souvent faire la queue pour pénétrer à l'intérieur, où l'on découvre d'abord un joli **cloître manuélin** décoré d'azulejos, principal rescapé du monastère hiérony-mite des origines. Si la salle à manger a elle aussi conservé les voûtes de l'ancien

LES ENVIRONS DE LISBONNE

198 | **LES ENVIRONS DE LISBONNE / CAP À L'OUEST**

réfectoire, les autres pièces se révèlent pour la plupart assez petites – chambre de Carlos I (petit-fils de Fernando II) incluse.

Le roi-bâtisseur résidait, lui, à l'étage supérieur, dans une chambre aux murs et plafonds à motifs mudéjars. Boudoirs et cabinets s'enchaînent, reflétant le goût du XIXe s, jusqu'à la rigolote salle du téléphone (au bahut malachite !), le *Salon arabe* et la *Salão Nobre,* lieu des réceptions, décorée de vitraux centre-européens et de zouaves porteurs de torches. On redescend par la *sala dos Vedãos* (trophées) avant de ressortir par les cuisines, à la grande batterie de cuivres. Tout est resté en l'état depuis la chute de la monarchie et la fuite des souverains en Grande-Bretagne en 1910.

Le parc de Pena

Irrégulier et baroque, hérissé de rocailles, baigné par une ribambelle de pièces d'eau, cet immense parc accidenté et boisé de 200 ha épouse les formes du relief, s'étendant tel un grand poumon de verdure au pied du palácio da Pena. Il possède cinq entrées, dont trois desservies par le bus n° 434 (notamment la principale et la très populaire entrée des Lacs, qui donne accès directement au vallon du même nom). On y trouve plus de 500 espèces de plantes européennes et exotiques, deux superbes vallons noyés de fougères arborescentes, un jardin de camélias (en fleur en avril), une fontaine en forme de pavillon musulman, une bouverie (anciennes écuries), des serres, etc. Il n'y manque que les fées, les lutins et les nymphes pour en faire un jardin imaginaire et romantique. Dans sa partie haute trône la Cruz Alta (culminant à 527 m).

🏃 🏃 *Le chalet de la comtesse d'Edla (hors plan Serra de Sintra par A3) : dans la partie ouest du parc de Pena, à 20-30 mn de marche du palais (mêmes horaires).* ● *parquesdesintra.pt* ● *Accès en voiture par l'entrée du chalet, sur la route du convento dos Capuchos, à 2 km de l'embranchement montant vers le palácio da Pena. Billet : 2 € en plus de l'entrée du parc (7,50 €) ; 14 € avec le palais de Pena. Une navette électrique relie le palais au chalet, tlj 11h-19h, en traversant le parc, où elle marque plusieurs arrêts (ajouter 3,50 €).* Née à La Chauds-de-Fonds, dans le Jura suisse, Elisa Hensler passe une partie de sa jeunesse à Boston, où sa famille a émigré. De retour en Europe, la voici cantatrice à Milan. En tournée à Lisbonne en 1860, elle séduit le roi Ferdinand II, qui est veuf. Il la hisse au rang de comtesse d'Edla et l'épouse. La jeune femme est passionnée de botanique et son monarque de mari lui fait bâtir, en 1870, pour mieux profiter du parc de Pena, ce drôle de chalet aux huisseries soulignées de chêne liège. Vu de l'extérieur, on jurerait la maison de Blanche-Neige... La comtesse aurait dessiné elle-même les plans en s'inspirant des chalets américains. L'intérieur, très largement restauré après un incendie, est quasiment vide ; on y retrouve dans deux pièces des murs tapissés de panneaux de chêne liège.

DANS LES ENVIRONS DE SINTRA

🏃🏃 *Parque e palácio de Monserrate : à 4 km à l'ouest de Sintra, sur la N-375.* ☎ *219-237-300.* ● *parquesdesintra.pt* ● *Bus n° 435 (1,10 €). Une navette électrique circule en outre dans le parc, entre l'entrée et le palais (2,50 € A/R), tlj 11h-19h (10h-17h en hiver). Fin mars-fin oct, tlj 9h30-20h ; le reste de l'année, tlj 10h-18h ; dernière entrée 1h avt. Le palais ferme 1h plus tôt ; dernière entrée 45 mn avt en été et 30 mn en hiver. Billet : 8 € ; réduc. Audioguide (hélas pas en français) 3 €.* À l'origine, vers 1540, il y a là une chapelle consacrée à Notre-Dame de Monserrate et le domaine, qui appartient aujourd'hui à un hôpital. En 1789, un riche homme d'affaires anglais (d'origine française), Gérard de Visme, y fait édifier un premier palais néogothique – qu'il loue en 1793-1794 à l'écrivain voyageur *William Beckford* (1760-1844), héritier d'une colossale fortune constituée grâce à des plantations de sucre jamaïcaines. En 1809, *lord Byron* découvre le domaine en ruines et tombe sous son charme romantique, contribuant à placer Sintra sur la carte du monde d'alors. Un demi-siècle plus tard, un autre Anglais débarque : **Francis Cook** (1817-1901), un millionnaire enrichi dans le commerce des textiles, propriétaire d'une des plus belles collections d'œuvres d'art du Royaume-Uni. C'est lui qui conçoit le jardin romantique et l'architecture de style moghol (Inde) du palais, en modifiant le plan initial.

Le palais
Le style est éclectique, mêlant aux grands élans orientaux des influences mauresques et gothiques... Le hall central, octogonal, donne le ton avec sa fontaine en marbre Renaissance et son incroyable couloir encadré d'une forêt de colonnes de porphyre surmontées d'éléments décoratifs à claire-voie. Les panneaux finement ciselés viennent d'Inde. Si la plupart des pièces sont vides, tout au bout, on accède au grand **salon de musique,** rond et très lumineux, surmonté d'une coupole en stuc aux motifs floraux dorés. L'acoustique y est excellente. À voir aussi : la bibliothèque aux rayonnages en noyer.

Le parc
Beckford et surtout Cook n'ont pas lésiné sur les arbres exotiques, les promontoires et les promenades. Ce parc à l'anglaise, irrégulier, terriblement décadent, voit se côtoyer cyprès funèbre et *Ginkgo biloba* chinois, figuier des îles Fidji, pin de Norfolk (le plus haut du jardin), cocotiers du Chili, cèdre de l'Atlas, bunya-bunya et

GAZON D'AVANT-GARDE

Le gazon qui pousse devant le palais de Monserrate est le premier à avoir été planté au Portugal. Son origine remonte au XVIII s, dit-on. Il a exigé et exige encore un système d'arrosage sophistiqué.*

kauri australiens, jardins du Japon et du Mexique, et aussi arbousiers, chênes-lièges, et même une belle roseraie restaurée par le prince Charles en 2011. Coup d'œil attendri sur la (fausse) chapelle en ruines envahie par un *Ficus macrophylla,* où un banc invite à s'oublier.

🎭🎭 **Convento dos Capuchos :** *à 7 km, entre Sintra et le cabo da Roca, par la route qui monte au palácio da Pena, puis à droite (fléché).* ☎ *219-237-300.* ● *par quesdesintra.pt* ● *Desservi par les bus* City Sightseeing *(chers), sinon il faut être motorisé. Fin mars-fin oct, tlj 9h30-20h ; fin oct-fin mars, tlj 10h-18h ; dernière entrée 1h avt. Entrée : 7 € ; réduc. Audioguide (en anglais, en espagnol ou en portugais slt) 3 €.* Construit au XVIᵉ s au cœur d'un chaos rocheux et de la forêt, dans un esprit d'harmonie avec la nature, cet incroyable monastère de poche a été habité jusque vers le milieu du XIXᵉ s par huit moines franciscains. L'entrée, masquée par des rochers, conduit dans un monde miniature : minichapelle, cellules lilliputiennes où l'on pénètre en se baissant à demi, miniréfectoire, cuisine (où l'on peut se tenir debout), latrines creusées dans le roc et autres micropièces semi-rupestres. Partout, le liège recouvre les portes, les fenêtres et les plafonds pour protéger le lieu de l'humidité. C'était là le seul luxe de ces religieux obligés de vivre courbés. En contrebas, un potager. Et au-dessus, une grotte consacrée à la méditation.

🎭 **Santuário da Peninha :** *à 4 km à l'ouest du convento dos Capuchos par la petite route d'Azóia.* Après une courte ascension à pied, vous bénéficierez d'un superbe point de vue sur la côte et toute la région depuis ce monastère abandonné. Sa chapelle (souvent ouverte) est entièrement tapissée d'azulejos, voûtes incluses. De là, on rejoint la côte en 3 km, près du cabo da Roca, en traversant une superbe forêt méditerranéenne (parc naturel de Sintra-Cascais).

⛰ 🚶 **Les plages :** la côte de Sintra est soulignée de plusieurs plages blotties entre les falaises – praia da Adraga, praia Grande, praia das Maçãs, praia do Magoito... Voir plus haut « En suivant la route côtière vers Sintra ».

Randonnées pédestres

La région se prête bien à la randonnée, tant aux portes de Sintra que dans sa serra. Le site de l'*Instituto da Conservação da Natureza e das Florestas* (● *icnf.pt/portal/turnatur/visit-ap/pn/pnsc ●*), ou ICNF, propose des petits parcours pédestres dans cette zone classée parc naturel, qui s'étale entre l'embouchure de la rivière Falcao et Cascais. Eucalyptus, lauriers, arbousiers, chênes verts, fougères et genêts poussent en pagaille sur ces terrains volcaniques. On peut télécharger les PDF, bien faits mais en portugais seulement.

⚑⚑ Les parcs et châteaux : quatre itinéraires de petite randonnée permettent de grimper depuis Sintra vers le castelo dos Mouros et le palácio da Pena. Le plus emprunté débute en haut de la vieille ville, rua Marechal Saldanha, avant de se hisser vers l'église Santa Maria et le départ du sentier (fléché), qui progresse joliment dans les sous-bois. Compter 45 mn de montée jusqu'au château maure depuis le centre historique. On peut ensuite poursuivre vers Pena, soit par un autre chemin, soit par la route (10-15 mn).

Une montée moins classique est possible via la **villa Sassetti** (de style Renaissance italienne) et ses jardins étagés sur la colline. Départ au tout début de la route montant au palácio da Pena, côté gauche. On contourne alors totalement le château maure par l'est. Pour plus de détails, demandez la brochure *Pedestrian Route* à l'office de tourisme.

MAFRA
(2640) — 18 000 hab.

Le principal intérêt de cette petite ville est de posséder le palais-monastère le plus vaste de toute la péninsule Ibérique, posé en plein centre. Un écrivain prétendait qu'il fallait le visiter « à titre de pénitence ». Pas de grands jardins ombragés ici, ni aucun écrin de verdure, mais l'intérieur, gigantesque, révèle quelques très belles pièces.

➤ Bus *Mafrense* (● *mafrense.pt ●*) de/vers Portela de Sintra (50 mn), Lisbonne (45 mn-1h) et Ericeira (35 mn).

Adresse utile

ℹ Posto de turismo de Mafra : *av. Movimento das Forças Armadas (juste au sud du palais).* ☎ *261-817-170.*

● *cm-mafra.pt/turismo* ● *Tlj sf 1er janv, dim de Pâques, 1er mai, jeu de l'Ascension et Noël 10h-13h, 14h-18h.*

Où manger sur le pouce ? Où boire un verre ?
Où manger une glace ?

|●| ♀ Padaria e Pastelaria Polo Norte : *praça da República. Sur la place face au palácio. Tostas dès 2,50-3 €.* On peut déjeuner simplement de petits plats (affichés au tableau) dans la salle de cette boulangerie, ou grignotter bonnes pâtisseries et viennoiseries. En prime : des crêpes, des gaufres et même des glaces maison.

|●| ♀ Esplanada Real : *praça da República. Tlj 9h-22h (plus tard en été).* Ce bar occupe un cube de verre juste en face de la *Padaria e Pastelaria Polo Norte.* Il n'y a que 4 tables pour les mauvais jours, mais l'immense terrasse ensoleillée compense largement ! Pratique pour boire un verre et grignoter un toast ou un burger.

À voir

🎎 🎎 🚶 Palácio nacional de Mafra : ☎ 261-817-550. ● palaciomafra.pt ● Tlj sf mar et j. fériés 9h30-17h30 (17h15 pour la bibliothèque) ; dernière entrée 1h avt. Fermé 1er janv, dim de Pâques, 1er mai, jeu de l'Ascension et Noël. Entrée : 6 € ; réduc ; gratuit moins de 12 ans et pour ts le 1er dim du mois. Brochure en français : 1 €. Certains guides sont en costume d'époque ! Bâti au XVIIIe s sur 3,8 ha, l'édifice possède 1 200 pièces et plus de 4 700 portes et fenêtres ! À l'origine, ce devait être un modeste couvent que le roi João V avait promis d'édifier si la Providence lui accordait un héritier. Il fut entendu. Mais la visite du palais de l'Escurial de son rival espagnol, le roi Philippe II, le mit au défi de faire mieux. Tout l'or venu du Brésil y passa entre 1717 et 1730. Quelque 50 000 ouvriers furent employés à la tâche, dont pléthore d'artisans et artistes portugais, italiens et français. L'ensemble, conçu par un architecte prussien dans un style baroque, en calcaires polychromes de la région, dégage pourtant au final une indéniable impression de lourdeur... Le palais fut surtout fréquenté par les rois à l'occasion des festivités religieuses ou pour la chasse.

Le monastère et le palais

Les quelque 300 moines (franciscains) occupaient le rez-de-chaussée. La visite commence là, par l'**hospice,** avec sa série de chambres-couchettes et sa pharmacie. Remarquez, dans une pièce isolée, le lit à quatre hauts côtés réservé aux patients souffrant de fièvres et aux « moines fous » ! La partie arrière est, elle, encore occupée par une école d'infanterie.

À l'étage, les tours nord et sud, reliées par *la plus longue galerie d'Europe* (232 m !), monumentale, étaient dévolues respectivement aux **appartements du roi et de la reine,** qui fonctionnaient séparément – chacun avec ses propres cuisines et quartiers de domestiques. Les pièces, immenses, découvrent plafonds peints à fresque, tapisseries flamandes et mobilier d'époque un peu épars. Au centre de l'aile ouest, la *sala de Bênção* ouvre sur la place et le balcon d'où les monarques saluaient la foule. Les appartements de la reine, un peu plus cosy, révèlent une sympathique salle de bains peinte d'une scène bucolique aux oiseaux, sur fond bleu.

De là, on pénètre dans l'aile sud, non moins colossale, jetant au passage un coup d'œil à l'ancêtre du flipper conservé dans la *salle de Jeux* et aux (affreux) chaises et fauteuils en bois de cerfs de la *salle de la Chasse*... Au bout, tout au bout, on atteint l'imposante **bibliothèque** baroque, clou de la visite. Longue de... 85 m, elle abrite 36 000 ouvrages (dont certains incunables), entreposés sur des rayonnages en bois du Brésil. C'est l'une des plus importantes du Siècle des lumières.

CRISE DE FOI

L'hospice du monastère occupant l'étage inférieur du palais national de Mafra témoigne d'un certain confort : les malades y avaient droit à des espaces privatifs séparés par des cloisons. Il n'était pas question pour autant qu'ils délaissent leurs devoirs. Le dimanche, leurs lits étaient tirés vers le centre de l'immense pièce pour qu'ils puissent suivre la messe !

LA RONDE DES CHAUVES-SOURIS

Les conservateurs de la bibliothèque du palais de Mafra ont trouvé une manière originale d'assurer la conservation des livres : des orifices ont été créés pour permettre aux chauves-souris d'y pénétrer la nuit et de bouloter les insectes ravageurs !

LES ENVIRONS DE LISBONNE

202 | LES ENVIRONS DE LISBONNE / CAP À L'OUEST

La basilique
Accessible depuis la place, la basilique *(fermée 13h-14h),* baroque elle aussi, détonne surtout par ses proportions. Sa coupole culmine à 66 m de haut ! Le roi João VI y fit installer six orgues, pièces maîtresses d'un festival international organisé à la fin mai.

🦌 🚶 *Tapada naciónal de Mafra : portão do Codeçal.* ☎ 261-814-240. ● *tapa dademafra.pt* ● *Tlj 9h30-18h. Entrée : 5 € ; billet famille (2 adultes et 2 enfants de moins de 12 ans) : 17 €. Activités payantes en sus.* Créée au temps du roi João V comme parc de loisirs pour le roi et sa cour, la Tapada naciónal de Mafra couvre 1 187 ha, totalement entourés de murailles sur 21 km. La forêt occupe presque tout l'espace et on peut y trouver, en liberté, daims, cerfs, sangliers et autres animaux. Nombreuses activités : balades pédestres, cyclistes (VTT) et équestres, atelier d'apiculture, tir à l'arc, balade nocturne, circuits en charrette et petit train, etc.

ERICEIRA   (2655)   10 260 hab.

● Plan *p. 203*

À 23 km au nord-ouest de Sintra et à 14 km de Mafra, ce port de pêche tisse son réseau de ruelles au sommet d'une falaise plongeant dans l'océan. En contrebas, les bateaux sont soigneusement garés côte à côte, sur le bitume qui borde la praia dos Pescadores, tandis que, dans le vieux centre – largement piéton –, Ericeira bichonne ses photogéniques maisons blanches soulignées de bleu, reflétant les lumières du ciel et de la mer. La ville a su maintenir les promoteurs à sa périphérie. Mais pas les visiteurs : le tourisme est devenu l'activité principale et un grand nombre de surfeurs fréquentent les spots du coin. Les vagues sont puissantes et franches, offrant de bons déroulés sur de belles longueurs.

Arriver – Quitter

🚌 *Terminal de bus* (Centro Rodoviário Municipal ; hors plan par B1) : *sur la route N-247, env 500 m au nord du centre, à la hauteur de la praia do Norte. Ttes les liaisons sont assurées par la compagnie Mafrense.* ● *mafrense.pt* ●
➤ *Lisbonne (Campo Grande) via*

Mafra : ttes les 10 mn à 1h (fréquences réduites le w-e). Trajet : 45 mn-1h20.
➤ *Portela de Sintra :* env ttes les heures lun-ven 6h20-19h25. Ttes les 2h w-e et j. fériés 7h25-19h25. Trajet : 50 mn. Portela de Sintra est juste à l'est de Sintra (2 km).

Adresse utile

🛈 *Office de tourisme* (plan B1) : *rua Dr Eduardo Burnay, 46.* ☎ 261-863-122. ● *cm-mafra.pt/turismo* ● *Tlj 10h-18h (19h juin et sept, 20h juil-août).* Accueil francophone. Plan de la ville

et des environs, horaires des bus, livret des spots de surf, horaires des marées, etc. L'étage abrite une exposition consacrée aux spots de surf du secteur, classé « surf reserve ».

Où dormir ?

Camping

⛺ *Ericeira Camping* (hors plan par B1, **10**) : *Estrada Naciónal 247,*

Km 49,4. ☎ 261-862-706. ● *eri ceiracamping.com* ● *À 1 km au nord de la ville. Réception fermée à Noël.* Compter 15,50-23 € pour 2

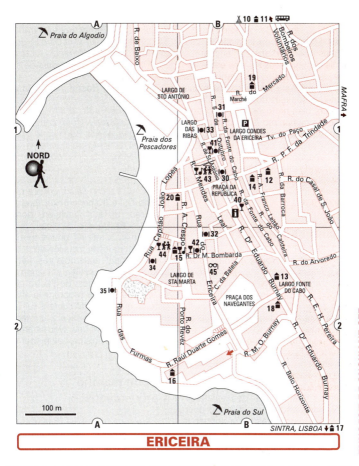

ERICEIRA

- **Adresse utile**
  - Office de tourisme

- **Où dormir ?**
  - 10 Ericeira Camping
  - 11 Blue Buddha Hostel
  - 12 Hospedaria Bernardo
  - 13 Hotel Pedro O Pescador
  - 14 Residencial Vinnus
  - 15 Fisherman's House
  - 16 Vila Galé Ericeira
  - 17 Sea U Soon Hostel
  - 18 Residencial Fortunato
  - 19 Hotel Camarão
  - 20 Casa das Aguarelas

- **Où manger ?**
  - 30 Taberna O Lebre
  - 31 Mar d'Areia
  - 32 O Farol
  - 33 Tasquinha do Joy
  - 34 Canastra
  - 35 Esplanada Furnas

- **Où manger un bon oursin ?**
  - 33 Casa da Fernanda

- **Où boire un verre ? Où écouter de la musique et danser ? Où combattre sa claustrophobie ?**
  - 40 Sunset Bamboo Bar
  - 41 Tik Tak
  - 42 Tik Tapas
  - 43 Tubo
  - 44 Discoteca Ouriços
  - 45 Ericeira Escape Game

LES ENVIRONS DE LISBONNE

avec tente et voiture ; bungalows 45-130 €. 🖥 🛜 Ce camping municipal est à 3 mn de la plage et des vagues (avec *surf shop* à l'entrée). La partie centrale sous les pins est réservée aux résidents ; les temporaires se retrouvent sur les flancs, dans des secteurs souvent découverts et pas toujours bien nettoyés... Privilégiez la zone de *campismo libre* (ombragée) proche du bâtiment sanitaire B8, au fond. Sanitaires corrects, sans plus. Les cabanons sont quasi aveugles... Les grands chalets récents sont bien mais donnent sur le parking et la route côtière... Pizzeria, minimarché, laverie, aire de jeux.

Auberges pour surfeurs

🛏 **Fisherman's House** *(plan B2, 15)* : *rua Alves Crespo, 1 A.* 📠 *927-094-178.* ● *fishermanshouse.ericeira@gmail.com* ● *Dortoirs 4-6 lits 18-25 €/pers selon saison.* 🛜 Ouverte par la charmante Anna dans la maison familiale, cette AJ plutôt *roots* se résume à une cuisine (avec surf dans son coin), 3 dortoirs pas bien grands (tablette, lumière et prise pour chacun) et 1 douche par étage. L'ensemble est propre mais le confort un peu sommaire au 2e étage (matelas sur des palettes). Qu'importe, on vient avant tout ici pour faire des rencontres, à prolonger à l'*Adega Bar* (musique live le vendredi à la belle saison).

🛏 **Blue Buddha Hostel** *(hors plan par B1, 11)* : *Urbanização Moinhos do Mar, Casa 1.* 📠 *910-658-849.* ● *bluebuddhahostel@gmail.com* ● *bluebuddhahostel.com* ● *Dans une résidence, à la sortie nord de la ville (avt le camping) ; c'est la 1re villa en entrant (demandez au gardien). Dortoirs 4-8 lits 18,50-25 €/pers selon saison ; doubles 42-83 € ; pas de petit déj.* 🛜 L'accueil se fait à l'adresse ci-dessus, une villa moderne transformée en une petite AJ pimpante, gentiment design, où cohabitent dortoirs et chambres avec ou sans salle de bains. On y trouve cuisine équipée et confortable salon, et la résidence possède même tennis et piscine (payants). D'esprit identique, les boss

possèdent plus près du centre le *Blue Buddha Lone Surfer Hostel (largo de São Sebastião, 10)* et la *Blue Buddha Beach House (rua Florêncio Granate, 19).* Dans tous les cas : cours de surf et location de planches.

🛏 **Sea U Soon Hostel** *(hors plan par B2, 17)* : *rua Comandante M. Freire, 6.* 📞 *261-867-933.* 📠 *916-077-794.* ● *seausoon@sea-u-soon.com* ● *sea-u-soon.com* ● *À la sortie sud d'Ericeira, par la rua Carrasqueira da Vila, face à l'accès à la praia do Sul ; c'est tt de suite à gauche. Dortoir 10 lits 19-28 €/pers ; doubles sans ou avec sdb 45-90 € selon saison.* 🛜 La citation du Duke (Kahanamoku), premier empereur du surf hawaïen, donne le ton : « En dehors de l'eau, je ne suis rien »... Cette AJ privée tout en blanc et turquoise, installée dans une sorte de petit ensemble résidentiel moderne, est à seulement 2 mn du sable et des vagues (de l'autre côté de la route). Hyper propre, elle abrite juste un grand dortoir ouvrant sur une terrasse ensoleillée face à la mer et 3 chambres – dont une avec sa propre salle de bains. Cuisine, salon, tout est impeccable.

De bon marché à prix moyens

Les adresses qui suivent sont avant tout fonctionnelles. Elles sont mal insonorisées et n'ont pas l'AC (la dernière exceptée).

🛏 **Hospedaria Bernardo** *(plan B1, 12)* : *rua Prudêncio Franco da Trindade, 11.* 📞 *261-862-378.* ● *hospedariabernardo1@gmail.com* ● *hospedariabernardo.com* ● *Doubles 25-55 € selon taille, confort (sans ou avec sdb) et saison ; pas de petit déj.* 🛜 Cette pension date un peu, avec ses sols des années 1970 et son goût d'autrefois, mais elle affiche des tarifs bas et a même changé ses vieilles TV. Certaines chambres sont plus agréables que d'autres, avec coin cuisine, voire petit salon et grand balcon ; demandez à voir. La proprio parle un peu français.

🛏 **Residencial Fortunato** *(plan B2, 18)* : *rua Dr Eduardo Burnay, 45.*

☎ 261-862-829. ● info@pensaofor
tunato.com ● pensaofortunato.com ●
Congés : 2ᵈᵉ quinzaine d'oct. Doubles
35-75 € selon saison, petit déj (léger)
inclus juin-sept. Parking 3 €. 📶 Le proprio parle très bien le français et son
fils se débrouille aussi. Pas de folies,
ici, juste des petites chambres simples
mais propres, très abordables, avec
l'essentiel. Les plus chères ont une terrasse avec vue mer.

🛏 **Residencial Vinnus** (plan B1, **14**) :
rua Prudêncio Franco da Trindade, 19.
☎ 261-866-933. ● info@vinnusgues
thouse.com ● vinnusguesthouse.com ●
Doubles 35-80 € selon taille, confort et
saison. 📶 L'adresse, proprette et sans
prétention, fait un effort de décoration
avec ses toiles modernes aux murs.
Les chambres nᵒˢ 15 et 25 (triples) ont
une cuisine.

🛏 **Hotel Pedro O Pescador** (plan
B2, **13**) : rua Dr Eduardo Burnay, 22.
☎ 261-864-032. ● info@hotelpedro
pescador.com ● hotelpedropescador.
com ● Doubles 45-80 € selon saison,
petit déj compris. 📶 Un poil plus
actuel que les précédents, ce petit
hôtel aligne des chambres simples
mais très correctes, avec parquet flottant, baignoire et AC. Certaines profitent d'un bout de vue sur l'océan.
2 triples aussi.

Plus chic

🛏 **Hotel Camarão** (plan B1, **19**) :
travessa do Espírito Santo. ☎ 261-
862-665. ● reservas@hotelcamarao.
com ● hotelcamarao.com ● Congés :
déc-janv. Doubles 65-85 € selon
saison, petit déj inclus. 📶 Tout blanc
et très bien tenu, cet hôtel amarré
au calme, à l'orée du marché, dispose de 24 chambres plutôt standard
mais bien équipées pour un 2-étoiles
(frigo, AC, TV à écran plat). Il y a
même 2 Premium, plus spacieuses,
avec TV XXL, machine Nespresso et
sèche-cheveux.

🛏 **Casa das Aguarelas** (plan A-B1,
20) : travessa do Honrado, 1. ☎ 261-
866-837. ● reservas@casadasa
guarelas.pt ● casadasaguarelas.
pt ● Doubles et studios 58,50-105 €
selon saison. 📶 Occupant une vieille
maison du bourg joliment rénovée,
l'adresse semble hésiter entre l'hôtel
et la guesthouse. Les 12 chambres,
dont 5 triples et familiales, sont douillettes et très lumineuses. Elles jouent
le contraste entre blancs étincelants
et touches colorées, sols en coco et
éléments anciens restaurés. Certaines
ont une kitchenette et tout est vraiment
impeccable.

🛏 **Vila Galé Ericeira** (plan A2, **16**) :
largo dos Navegantes, 1. ☎ 261-
869-900. ● ericeira@vilagale.com ●
vilagale.com ● Doubles 90-270 €
selon vue, confort et saison, petit déj
et parking inclus (pas toujours assez
grand en été). Voir aussi les offres sur
le site. 📶 Surplombant avec superbe
la praia do Sul et les flots, cet hôtel
historique bien rénové devrait séduire
ceux qui voudraient se faire une petite
gâterie ! Les chambres sont tout
confort et quelques-unes ont une
véranda. Pour se divertir : pas moins
de 3 piscines dominant la mer sur une
immense terrasse écrasée de soleil,
spa et bar.

Où manger ?

Très bon marché

🍴 **Taberna O Lebre** (plan B1, **30**) :
rua da Misericórdia, 3. ☎ 261-863-
546. Congés : 2ᵈᵉ quinzaine de mai. Tlj
sf dim 10h30-minuit (2h ven-sam et en
été). 📶 L'iconique « Lièvre » est très
apprécié pour ses bons pregos (sandwichs au steak) pas chers du tout. Au
menu, il y a aussi 2 salades, une soupe
à la morue (1,90 € !) et des burgers, tout
aussi abordables. Accueil souriant.

De bon marché
à prix moyens

🍴 **Mar d'Areia** (plan B1, **31**) : rua da
Fonte do Cabo, 49. ☎ 261-862-222.
Tlj sf lun. Plats 9-20 €. Digestif offert sur

présentation de ce guide. Par l'odeur des grillades alléché, on monte quelques marches pour choisir poissons et crustacés. Puis on s'attable dans la salle blanc et bleu, ornée de bois, de vieilles photos du port et d'objets marins. Un lieu fréquenté par des habitués, savoureux et sans chichis, en un mot *tradicional* !

IOI O Farol *(plan B2, 32) : rua do Ericeira, 14.* ☎ *261-862-355. Le midi slt. Repas complet 10-12 €.* Difficile de faire plus frais et plus simple : du poisson grillé sous vos yeux, sur un brasero posé dans la rue, servi avec une (grosse) salade de crudités. Les locaux viennent en nombre le week-end, alors il faudra sans doute jouer un peu des coudes. À l'intérieur une collection de coupes au-dessus du bar.

IOI Tasquinha do Joy *(plan B3, 31) : largo das Ribas, 34.* 🖫 *935-919-232. Tlj sf mar soir. Pregos et plats 2,40-18 € ; le midi en sem, plat du jour 6 €, menus 8-12 €.* Ancrée au-dessus de la plage des pêcheurs, sur une placette très populaire au coucher du soleil, cette petite cantine propose une cuisine sans chichis, ultra-copieuse. On vous met au défi de finir votre morue ou votre *cataplana* ! Ceux qui n'auront pas réussi à dénicher une table en terrasse (elles sont très demandées !) auront droit à l'inévitable téléviseur à l'intérieur. Bon accueil.

De prix moyens à plus chic

IOI Canastra *(plan A2, 34) : rua Capitão João Lopes, 8 A.* ☎ *261-865-367.* ● *info@restaurantecanastra.com* ● *Sur la corniche au-dessus du port. Tlj sf mer en basse saison. Compter 18-25 €. CB étrangères refusées.* Les quelques tables extérieures de ce petit resto tombent du ciel... pour les chanceux qui y prennent un bain de soleil couchant, accompagné d'un verre et de quelques crevettes. On prolonge avec plaisir par de bons poissons grillés (au poids) et des palourdes. Accueil excellent, mais attention quand même à la note !

IOI Esplanada Furnas *(plan A2, 35) : rua das Furnas, 2.* ☎ *261-864-870.* ● *caetanorodrigues@sapo. pt* ● *Tlj 12h-16h, 19h-22h. Compter min 20 €.* Ce restaurant moderne, construit directement sur les rochers, dresse ses grandes baies vitrées contre les assauts de la mer. Il se la joue un peu, mais il reste un grand classique du secteur. On choisit son poisson à l'entrée et il est directement pesé sous vos yeux, ce qui évite les mauvaises surprises ultérieures... La belle carte des vins liste même 2 margaux 1970 !

Où manger un bon oursin ?

🦐 Casa da Fernanda *(plan B1, 33) : largo das Ribas, 29 A.* ☎ *261-866-504. Tlj sf mar.* Chez Fernanda, le sourire de la patronne est de rigueur. On vient y picorer quelques *ouriços*, ces « oursins » (emblème local) sans épines un

peu caramélisés, à base d'œuf. Les tartes aux noix de pécan ne sont pas mal non plus et la terrasse sur la placette est parfaite, avec la grande bleue à l'œil et un bon jus d'orange frais en main.

Où boire un verre ? Où écouter de la musique et danser ? Où combattre sa claustrophobie ?

Plusieurs *pastelerias* et cafés populaires propulsent leurs terrasses sur la praça da República *(plan B1).*

🍸 Sunset Bamboo Bar *(plan B1, 40) : travessa do Jogo da Bola, 3.* ☎ *261-864-827. Tlj (sf mar sept-mai)*

12h-minuit (2h w-e). Happy hour 19h-20h en hte saison. Congés : nov. 📶 Mobilier de bambou sur la terrasse, pulsations surf-reggae à l'intérieur, tout ça incite à se rafraîchir en buvant une bière ou un bon jus naturel. Musique live les jeudis d'août.

Tik Tak (plan B1, **41**) : rua 5 de Outubro, 7. ☎ 261-863-246. ● tiktak@sapo.pt ● Tlj 12h30-15h, 19h-23h. Ce resto assez animé et coloré, avec salle plus intime à l'étage, joue à fond la carte touristique. On peut très bien s'y contenter de tapas et de boissons. Même punition au **Tik Tapas** (plan B2, **42** ; rua do Ericeira, 15 ; tlj sf lun), tenu par le frère de celui-ci, où l'on choisit entre *tapas da tera* et *tapas do mar*.

Tubo (plan B1, **43**) : travessa da Esperança, 3. ☎ 261-863-168. Tlj sf dim 18h-2h. Le *tubo*, c'est la vague tubulaire, le Graal du surfeur... Résultat : c'est ici le QG des jeunes tatoués aux cheveux blonds frisés, qui viennent s'engourdir de cocktails et de musique (live le mercredi). Le samedi (soirée DJ), ça déborde dans la ruelle, où l'on danse. Ambiance cool et *happy* de rigueur.

Discoteca Ouriços (plan A2, **44**) : rua Capitão João Lopes, 9. ☎ 261-862-138. Ouv 23h-6h. Cette discothèque quinquagénaire (à l'enseigne de l'oursin) est connue dans tout le pays. Pas bien grande, presque plus bar, elle a vite fait de se transformer en boîte... de sardines l'été venu. Musique tendance commerciale avec quelques flashbacks 80's.

Et n'oubliez pas l'**Adega Bar**, au pied du *Fisherman's House* (plan A-B2, **15**).

Ericeira Escape Game (plan B2, **45**) : largo Santa Marta, 19. ☎ 913-199-367. ● info.claustrophilia@gmail.com ● ericeiraescapegame.com ● Compter 50 €/équipe (jusqu'à 5 pers). Le concept est hongrois et vicieux : réussirez-vous à sortir, en moins de 1h, d'une pièce dans laquelle vous êtes enfermé ? Il vous faudra pour cela résoudre des énigmes et mettre ensemble les pièces du puzzle. Super à faire en famille à condition de parler un peu anglais !

À faire à Ericeira et dans les environs

Plages : dans le village, plusieurs anses sableuses se creusent au pied des falaises. Du nord au sud : *praia do Norte, praia dos Pescadores* (port) et *praia do Sul*. La première et la dernière sont très populaires auprès des surfeurs.

– **Surf :** en 2011, Ericeira s'est vue décerner le titre convoité de *world surfing reserve* (la seule en Europe). Il n'y en a qu'une douzaine au monde, désignées ainsi pour la qualité et la variété de leurs spots. À Ericeira, on en répertorie sept sur 4 km de côtes (demandez le petit guide édité par l'office de tourisme). Parmi les plus célèbres, citons Coxos, une droite longue réputée pour ses *tubos*, et Ribeira d'Ilhas, accessible à tous les niveaux, où ont été organisées de nombreuses compétitions. Plusieurs AJ et une douzaine de clubs et écoles se spécialisent dans cette activité.

AU SUD DU TAGE : LA PÉNINSULE DE SETÚBAL

● Carte *p. 210-211*

Zone de transition entre le monde urbain et les espaces sauvages de l'Alentejo, la péninsule de Setúbal est délimitée au nord par le Tage et au sud par le vaste estuaire protégé du río Sado. Sa façade océanique s'étire en une longue bande de sable, où de belles vagues déroulent leurs crêtes d'écume, attirant la foule chaque week-end. Le cabo Espichel, drapé

208 | LES ENVIRONS DE LISBONNE / AU SUD DU TAGE...

dans ses falaises et ses bruines, qui servit de décor au cinéaste chilien Raoul Ruiz pour l'adaptation de *L'Île au trésor,* la termine au sud.

Puis voilà la jolie serra da Arrábida. Étonnamment préservée, cette petite chaîne de montagnes, classée parc naturel, livre au regard vignobles, attachantes bourgades rurales et points de vue plongeant sur l'océan depuis la route en corniche qui s'agrippe à son flanc méridional. On adore ! À son pied s'amarre la petite ville balnéaire de Sesimbra et, de l'autre, le port de pêche de Setúbal, porte d'entrée de la réserve naturelle de l'estuaire du Sado. Bref, le secteur ne manque pas d'intérêt !

CACILHAS

(2800)   6 000 hab.

Pour quitter ou aborder Lisbonne à la manière des marins de jadis, embarquez donc pour Cacilhas ! Certes, le ferry local n'a pas le panache des caravelles d'antan, mais il vous fera néanmoins traverser la mer – de Paille – et le Tage pour découvrir de son bord un vaste panorama sur la capitale. Grimpez au Cristo Rei, pour mieux voir encore, avant de s'offrir un déjeuner de poisson ou une remontée dans le temps à bord d'un vieux trois-mâts de l'époque de la route des Indes.

Arriver – Quitter

En bateau

➤ *Liaison entre Cais do Sodré (Lisbonne) et Cacilhas :* ☎ 808-20-30-50. ● transtejo.pt ● Tlj 5h20-1h20, ttes les 10-30 mn en sem, ttes les 15-40 mn le w-e. Durée : 10 mn. Billet : 1,25 € l'aller.

En bus

🚌 *Transportes Sul do Tejo (TST) :* ☎ 707-508-509. ● tsuldotejo.pt ● À la sortie du débarcadère, à gauche.
➤ *Costa da Caparica :* bus nᵒˢ 124 (tlj 6h05-0h40, dernier retour 1h20) ou 135 (ttes les 30-40 mn lun-ven 7h-20h15, w-e 7h30-20h30. Dernier retour à 20h). Trajet : 30 mn.

➤ *Fonte da Telha* (plage au sud de Costa de Caparica) : bus nᵒˢ 127 (ttes les heures lun-ven 6h25-minuit. Ttes les 40 mn à 2h w-e 6h35-23h20) ou 145 (moins fréquent).

En voiture

➤ *Mieux vaut éviter d'y aller en voiture en saison* en raison des embouteillages et de la difficulté à se garer. Pour les récalcitrants : traverser le ponte 25 de Abril et suivre le fléchage « Almada centro-Cacilhas ». Grand parking payant à côté du trois-mâts, juste avant le terminal des bus.

Où manger ?

🍴 *Ponto Final* (carte Péninsule de Setúbal, 30) : cais do Ginjal, 72. ☎ 212-760-743. À la sortie du ferry, tourner tt de suite à droite, et suivre sur env 1 km (10-15 mn) le quai qui borde d'un côté le Tage, de l'autre des entrepôts désaffectés, en direction du ponte 25 de Abril. Tlj sf mar 12h30-17h, 19h-minuit. Plats 11,50-19 €.

Cette adresse un peu secrète, presque poétique, se niche au pied de la colline de Cacilhas, contre le Tage et face à Lisbonne, dans l'un des rares bâtiments réhabilités du secteur. Dès le printemps, quelques tables s'étalent dehors, sur le quai. On y sert une bonne cuisine traditionnelle, naturellement tournée vers la mer même si,

COSTA DA CAPARICA | 209

d'octobre à avril, ressurgit la *feijoada a transmontana* (un ragoût aux haricots). Juste à côté, le resto **Atira-te ao Rio**

ne manque pas de qualités non plus, dans un style et à des tarifs assez similaires.

À voir. À faire

🦐🦞 🧍 **Fragata Don Fernando II e Glória :** *dock n° 2, au port. C'est à 100 m de la sortie du ferry, juste passé la gare routière. Tlj 10h (12h lun)-17h (18h mai-sept). Billet : 4 € ; réduc ; gratuit jusqu'à 3 ans et pour ts le 1er dim de chaque mois.* Ce joli trois-mâts, orgueil du patrimoine maritime national, fut le dernier bateau portugais à faire la route des Indes. Construit à Daman (Inde) en 1843, il a parcouru l'équivalent de cinq fois le tour de la terre, de Lisbonne à Goa en passant par l'Angola et le Mozambique. Long de 83,4 m, il pouvait transporter jusqu'à 379 membres d'équipage et passagers. Presque détruit par un incendie en 1963, il a été reconstruit pour l'Expo de 1998.

Sur le premier pont inférieur, on remarque le nombre important de canons : il y en avait 44 ! Tout a été méticuleusement reconstitué comme à l'époque : quartiers du commandant, mannequin de cire représentant un marin aux fers, fourneaux et, au second pont inférieur, infirmerie, mess et cabines des officiers, dortoirs exigus de l'équipage. Le bétail (moutons), embarqué pour passer à la casserole, n'avait pas de poste fixe...

– À côté de la frégate, on peut voir le **submarino Barracuda,** mis à la retraite en 2013 après 42 ans de bons et loyaux services.

🦞 🧍 **Cristo Rei :** *accès possible en voiture ou, du ferry, bus n° 101 ttes les 30 mn 7h40 (8h w-e)-20h30, retours 6h30 (8h25 w-e)-20h55. Ascenseur tlj 9h30-18h (18h45 1er-15 juil et 1er-20 sept, 19h30 de mi-juil à août). Tarif : 5 € ; gratuit jusqu'à 7 ans.* Pourquoi ce Christ ? En revenant de Rio, en 1934, le cardinal Cerejeira avait été tellement impressionné par le Christ Rédempteur qu'il eut l'idée d'avoir le sien à Lisbonne. L'emplacement le plus spectaculaire était de l'autre côté du Tage. Haut de 28 m, inauguré le 17 mai 1959, ce Christ pèse quand même 40 t ! Belle vue sur Lisbonne et le pont.

COSTA DA CAPARICA   (2825)   13 400 hab.

Costa da Caparica, c'est une interminable bande de sable fin face à l'océan, doublée d'une station balnéaire pas très jolie (bétonnée) mais si proche de Lisbonne... Au programme : surf et farniente dans les dunes.

Arriver – Quitter

En bus

🚌 **Transportes Sul do Tejo** (TST) :
☎ 707-508-509. ● *tsuldotejo.pt* ●
Les bus se prennent rua Dr Horacio da Silva Louro, env 100 m à l'est de la praça da Liberdade – qui marque le bout de la rue piétonne rejoignant le front de mer.

➤ **Lisbonne :** bus n° 161, le plus

fréquent, ttes les 15-30 mn 6h55 (7h05 sam, 8h dim)-22h10 (22h w-e) au départ de la praça Areeiro à Lisbonne, retours de Costa da Caparica 6h10 (6h20 sam, 7h15 dim)-21h25 (21h15 w-e). Autres options : le n° 153 au départ de la praça de Espanha à Lisbonne ou le n° 155 depuis Marquês de Pombal, mais ils sont très peu fréquents. Seul avantage : le dernier

LES ENVIRONS DE LISBONNE

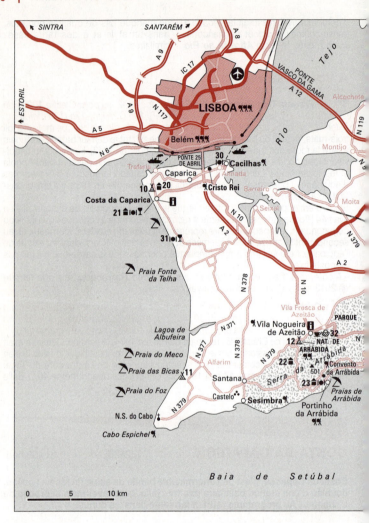

⚑ 🏠	**Où dormir ?**	
	10 Camping Orbitur	21 Lost Caparica Surf House Bed & Breakfast et Wave Spot Surfhouse
	11 Campimeco	
	12 Club de campismo de Barreiro	22 YMCA Camp Alambre
	20 Caparica Sun Centre	23 Casa da Adoa Guest House

LES ENVIRONS DE LISBONNE

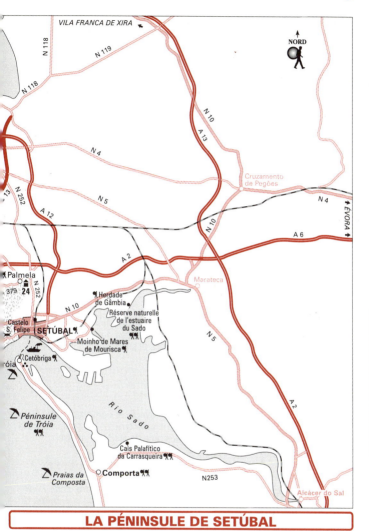

LA PÉNINSULE DE SETÚBAL

24 Pousada Castelo Palmela	23 Restaurante Farol
Où manger ?	30 Ponto Final
Où faire provision de bons produits ?	31 Bar-restaurant Princesa
21 Ahoy Coffee & Bar	32 Pedaços de Azeitão

retour est à minuit avec le n° 153. Env 40 mn de trajet sans embouteillages.

➤ **Cacilhas :** bus n°s 135 (rapide) et 124 (voir plus haut).

En bateau

➤ **Depuis Belém :** ttes les 1-2h pour Porto Brandão et Trafaria, à 3 km au nord de Costa da Caparica. De Belém : lun-ven 7h-22h, sam 7h30-21h30, dim 8h30-21h30. De Trafaria : lun-ven 6h40-21h30, sam 7h10-21h, dim 8h10-21h. Tarif : 1,20 €/passager et 2,75 €/ voiture. Du débarcadère de Trafaria, bus n° 129 jusqu'à Costa da Caparica (ttes les 20-30 mn).

En voiture

➤ **Depuis Lisbonne :** prendre le ponte 25 de Abril puis l'IC20. Parkings au bout de l'av. 1° de Maio (dans le prolongement de la voie rapide), tout près de la plage ; vite pleins en été.

En petit train

■ **Transpraia :** ☎ 212-900-706. ● transpraia.pt ● Inauguré en 1960, ce charmant petit train circule le long des plages sur une voie de 60 cm, desservant 4 gares et 15 arrêts entre Costa da Caparica et la praia de Fonte da Telha, à 9 km au sud. Il fonctionne juin-sept, ttes les 30 mn 9h-19h30 (20h de mi-juin à mi-sept), avec un dernier retour de Fonte da Telha à 19h (19h30 de mi-juin à mi-sept). À Costa da Caparica, il se prend sur la plage même, av. General Humberto Delgado, à la hauteur du camping Costa Nova (1 km au sud du centre). Compter 5 € A/R jusqu'à la 9e station (zone 1), 8 € A/R au-delà (zone 2).

Adresse utile

🛈 **Posto de Turismo da Costa da Caparica :** sur la plage. ☎ 212-900-071. Lun-sam 9h30-13h, 14h-17h30. Plans de la ville et du concelho, horaires des marées (tabela de marés), des bus et des bateaux, etc. Accueil efficace et charmant.

Où dormir ?

Camping

⚐ **Camping Orbitur** (carte Péninsule de Setúbal, **10**) : av. Afonso de Albuquerque, Santo António da Caparica. ☎ 212-901-366. ● infocaparica@orbitur.pt ● orbitur.pt ● En arrivant à Costa da Caparica par la voie rapide, prendre à droite au feu. Bus n°s 129 pour Belém ou 161 pour la praça de Areeiro (Lisbonne). Selon saison, 16-30 € pour 2 avec tente et voiture ; bungalows, caravanes et mobile homes 2-5 pers 28-140 € selon taille et période. 📶 Si le cadre est plutôt urbain, ce grand camping est installé dans une pinède, à 1 km au nord du centre-ville ; la plage est à 500 m. Sur place : resto et épicerie (mai-oct), terrain de jeux, laverie... Accueil sympa, souvent en français. Pour manger dans le coin, misez sur le **Sonho Repetido** (av. do Oceano, 21 A), simple et convivial, parfait pour un poisson grillé ou du poulpe dans la plus pure tradition portugaise.

Auberges de jeunesse

🏠 **Caparica Sun Centre** (carte Péninsule de Setúbal, **20**) : rua Bernardo Santareno, 3, Santo António da Caparica. ☎ 212-918-250. ● reservas@caparicasuncentre.com ● caparica suncentre.com ● En venant du centre, tourner à droite au 1er rond-point après le camping Orbitur, puis 1re à gauche. Mêmes bus que pour le camping. Congés : de mi-déc à mi-janv. Dortoirs 4-8 lits 15-17,50 €/pers selon période ; doubles sans ou avec sdb 32-45 € ; petit déj compris. Pas besoin de carte des AJ. Parking gratuit. 📶 À 10 mn à pied de la plage, cette grande AJ institutionnelle ne manque de rien :

COSTA DA CAPARICA / À FAIRE | 213

piscine, tennis (payant), vastes espaces communs, cuisine, chambres claires et dortoirs bien propres (mais sans lumière ni prise individuelle). Il y a des familiales avec un grand lit et un lit superposé. Formule hébergement et cours de bodyboard ou surf.

🏠 **Lost Caparica Surf House Bed & Breakfast** (carte Péninsule de Setúbal, **21**) : rua Dr Barros de Castro, 17. ☎ 211-337-324. 📱 918-707-779. ● lostcaparica@gmail.com ● lostcaparica.com ● Congés : 2 mois en hiver. Résa vivement conseillée. Dortoirs 4-6 lits 25-35 €/pers selon saison ; doubles 50-65 € ; appart 4 pers 120-140 € ; petit déj inclus. 📶 Envie de vous lancer sur les vagues ? Situé dans un quartier résidentiel central, à 300 m de la plage, le Lost Caparica est parfait pour débuter le surf dans une ambiance conviviale et internationale. Il existe divers forfaits avec hébergement et cours à des tarifs abordables. Sur place : 2 dortoirs, 4 chambres doubles, 1 appart, un bar avec terrasse bois pour le barbecue, une cuisine, un salon avec cheminée et des planches en location.

🏠 **Wave Spot Surfhouse** (carte Péninsule de Setúbal, **21**) : rua Mestre Manuel, 7 A. 📱 926-005-319 ou 919-928-073. ● wavespotsurfhouse@hotmail.com ● Dortoir 20-25 €/pers selon saison ; doubles 45-55 €. 📶 En plein centre, dans une rue parallèle à la rua dos Pescadores (piétonne), cette petite AJ joue elle aussi la carte « surf à gogo », dans une ambiance discrète et chaleureuse. On y trouve 2 petites chambres, dont une ouvrant sur une grande terrasse à l'étage, une quadruple et un dortoir de 8 lits, partageant 2 salles de bains (une à chaque étage). L'ensemble est bien blanc, bien équipé, bien tenu. En prime : une cuisine ouvrant sur le coin salon, un barbecue, une douche pour se rincer au retour de la plage, des locations de vélos et de planches... et l'excellent accueil de Luis.

Où manger ? Où boire un verre ?

🍴 Votre budget coince ? Pour un encas pas fin mais vraiment pas cher, il y a **A Merendeira**, sur la rua dos Pescadores (la rue piétonne centrale). C'est une sorte de McDo à la portugaise, avec sandwich au chorizo et boisson à 3,20 €. Le pain est cuit sur place et la large terrasse a son charme.

🍴🍷 **Ahoy Coffee & Bar** (carte Péninsule de Setúbal, **21**) : av. General Humberto Delgado, 27 B. 📱 933-881-058. À trois pas de la plage, derrière le grand parking au bout de l'av. 1ro de Mayo. Tlj 12h-18h30 (16h30 dim). Petits plats 4-6 €. On reste dans l'esprit surfeurs avec ce café cool au mobilier hétéroclite, où l'on dévore à belles dents salades bien fraîches, sandwichs, bruschette et autres tostas à prix ultra-démocratiques. Les jus de fruits frais sont servis dans des bocaux de confiture et le gingembre s'y invite souvent ! Seul le sourire du boss n'est pas donné : 1 million d'euros. C'est indiqué au mur.

🍴🍷 **Bar-restaurant Princesa** (carte Péninsule de Setúbal, **31**) : praia da Princesa, à env 5 km au sud de Costa da Caparica. ☎ 211-541-242. ● sol@praiaprincesa.com ● Tlj sf lun. Un caillebotis s'élance à l'assaut du sable. À l'horizon : une terrasse toute blanche, dressée face à l'océan et adossée aux dunes. Si chacune des 19 plages de la côte de Caparica dispose d'au moins un resto, on aime bien celui-ci, avec ses airs de bout du monde. Le service est un peu lent, les plats un peu chers, mais quel bonheur de s'oublier ici...

À faire

⛵ 🏄 La côte forme une immense **plage,** étendue face au centre-ville et sur des kilomètres en direction du sud. Il y a très officiellement 19 plages, mais il s'agit en fait de la même, large et toujours adossée aux dunes, qui s'étire jusqu'à Fonte de

LES ENVIRONS DE LISBONNE

Telha et même au-delà. Tout ce secteur est desservi par un sympathique petit train côtier (voir « Arriver – Quitter ») à la belle saison.
On vous conseille de vous éloigner un peu pour trouver des coins où la foule estivale est plus clairsemée, de préférence entre les plages 10 et 18 – également accessibles par la route N377-2 puis par une piste partant sur la droite. C'est dans ce secteur que vous trouverez le sympathique *Bar-restaurant Princesa* (voir « Où manger ? »). Mais en vérité, chaque plage-station possède soit une buvette, soit un bar-resto (et parfois les deux). Les plus actifs pourront pratiquer surf, bodyboard, windsurf et kitesurf – *beach breaks* consistants, assez courts mais puissants et rapides, sur fond sableux.

SESIMBRA

(2970)   18 200 hab.

• Plan *p. 215*

À 37 km au sud de Lisbonne, Sesimbra s'agrippe à la barre de falaises soulignant la côte sud de la péninsule de Setúbal, à l'ombre d'un *castelo* arabe juché sur une montagnette. La ville, au vieux centre attachant, nonobstant la corolle d'affreux édifices balnéaires poussée au large, semble glisser imperceptiblement vers la mer et la plage étroite qui l'encadre – agréable au printemps mais très fréquentée en été. Station à ses heures, Sesimbra est aussi un spot de plongée renommé et un port de pêche actif, qui fournit en produits de la mer les tables des nombreuses tavernes.

Arriver – Quitter

🚌 **Gare routière** *(plan B1) : av. da Liberdade.* Liaisons assurées par la compagnie *TST (Transportes Sul do Tejo ;* ☎ *211-126-354 ou 707-508-509 ;* • *tsuldotejo.pt* •).
➢ **Lisbonne** *(praça da Espanha) :* bus n° 207, ttes les 30 mn à 2h30 lun-ven 6h10-18h15 de Sesimbra, 7h15-19h30 de Lisbonne ; 4 bus slt w-e et j. fériés 8h40-18h15 de Sesimbra, 10h15-19h30 de Lisbonne. W-e de juil-août :

7 bus 8h10-19h30 de Sesimbra, 9h45-21h de Lisbonne. Également le bus n° 260, peu fréquent (3-4 rotations/j.).
➢ **Cacilhas :** bus n° 203, ttes les 30 mn (logiquement !) à... 3h45 5h50 (6h w-e)-20h30 de Sesimbra, 6h45 (7h15 w-e)-22h de Cacilhas.
➢ **Setúbal :** bus n° 230, ttes les 1-2h lun-ven 6h20-19h de Sesimbra, 7h20-20h de Setúbal ; 4 bus/j. slt w-e et j. fériés.

Adresse utile

🅸 **Office de tourisme** *(plan A2) : dans la forteresse, sur le front de mer.* ☎ *212-288-540.* • *turismo@ cm-sesimbra.pt* • *visitsesimbra.pt* • *Tlj 9h30-18h (23h30 Juil-août !).* Bien

documenté et accueillant. Plan de la ville et infos sur les activités sportives : surf, kitesurf, parapente, plongée, escalade...

Où dormir ?

Camping

⛺ **Parque municipal de campismo Forte do Cavalo** *(hors plan par A2,*

10) : porto de Abrigo. ☎ *212-288-508.* • *campismo.fortedocavalo@ cm-sesimbra.pt* • *cm-sesimbra.pt* • *Env 1,5 km à l'ouest, passé le port*

SESIMBRA | 215

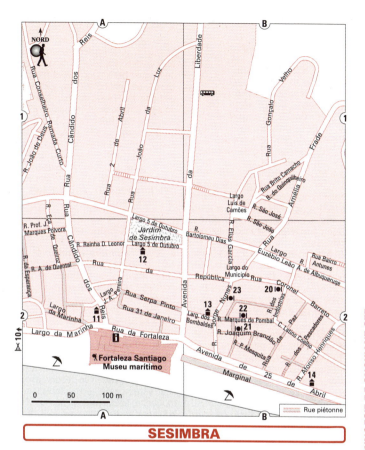

SESIMBRA

■	**Adresse utile**	13 Casa da Praça
	Office de tourisme	14 Sana Sesimbra Hotel
⚐ ▲	**Où dormir ?**	|◉| **Où manger ?**
	10 Parque municipal de campismo Forte do Cavalo	20 Taberna Isaías
	11 A Bela Piscosa	21 Casa Mateus
	12 Cerca da Vitória	22 Marisqueira O Rodinhas
		23 Restaurante Virgilinda

de pêche (fléché). Bus n° 228 entre le centre et le port (8/j. lun-ven, 6 sam, aucun dim). Congés : janv. Vraiment pas cher : compter env 13 € pour 2 avec tente et voiture en été ! À flanc de colline, en surplomb du port de pêche (odeurs de poisson à la clé !), ce grand camping municipal dispose de plus de 500 emplacements en terrasses, la plupart ombragés par des pins ou des oliviers. En demi-saison, le lieu est fort agréable, mais en plein été, la promiscuité s'installe. Sanitaires corrects (mais pas d'eau chaude !).

De bon marché à plus chic

🛏 **A Bela Piscosa** *(plan A2,* **11***)* : *travessa Xavier da Silva, 2-6.* ☎ *210-897-821.* 🖥 *926-348-243 ou 962-040-303.* ● *abelapiscosassb@gmail. com* ● *abelapiscosa.com* ● *Congés : nov.* Doubles *30-60 € selon saison ;* familiales *70-90 €.* 🛜 En plein centre, juste au-dessus du fort et de la plage, cette sympathique *guesthouse* joue une carte colorée avec sa réception-salon vert pistache (où trône un aquarium) et ses 9 chambres déclinant des notes roses, orange, turquoise ou bleues. La plupart partagent des sanitaires communs, mais il y a aussi 2 familiales avec salle de bains privée. Rapport qualité-prix-situation plus que satisfaisant !

🛏 **Cerca da Vitória** *(plan A2,* **12***)* : *largo 5 de Outubro, 10, et rua Cândido dos Reis, 55.* ☎ *212-233-040.* ● *reservas@ cercadavitoria.pt* ● *cercadavitoria.pt* ● Studios *26-105 € selon saison ;* apparts *4 pers 31-128 €.* 🛜 Donnant sur l'une des principales places du centre, ce petit immeuble abrite 17 appartements récemment refaits, du studio au T2. Agréables, tous ont une cuisine complète, l'AC, une TV à écran plat, une machine à laver, et sont meublés façon *Ikea.* La mer est à 3 mn. Un excellent rapport qualité-prix, surtout en basse saison. Pour l'été, réservez 6 mois à l'avance !

🛏 **Casa da Praça** *(plan B2,* **13***)* : *largo dos Bombaldes, 18.* ☎ *218-015-238.*

🖥 *967-022-595.* ● *casadapraca.com* ● 🍴 *Réception fermée 22h-9h. Congés : Noël et 1re sem de janv.* Doubles *65-150 € selon catégorie et saison, sans ou avec petit déj.* 🛜 Surplombant un élégant bar lounge ouvert à la belle saison, ce petit hôtel (avec ascenseur) dispose de 16 jolies chambres aux noms d'émotions... Une nuit de « Passion » ou de « Bonheur », ça vous dit ? La déco, très léchée, intègre mobilier patiné indien et marocain, parquets poncés et peints, salles de bains turquoise avec vasque... La plupart disposent au moins d'une petite vue sur la mer. Très bien mais, en juillet-août, les prix explosent.

De plus chic à très chic

🛏 **Sana Sesimbra Hotel** *(plan B2,* **14***)* : *av. 25 de Abril, 11.* ☎ *212-289-000.* ● *sanasesimbra@sanahotels. com* ● *sesimbra.sanahotels.com* ● Doubles *80-220 € selon saison, petit déj inclus. Parking 10 €.* 🛜 Parmi les blocs de béton en front de mer, celui-ci (finalement pas si vilain avec sa proue évoquant un paquebot) offre l'avantage d'être en plein centre-ville, face à l'océan, avec la plage à ses pieds. On profite même de la vue depuis l'ascenseur vitré ! Les couloirs, tapissés de moquette, baignent dans des lumières tamisées et les chambres sont douillettes, avec des salles de bains assez grandes (baignoire). Sauna, piscine et jacuzzi sur le toit. Accueil pro.

Où manger ?

Bon marché

🍴 **Taberna Isaías** *(plan B2,* **20***)* : *rua dos Indústriais, 16.* 🖥 *914-574-373. Tlj sf dim 11h30-22h. Compter 7-15 €.* Cachée dans le dédale des ruelles du vieux Sesimbra, cette taverne fleure bon le Portugal éternel avec son barbecue à l'entrée où grille le poisson frais, vidé sous vos yeux par le patron. On fait son choix à l'ardoise, puis on s'installe dans l'une ou l'autre des 2 salles fraîches, décorées d'assiettes – où s'empilent les convives. Allez, un peu de patience...

Prix moyens

🍴 **Casa Mateus** *(plan B2,* **21***)* : *largo Anselmo Braamcamp, 4.* 🖥 *963-650-939.* ● *reservas@casamateus.pt* ● *Tlj sf lun 12h-15h30, 19h-22h30. Compter 15-25 €.* Nichée sur une placette lilliputienne, dans un vieil immeuble à la façade recouverte d'azulejos, la maison, tenue par une équipe père-fils, s'est taillé une réputation pour sa cuisine portugaise doucement revisitée. Que diriez-vous d'un carpaccio de mérou à la mangue ou d'un poulpe rôti aux pommes de terre ? On aime la terrasse et la salle à la sobriété mesurée.

|●| Marisqueira O Rodinhas *(plan B2, 22) : rua Marquês de Pombal, 25-27.* ☎ *212-231-557.* ● *info@maris queirarodinhas.pt* ● *Tlj 12h30-22h30. Congés : oct. Repas 15-18 € ; plateaux de fruits de mer à partir de 30 €.* Quelques tables sous véranda dans la ruelle, une salle modeste mais animée, des serveurs aimables et efficaces, et surtout de bons plats de la mer : poisson, coquillages, *caracóis, choco frito* (seiche frite)... La note est peut-être un peu salée, mais la fraîcheur est là.

|●| Restaurante Virgilinda *(plan B2, 23) : rua Jorge Nunes, 11-13.* ☎ *212-231-410. Tlj sf mer. Congés : janv. Plats 7,50-14 €. Café offert sur présentation de ce guide.* Cette *tasca* sans prétention débite des plats simples mais très copieux, avec un goût naturellement prononcé pour le poisson (bien frais) et les fruits de mer. Mieux vaut ne pas être trop pressé.

À voir. À faire

🏹 **Museu marítimo** *(plan A2) : rua da Fortaleza, 2. Dans le fort, au centre du front de mer. En été, tlj sf lun 15h30-19h, 20h30-23h ; en hiver, tlj sf lun 10h-13h, 14h30-17h30. Entrée : 3 € ; réduc.* Installé dans le fort de Santiago (1642), qui divise la plage de Sesimbra en deux parts égales, ce musée se penche sur le lien local à la mer, notamment à travers la navigation, la pêche et le parc marin Luiz Saldanha, réputé pour la plongée. Après, allez boire un coup sur la superbe terrasse de la *Tap House*. Son slogan : « Bières artisanales et océan » !

– **Plongée :** les amateurs font de Sesimbra l'une des capitales de la plongée au Portugal. Pas moins de six opérateurs proposent leurs services pour profiter de la grande variété de spots du secteur, particulièrement nombreux entre la station et le cap Espichel (profondeurs 12-40 m). Au programme : tombants, plongées dérivantes, grottes, épaves, gorgones, éponges, poulpes, nudibranches, etc. La visibilité est meilleure en hiver, mais les eaux descendent alors à 12-16 °C !

Manifestations

– **Carnaval :** *sam-mer après le Mardi gras.* L'occasion d'un célèbre défilé costumé sur un rythme de samba.
– **Foire et fête du Senhor Jesus das Chagas :** *le 4 mai (j. férié à Sesimbra).* La statue du saint patron de la ville visite les rues jusqu'au sommet du bourg. Guirlandes, musique et sardines grillées.
– **Pèlerinage de Nossa Senhora do Cabo Espichel :** *le dernier dim de sept.* L'événement remonte au XIIe s.

DANS LES ENVIRONS DE SESIMBRA

🏹 **Cabo Espichel :** *à 13 km à l'ouest. Bus n° 201 : 1/j. slt jusqu'au cap, ce qui ne laisse pas le temps de se balader avt de le reprendre dans le sens retour, mais 7/j. jusqu'à Azóia (4/j. le w-e), puis env 2,5 km à pied ; dernier retour d'Azóia à 19h en sem, 15h30 sam, 18h25 dim.* Depuis le Moyen Âge, les pèlerins ont eu cette langue de terre aride en à-pic au-dessus de l'océan sur leur carnet de route. La Vierge y serait apparue vers l'an 1200. À la première chapelle a succédé, au XVIIIe s, une cité de pèlerinage livrée et abandonnée aujourd'hui aux fantômes du vent : une longue place bordée par deux rangées de maisons et, au fond, l'église monumentale *(à priori avr-oct tlj 10h-18h),* au chœur encadré de doubles colonnes salomoniques (torsadées). Le lieu a servi

218 | **LES ENVIRONS DE LISBONNE / AU SUD DU TAGE...**

de décor au cinéaste chilien Raoul Ruiz pour l'adaptation de *L'Île au trésor*. Passez derrière le sanctuaire pour profiter du panorama vertigineux sur les falaises.

Prolongeant vers le sud l'immense cordon sableux de Costa da Caparica, plusieurs *plages* s'étirent face à l'océan. Du nord au sud : *praia de Lagoa de Albufeira, praia de Alfarim, praia do Meco* (ou *Moinho do Baixo*), *praia das Bicas*, étroite et déjà plus sauvage, puis *praia do Foz,* la toute dernière, battue par la houle. On accède à ces trois dernières depuis la bourgade de Aldeia do Meco. De la praia do Foz, une piste permet de rejoindre Azóia, sur la route du cabo Espichel.

Campimeco *(carte Péninsule de Setúbal, 11) : praia das Bicas.* ☎ 212-683-844. ● *campimeco@campigir. com* ● *campigir.com* ● *Compter env 11-17 € pour 2 avec tente et voiture ; tipis 18-25 € ; bungalows 40-116 € selon taille et saison.* 🛜 *Le 1ᵉʳ coup d'œil sur cette vraie ville de toiles et* de bungalows peut refroidir, mais la bonne surprise est au fond : un vaste terrain réservé aux tentes et camping-cars (sans électricité), sous une haute pinède, face à la mer. Bon, pour les sanitaires, il faut remonter un peu... Piscine, tennis et minigolf (tous payants).

Randonnée

➤ Un parcours de grande randonnée relie Sesimbra à Costa da Caparica (Capuchos) : la *rota do Cabo* (GR 4). Étendu sur 52 km, il suit les anciens chemins (peu ombragés) empruntés par les pèlerins en marche vers le sanctuaire du cabo Espichel, mais l'essentiel se passe dans les terres. Le camping de *Lagoa de Albufeira,* situé presque à mi-chemin, permet de faire étape. Ceux qui veulent n'emprunter qu'une partie de ce circuit et revenir en bus peuvent le faire entre le château de Sesimbra et Azóia (2,5 km du cabo Espichel sur la route qui y mène), soit une vingtaine de kilomètres, ou de Costa da Caparica à Fonte da Telha, sur environ 8 km (plutôt mal balisés).

PARQUE NATURAL DA SERRA DA ARRÁBIDA

À tout juste 25 km à vol d'oiseau de Lisbonne, le vieux massif calcaire d'Arrábida, culminant à 500 m, dessine une heureuse parenthèse de nature, alternant versants abrupts couverts par la végétation dense du maquis, vignobles, vergers et, côté sud, corniches rocheuses surplombant l'océan. Un vrai ravissement, protégé par un parc naturel de 108 km². Le week-end, les Lisboètes viennent y siroter un petit verre de *moscatel* (muscat) doux et doré avec un fromage d'Azeitão – les deux spécialités incontournables de la région. La route reliant Sesimbra à Setúbal (N-379 puis N-10) effleure la serra da Arrábida. Mais il faut prendre les chemins de traverse pour en explorer le cœur et rejoindre, par la N-379-1 (Estrada de Escarpa) ou la N-10-4, le croquignolet petit port de Portinho da Arrábida, recroquevillé entre l'écharpe des falaises.

Arriver – Quitter

➤ *Vila Nogueira de Azeitão* est reliée par bus à *Sesimbra* (nᵒ 230), *Setúbal* (nᵒˢ 767 et 768 via *Palmela*) et *Lisbonne* (nᵒˢ 754 et 755), mais pour découvrir la corniche sud, la voiture s'impose. ☎ 707-508-509. ● *tsuldo tejo.pt* ●

PARQUE NATURAL DA SERRA DA ARRÁBIDA | 219

Adresse utile

🛈 Office de tourisme d'Azeitão : *praça da República, 47, Vila Nogueira de Azeitão.* ☎ *212-180-729.*

● *mun-setubal.pt* ● *Lun-sam 9h30-12h30, 13h30-17h ; dim 9h-13h.*

Où dormir ?

Camping

⋉ Club de campismo de Barreiro *(carte Péninsule de Setúbal, 12) :* rua Miguel Bombarda, 16 ; à 3,5 km de **Vila Nogueira de Azeitão** *(fléché depuis la sortie du bourg en direction de Setúbal).* ☎ 212-181-322. 🖥 963-802-337. ● *ccampismobarreiro@gmail.com* ● *clubcampismobarreiro.pt* ● *Compter env 15 € pour 2 avec tente et voiture.* 📶 Marre des campings balnéaires noirs de monde ? Vous trouverez ici une enclave de verdure mêlant pins et eucalyptus (ça sent bon !) dans un vallon veillé par les contreforts de la serra da Arrábida. Les emplacements se répandent au gré de terrasses. Les installations ne sont pas toutes jeunes mais restent propres. Bar-resto *(9h-minuit en été).*

Prix moyens

🛏 YMCA Camp Alambre *(carte Péninsule de Setúbal, 22) :* route N-379-1, env 500 m au nord du hameau de Casais da Serra (entre Villa Nogueira de Azeitão et Portinho). ☎ 212-183-103. 🖥 936-297-899. ● *alambre@ymcasetubal.org* ● *ymcasetubal.org* ● *Compter env 44-77 € pour 2 selon saison, petit déj inclus (ou non !).* 📶 Posés en léger retrait de la route (guère passante), les 8 bungalows en bois, regroupés en une sorte de minivillage, offrent l'une des rares options de logement au cœur même de la serra. Chacun dispose de sa propre salle de bains et d'une kitchenette (avec micro-ondes). Sols carrelés et confort un peu rustique (lits superposés), mais très correct.

De prix moyens à beaucoup plus chic

🛏 Casa da Adoa Guest House *(carte Péninsule de Setúbal, 23) :* casa 3, **Portinho da Arrábida.** ☎ 212-180-689. 🖥 934-306-061. ● *casadaadoa@ casadaadoa.com* ● *casadaadoa. com* ● *Face au petit parking du port. Doubles 60-150 € selon taille et saison.* 📶 Parmi la douzaine de maisons accolées de Portinho, celle-ci abritait jadis une armurerie. Miguel en a fait un petit havre de paix, avec sa superbe trompette des anges (aux fleurs en forme de cloche) aux avant-postes, sa courette fleurie où est servi le petit déj (en sus) et ses 8 chambres cosy. Toutes différentes, elles marient confort actuel (AC, frigo), mobilier ancien ou plus récent, peintures et têtes de lit fleurant bon les temps jadis. 3 ont une vue sur la mer et 2 sont en fait des appartements avec cuisine (loués en été seulement).

🛏 Pousada Castelo Palmela *(carte Péninsule de Setúbal, 24) :* dans le château de **Palmela.** ☎ 212-351-226. ● *recepcao.palmela@pestana.com* ● *Doubles env 110-160 € selon saison, petit déj inclus.* 📶 Membre des *Historic Hotels of Europe,* cet hôtel, centré autour d'un cloître, occupe l'ancien monastère du château de Palmela. Les chambres, vastes, sont un peu datées, avec des sols en céramique orange-brun pas hyper seyants et des salles de bains défraîchies, mais le charme du cadre fait pour beaucoup. Le service est pro et l'accueil francophone. Resto assez cher pour la qualité.

Où manger ? Où faire provision de bons produits ?

🍴 ⊛ Pedaços de Azeitão *(carte Péninsule de Setúbal, 32) :* praça da | República, 33-34, à **Vila Nogueira de Azeitão.** ☎ 212-180-084. Tlj 8h-23h *en saison.* La maison est spécialisée dans les *pasteles de Azeitão,* des roulés à la cannelle, à déguster avec un jus d'orange frais ou un petit verre de muscat local, en terrasse sur la place, ou dans la petite salle moderne. On peut aussi faire provision de fromages d'Azeitão. Prenez un numéro et commandez au comptoir.

I●I *Restaurante Farol (carte Péninsule de Setúbal, 23) :* à **Portinho da** Arrábida. ☎ 212-181-177. ● restaurantefarolarrabida@gmail.com ● *Env 20-25 €.* Des 3 restos de Portinho, c'est le plus éloigné du parking et celui qui est le moins susceptible de vous décevoir. Oh, rien de révolutionnaire : du poisson frais, grillé, servi dans un cadre simple mais sublimé par la vue imprenable sur la crique et l'océan (ça a son prix !). Bon accueil en français.

À voir. À faire

🕱🕱 Visite des caves de moscatel *José Maria da Fonseca-Adega : rua José Augusto Coelho, 11, à* **Vila Nogueira de Azeitão** *(à 50 m de la grande praça da República).* ☎ 212-198-940. *Tlj sf j. fériés 10h-19h (17h30 nov-mai). Visite guidée 3-5 € avec dégustation de 2-4 vins. Audioguide « complémentaire » en français : 2 € (mais la visite guidée reste obligatoire).* La maison, fondée en 1834, vous donnera l'occasion de voir les caves où vieillissent des muscats centenaires. Pour les amateurs du genre, la rota do Vinho se poursuit vers l'est.

🕱🕱 *Portinho : à 14 km à l'ouest de Setúbal, par un embranchement sur la N-379-1. Attention, accès final interdit aux camping-cars et caravanes (trop étroit !) tte l'année et aux voitures le w-e et en été ; il faut se garer plus haut sur la route.* C'est par un goulet tortueux s'infiltrant entre la montagne et la mer, là où veille un fortin du XVIIe s bâti pour tenir à distance les pirates maures, que l'on accède à la crique de Portinho. Pas vraiment un port, plutôt un quai, face auquel se serrent trois restos de fruits de mer et une poignée de bicoques accolées. Quel charme ! Un chemin mène en 10 mn à une longue plage, à laquelle on peut aussi accéder par un embranchement partant de la N-379-1. La vieille *fortaleza de Santa Maria* abrite un petit **Museo oceanográfico** *(mar-ven 10h-16h, sam 15h-18h).*

🕱 *Convento da Arrábida : sur la N-379-1, un peu à l'est de l'embranchement descendant vers Portinho, par une route en corniche offrant de superbes panoramas.* ☎ 212-197-620. 🖥 932-216-552. ● arrabida@foriente.pt ● *Visites mer et sam-dim vers 10h et 15h sur résa. Entrée : 5 € ; réduc ; gratuit moins de 6 ans.* Géré par une fondation, ce vieux monastère franciscain, fondé en 1542, s'isole dans la montagne et le maquis, loin de toute distraction humaine, avec l'océan pour seul contrepoint. Si vous n'avez pas réservé votre visite, vous pourrez l'apercevoir du virage suivant la grille d'accès.

⊿ 🕱 En continuant sur la N-379-1 en direction de Setúbal, on passe la *praia Galápos,* pas très grande et aménagée, puis la *praia Figueirinha,* large, longue et convexe (bus nº 722 depuis Setúbal). Suit le *fort Santiago de Outão* (XVIIe s), aménagé en sémaphore.

🕱🕱 *Palmela : à 7,5 km au nord de Setúbal par la N-252. Accessible en bus depuis la gare routière Oriente ; trajet : 45 mn.* Perchée sur sa haute colline (230 m), cette gentille petite ville offre un panorama imprenable sur les terres et la mer depuis son *miradouro.* Mieux encore : franchissez les murailles du *castelo* qui le domine. Fondé après la conquête arabe, il abrita le dernier siège de l'ordre de Santiago au XVe s, avant d'être renforcé de remparts à la Vauban à la fin du XVIIe s. On y trouve à la fois une *pousada* installée dans l'ancien monastère (voir « Où dormir ? »), l'*église de Santiago,* dans un style fin gothique (XVe s), conservant des azulejos des XVIIe-XVIIIe s, les ruines de *Santa Maria do Castelo* (détruite par le séisme de 1755) et un *musée municipal (tlj sf lun 10h-12h30, 14h-17h – 18h en été ; GRATUIT).* Le lundi, on peut tout de même pénétrer dans l'enceinte et monter au donjon.

Les amateurs de rando pourront explorer la serra au gré du **sentier des Moulins** *(Rota moinhos),* qui dessine une boucle de 13 km. C'est le seul chemin raisonnablement bien balisé du parc naturel. Points de vue panoramiques garantis.

SETÚBAL

(2900)   100 000 hab.

● *Plan p. 222-223*

À 50 km au sud-est de Lisbonne, Setúbal (« Stoubal ») s'amarre à l'orée de l'immense estuaire du Sado, fermé par la longue péninsule sableuse de Tróia. Cette cité industrielle et commerçante, doublée d'un important port de pêche, ne dégage pas un charme spontané mais n'en est pas pour autant dépourvue. On apprécie le petit quartier piéton commerçant, ses musées et, à l'ouest, le vieux forte de São Felipe, offrant une vue panoramique. Les amateurs de promenades bucoliques et d'oiseaux seront enchantés par l'estuaire.

Arriver – Quitter

En bus

🚐 **Gare routière** *(plan C-D1) : av. 5 de Outubro, 52.* ☎ *707-508-509.* ● *tsuldotejo.pt* ●

➤ **Lisbonne :** exprès nᵒˢ 561 (pour la praça de Espanha) ou 562 (estação do Oriente) principalement, ttes les 15-30 mn lun-ven 6h-20h30, sam 6h15-19h30, dim 7h-19h30. Durée du trajet : 40 mn. Les 2 passent par la gare ferroviaire.

➤ **Sesimbra :** bus nᵒ 230, ttes les 1h-2h lun-ven 7h20-20h ; 4 bus slt le w-e.

➤ **Palmela :** liaisons fréquentes avec les nᵒˢ 413, 604, 605 (lun-ven slt), 767 et 768 (ces 2 derniers desservant **Vila Nogueira de Azeitão**).

En train

🚆 **Gare ferroviaire** *(hors plan par D1) : praça do Brasil.* ☎ *707-127-127 ou 211-066-363.* ● *fertagus.pt* ●

➤ **Lisbonne** *(gares de Sete Ríos, Entrecampos et Roma-Areeiro) :* ttes les 30-60 mn lun-ven 5h45-0h15 ; ttes les heures w-e 6h-23h. Trajet : env 1h. La compagnie *CP* assure aussi des

liaisons mais avec changement à Pinhal Novo, pas bien pratique... En revanche, elle propose un *Bilhete Praia Linha do Sado* à 12 € valable pour 1 semaine (voyages illimités).

En bateau

➤ **Tróia :** de l'autre côté de la baie de Setúbal, tt au bout de la longue péninsule de Tróia. ☎ *265-235-101.* ● *atlanticferries.pt* ● La compagnie assure des liaisons par **catamaran** entre le *Cais 3* de Setúbal *(plan C-D3)* et la marina de Tróia : ttes les 40-70 mn 6h20-1h (6h45-1h30 de Tróia). Tarif : 6,75 € (on ne paie que dans le sens Setúbal-Tróia). Également des **ferries** depuis le *Doca do Comércio* de Setúbal *(plan D3),* qui arrivent sur la côte orientale de la péninsule *(Cais Sul),* à env 5 km au sud de la station de Tróia : juin-sept, ttes les 35-70 mn 7h30-23h15 (8h05-2315 depuis Tróia) ; le reste de l'année, env ttes les heures 7h30-20h (8h-23h50 de Tróia). Traversée : env 25 mn. Compter 15,20 € pour la voiture et tous ses passagers.

222 | LES ENVIRONS DE LISBONNE / AU SUD DU TAGE...

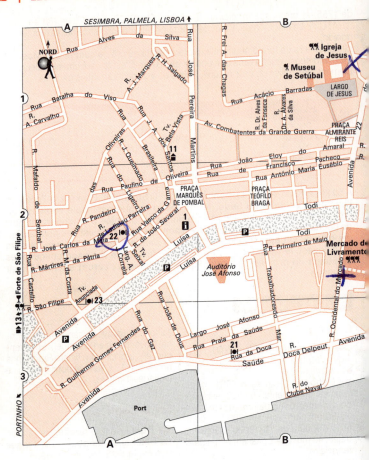

	Adresses utiles		Où dormir ?
	1, 2 et 3 Offices de tourisme municipaux		10 Day Off Hostel
	4 Ask me Arrábida		11 Arrábid'IN Hostel
	5 Bureau de la réserve naturelle de l'estuaire du Sado		12 Hotel Bocage
			13 Casal das Oliveiras

Adresses utiles

Office de tourisme municipal *(plan A2, 1)* : *Casa da Baía, av. Luísa Todi, 468.* ☎ *265-545-010.* ● *visitsetubal. com.pt/fr* ● *Tlj 9h-20h (minuit ven-sam).* Excellent accueil et bon niveau d'information ; expos d'art sur place. Succursales au quai d'embarquement des catamarans pour Setúbal *(plan C-D3, 2 ; tlj 10h-13h, 14h-18h),* au forte São Filipe *(hors plan par A3 ; tlj sf lun*

SETÚBAL / ADRESSES UTILES | 223

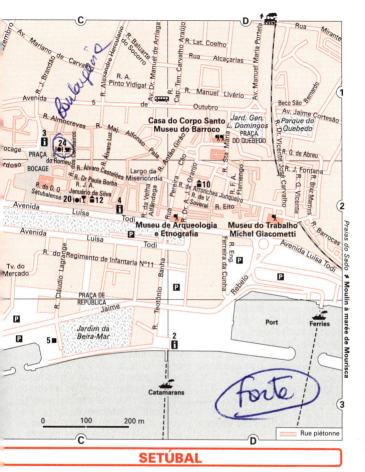

SETÚBAL

IOI ▼ Où manger ?	22 O Pescador
Où boire un verre ?	23 Ribeirinha do Sado
20 Taberna do Largo	**🍷 IOI Où manger une douceur ?**
21 O Alface	24 Tutilanche

10h-12h, 13h-18h) et, en plein centre, sur la praça Bocage *(plan C1, 3 ; lun-ven 9h-19h ; sam 10h-13h, 15h-19h)*.
ℹ️ Ask me Arrábida *(plan C2, 4)* : travessa de Frei Gaspar, 10. ☎ 265-009-993. ● askmelisboa.com/arrabida ● *Dans une rue piétonne perpendiculaire*

à l'av. Luisa Todi. Tlj 10h-13h, 14h-18h (19h avr-sept). Cet office de tourisme régional occupe un bâtiment dont le sol transparent révèle les ruines d'une conserverie romaine. Accueil en français.

Où dormir ?

De bon marché à prix moyens

🛏 **Day Off Hostel** *(plan D2, 10)* : *rua Arronches Junqueiro, 80-84.* ☎ *265-106-394.* 🖥 *936-955-887.* ● *geral@ hosteldayoff.pt* ● *hosteldayoff. com* ● *Dortoirs 3-6 lits 15-20 €/pers selon taille et saison ; doubles sans ou avec sdb 30-80 €.* 🛜 Quel bel édifice ! Niché dans les ruelles du vieux centre, cet ancien siège du *Nouvelles de Setúbal,* aux beaux encadrements de fenêtre baroques, a été transformé en AJ de charme par la jeune et très sympathique Teresa. Le vieil escalier de bois a été restauré, mais tout le reste navigue sur des notes très actuelles, entre couleurs pétulantes et gros bulbes lumineux en suspension. Parmi les 5 dortoirs (bien équipés), ceux pour 3 personnes ont leur propre salle de bains, mais attention, les lits sont superposés sur 3 étages – risque de vertige lorsqu'on est tout en haut ! Il y a aussi 3 chambres, dont 2 partagent les sanitaires. Une excellente adresse.

🛏 **Arrábid'IN Hostel** *(plan A1, 11)* : *rua José Adelino dos Santos, 2 B.* 🖥 *915-470-702 (André) ou 913-816-875 (Miguel).* ● *arrabidinhostel@gmail. com* ● *Dortoirs 15-16 €/pers selon saison ; doubles 36-45 €.* 🛜 Un peu moins centrale, cette AJ montée par deux copains dans une maison de quartier lambda révèle d'agréables intérieurs. Tout est propre et cosy, avec 2 chambres et 3 dortoirs de 4 lits. En prime : de jolis parquets restaurés, une petite cuisine, une machine et un séchoir à disposition, plus une vaste cour ensoleillée avec chaises longues,

tables et chaises en plastique sur le gravier.

🛏 **Hotel Bocage** *(plan C2, 12)* : *rua de São Cristovão, 14.* ☎ *265-543-080.* ● *geral@hoteisbocage.com* ● *hoteis bocage.com* ● *Dans le quartier piéton. Doubles 42-80 € selon taille et saison, petit déj compris.* 🛜 Ce fringant petit hôtel de tourisme abrite des chambres standard bien tenues et de bon confort (AC, TV à écran plat, sèche-cheveux), mais vraiment petites. Côté salles de bains, il faut carrément négocier chaque manœuvre ! Autre bémol : une insonorisation comme souvent faiblarde.

Plus chic

🛏 **Casal das Oliveiras** *(hors plan par A3, 13)* : *estrada do Castelo de São Felipe.* 🖥 *966-087-656.* ● *casal. oliveiras1@gmail.com* ● *À 2,5 km à l'ouest du centre, par la route du château, puis à droite (fléché). Doubles env 80-90 € en hte saison.* 🛜 *(capricieuse).* Cette grande maison d'architecte s'implante sur un vaste parc privé, sur le flanc d'une colline dominant Setúbal par l'ouest. On est là aux marges du parc naturel de la serra da Arrábida. Chacune des 5 chambres, déclinant différentes couleurs, dispose d'un confort douillet, avec sa propre salle de bains. Notre préférée ? La bleue, encore plus spacieuse que les autres, ouvrant sur la piscine et la mer au loin. Mais le vrai plus, ici, c'est Manuela. Elle ne parle ni anglais ni français ? Qu'importe ! Elle vous parlera avec les mains, avec le cœur, avec toute la bonne volonté du monde... avant de vous entraîner sur la terrasse, profiter de la vue à 180°.

Où manger ? Où boire un verre ?

Port de pêche, Setúbal croule sous le poisson et, en saison, le *choco frito* (seiche frite) est à l'honneur. Autres classiques locaux : les huîtres et les sardines grillées. La concurrence est rude et, dès que l'on s'éloigne du front de mer, les prix se font (très) raisonnables. Pour un simple en-cas, faites halte au superbe mercado do Livramento *(plan B2).*

SETÚBAL / À VOIR | **225**

De bon marché
à prix moyens

⑩❢ Taberna do Largo (plan C2, 20) : *largo Dr Francisco Soveral, 25.* ☎ *265-526-113.* ● *spot@taberna dolargo.pt* ● *Tlj sf sam midi et dim. Petiscos 3,50-8,50 €, tablas 6-12 €, plats 8,50-12,50 €.* 🛜 De la grande avenue Luisa Todi, un passage voûté mène à la placette ombragée par un platane séculaire. À la « taverne du large », on picore parmi un catalogue de tapas locales au goût souvent iodé, mais pas seulement (chèvre-miel-noix, cuisses de grenouille, *cachacinhos* de porc à l'orange...). Il y a aussi des *pregos* (sandwichs), quelques petits plats, des tonneaux derrière le bar, une table de baby-foot au mur et une bande son un peu rétro pour faire écho au décor. Avec les prix contenus, on se dit qu'on est bien ici.

⑩❢ O Alface (plan B3, 21) : *travessa dos Galeões, 7.* 📱 *960-438-241. Face au port de pêche. Fermé le soir hors saison. Menu complet 12,50 € ; repas 10-15 €.* Cette bonne cantine, occupant une vaste salle vitrée, sert une cuisine simple et roborative à base de poisson frais : le monde qui l'envahit chaque midi témoigne de son bon rapport qualité-prix ! Du coup, l'attente peut être longue.

⑩❢ O Pescador (plan A2, 22) : *travessa Alvaro Anes, 10.* ☎ *265-533-369. Tlj sf mar. Plats env 7,50-12 €.* Le boss a passé 5 ans à Toulouse et 9 ans à Genève : autant dire qu'il parle français. Revenu au pays par nostalgie, il y grille poissons et viandes du midi au soir dans sa ruelle anonyme aux parasols alignés. Coup d'œil dans le bac réfrigéré, poignée de gros sel, et déjà ça rissole. Les enfants jouent, crient. Des chats passent, dardant un œil intéressé vers votre assiette. Et hop, les sardines grillées atterrissent devant vous.

⑩❢ Riberinha do Sado (plan A2, 23) : *av. Luisa Todi, 586.* ☎ *265-238-465. Tlj sf dim soir et lun 12h-15h (15h30 w-e), 19h-22h. Plats 6-12 €.* Si la carte est classique (poisson grillé !), le resto joue la modernité avec son cube de verre sur le trottoir et son mur de bouteilles (belle carte des vins, d'ailleurs !). Le cadre est agréable, les prix raisonnables et le service (multilingue) attentionné. Petite réserve pour les desserts, moins réussis.

Où manger une douceur ?

🍮 ⑩❢ Tutilanche (plan C1-2, 24) : *rua do Romeu, 18-20.* ☎ *265-539-630.* ● *tutilanche@iol.pt* ● *Tlj sf dim 8h30-19h. Plats env 4-6 €.* Planquée dans une étroite ruelle partant de la praça Bocage, cette boulangerie-pâtisserie offre une halte bienvenue pour se sucrer le bec d'un *pastel de nata* ou d'un millefeuille au café, installé sur les hauts tabourets d'un comptoir en U plein de nostalgie. Le midi, quiches, salades et omelettes débarquent, à bas prix. Le mercredi, il y a *cozido* (pot-au-feu).

À voir

🎭🎭🎭 Mercado do Livramento (plan B2) : *av. Luisa Todi. Tlj sf lun 7h-14h. Fermé 1er janv, 25 avr, 1er mai, 15 sept et Noël.* Les Setubalenses en sont tellement fiers qu'ils l'appellent « le meilleur marché du monde » ! Sous la halle récemment restaurée, occupant tout un pâté de maisons, s'empilent fruits et légumes du coin, fromages d'Azeitão, poissons sur lits de glace, viande sur les flancs et une frise de troquets où les marchandes jouent des coudes à l'heure du coup de mou. On y a vu des mérous géants et des *pez espada* dépassant le mètre... Ne ratez pas, au fond, les superbes azulejos du XVIIe s représentant des scènes de la vie locale.

🎭🎭 Igreja de Jésus (plan B1) : *praça Miguel Bombarda. Tlj sf dim-lun et j. fériés 10h-13h, 14h-18h. GRATUIT.* Construite à la fin du XVe s par l'architecte du monastère dos Jerónimos lisboète, l'église du Convento de Jésus est considérée comme la première manifestation de l'art manuélin – aisément reconnaissable à ses motifs de cordages entrelacés. Les beaux azulejos du XVIIe s méritent aussi le coup d'œil.

🏃 *Museu de Setúbal* (plan B1) : *praça Miguel Bombarda ; à côté de l'église de Jésus. Mar-sam 10h-18h, dim 15h-19h ; dernière entrée 30 mn avt. Entrée : env 2 €, audioguide (en anglais, en espagnol ou en portugais) inclus.* Ce petit musée occupe le cloître du monastère de Jésus et présente, entre autres, éléments lapidaires, peintures, objets d'art sacré et beau coffre indo-portugais du XVIIe s. On peut aussi y voir une cloche de 1496 offerte par Manuel II, « roi du Portugal et d'Algarve, des deux versants de la Méditerranée et de Guinée ».

🏃🏃 *Casa do Corpo Santo – Museu do Barroco* (plan D1) : *rua do Corpo Santo, 7. ☎ 265-236-066. Mar-ven 9h-12h30, 14h-17h30 ; sam 15h-19h. Entrée : 1,50 € ; gratuit 1er dim du mois.* On aurait tort de passer à côté. Si la collection d'instruments de navigation présentée au rez-de-chaussée ne mérite pas que l'on s'y attarde, l'édifice en lui-même est superbe. Il abritait le siège de l'influente confrérie du Corpo Santo, à laquelle appartenaient armateurs, marins et pêcheurs. Passé la cour, on se hisse à l'étage, aux deux salles baroquissimes tapissées d'azulejos du XVIIIe s représentant d'élégantes scènes de genre. La chapelle croule sous les ors et les chérubins, alternant avec 33 bustes de saints. Voilà ce qu'on appelle profusion.

🏃 *Museu de Arqueologia e Etnografia* (plan D2) : *av. Luisa Todi, 162. ☎ 265-239-365. Tlj sf dim-lun et j. fériés 9h-12h30, 14h-17h30 ; fermé sam en août. GRATUIT.* Ce musée franchement daté réunit des objets témoignant de l'histoire et des coutumes locales. On y voit de nombreuses maquettes (de bateaux notamment) réalisées par des artisans de Setúbal.

🏃 *Museu do Trabalho Michel Giacometti* (plan D2) : *praça Defensores da República. ☎ 265-537-880. ♿ De juin à mi-sept, mar-ven 9h-18h, sam 15h-19h ; le reste de l'année, mar-ven 9h30-18h, w-e 14h-18h. Entrée : 1,50 € ; gratuit moins de 12 ans. Visite guidée en français possible avec le conservateur.* Installé dans une ancienne conserverie de poisson, ce musée du Travail a vu le jour grâce aux efforts de l'ethnologue corse Michel Giacometti qui, au lendemain de la révolution, a écumé les campagnes pour sauver tous les outils du passé qui moisissaient au fond des granges. La visite commence par la reconstitution d'une vieille épicerie lisboète. Agriculture et tissage du lin sont évoqués, mais l'essentiel présente les différentes étapes de la préparation du poisson dans l'ancienne conserverie (notamment la fabrication des boîtes de conserve). Un petit musée simple mais sympathique, comme l'accueil.

🏃🏃 🍴 *Forte de São Filipe* (hors plan par A3) : *à env 2 km à l'ouest (fléché). Tlj 10h-20h (22h juil-août, minuit ven-sam tte l'année). GRATUIT.* Récemment restauré, le fort – une fois n'est pas coutume – a vu fermer l'hôtel qui l'occupait et ouvrir le site au public. Bâti en 1582 sur une colline dominant la ville et l'estuaire du Sado, il présente six branches irrégulières, dont quatre tournées vers la mer – d'où se révèle un superbe panorama à 180°. Pour mieux en profiter, il y a une jolie cafétéria, avec bar intérieur aux multiples microsalles ! N'oubliez pas, quand même, de jeter un coup d'œil à la chapelle, couverte d'azulejos.

Manifestation

– *Feira de Santiago : dernière sem de juil-1re sem d'août à Manteigadas, à 2 km de Setúbal.* Grand-messe de l'industrie, de la gastronomie et du folklore.

DANS LES ENVIRONS DE SETÚBAL

La réserve naturelle de l'estuaire du Sado : *bureau à Setúbal (plan C3, 5), praça da República (contre le jardin de la Beira Mar). ☎ 265-541-140. Lun-ven 9h-12h30, 14h-17h30.* Face à Setúbal, les envasements de l'estuaire du Sado, délimités à l'ouest par le long doigt sablonneux de la péninsule de Tróia, forment un monde à part, souligné côté terres, au début de l'été, par le vert iridescent de vastes rizières. Étrange espace où cohabitent les cultures et la mer, dans un univers aquatique fréquenté par une multitude d'oiseaux résidents et migrateurs (quelque 250 espèces ont été répertoriées).

De Setúbal, la route de Praias do Sado, qui traverse la zone industrielle, mène en 9 km au *moinho de maré da Mourisca (☎ 265-783-090 ; avr-sept, tlj sf lun 9h30-21h – 23h ven-sam ; oct-mars, tlj sf lun 10h-18h ; GRATUIT).* Le contraste est flagrant : quittant les voies ferrées, on rejoint ce vieux moulin à marée retapé, ancré contre les anciens marais salants. C'est le dernier des quatre que comptait jadis l'estuaire. Alignant pas moins de huit pierres à moudre le grain, il resta en activité jusque dans les années 1950. Deux courts parcours ont été aménagés à proximité (dont un avec affût). Les ornithologues amateurs y viendront de préférence entre septembre et mars pour voir avocettes, bécasseaux, pluviers, canards et autres flamants roses. En été restent surtout hérons, aigrettes et échasses.

Les passionnés s'intéresseront aussi aux étendues sauvages du domaine privé d'*Herdade de Gâmbia (visite sur rdv au ☎ 265-938-050 ; ● herdadedegambia. com ● ; bureau ouv lun et ven 9h-15h, mar et jeu 9h-17h15, mer 9h-16h ; entrée : 1 €),* qui allie activités viticoles et visites nature. On peut s'y promener librement et accéder à trois affûts. Accès depuis la N-10 juste après la sortie est de Pontes, puis 4 km (fléché à droite).

VERS L'ALENTEJO

● Carte *p. 229*

Au sud du vaste estuaire du Sado débute la région de l'Alentejo : un pays bucolique et attachant, au littoral frangé de plages sauvages léchées par des rouleaux à faire pâlir d'envie tous les surfeurs.

COMPORTA (7584) 1 270 hab.

Lisbonne n'est qu'à 1h30 de route mais à des années-lumière. Amarrée entre terre et mer, au sud-ouest du vaste estuaire du rio Sado, la bourgade de Comporta séduit d'emblée par son calme olympien, ses cieux zébrés par le vol des cigognes, ses rizières au vert tonique, ses marais salants peuplés d'oiseaux, ses forêts de pins et de chênes lièges, ses odeurs d'été et ses plages de rêve aux relents de mers du Sud – fraîcheur de l'eau exceptée.

Rappelant quelque chose de la Camargue, cette région restée sauvage et peu peuplée (10 hab./km²) attire depuis quelque temps les urbains en quête de paradis retrouvés. Le flux est encore timide et concerne surtout l'intelligentsia et la sphère bobo lisboète, dans les pas desquelles marchent déjà les *beautiful people* et les stars internationales. Quelques villas luxueuses ont été bâties, quelques ensembles résidentiels aussi. Oui, en juillet-août, Comporta est un peu m'as-tu-vu, mais le bling-bling est resté à ses portes et la beauté demeure reine. Seul souci : l'hébergement est ici très limité – et donc cher.

Adresses utiles dans les environs

i *Posto de Turismo :* largo Luis de Camões, à **Alcácer do Sal.** ☎ 265-009-987. ● cm-alcacerdosal.pt ● Tlj 9h-13h, 14h-17h.

i *Posto de Turismo :* sur la place centrale de **Carvalhal.** ▤ 919-992-681. ● cm-grandola.pt ● De mi à fin juin : w-e slt 10h-13h30, 15h30-19h ; de juil à mi-sept, tlj.

Où dormir ?

Comporta, comme toute sa région d'ailleurs, compte peu d'options d'hébergement.

🛏 *Hotel-Apartamento Comporta Village* (carte Estuaire du Sado et région de Comporta, 10) : rua do Secador. ☎ 265-490-640. ● geral@comportavillage.com ● comporta village.com ● ⚒ Doubles 59-100 € ; apparts 99-160 €. ⚡ (à l'accueil slt).

Le seul vrai hôtel de Comporta est un gros édifice moderne pas vraiment gracieux qui contraste avec l'authenticité du village. Récent, parfaitement tenu, il abrite 28 chambres classiques avec AC (et parfois balcon) et autant d'apparts avec kitchenette (plaques de cuisson). 4 de ces derniers ont une terrasse gravillonnée encadrée de haies. En prime : une piscine ouverte toute l'année.

Où dormir dans les environs ?

Vous trouverez dans cette rubrique des adresses situées dans un rayon de 30 km (vers le sud).

Camping

🏕 *Camping Praia da Galé* (carte Estuaire du Sado et région de Comporta, 11) : à Fontaínhas do Mar, par la N-261 vers **Melides** ; embranchement à 22,5 km au sud de Comporta, puis 4 km (panneau « Campismo »). ☎ 269-979-100. ● geralgale@hotmail.com ● cam pinggale.com ● Selon saison, env 15-24 € pour 2 avec tente et voiture ; bungalows 20-75 €. ⚡ (resto slt). Loin de tout, ce très vaste camping s'étend au-dessus de la plus belle plage sauvage du Portugal. Un rêve éveillé ! Les tentes ont (notamment) droit à leur propre coin de pinède, où elles peuvent s'installer librement – ce qui serait parfait si le terrain était un peu plus plat... On y fait la sieste

bercé par l'odeur de résine chaude et les langueurs distantes du ressac. La plage est à 5 mn en contrebas... rude remontée ! Supérette, laverie, piscine et tennis (payants).

Bon marché

🛏 *Alojamento local Toca do Grilo* (carte Estuaire du Sado et région de Comporta, 12) : av. 18 Dezembro, 19 A, à **Carvalhal**, à 10 km au sud de Comporta. ☎ 265-490-040. ▤ 968-059-943. ● vitornevespereiraunip@gmail.com ● Doubles 30-45 € selon saison. ⚡ C'est le moins cher de toute la région (une denrée rare) ! À côté d'un bar, en plein cœur de Carvalhal, le plus gros bourg du coin (avec supérette), la maison dispose de quelques chambres sans chichis mais avec salle de bains privée, clim et frigo. Préférez celles de l'étage, les 2 du rez-de-chaussée étant assez sombres.

COMPORTA / OÙ DORMIR DANS LES ENVIRONS ? | 229

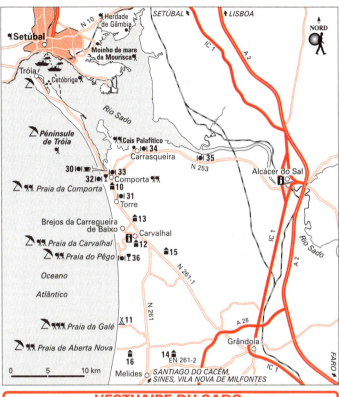

L'ESTUAIRE DU SADO ET LA RÉGION DE COMPORTA

Où dormir ?

10 Hotel-Apartamento Comporta Village
11 Camping Praia da Galé et Dreamsea Surf Camp
12 Alojamento local Toca do Grilo
13 Alojamento local Verde e Mar et Alojamento local Costa Azul
14 Nômade – Auberge rurale
15 Cocoon
16 Uva do Monte

Où manger ?
Où boire un verre ?

30 Pasteleria Eucalyptus
31 Dona Bia
32 Comporta Café
33 Museu do Arroz
34 Retiro do Pescador
35 A Escola
36 Restaurante Sal

Prix moyens

Alojamento local Verde e Mar (carte Estuaire du Sado et région de Comporta, 13) : à **Brejos da Carragueira de Cima,** à 6,5 km au sud de Comporta par la N-261 (en léger retrait de la route, à gauche). ☎ 265-497-485. 📱 967-765-553. • verdeemar1@gmail.com • Doubles 60-80 € selon saison, petit déj inclus. 📶 Face à la rareté des adresses bon marché dans le secteur, on apprécie ce petit hôtel à peine terminé, alignant 14 chambres à l'étage. Elles ne sont pas bien grandes mais elles sont bien tenues et équipées, avec AC, TV à écran plat, parquet flottant, douche vitrée, et balcon tourné au sud pour la moitié d'entre elles (au même prix, demandez !). Bon accueil. À côté, l'*Alojamento local Costa Azul* (☎ 265-490-160 ; 🖥 968-038-729 ; ● alojamentocostaazul@gmail.com ●), aux chambres bleu et jaune, bénéficie en plus d'une piscine, mais il y a rarement quelqu'un sur place hors saison.

De plus chic à très chic

🏠 *Nômade – Auberge rurale* (carte Estuaire du Sado et région de Comporta, **14**) : *Cerça do Barranco*. ☎ 269-979-060. 🖥 924-174-548. ● contact@nomadeauberge.com ● nomadeauberge.com ● À env 24 km au sud de Comporta sur la N-261, prendre à gauche vers Grândola au niveau du resto Tia Rosa, puis à droite un chemin de terre à 900 m ; c'est à 3 km, en traversant une forêt de chênes-lièges. Congés : déc-fév. Doubles 80-120 € selon saison, (gros) petit déj inclus. 🛜 Cette auberge rurale, tenue par un Allemand et une Suissesse (francophone), occupe un long bâtiment bas de style traditionnel – mais bâti en paille selon des normes écologiques. S'y alignent 6 chambres-studios aux noms d'anciennes colonies portugaises, avec salon-kitchenette, poêle et coin pour manger. Devant les yeux : une petite piscine-étang et son bout de plagette.

🏠 *Cocoon* (carte Estuaire du Sado et région de Comporta, **15**) : *Herdade da Comporta, parcela 105.* 🖥 929-308-371. ● info@cocoonlodges.com ●

cocoonlodges.com ● À env 12 km au sud de Comporta par la route N-261-1, direction Grândola (fléché sur la gauche « Turismo rural »). Suites et bungalows 90-190 € selon saison. Isolés dans les terres, sous les grands pins, une trentaine de bungalows en bois (certifié), sans fondations, jouent la carte écologique autour d'une grande piscine naturelle-étang où l'on nage avec les grenouilles ! Ils appartiennent à des proprios différents (la déco varie, donc), mais ils ont tous cuisine et deck en bois bien agréable. Le lieu ne manque pas de charme, mais l'entretien est malheureusement un peu aléatoire au regard des tarifs pratiqués.

🏠 *Uva do Monte* (carte Estuaire du Sado et région de Comporta, **16**) : *Herdade da Costa Terra, lugar das Fontaínhas, RIC 67, Melides.* ☎ 211-303-586. ● reservations@thecollective.pt ● uvadomonte.pt ● Prendre la route de la praia Aberta Nova, fléchée à 23 km au sud de Comporta (puis 2,7 km). Nov-déc : jeu-dim slt. Congés : janv-fév. Doubles 75-350 € selon taille et saison ; gratuit jusqu'à 8 ans. Uva do Monte, c'est la vie à la campagne, revue et fantasmée par la bonne société lisboète. Au milieu des champs, à 2 km de la plage presque déserte d'Aberta Nova et pas loin de celle de Galé, les 2 bâtisses en pierre restaurées abritent des chambres mariant meubles de grand-mère et confort contemporain (belles douches pluie vitrées). Certaines ne sont pas bien grandes, surtout pour les prix astronomiques demandés en été ! Cuisine commune, salon et piscine aménagée dans un abreuvoir complètent le catalogue, sans oublier VTT en prêt, cours de yoga, massages, chevauchées et cours de surf. Accueil à la fois cool et pro.

Où dormir et faire du surf dans les environs ?

🏕 *Dreamsea Surf Camp* (carte Estuaire du Sado et région de Comporta, **11**) : à 26,5 km au sud de Comporta, dans l'enceinte du Camping Praia da Galé (voir ci-avant).

☎ (34) 667-746-853. ● portugal@dreamseasurfcamp.com ● dreamseasurfcamp.com ● Transfert depuis Grândola : 5 € ; depuis Lisbonne : 35 €. Compter 400-958 €/sem pour 2, logement, repas et matériel de surf compris, selon confort et saison. 🛜 (resto du camping). On trouve des Dreamsea Surf Camps dans 4 pays. Leur créneau : le glamping : ce concept de camping chic né en Amérique du Nord dans les années 2000. On s'installe ainsi dans de grandes tentes montées sur des plateformes, sous les pins, sur les hauteurs de la sublime praia da Galé – chacune avec lit et mobilier de style marocain. Il y a aussi des tentes plus basiques, 2 fois moins chères. Les sanitaires sont partagés avec le camping et un espace commun facilite les rencontres. On vient ici de toute l'Europe pour apprendre à surfer entre jeunes, loin de tout... mais pas si loin des bars. En été, les parties avec DJ s'éternisent sur la praia da Galé ! Nombreuses activités : movie night, barbecue, sortie à Lisbonne, etc.

Où manger ? Où boire un verre ?

Bon marché

🍷 |●| **Pasteleria Eucalyptus** (carte Estuaire du Sado et région de Comporta, **30**) : rua do Cómercio. ☎ 966-641-845. Dans le centre. Tlj sf mar 8h-20h. Sa terrasse, bercée par le soleil matinal, est ombragée au zénith par le ramage d'un grand eucalyptus odorant. Une banquette avec coussins et quelques tables à l'intérieur invitent à prendre un café, un jus d'orange frais, une pâtisserie, voire un sandwich ou une tosta au déjeuner. L'accueil est gentil.

De prix moyens à plus chic

|●| **Dona Bia** (carte Estuaire du Sado et région de Comporta, **31**) : à 2,5 km au sud de Comporta, à l'orée du hameau de Torre. ☎ 265-497-557. Tlj (sf mar en basse saison) 11h-16h, 19h30-22h. Résa conseillée en saison. Compter 20-30 €. 🛜 Posé en bord de route, en vis-à-vis des rizières, ce discret prétendant au titre de meilleur resto du coin se fait le chantre des produits de la mer frais et d'une cuisine alentejana copieuse, exsudant le délicat parfum de la coriandre. Au menu : arrozes (aux couteaux, au brocoli...) et poisson grillé (cernier, mérou, sardines en été...), à accompagner d'un rosé ou d'un blanc bien frais de la Herdade de Comporta, bien sûr. Les poissons sont généralement à partager. Mignon : les pochettes-poisson en tissu pour ranger les couverts.

|●| 🍷 **Comporta Café** (carte Estuaire du Sado et région de Comporta, **32**) : sur la plage de Comporta. ☎ 265-497-652. ● info@comportacafe.com ● Tlj 12h30-18h30, 19h30-22h30. Résa conseillée en saison. Plats 10-22,50 €. La vue se paie, mais comment résister ? Posé face à l'océan sur la terrasse en teck, dans un canapé-lit à l'indonésienne bercé par le froufrou de grandes voiles de lin, on sirote une sangria blanche dans laquelle infuse un bâton de cannelle. Looké, comme la clientèle. 2 hamacs se balancent au-dessus du sable. Les enfants jouent. Une petite faim ? La Key lime pie est bonne. Pour le reste, c'est plus variable.

|●| **Museu do Arroz** (carte Estuaire du Sado et région de Comporta, **33**) : à la sortie ouest de Comporta, à côté du musée. ☎ 265-497-555. ● museu doarroz@sapo.pt ● Tlj sf lun 12h30-16h, 19h30-23h. Congés : janv. Résa conseillée en saison. Plats 17-48 €. Pas de vue sur l'océan ici, mais une salle haute de plafond aménagée dans un ancien hangar, avec quelques tables sur une mezzanine-îlot au centre. On patiente au lounge, très urbain, avant de se glisser sous une table bien mise, dans un cadre néobaroque aux lumières tamisées. Au menu : une carte corpulente gravitant logiquement autour du riz – arroz de lingueirão (aux couteaux), de bacalhau (à la morue), de choco (à la seiche), de langosta, etc. C'est copieux, c'est bon, mais sans doute pas aussi bon que ça n'est cher...

LES ENVIRONS DE LISBONNE

Où manger ? Où boire un verre dans les environs ?

De bon marché à prix moyens

|●| *Retiro do Pescador* (carte Estuaire du Sado et région de Comporta, *34*) : *av. dos Pescadores, à Carrasqueira, à 5 km au nord-est de Comporta.* ☎ 265-497-172. Tlj sf jeu. Plats 6-13 €. Les habitués viennent y boire un canon au comptoir ou filent vers la salle du fond, dans son jus, pour une orgie de *mariscos* à prix canons. Palourdes (*ameijoas*), crevettes, *arroz de marisco*, tout l'estuaire du Sado se retrouve à table, jusqu'aux anguilles (notamment frites). Les portions sont généreuses et l'accueil gentil (mais tout en portugais).

De prix moyens à plus chic

|●| *A Escola* (carte Estuaire du Sado et région de Comporta, *35*) : *sur la N-253, à mi-distance (15 km) de Comporta et d'Alcácer do Sal.* ☎ 265-612-816. ▯ 965-283-351. ● rest.aescola@iol.pt ● *Tlj sf lun à partir de 12h et 19h30. Résa conseillée. Compter env 15-20 €.* Ce resto bien mis s'est installé en pleine brousse, dans une ancienne école rurale jouxtant... un élevage de dromadaires ! On y déguste une bonne cuisine de la région, naturellement très tournée vers la mer, avec un bon choix de *petiscos* à partager. Ne ratez pas non plus le pâté de lapin en croûte ! Service attentif.

|●| ☸ *Restaurante Sal* (carte Estuaire du Sado et région de Comporta, *36*) : *praia do Pêgo.* ☎ 265-490-129. ● geral@restaurantesal.pt ● *En saison, mar-sam 13h-17h30, 20h-22h ; dim 13h-18h. Le reste de l'année : ouv surtout le w-e.* En 2015, les lecteurs du magazine *Traveler* l'ont désigné meilleur resto de plage du monde ! C'est un peu exagéré, mais il a sans doute bénéficié de sa situation exceptionnelle sur la magnifique praia do Pêgo, qu'il domine du haut de sa dune, avec sa grande terrasse aux avant-postes. Chic et choc, tendance toc au plus fort de la saison, le lieu attire du beau monde – qui vient s'y montrer tout en mastiquant distraitement un poisson grillé ou en avalant une sangria blanche (forcément) trop chère. C'est aussi ça Comporta : la *world culture* plaquée sur la nature.

À voir. À faire

🗡 *Museu do Arroz* : *à la sortie ouest de Comporta, en direction de Tróia.* ☎ 265-499-650. ● museudoarroz@herdadedecomporta.pt ● *Juin-sept slt. Entrée : 3,50 € avec audioguide (2 € sans) ; gratuit jusqu'à 11 ans.* Installé dans un hangar à côté du resto du même nom (voir « Où manger ? Où boire un verre ? »), ce musée évoque l'histoire de la région et de son activité phare : la culture du riz, introduit au XVIIIe s et exploité à l'échelle industrielle depuis les années 1920. Les proprios possèdent aussi les immenses chais modernes voisins de la *Herdade de Comporta*, bâtis au milieu des rizières, où l'on peut participer à une dégustation des vins produits par le domaine (*mai-sept, tlj 10h30-18h30 ; oct-avr, mer-dim 10h30-17h ; 4 € pour 2 vins, 8 € pour 4 vins*). Les 35 ha de vignes se trouvent, eux, à 16 km au sud (vers Pinheiro da Cruz).

🏖 🏃🏃 *La plage de Comporta* : *à 1 km à l'ouest du village.* Large, interminable, blanche comme il se doit, voilà une vraie plage de rêve, sauvage si ce n'est deux bars-restos plantés dans le sable fin (*Comporta Café* et *Ilha do Arroz*) et une brochette de parasols aux chapeaux de palmes.

🏃🏃 *Les rizières* : *tt autour de Comporta.* Le matin ou le soir, prenez la piste qui part de Comporta vers Cambado et Possanco. Bientôt, vous atteindrez de

DANS LES ENVIRONS DE COMPORTA | **233**

vastes rizières écumées, en saison, par des dizaines de cigognes en ordre dispersé. Chaussez les jumelles et vous verrez aussi de nombreuses échasses aux longues pattes rouges, des hérons gris, des chevaliers gambettes, des spatules blanches...

Cais Palafítico da Carrasqueira : fléché depuis la N-253, à env 3 km à l'est de Comporta sur la route d'Alcácer do Sal ; le village de Carrasqueira est à 1,8 km de l'embranchement et le quai 600 m plus loin. Accessible aussi par les pistes via Cambado et Possanco. GRATUIT. Pour y parvenir, il faut longer un chemin de terre bordé de rizières. Jetant sa forêt de pieux dans les vases de l'estuaire du Sado, cet ensemble de quais en bois ramifiés est unique en Europe. Malmenés par le temps et le vent, ils dodelinent au gré du ressac, avec leurs barques et petits bateaux de pêche, leurs cahutes colorées et leurs filets empilés ou en train de sécher. On adore !

– Équitation, VTT et kayaks : avec Cavalos na Areia, à la sortie de Torre, à 3 km au sud de Comporta par la N-261. ☎ 919-002-545. ● cavalosnaareia.com ● Sortie à cheval (1h30) 50-65 € selon saison. Loc de VTT 15 €/j. Kayak double : 30 €/j. Vous rêvez d'une chevauchée fantastique sur une plage déserte ? Vous voilà exaucé(e). La maison loue aussi des VTT et des kayaks pour se balader sur le Vala Real, le canal qui permet d'irriguer les rizières.

DANS LES ENVIRONS DE COMPORTA

En allant vers le nord

La péninsule de Tróia : étiré sur 15 km, ce long cordon littoral ferme l'estuaire du Sado par l'ouest, pointant son doigt jusqu'aux abords du port de Setúbal – auquel il est relié par catamarans et ferries (voir « Arriver – Quitter » à Setúbal). Si ses deux tiers sud, formant une réserve naturelle, sont déserts, le tiers nord est occupé par une station balnéaire très bétonnée (Tróia) et cadenassée, avec grands ensembles, marina, casino, golf et centre de conférences ! On ne s'y gare pas n'importe où et il y a bien une piste cyclable mais pas de location de vélos...
Si vous venez en ferry depuis Setúbal, vous pourrez rejoindre à pied en moins de 10 mn la belle *plage de sable fin de Tróia,* avec bar-resto et... vue sur la cimenterie de la berge opposée.
Le secteur conserve les ruines de **Cetóbriga,** un important port romain des Ier-IVe s, où l'on voit principalement les vestiges d'une vingtaine de bassins de salaison – la principale exportation locale à l'époque. L'accès au site, contrôlé par le *Tróia Resort,* n'est possible que de juin à septembre *(à 3,5 km au sud de Tróia, puis 2,7 km de piste ; mer-dim 10h-13h, 14h30-18h ; entrée : 4 €).* N'imaginez pas vous garer dans le coin et y aller à pied hors saison : c'est impossible.
Pour profiter du caractère sauvage du sud de la péninsule, on vous conseille de vous garer le long de la route et de rejoindre à pied la côte ouest, soulignée par une interminable plage de sable fin déserte (à 500-600 m maximum). C'est notamment possible environ 8 km au nord de Comporta (piste sablonneuse).

Observation des dauphins : avec SadoArrábida, kiosque à la marina de Tróia. ☎ 265-490-406. ☒ 915-560-342. ● sadoarrabida.pt ● Sorties (3h) de fin mai à mi-oct env, selon météo, le mat et l'ap-m. Compter 30 €/adulte ; 15 € 4-12 ans (1 enfant gratuit pour 2 adultes payants). Une colonie de grands dauphins (26 au dernier compte) a élu domicile dans l'estuaire du Sado. On peut les observer aisément dans la mesure où ils se déplacent pour se nourrir en fonction des marées. Le bateau part alternativement de Tróia et de Setúbal. En été, on peut même se baigner !

LES ENVIRONS DE LISBONNE

En allant vers le sud

☆☆ ⌕ Les plages de Carvalhal et Pêgo : *près de Carvalhal (fléchées), à 9 km au sud de Comporta par la N-261.* Prolongeant vers le sud le cordon sableux qui épouse tout le littoral de Tróia et de Comporta, ces deux plages, proches, offrent le même décor de carte postale : large tapis de sable, dunettes et

RECORD DE CIGOGNES ?

Le hameau de Torre, à 2,5 km au sud de Comporta, pourrait bien concourir au titre de lieu abritant la plus grande densité de cigognes par habitant au Portugal : on a compté 12 nids actifs pour à peine 20 résidents !

beach bars isolés (dont le fameux *Restaurante Sal,* voir « Où manger ? Où boire un verre dans les environs ? »). Pour ne rien défigurer, on se gare au large, avant de traverser l'arène sur de longues passerelles en bois. À la praia de Carvalhal, devant les baraquements des pêcheurs, tourbillonne une foultitude de girouettes improvisées.

☆☆☆ ⌕ Praia da Galé : *à 26 km au sud de Comporta par la N-261 en direction de Melides (bifurquer à 22,5 km au niveau du panneau « Campismo »).* Quelle splendeur ! Cette plage sauvage, battue par la houle, s'adosse à de hautes falaises tendres, sculptées par l'érosion en cheminées de fées rappelant par moments l'Ouest américain. On y accède en traversant le *Camping Praia da Galé (accès payant en août : 5,50 €),* où l'on peut s'installer (voir plus haut « Où dormir dans les environs ? ») – on y trouve aussi le *Dreamsea Surf Camp* (voir « Où dormir et faire du surf dans les environs ? »).

☆☆ ⌕ Praia de Aberta Nova : *fléchée depuis la N-261, 23 km au sud de Comporta (puis 4,8 km).* Encore une plage immense, splendide et vierge – si l'on excepte le tout petit *Bar dos Tigres* posté en vigie *(tlj en été ; sam slt hors saison).*

HOMMES, CULTURE, ENVIRONNEMENT

ARCHITECTURE

Les amoureux des vieilles pierres n'en finiront pas de partir sur les traces du passé, de musée en monument célèbre, mais aussi de ruelle oubliée en place ensoleillée, se laissant porter par l'inspiration du moment autant que par les indications lues ici ou là. Des fouilles du théâtre romain abritées par un semblant de hangar à l'Alfama au monument des Découvertes portant le souvenir de l'époque Salazar mélangé à celui des rêves des navigateurs à Belém, vous n'avez pas fini de (re)découvrir Lisbonne.

Remontons le temps. De la **période romaine et wisigothique,** il reste peu de traces, notamment du fait du tremblement de terre de 1755. On retrouve de-ci de-là, surtout dans les musées, des pièces rappelant ces époques.

Du VIIIe au XVe s, ce sont les **périodes maure et médiévale.** *Al Usbuna* (Lisbonne) adopte un charme tout africain. Des fenêtres et de discrets volets, derrière lesquels on se protège du soleil, apparaissent à l'avant des demeures. Les maisons sont simples, blanchies à la chaux, avec de petites fenêtres et des toits couverts de tuiles en terre cuite. Plus tard, les mosquées cèdent du terrain, les cathédrales fleurissent. C'est le temps de la Reconquête.

Dès le XVIe s, sous le règne de Manuel Ier, le **style manuélin** apparaît, assez extravagant, avec beaucoup de motifs floraux, mais aussi maritimes. De cette époque datent la tour de Belém, le monastère des Hiéronymites, etc. Le style manuélin se caractérise par la présence de nombreux motifs sculptés représentant les cordages torsadés des navires : c'est l'époque des grandes découvertes.

L'heure du **baroque** correspond au XVIIIe s. Les églises monumentales se construisent, comme São Roque, qui cache derrière une austère façade un intérieur d'une richesse folle. La Belle Époque en quelque sorte pour Lisbonne, qui attire de nombreux architectes du monde entier. On passe d'un style simple, l'*estilo chão,* avec de grandes façades horizontales, où l'acier est largement utilisé, notamment dans le travail des balcons, à un style plus foisonnant. À cela s'ajoutent les devantures d'**azulejos.** L'âge baroque est atteint. Quelques exemples : l'igreja da Graça ou le palácio das Necessidades (l'actuel ministère des Affaires étrangères). L'autre grand exemple du genre est Mafra, à l'ouest de la ville. C'est ici que l'on retrouve le Portugal conquérant, riche de l'or et des bijoux du Brésil.

Le tremblement de terre de 1755 va bouleverser doublement la vie et la ville. C'est le marquis de Pombal, ministre de dom José I, qui gouverne alors le pays : il fait raser le centre ancien et lance l'idée d'une ville moderne digne du rationalisme de l'époque des Lumières. Trois architectes sont mis sur le projet. Manuel da Maia, Carlos Mardel et Eugénio dos Santos établissent un plan précis, au cordeau, pour le centre-ville, sur un nombre limité de rues au tracé strict. C'est le **style pombalien** qui émerge, sans fioriture aucune, sauf peut-être l'utilisation du stuc pour l'ornementation. Les maisons dépassent rarement quatre

LA PUNITION DIVINE

Le tremblement de terre de 1755 à Lisbonne eut lieu le jour de la Toussaint. Contrairement à l'enseignement de la Bible, de nombreux catholiques considérèrent Dieu comme méchant et vengeur. En ces terres très chrétiennes, certains Portugais perdirent la foi. Puis on inventa la sismologie.

236 | **HOMMES, CULTURE, ENVIRONNEMENT**

étages, les jointures sont en brique ou en pierre, le tout organisé, dans un souci de salubrité publique, autour d'une cour avec des sanitaires. Ce soin apporté à l'unification architecturale par Pombal s'estompe rapidement à sa mort. Le charme baroque et rococo reprend vite le dessus. Marbre et façades rose bonbon refont surface.

Le XIXᵉ s est un *temps troublé* dans l'histoire de l'architecture lisboète, sans style dominant. C'est le temps du *revival,* les bâtiments reprennent des allures manuélines (la gare du Rossio, l'elevador de Santa Justa). Quelques édifices retrouvent des aspects maures. Des quartiers industriels voient le jour (Graça). C'est aussi à cette époque qu'apparaissent les *calçadas portuguesas,* les fameux trottoirs pavés qui font le charme de vos promenades (mais qui peuvent aussi vous épuiser !). Quant à l'époque de la dictature de Salazar, elle a suscité à Lisbonne un style dit pudiquement « *salazariste* » (que d'autres qualifieront simplement de fasciste) avec des bâtiments massifs, comme la Bibliothèque nationale. C'est surtout un style très classique, reprenant des touches folkloriques de l'histoire du pays, où celle-ci s'étale sous forme de frises. Le nationalisme exacerbé de cette période est marqué par des statues monumentales. Mais c'est aussi sous l'action de Duarte Pacheco que verront le jour les ponts (le pont du 25-Avril ou ancien pont Salazar, par exemple), les autoroutes, ou encore le métro et les bases de la Fondation Calouste-Gulbenkian.

La fin du XXᵉ s et le début du XXIᵉ s verront triompher le *design,* domaine dans lequel Lisbonne n'est pas en reste. Le centre culturel de Belém, aux lignes épurées, abrite un parfait exemple de collection d'art moderne et contemporain comme on rêve d'en rencontrer partout en Europe, mais les tentatives pour créer dans Lisbonne même de vrais « quartiers du design » (autour de Santos, notamment) et même un vrai musée restent pour l'heure à l'état de projet.

La reconstruction du Chiado en 1988 par Álvaro Siza Vieira (l'un des grands architectes portugais contemporains) fut un succès, le quartier étant aujourd'hui l'un des plus visités de la ville. Siza est aussi l'auteur du pavillon du Portugal au parc des Nations. Au Portugal, l'architecture est résolument tournée vers l'avenir, comme vous le remarquerez très vite, des hôtels avec vue sur le Tage aux restos tendance en passant par les boutiques donnant de nouvelles couleurs à la vie au quotidien.

Street art

Les murs de Lisbonne inspirent de nombreux *street artists,* dont voici quelques-unes des représentations les plus emblématiques.

– *Rua das Murtas :* commencée en 2012, une longue frise de 1 km habille le mur de l'hôpital psychiatrique. Une des plus longues d'Europe !

– *Crono Project : avenida Fontes Pereira de Melo,* on admire les œuvres des jumeaux OsGemeos ou de Sam3. À la *gare Santa Apolonia,* d'autres œuvres comme celle du Portugais Vhils (également visible en France, notamment à Paris). Sur le *mur Amoreiras, avenida Conselheiro Fernando de Sousa* et sur le *parking du Mercado do Chao do Loureiro* (œuvres de Ram, Mar et Nomen entre autres).

– *Avenida Fontes Pereira de Melo,* puis vers l'*avenida da Liberdade* et l'*avenida Dom Afonso Henriques,* œuvres de PixelPancho ou Zé Carvalho.

Pour en découvrir plus encore : ● *fatcap.com/city/lisbon.html* ●

BOISSONS : LISBONNE... À BOIRE !

Les vins portugais sont injustement méconnus alors que leur qualité est plus qu'honorable. Le pays, 11ᵉ producteur mondial en 2016, est à la tête d'une trentaine de régions bénéficiant d'une appellation d'origine. Près de 200 cépages

BOISSONS : LISBONNE... À BOIRE ! | 237

différents sont cultivés, donnant des vins très typés, au taux d'alcool généralement plus élevé que les vins français – soleil oblige. Un très bon moyen d'apprendre à les connaître est de se rendre à une dégustation de **Viniportugal** (voir la rubrique « À voir. À faire » dans « Baixa et Rossio » à Lisbonne). Les exploitations sont souvent petites et produisent des vins très différents d'une région à l'autre.

– Le plus étonnant et de loin le plus connu des vins portugais hors des frontières est le **vinho verde** (« vin vert »), produit dans le Nord (Minho et Douro). Très léger, pétillant et blanc (le meilleur), rosé (tout à fait correct) ou rouge foncé (pas terrible), il doit son nom au fait qu'il doit être bu au printemps suivant la récolte. Dans la même région, on trouve aussi le **vinho maduro** (mûr), sec mais non pétillant.

– La région du **Dão** (centre-nord) donne un vin rouge assez léger et très fruité. Le cépage principal est le *touriga nacional* (utilisé aussi pour la production de porto).

– La toute petite région du **Douro**, au nord, donne des vins parmi les plus aromatiques de tout le Portugal. C'est également là qu'est fabriqué le fameux vin de Porto (et du mousseux à Lamego).

– L'**Alentejo** possède quantité de jeunes vignes d'une dizaine de cépages, les plus connus étant le *redondo*, le *borba*, le *monsaraz* et le *reguengos*, travaillés selon des méthodes modernes. Ses vins, typés, à la robe rouge-violet, développent des arômes fruités et sont fortement alcoolisés. L'un des meilleurs blancs : le *vidigueira*.

– La région du **Bairrada** produit des vins « de table » riches, parfumés et assez corsés, qui passent très bien avec des plats de cochon ou de cabri.

– En **Estremadura** (autour de Lisbonne, première productrice), on préférera nettement les blancs, à savourer au compte-gouttes le long des innombrables routes des vins qui sillonnent la région.

Autres dérivés alcoolisés

– **Le moscatel :** ce vin blanc, doré et doux, est produit dans la serra da Arrábida, au sud de Lisbonne. Il se consomme plutôt en apéritif, ou au dessert, surtout lorsqu'il atteint 20 ou 30 ans d'âge.

– **L'amêndoa amarga ou amarguinha :** une liqueur d'amande amère, très douce, typique de l'Algarve.

– **La ginja :** cet alcool à base de griottes se trouve dans presque tous les cafés ou *ginjinhas* à Lisbonne. Certaines de ces échoppes, minuscules, ne servent pratiquement que cela, voire de l'*eduardinho* (un autre apéro auquel se mêle un peu d'absinthe).

– **La liqueur Beirão :** cette liqueur nationale à base d'herbes, au goût légèrement anisé, est plutôt bue en apéritif.

> ## L'IMPORTANT, C'EST (D'AVOIR) LA CERISE !
>
> *La* ginja *est typiquement lisboète. Au moment de l'apéritif, cette boisson à base de griottes coule à flots dans les typiques* ginjinhas *de la ville. Parfois, on la déguste dans une petite tasse... en chocolat.*

– **Le Brandy Mel :** ce doux mélange de brandy et de miel, légèrement sirupeux, s'avère un bon digestif.

Les *cervejas* (bières) nationales

– **Sagres :** la numéro un des marques, contrôlée par Heineken. La *Sagres* peut être blonde, rousse ou stout *(Bohemia)*, avec un goût rappelant la *Guinness* pour cette dernière.

– **Super Bock :** existe en *lager*, en stout ou au citron et aussi désormais en « éditions saisonnières ». C'est la bière portugaise la plus exportée.

– **Cristal :** une blonde légère. La moins chère et pas forcément la meilleure...

– **Imperial :** une blonde pas spécifiquement remarquable qu'on trouve souvent à la pression.

Le porto

Le vin de Porto provient de la vallée du Haut-Douro, située dans le nord du Portugal, à une centaine de kilomètres à l'est de la ville qui lui a donné son nom. Si les vignobles régionaux s'étendent sur environ 240 000 ha (avec une vingtaine de cépages cultivés, rouges et blancs), seuls 26 000 ha sont autorisés à produire du porto.

La naissance du doux breuvage commence dans l'euphorie des vendanges. Le jus extrait des raisins passe par la fermentation, qui est rapidement arrêtée par l'adjonction d'un cinquième d'eau-de-vie au volume global (mutage). Le taux d'alcool se situe alors entre 19 et 22°. Viennent le décuvage et le transfert du porto, dûment accompagné de son certificat d'authenticité, à Vila Nova de Gaia, où se trouve la zone des chais, extension exceptionnelle de la région d'appellation contrôlée. C'est là que, paisiblement, solennellement, certains vins pourront atteindre la véritable perfection.

Il existe deux grandes familles de porto : le *blend* et la famille des « récoltes uniques », issues d'une vendange d'une année.

– Le *blend* est réalisé à partir de vins d'assemblage vieillis en fût, donc non millésimés. Une douzaine de cépages entrent dans ces compositions savantes, parmi lesquels le *tinta roriz,* le *tinta barroca,* le *tinta cão...* Le porto jeune, plus doux et plus rouge, est appelé *red,* quand le *ruby* ou le *tawny* sont respecti-

PORTO EN APÉRO ?

Le vin de Porto, développé depuis le XVIIe s, connut son essor avec l'alliance anglaise dès 1703. La consommation s'accrut en France sous la IIIe République, notamment lors de la Première Guerre mondiale : les Français se sont vite épris de ce nouveau vin apporté par les soldats britanniques. Au Portugal, on le boit à la fin d'un repas et, en Angleterre, avec le fromage.

vement plus vieux et, au fur et à mesure, un peu plus roux ou bruns ; il y a aussi le *white* issu de raisins blancs, un peu plus vieux que les précédents, que l'on choisira *extra-dry, dry* ou *sweet* selon les goûts. C'est le seul qui doit impérativement être bu (très) frais.

– Parmi les « récoltes uniques », on trouve les *reserva,* qui sont des *tawnies* vieillis au moins 7 ans en fût (mais qui n'évoluent plus une fois mis en bouteilles) ; les *décimaux,* qui sont des *tawnies* de 10, 20, 30, voire 40 ans, qui ont gagné au contact du chêne leurs lettres de noblesse ; les *vintages* (3 % de la production), considérés comme les rois du porto (et donc les plus chers !), réservés aux millésimes exceptionnels, sont élevés 2 ans en fût, puis se bonifient au moins aussi longtemps en bouteille avant d'être mis sur le marché ; et enfin les *late bottled vintages* – *LBV* pour les connaisseurs –, vieillis de 4 à 6 ans en foudre, mais moins puissants et à la capacité de garde plus réduite.

Il faut savoir aussi que la commercialisation du porto n'est légale qu'en bouteille et que la vente de vrac ne peut prétendre à l'appellation car souvent tirée de fonds de cuves plus ou moins arrangés.

Le café

Il se boit tout au long de la journée, décliné sous toutes ses formes, avec ou sans lait.

– *Uma bica,* café très serré, équivalent de l'*espresso* italien, est issu du dialecte lisboète. À Porto, on peut donc quelquefois faire semblant de ne pas comprendre ce mot, rivalité oblige... Il faudra alors demander **um cimbalinho**. On peut le demander *com cheirinho* (« avec un petit parfum ») pour un zeste d'eau-de-vie.

– La *carioca* est un café un peu plus léger.

– Vous préférez un allongé ? Demandez un *abatanado* (ou *uma bica cheia*).

– Le *pingado* est un café noisette, avec juste une touche de lait.

– Le **garoto** est un crème que l'on demande *claro* ou *escuro* (clair ou foncé, soit avec plus ou moins de café), selon le goût.
– Le **galão** est un café au lait servi dans un grand verre, là aussi plus ou moins clair.

Le thé

Les amateurs apporteront leur réserve : on en boit très peu au Portugal. Et si on en boit, il n'est pas terrible...

CALÇADA PORTUGUESA : LISBONNE AU PIED !

Vous constaterez vite que les trottoirs portugais et les places sont fréquemment constitués de mosaïques faites de minipavés blancs et gris. Cette tradition portugaise remonte au XVIIIe s, voire avant, et s'est généralisée à partir du XIXe s. Tout le travail est réalisé à la main (à l'origine par des forçats !), de la casse méticuleuse des petits cubes calibrés jusqu'à leur mise en place. La *calçada portuguesa* permet une richesse créatrice exceptionnelle, par la simple variation des formes des blocs et par leurs combinaisons. Attention, on trébuche fréquemment sur leur surface irrégulière (mesdames, bannissez les chaussures à talons).

CINÉMA

Bizarrement, le cinéma portugais est plus connu à l'étranger que dans son propre pays ! Le plus fameux des cinéastes portugais reste sans doute **Manoel de Oliveira,** né en 1908. Pour ses 100 ans, le doyen des cinéastes reçoit une Palme d'or à Cannes, couronnant toute son œuvre. Il meurt en avril 2015, à 106 ans.

L'autre « star » du cinéma portugais est **João César Monteiro,** souvent primé dans les festivals internationaux, et décédé en 2003. Une partie de son film baroque *Les Noces de Dieu* a été tournée dans le palácio Fronteira, propriété de dom Fernando de Mascarenhas, 12e marquis de Fronteira.

Oliveira et Monteiro sont des représentants du *cinema novo,* qui vit le jour après la chute de Salazar et la révolution des Œillets (1974). C'est un cinéma original, avec des thèmes récurrents : Dieu, l'amour, la foi, la mort.

Aujourd'hui, une nouvelle génération prend le relais. Quelques noms : **Pedro Costa** avec son terrifiant *Ossos* sur Lisbonne, présent également en compétition officielle au Festival de Cannes en 2006 avec *En avant jeunesse !,* où l'on assiste à l'immersion de son héros, Ventura, dans les quartiers capverdiens de Lisbonne, **Joaquim Sapinho, Manuela Viegas** ou encore **Teresa Villaverde.**

Un des gros succès de ces dernières années est l'*Adam et Ève* de **Joaquim Leitão,** avec la délicieuse actrice portugaise **Maria de Medeiros,** qui a, depuis, tourné son premier film, *Capitaines d'avril,* relatant un épisode marquant de l'histoire du pays, la révolution des Œillets, avec Joaquim Leitão, mais comme acteur cette fois ! En 2016, le sulfureux réalisateur **João Pedro Rodrigues,** déjà remarqué pour *O fanstasma* (2000) et *Mourir comme un homme* (2009), sort le déroutant *Ornithologue,* des œuvres remarquées et primées dans les festivals internationaux, qui font de lui l'un des initiateurs d'une nouvelle vague portugaise avec **Miguel Gomes** (Tabou, Les Mille et Une Nuits) ou de jeunes cinéastes comme **João Nicolau** (John From) et **João Salaviza** (Montanha).

Lisbonne a attiré quelques cinéastes étrangers (mais étonnamment, assez peu), comme le réalisateur suisse **Alain Tanner,** auteur en 1983 d'un film devenu déjà un classique, *Dans la ville blanche,* et qui revient 15 ans plus tard, dans *Requiem,* sur les lieux de ses premières amours : il balade son personnage dans les rues de la capitale sous un soleil de plomb, entre rêve et réalité, passé et présent, selon une

HOMMES, CULTURE, ENVIRONNEMENT

adaptation du roman éponyme d'Antonio Tabucchi. N'oublions pas non plus *Lisbonne Story,* de **Wim Wenders,** sorti en 1994, où un ingénieur parcourt la capitale pour trouver de la musique correspondant aux images du film muet tourné par un ami, mystérieusement introuvable.

À signaler aussi, le cinéaste américain **Eugène Green,** né à New York en 1947, émigré en France dans les années 1960 et naturalisé français. En 2009, il tourne *La Religieuse portugaise* à Lisbonne et en portugais. Le film raconte l'histoire de Julie de Hauranne, une comédienne française venue à Lisbonne pour tourner une adaptation des *Lettres portugaises* de Gabriel de Guilleragues. Au printemps 2013 est sortie en France *La Cage dorée,* un superbe film de **Ruben Alves,** jeune acteur et réalisateur franco-portugais. Pour la première fois, un fils d'émigré portugais réalise un film sur cette communauté portugaise méconnue et silencieuse. Ce film est une œuvre d'affection et de reconnaissance. Il raconte l'histoire d'un couple d'émigrés portugais installés en France depuis longtemps par nécessité économique. Lui est maçon (Joaquim de Almeida), elle est concierge (Rita Blanco) dans un immeuble chic de Paris, ils sont parfaitement intégrés mais tous deux rêvent de revenir vivre dans leur pays. Un jour, un notaire leur apprend qu'un parent est décédé au Portugal en leur léguant un domaine viticole et une fortune. Leurs patrons respectifs vont alors tout faire pour les garder près d'eux, quitte à créer une vraie « cage dorée »... Ruben Alves a fait un très beau film sensible, brillant, intelligent et heureux, à travers lequel il rend un hommage vibrant à sa famille et, à travers elle, à la communauté portugaise de France.

CUISINE

Si simple soit-il, un bon repas porte ici la trace de tous ces voyages, de tous ces territoires qui appartinrent un jour au Portugal, depuis la cannelle, indispensable pour les pâtisseries, jusqu'à l'incontournable poudre de curry... Les tomates et pommes de terre du Nouveau Monde sont de toutes les fêtes, comme l'ail et l'oignon. Les Maures ont planté des citronniers, des orangers amers, et appris aux Portugais à mélanger les fruits au poisson et à la viande. Et les Arabes sont les inventeurs de la *cataplana,* sorte de plat en cuivre, véritable ancêtre de la Cocotte-Minute, permettant de cuire à la vapeur toutes sortes d'aliments, donnant un goût délicieux aux mollusques, poissons, viandes, légumes cuits dedans.

Quelques *petiscos* – version portugaise des tapas – pour s'ouvrir l'appétit, du style beignets de morue *(pastel de bacalhau),* ou une petite salade de poulpe, petits pains avec beurre en barquette et fromage blanc : une mise en bouche payante, à tous points de vue.

Gardez de la place pour la soupe. Commencez vos découvertes culinaires par l'*açorda de mariscos,* résultat étonnant obtenu en plongeant du pain perdu dans l'eau de cuisson des crevettes. Ou par un bouillon vert des familles, à base de chou, une soupe à laquelle vous avez aussi peu de chances d'échapper qu'à la morue.

Séchée ou salée, la morue *(bacalhau)* est une invention typique de ces Portugais qui ont, dit-on, le rêve pour vivre et la morue pour survivre. Leur imagination, pour la préparer, semble sans limites (voir plus loin). Les Portugais adorent, sinon, les poissons, qu'ils mangent simplement grillés, en ragoût ou en bouillabaisse *(caldeirada).*

Le porc reste leur viande préférée. Le plat le plus célèbre – *carne de porco à alentejana* – vient, comme son nom l'indique, de l'Alentejo : marinés dans une sauce à base de poivron rouge, d'ail et d'huile d'olive, les morceaux de porc sont cuits à l'étouffée avec des palourdes et de la coriandre. Sublime apport de la mer aux viandes blanches qui remonte au Moyen Âge ! Dans le cochon tout est bon, ici comme partout. On se régalera donc de saucisses, à commencer par les *chouriços* (qu'on vous proposera en entrée, en omelette baveuse autant que délicieuse : *ovos mexidos com chouriço de porco preto*). Il y a aussi et toujours le poulet *(frango)* cuit à la braise, que l'on mange souvent dans les *churrascarias,* restos populaires que les Portugais adorent. Bon, avec les frites, une fois, ça va, deux fois, pas la peine de vous faire un dessin. Prenez plutôt le *cozido,* sorte de pot-au-feu que l'on mange à la fraîche à Lisbonne. Comme pour tous les ragoûts, on met ce qu'on trouve. Des plats nourrissants et riches en goût, en tout cas. Avec un verre de vin et du pain savoureux, c'est le bonheur assuré.

Quant aux herbes, sachez reconnaître la fameuse triade aromatique que vous trouverez dans toutes vos soupes et vos ragoûts : persil, menthe et coriandre. Et les fromages ? Le meilleur de tous est peut-être le *queijo da serra,* fabriqué avec le lait des brebis élevées sur les pentes de la serra da Estrela. Onctueux à souhait. Sauf si vous préférez les *serpa* demi-secs, le *beja* ou l'*azeitão* crémeux. Bon, tout dépend de la saison. Vous aurez peut-être du mal à goûter un fromage frais, que les Portugais mangent saupoudré de cannelle. Idéal pour finir un repas, avec un peu de marmelade de coings. Peut-être succomberez-vous plutôt devant le choix du rayon pâtisseries ? En général, les gâteaux semblent souvent avoir usé et abusé du jaune d'œuf et du sucre (beaucoup de sucre !), avec parfums de cannelle, de citron, d'orange, d'amande. On vous en parle plus loin...

Quelques conseils pratiques

Lisbonne est riche en gargotes et petits restos populaires, mais également en grands restos traditionnels et en tables très tendance orientées vers la « cuisine fusion », les produits bio ou locaux. Si les prix des premiers restent abordables, ceux des seconds grimpent très vite. Surtout la nuit, quand l'ambiance devient festive. Offrez-vous plutôt une bonne table le midi, là où les menus du jour sont à prix imbattables (souvent couverts, vin et café compris). En alternant avec de petits restos familiaux et en mangeant parfois sur le pouce en terrasse, dans une cour de musée ou face au Tage, vous devriez facilement équilibrer votre budget.

– Attention aux amuse-gueules (parfois copieux) que l'on vous apporte d'office avant le repas, comme le fromage frais, les olives, la charcuterie, etc. Ils vous seront facturés dans l'addition dès lors que vous commencez à les grignoter (leur prix est de plus en plus souvent mentionné sur la carte). Si vous ne les voulez pas, dites-le d'emblée au serveur afin qu'il les retire. Idem pour le pain et le beurre. Vous pouvez bien sûr, si vous les trouvez appétissants, vous ruer dessus. Si vous ne prenez qu'un plat, ils vous serviront de... mise en bouche !

– Certains restos proposent sur leur carte en portugais (mais pas toujours sur les cartes en langue étrangère) deux tailles de plats : *meia-dose* (demi-portion, suffisante pour une personne) et *dose* (portion que l'on peut prendre pour deux). Si vous ne précisez pas, on vous sert automatiquement une *dose.* Bien si vous avez un très gros appétit !

– Choisir de préférence le plat du jour *(prato do dia),* s'il existe : normalement servi plus rapidement, car il est déjà préparé, et aussi probablement plus frais, si vous avez tout à coup un doute.

– Certaines cartes de restaurant portent la mention *refeição completa,* ou encore *ementa turística,* ce qui correspond à une sorte de menu comprenant, pour un prix fixe : une soupe, un plat, une boisson et parfois un dessert ou un café. Peut être intéressant mais jamais affriolant.

– Les trois repas sont *o pequeno almoço* (le petit déjeuner), *o almoço* (le déjeuner), entre 12h et 15h, et *o jantar* (le dîner), entre 19h et 23h (plus tôt en dehors de Lisbonne).

Petiscos et hors-d'œuvre

Pour vous ouvrir l'appétit, le serveur apportera d'autorité à votre table olives, fromage de chèvre, pâté peut-être et corbeille de pain. Vous n'êtes pas intéressé ? Faites-le savoir, il remballera le tout ! Si vous les gardez, sachez qu'ils ne sont pas offerts. La pratique est très répandue ; seules les cantines de quartier y échappent.

Mieux vaut choisir soi-même parmi la vaste gamme des *petiscos* – les tapas portugaises. Ceux-ci comprennent charcuterie, petites salades de légumes, *croquetes de carne, pasteles de balcalhau* et autres beignets, fromages, petites assiettes de fruits de mer, sans oublier les escargots *(caracóis),* servis entiers avec tête, antennes, intestins... glurps ! Autres incontournables parmi les hors-d'œuvre : la salade de poulpe, une bonne **sopa** de légumes ou de poisson, servie tiède, ou encore des légumes grillés avec un filet d'huile d'olive...

Côté mer

La voilà, celle que vous attendiez tous : séchée ou salée, la **bacalhau** (la morue) est indissociable de la cuisine portugaise. Ne dit-on pas des enfants du pays qu'ils ont « le rêve pour vivre et la morue pour survivre » ? On dit aussi qu'il y a 365 manières de la préparer, pour varier chaque jour les plaisirs ! Il y en a peut-être encore davantage, même si, dans la pratique, ce sont toujours un peu les mêmes plats qui reviennent : *bacalhau cozido*

MORUE OU CABILLAUD ?

La morue (bacalhau) *ou cabillaud séché (c'est le même poisson) est incontestablement l'emblème de la cuisine portugaise. Et pourtant, elle est pêchée bien loin du pays, à Terre-Neuve. Ses pêches miraculeuses nourrirent les Portugais pendant des siècles. Aujourd'hui, les réserves canadiennes étant épuisées, les morues des étals sont norvégiennes !*

(bouillie), *assado* (rôtie), *assado na brasa* (au barbecue), *com nata* (à la crème), *à Brás* (délicieuse « morue parmentière », à base d'oignons, de pommes de terre finement coupées, d'œufs brouillés, d'olives noires, de persil), *a gomes de sá* (morue, pommes de terre, oignons, huile, ail, olives noires, lait, œufs durs, le tout cuit au four).

En fait, la morue n'est que la partie émergée de l'iceberg : les Portugais raffolent des fruits de mer et poissons – qu'ils mangent le plus souvent simplement grillés *(grelhados),* en ragoût ou en **caldeirada,** sorte de bouillabaisse aux mille et une déclinaisons régionales. Parmi les espèces les plus fréquentes figurent *cherne* (mérou, mais attention, derrière ce nom se cache de plus en plus souvent la vorace perche du Nil), *peixe espada* (poisson-épée, à ne pas confondre avec l'espadon), *espadarte* (espadon), *pescada* (merlu), *linguado* (sole), *raia* (raie), *enguias d'Aveiro* (anguilles), *polvo* (poulpe)... sans oublier les *sardinhas,* les *lulas* (calamars) et autres *chocos* (seiches) – à Setúbal, ils sont justes frits et servis avec des frites. Les préparations à base de riz, rappelant les *arroces* et paellas espagnols (en fait d'inspiration arabe), sont fort généreuses. Le classique **arroz de mariscos,** aux fruits de mer, est délicieux quand il est bien cuisiné. Dans l'Alentejo, du côté de l'estuaire du Sado, on le prépare avec des couteaux *(lingueirãos).* En Algarve, c'est plutôt avec de la lotte *(arroz de tamboril).* Ou, en version plus économique, avec uniquement des *camaraões* (crevettes). Ne confondez pas l'*arroz de mariscos* avec l'**açorda de mariscos,** une sorte de panade préparée avec de l'ail, de l'huile, des œufs, de la coriandre, des crevettes, des palourdes, des clovisses et des épices. Parmi les fruits de mer, les palourdes *(amêijoas)* sont particulièrement appréciées, notamment *à Bulhão Pato,* relevées d'huile, d'ail, de coriandre, de sel, de poivre et de citron à la fin.

Côté terre

Et pourquoi ne pas commencer vos découvertes culinaires par un *caldo verde,* un potage de pommes de terre et de choux galiciens émincés, agrémenté de rondelles de saucisse plus ou moins épicée ? Bien qu'originaire du Nord, ce potage est devenu national, et vous avez aussi peu de chances d'y échapper qu'à la morue ! Le porc est la viande préférée des Portugais, que ce soit sous la forme de *lombo* (filet), de *costeletas* (côtes), de *febras* (tranches) ou du savoureux *leitão* ou cochon de lait. Le plat le plus célèbre vient de l'Alentejo : l'emblématique *carne de porco alentejana,* une recette de filet de porc cuit à l'étouffée avec coriandre, saindoux, baies de poivron rouge, ail, huile d'olive et... palourdes ! Dans le cochon tout est bon. On se régalera aussi de saucisses, éventuellement fumées (à commencer par les *chouriços*), mais aussi des fameuses *tripas à moda do Porto* (tripes de veau à la mode de Porto), avec de l'oreille et de la tête de porc. Puisqu'on est à Porto, restons-y avec la *Francesinha,* la « petite Française », sorte de croque-madame baignant dans la sauce. C'est d'ailleurs cette dernière qui fera toute la différence entre un pur moment de délectation culinaire ou... un *Titanic* version toast ! Côté viandes rouges, le *bife à portuguesa* tient le haut du pavé (sic !), car il s'agit d'un steak servi sur un lit de frites et nappé de tranches de bacon. Attention, les cuissons sont souvent trop à point pour nous autres... Précisez !
Un autre classique à ne pas dédaigner : le *frango piri piri,* du poulet grillé enduit d'une sauce à base d'huile d'olive et de piments. Il y a aussi le *frango no churrasco* (poulet cuit à la braise), coupé en deux, que l'on mange souvent dans les *churrascarias,* ces restaurants populaires que les Portugais adorent, ou que l'on peut emporter. Mais commandez plutôt un *cozido à portuguesa,* sorte de pot-au-feu pour les longues soirées d'hiver. On peut aussi le manger froid en gaspacho comme à Lisbonne. Comme pour tous les ragoûts, on y met ce qu'on a. Dans le Nord, le *cabrito* bondit souvent directement du gril vers votre assiette : délicieux. Avec un verre de *vinho verde,* qui a gardé le goût de la pierre et de la terre qui l'a vu naître, et du pain savoureux type *broa de milo* (à base de maïs que l'on trouve essentiellement dans le Minho), c'est le bonheur assuré. Quant aux herbes, sachez reconnaître la fameuse triade aromatique que vous trouverez partout : persil, menthe et coriandre.

Quelques autres spécialités

– *Bifana :* un sandwich pas cher dans lequel on peut tout glisser, ou presque !
– *Sopa da Pedra :* cette « soupe de pierre », attachée au centre du pays, réunit haricots, oreille de porc, chorizo, lard, pommes de terre, oignons, carottes, ail, laurier, coriandre et... une pierre bien lavée ! Avec l'ébullition de l'eau, elle s'agite et écrase les ingrédients pour les transformer en soupe.
– *Canja :* consommé de poulet avec riz et abats.
– *Gaspacho à alentejana :* soupe froide composée d'ail, d'huile, de vinaigre, de tomates, de pain dur, d'origan, de poivron vert, de concombre, le tout non mouliné.
– *Açorda alentejana* (ou *sopa alentejana* – plus liquide) *:* pain dur, œufs, huile, ail, coriandre hachée, sel, eau.
– *Chanfana :* un ami portugais malicieux tint à nous donner la recette de ce ragoût : « Prenez la plus vieille bique et le plus mauvais des vins... » S'il est traditionnellement préparé à base de chèvre ou de mouton adultes, n'en croyez pas un mot : cette spécialité du centre du pays est délicieuse et gagne encore à être réchauffée.
– *Feijoada de chocos :* haricots rouges cuisinés avec des calamars. Il faut goûter, au moins une fois.
– *Feijoada à Trasmontana :* haricots blancs cuisinés avec des morceaux de porc (différentes parties de l'animal), plusieurs sortes de saucisses et épices. Très consistant !

244 | HOMMES, CULTURE, ENVIRONNEMENT

– *Farinheras, alheiras :* la recette de ces saucisses préparées traditionnellement à base de volaille provient des anciennes communautés marranes (voir la rubrique « Religions et croyances » plus loin), forcées de contourner leur tabou du porc le plus discrètement possible. On les appelle d'ailleurs *maranhos* dans la région de Tomar.

– *Frango na Púcara (Estremadura) :* petit poulet mijoté avec jambon, tomates, échalotes, beurre, moutarde, ail, porto, eau-de-vie, vin blanc, épices... dans un pot en céramique.

Des fromages

– *Queijo da Serra* (ou simplement *Serra*) *:* c'est peut-être le meilleur de tous, fabriqué avec le lait des brebis élevées sur les pentes de la serra da Estrela. Onctueux à souhait, on le trouve un peu partout. On trouve plusieurs variétés DOP en Alentejo : celui de **Serpa,** coagulé avec une infusion de pétales secs de chardons, à pâte semi-molle ou bien au goût fruité après affinage ; celui de **Nisa,** frais ou mûr, idéal avec un verre de rouge et des olives ; et celui de **Castelo Branco,** plus piquant mais tout aussi savoureux.

– Il existe de nombreux autres fromages de chèvre, de brebis et de vache, certains dans lesquels on plonge voluptueusement sa cuillère (*amanteigado,* littéralement « comme du beurre »), d'autres, à pâte affinée *(curado),* d'autres encore plus durs. Le *solaio,* du côté de Porto, est à la fois dur à l'extérieur et fondant à l'intérieur – parfait pour les indécis ! Vous aurez peut-être du mal à goûter un fromage frais que les Portugais mangent saupoudré de cannelle.

Et des gâteaux

Dans la matinée et, plus encore, dans l'après-midi, tout le monde converge vers les *pastelarias,* où s'alignent, dans les vitrines, des gâteaux très riches en jaune d'œuf et en sucre, aux doux parfums de cannelle, de citron, d'orange, d'amande...

– *Toucinho do céu :* sucre, amandes, jaunes d'œufs en plus grande quantité que les blancs, farine, beurre, confiture de *gila* (courge du Mexique)... *Toucinho* veut dire « poitrine » (de porc), car, à l'origine, ces pâtisseries étaient préparées à base de graisse de porc.

– *Papos de anjo* (« estomac » ou « jabot d'ange ») *de Trás-os-Montes :* confiture de fruits, œufs et jaunes supplémentaires, sucre, cannelle.

– *Barriga de freira* (« ventre de nonne ») *:* sucre, beurre et toujours beaucoup de jaunes d'œufs.

– *Queijo de figo :* des couches de figues sèches, amandes effilées, cannelle et chocolat.

RIEN NE SE PERD !

Pourquoi trouve-t-on tellement de pâtisseries à base de jaunes d'œufs ? Parce que les nonnes des couvents, à qui l'on doit la création de ces petites merveilles, utilisaient beaucoup de blancs d'œufs pour amidonner leurs cornettes. Du coup, il fallait bien utiliser les jaunes d'une façon ou d'une autre... Mais les temps ont changé : les nonnes ne portent plus la cornette, aussi a-t-il fallu trouver une autre utilité au blanc d'œuf. C'est ainsi que la meringue a fait son retour en force dans les pâtisseries !

– *Pudim francês ou pudim flan :* très proche de notre flan.

– *Leite-creme :* mêmes ingrédients que pour le flan, mais préparation plus crémeuse.

– *Arroz doce :* sorte de riz au lait.

– *Pastel* (*pastéis* au pluriel) *de nata :* flan crémeux dans une pâte feuilletée, délicieux lorsqu'il est servi tiède et saupoudré de cannelle et de sucre glace. Incontournable ! On le décline désormais dans une grande variété de goûts et parfums, moins authentiques.

– Citons encore les **queijadas de Sintra** (petits gâteaux au fromage), les **ovos moles de Aveiro,** les **ouriços** (oursins) d'Ericeira, les profiteroles à la caroube **(alfarroba)** en Algarve, les prunes d'Elvas **(ameixas)** en eau-de-vie de l'Alentejo, les **rebuçados de ovos** (œufs caramélisés) de Portalegre, etc. Et, bien sûr, les **confitures typiques** vendues dans les pâtisseries : figues, amandes, châtaignes, doce de abóbora (courge), gila...

CURIEUX, NON ?

– On fait la queue à l'arrêt de bus. Plutôt que d'attendre en « tas » à la française, les Portugais se mettent les uns derrière les autres à l'arrêt du bus pour être sûrs que le premier arrivé monte bien le premier dans le bus.

– Les amoureux s'offrent un bouquet de basilic à la saint Antoine.

– La première question qu'on pose à un enfant est : « *Es de quem ?* ». Ce qui veut dire littéralement « tu es de qui ? » et qui signifie... « quel club de foot soutiens-tu ? » et non pas « qui sont tes parents ? » ! Tous les Portugais dès 5 ans supportent un club de foot fétiche.

– On prend un ticket (senha) pour faire la queue partout : dans les magasins, l'administration, etc. La gestion de la file d'attente est partout. On ne laisse rien entre les mains de la civilité naturelle. Si bien que les habitués viennent chercher leur ticket et repartent pour revenir 20 mn plus tard.

– On mange de la soupe à tous les repas.

– En France, le fromage se mange après le plat de résistance et avant le dessert. Au Portugal, il se mange au début du repas, en entrée.

– Les fêtes de la saint Antoine à Lisbonne donnent lieu à 1 mois de fêtes populaires.

– « Com licença » : on demande la permission avant de fermer une porte, passer devant quelqu'un, entrer chez les gens. On pourrait le traduire en français par « avec votre permission ». On l'utilise pour demander le passage dans un tramway bondé, sur un trottoir très étroit, pour interrompre une discussion, avant de poser un plat sur la table dans un resto et même avant de fermer une porte !

– On fait de la confiture de citrouille au Portugal.

– On ne s'offre pas de fleurs.

– Les Portugais s'invitent très peu chez eux.

– Les enfants sont les bienvenus dans les restos.

– Les Portugais pratiquent rarement l'apéro.

– Le *bitoque,* plat national, est un steak servi avec un œuf, des frites et du riz. À tester une fois !

– Il y a beaucoup de manières de demander un café : pingado, meia de leite, cheio, curto, normal, bica escaldada, galao, carioca...

– On coupe la morue à la scie circulaire à la poissonnerie. Ça peut surprendre !

ÉCONOMIE

Sortant de l'immobilisme salazariste pour embrasser la *docta* libérale européenne, le Portugal a fait un bond en avant spectaculaire après son **adhésion à l'Union européenne en 1986.** Les années 1990, en particulier, ont été marquées par une modernisation rapide du pays sur fond de croissance soutenue – dopée par les investisseurs étrangers, attirés par une main-d'œuvre bon marché.

Parmi les secteurs porteurs, citons l'**industrie textile,** l'**automobile,** avec notamment la fabrication de composants pour les voitures, les **matériaux de construction,** les **machines-outils,** la **pétrochimie,** l'**industrie du papier,** le **liège** et les **vins,** naturellement.

À l'heure de la crise

Aux débuts des années 2000, rattrapage bien entamé, le moteur portugais commence à connaître des ratés. Entre 2002 et 2004, le gouvernement de José Manuel Durão Barroso lance un premier programme drastique d'économies budgétaires. Mais ce n'est rien, encore... À compter de 2009, le Portugal sombre dans la **crise,** la croissance passant cette année-là en zone négative. C'est au Premier ministre de centre-droit Pedro Passos Coelho qu'échoit la redoutable tâche de redresser l'économie du pays. Il choisit de le faire en tenant à ses concitoyens un discours de vérité. En mai 2011, l'Union européenne et le Fonds monétaire international viennent au secours du pays, au bord de la banqueroute. Ils lui accordent un **prêt de 78 milliards d'euros** sur 3 ans. Le plan de sauvetage impose, en contrepartie, un retour sous la barre des 3 % de déficit public d'ici à 2015. La potion est amère pour les Portugais. En l'espace de quelques mois, les impôts sur le revenu et le patrimoine sont fortement augmentés, les prestations sociales réduites, tout comme les salaires. Le SMIC est gelé à 505 € mensuels. Au total, quelque 70 000 postes dans la fonction publique seront supprimés au cours des quatre années suivantes, tandis que les fonctionnaires voient leur semaine de travail s'allonger de 35 à 40h hebdomadaires. Quatre jours fériés sont même supprimés ! L'âge de la retraite à taux plein est repoussé à 66 ans. Les conséquences ne se font pas attendre : le climat social se détériore à coups de grèves générales, la pauvreté augmente et la consommation intérieure chute. La croissance est plombée par l'austérité. **La récession dure 3 ans,** de 2011 à 2013, ce qui induit des recettes fiscales en baisse... et empêche la réduction du déficit ! **Le chômage explose** parallèlement : autour de 9 % en 2009, il atteint plus de 17 % en 2013, au plus fort de la crise. Beaucoup de Portugais s'expatrient en Europe, au Brésil, en Angola...

Comment remonter la pente

Petit à petit, néanmoins, les réformes portent leurs fruits. Les **privatisations** sont conduites efficacement, rapportant presque deux fois plus que prévu (9 milliards d'euros). Ironie de l'histoire, le principal investisseur se trouve être une ancienne colonie : l'Angola ! En 2014, l'économie portugaise sort de récession et le taux de chômage voit sa courbe s'inverser.

UNE LOTERIE CONTRE LA FRAUDE FISCALE

Pour jouer, il faut obligatoirement inscrire ses coordonnées sur une facture établie par un commerçant. Cette loterie hebdomadaire incite ainsi les Portugais à réclamer une facture. Malin !

L'année suivante, le Portugal rembourse ses dettes au FMI et à l'UE. Fin 2016, la croissance a retrouvé un modeste allant : elle s'établit à 1,4 %. Le marché du travail s'est, lui, nettement amélioré : le chômage est redescendu sous la barre des 10 % de la population active (9,8 %).

Le rétablissement portugais reste certes fragile. Le pouvoir d'achat n'a pas retrouvé son niveau d'avant-crise et ne devrait pas, selon les experts du FMI, le retrouver avant... 2037 ! Plus grave encore : un Portugais sur quatre vit aujourd'hui sous le seuil de pauvreté.

Depuis janvier 2016, c'est Marcelo Rebelo de Sousa qui dirige la République portugaise. Bien que situé à droite de l'échiquier politique, cet électron libre, professeur de droit, tend à se détacher de la rigidité budgétaire de son prédécesseur.

ENFANTS, ESPACES VERTS ET JEUX DIVERS

Les enfants s'en donnent à cœur joie dans cette ville qui offre de nombreuses attractions. Au resto ou ailleurs, ils sont toujours bien accueillis.

ENFANTS, ESPACES VERTS ET JEUX DIVERS | 247

Attention, Lisbonne est une ville où les rues montent et descendent, des rues pavées de surcroît, qui peuvent vite essouffler les petits. Merci toutefois à la ville aux sept collines d'avoir essaimé à ses quatre coins de nombreux jardins (zoologique, botanique, tropical, etc.) ! Et les moyens de transport offrent des possibilités pour économiser l'énergie de vos bouts de chou. Profitez-en, d'autant plus que les transports publics, en dessous de 5 ans, sont gratuits. Dans le centre-ville, on se dégourdit les jambes dans le **parc Eduardo VII** *(plan d'ensemble détachable et plan centre détachable, F-G-H3-4-5),* qui offre son lac, ses étendues herbeuses et ses jeux pour enfants. On compte d'autres parcs ou jardins, comme le **jardim do Torel** *(plan centre détachable, I-J7, 382).* Dans le **square de la place de Príncipe Real** *(plan centre détachable, H7-8, 373),* les enfants pourront jouer tandis que les plus grands siroteront un verre au café *Esplanada.*

On prend les **tramways** (le n° 28 en particulier ; voir « Comment se déplacer ? Le tram *(eléctrico)* » dans le chapitre « Infos pratiques sur place »), qui traversent la ville de part en part, avec l'impression de remonter le temps : les enfants adorent. On peut aussi entrer au **musée de la Marionnette** *(museu da Marioneta ; plan centre détachable, G9, 378)* et profiter du joli spectacle qui plaira aux tout-petits, mais pas seulement. On repart à l'assaut de la ville en grimpant dans l'**elevador de Santa Justa** *(plan centre détachable, J8-9, 367),* construit par un élève de Gustave Eiffel. Un autre moyen de transport surprenant, quand il fonctionne ! Une pause méritée avant de monter au **castelo de São Jorge** *(plan centre détachable, K8 ; accessible en tram ou en bus).* La vue y est magnifique. Enfin, pour continuer sur la lancée des moyens de transport amusants, on prend l'un des trois funiculaires (voir la rubrique « Comment se déplacer ? » dans le chapitre « Infos pratiques sur place »).

Attention, voici l'un de nos gros coups de cœur pour retomber en enfance. Direction le **parc des Nations** *(plan Parque das Nações),* tout au nord de la ville, avec son **Océanorium,** un des plus beaux aquariums du monde, et le **pavilhão do Conhecimento – Ciência Viva** *(pavillon de la Connaissance),* où vous ferez des expériences scientifiques amusantes en famille (billet familial possible). Là, il faut prendre la **télécabine.** On survole le Tage... un grand moment. Le parc est aussi l'endroit rêvé pour faire du vélo (location sur place) ou du roller. Profitez-en, les vastes espaces plus ou moins verts sont inexistants au centre de la ville ! Après, vous pouvez terminer la journée en allant admirer le coucher du soleil au **miradouro** le plus proche de votre hôtel, tel que celui de **Santa Catarina** *(plan centre détachable, H9, 372)* avec son jardin alentour et sa vue sur le Tage.

À l'ouest de la ville, direction Belém et sa tour. À ne pas manquer, surtout un dimanche matin : cyclistes, marcheurs, joueurs de foot l'animent, les terrasses et les jardins sont le rendez-vous des familles lisboètes. Le **mosteiro dos Jerónimos** *(plan détachable Belém, 391)* intéressera certainement les ados. Le **museu da Marinha** *(plan détachable Belém, 393)* fascine les moussaillons avec ses reconstitutions, ses maquettes et ses exemplaires d'origine, et, à deux pas de là, le **musée des Carrosses** *(museu dos Coches ; plan détachable Belém)* émerveille toujours autant petits et grands. Inévitable : une pause goûter dans l'une des *pastelarias* voisines pour goûter les succulents *pastéis de nata,* de petits flans crémeux saupoudrés de cannelle. Un peu plus loin encore, le **Jardim zoológico** *(plan d'ensemble détachable, C-D1, 387),* avec dauphins et autres bébêtes, l'aventure originale du **musée des Enfants** et la collection du **musée de la Musique.** Pour un grand bol d'air, rendez-vous au **parque do Alto da Serafina.**

En dehors de la ville, repos des guerriers sur les plages, avec chemin côtier pour les promeneurs vers Oeiras, Estoril ou Cascais. Attention, si vous continuez par la route de la côte en direction de Sintra, les courants peuvent parfois être violents. Et puis on traversera une forêt dense avant de voir apparaître l'incroyable **palácio nacional da Pena** avec ses tours, ses couleurs, son pont-levis et son architecture folle qui séduira toute la famille (plus que son prix d'entrée, exagéré !). Certains apprécieront le **palácio nacional de Sintra** et partiront en pensée sur les traces des chevaliers des mers lointaines. Après, ne pas manquer la *quinta da Regaleira*, dont le jardin avec ses cavernes, ses passages secrets, ses escaliers dans tous les sens feront passer aux enfants une journée mémorable. Les romantiques préféreront peut-être le *parque da Pena* avec ses fontaines et ses espaces verts auxquels il ne manque que l'apparition de quelques fées pour que le conte soit complet.

ENVIRONNEMENT

À Lisbonne et son district, on assiste à une difficile conciliation entre la densité de population la plus élevée du pays et la protection environnementale. La conscience écologique s'éveillant doucement, quelques améliorations se font sentir au niveau du traitement des déchets et des eaux usées, ou bien concernant l'habitat (le repeuplement du centre-ville voit une nouvelle population revenir, plus jeune, plus concernée par le sujet, plus riche aussi). Mais de gros efforts sont encore nécessaires, et pas vraiment au programme ! À Lisbonne et en banlieue, la pollution de l'air atteint des niveaux préoccupants (l'avenida da Liberdade est l'une des artères européennes les plus polluées ; avis à ceux qui rêvent d'y loger !). La qualité de l'eau laisse également à désirer : mercure dans l'estuaire du Tage et problèmes aggravés par la sécheresse pour le barrage de Castelo de Bode, qui alimente la région en eau potable.

Dans un contexte d'aménagement du territoire déficient, et malgré le nombre de rues interdites désormais à la circulation, la voiture conserve sa place de reine incontestée en dehors du centre ancien et apporte son lot d'effets néfastes avec la construction de nouvelles voies rapides, l'élargissement des axes existants, les embouteillages chroniques, les accidents, etc. Sans compter le développement du trafic aérien volant à très basse altitude au-dessus de la ville. De leur côté, les zones naturelles protégées sont grignotées par les constructions illégales, les activités industrielles et les incendies. Malgré tout, il fait encore bon vivre dans la capitale portugaise ! Sa taille modeste limite les inconvénients liés à la circulation et on se dit que les vents de l'Atlantique balaient la pollution. Et à une douzaine de kilomètres du Rossio, c'est déjà la campagne, sans compter la proximité de plages immenses qui satisferont tous les goûts.

Il y a plusieurs zones naturelles protégées dans la région de Lisbonne : les parcs naturels de Sintra-Cascais et d'Arrábida, le paysage protégé de la falaise fossilisée de la costa da Caparica, les réserves naturelles des estuaires du Tage et du Sado. Infos sur l'état de protection de la nature :

■ *Instituto da conservação da natureza :* av. da República, 16. ☎ 213-507-900. ● icnf.pt ● Lun-ven 9h30-16h30. Vend des guides de randonnées pédestres, des livrets sur les parcs naturels et les zones protégées, des livres sur la faune, la flore, l'architecture traditionnelle.

■ *Quercus – Associação nacional de conservação da natureza :* centro associativo do Calhau, parque florestal de Monsanto. ☎ 217-788-474. ● quercus.pt ●

■ *Liga para a protecção da natureza :* estrada do Calhariz de Benfica, 187. ● lpn.pt ●

FADO

Quatre lettres langoureuses, qui s'attardent, pour suggérer une mélodie proprement portugaise. Le fado, c'est LA musique du Portugal. Autant qu'un chant, c'est un cri, une ambiance, un « état d'esprit », selon la célèbre *fadista* Amália Rodrigues. « Ni gai ni triste », d'après Pessoa lui-même, il incarne la mélancolie et la force de la destinée contre la volonté humaine. Pour le poète Luís de Camões, la saudade est « un bonheur hors du monde » ; pour d'autres auteurs, elle représente une sorte de nostalgie de l'avenir, un sentiment de vide dans l'instant présent. L'origine incertaine et tourmentée du fado se rattache au mot latin *fatum*, qui, justement, signifie « destin ».

Ce chant de la saudade célèbre la mélancolie née des différents revers de fortune qu'a connus le Portugal dans son histoire :

> ## SAUDADE
>
> *La* saudade *(prononcer « saoudad »)* imprègne l'âme des Portugais. On dit que durant la colonisation de l'Afrique, les colons exprimaient ainsi leur mal du pays. Saudade, une tristesse empreinte de nostalgie, dont Fernando Pessoa disait qu'elle était « la poésie du fado ».

marins perdus en mer, ceux-là mêmes que les grands noms des découvreurs ont fait oublier ; disparition tragique du jeune roi Sébastien à la bataille de Ksar-el-Kébir (1578) qui se solde par la perte de l'indépendance du royaume au profit du voisin espagnol ; perte du Brésil en 1822, date à laquelle le fado apparaît véritablement. Rapporté du Brésil par la Cour en exil, ce chant, qui était aussi dansé, s'est enraciné et transformé dans le quartier de la Mouraria de Lisbonne, l'ancien quartier des Maures, où il a gagné une influence arabo-andalouse. Riche de rencontres multiples, le Portugal a ainsi créé un chant emprunté et mûri.

La Severa maudite mais géniale

Née en 1820, dans le quartier de Madragoa à Lisbonne, **Maria Severa Onofriana** passe son enfance à l'ombre de sa mère, qui tient une *tasca* où l'on chante le fado. La maman est déjà bien connue dans le quartier... pour sa barbe. Tous les jours, elle se rase comme un homme. Maria Severa vit dans une maison au n° 2 de la rua do Capelão (surnommée la « rue sale ») de la Mouraria, quartier populaire et malfamé de la capitale. Un aristocrate lisboète, Francisco de Paula, tombe fou amoureux de Maria Severa. L'union de l'aristo et de la prolo fait scandale. Le couple s'installe dans un palais de Campo Grande. Lassée du luxe et de la vie oisive, la *fadista* des bas-fonds quitte son gentilhomme bohème et retourne à sa vie dissolue, mélange d'alcool, de fado et de misère. À 26 ans (1846), elle meurt d'une indigestion, dit-on, suite à un repas de pigeons farcis...

Le mythe de l'ange noir du fado est bel et bien né. Cette « dame aux camélias » version portugaise plonge dans le deuil toute une génération de fadistes et d'artistes. En hommage à Maria Severa, ceux-ci portent le châle noir à franges sur les épaules. Un phénomène social se produit : le fado issu des bas-fonds séduit à présent les beaux quartiers. Bourgeois et aristocrates s'entichent de ces mélopées mélancoliques et de cette histoire d'amour impossible.

Pendant longtemps a perduré l'idée que le fado ne pouvait être chanté que par le peuple. Puis, après avoir habité les rues, le fado se professionnalise et conquiert la scène.

Le fado enfin reconnu

Dans le même temps se singularise le fado de Coimbra, repris par le milieu intellectuel de la vieille université. Plus littéraire, il est chanté dans la rue par des interprètes masculins vêtus de capes noires et il donne lieu parfois à des joutes musicales. L'*estado novo* de Salazar aura tôt fait de récupérer le fado érigé en art national. Il est chargé de chanter les valeurs morales de la grandeur portugaise. Le cinéma assure son triomphe et celui d'interprètes prestigieux. Trop choyé par la dictature, il connaît un réel discrédit après la révolution de 1974 et est même interdit, cantonné aux maisons de folklore réservées aux touristes.

Aujourd'hui, le fado retrouve grâce auprès d'un public tant portugais qu'étranger. Débarrassé d'une gangue idéologique qui ne lui a jamais vraiment correspondu, il se contente de véhiculer les mélodies errantes de l'âme lusitanienne, sur les poèmes de Fernando Pessoa, David Mourão-Ferreira ou Florbela Espanca. Et de tant d'autres, connus ou méconnus, quand la nuit rassemble, au fond d'une ruelle de l'Alfama, voisins et habitués, debout, le verre à la main et la larme (d'émotion) à l'œil. Hélas, avec le tourisme, les boîtes à fado ayant pignon sur rue (si l'on peut dire, vu l'architecture à Lisbonne) prospèrent en se complaisant dans des interprétations de moins en moins authentiques. Et les prix ne sont plus les mêmes (on paie pour le verre, pour le chant et pour la table).

Gloire des *fadistas*

Après **Amália Rodrigues** (1920-1999), chanteuse mythique qui a longtemps incarné l'image même du fado sur scène comme au cinéma, **Carlos do Carmo** a renoué avec une certaine tendance plus engagée. **José Afonso** (1929-1987) avait lui aussi, en bon chansonnier polémiste, usé des méandres du fado comme détours à l'oppression politique. **Maria da Fé, José Mário Branco,** ou **Fernando Machado Soares,** sont ceux de Coimbra, sont aussi des noms connus. La relève est assurée avec, côté hommes, **Camané.** Le monde entier connaît aussi la voix de **Teresa Salgueiro,** du groupe Madredeus, sans que ce soit tout à fait du fado. On a découvert aussi l'image de **Mísia,** élevée au rang de chevalier de l'ordre des Arts et des Lettres en 2004 par le ministre de la Culture français. La touche de spontanéité et de fraîcheur de **Cristina Branco** lui permet de lier, avec bonheur, tradition et modernité. Elle est connue sur la scène internationale, tout comme **Mariza,** nouvelle ambassadrice du fado, collectionnant les récompenses et les salles combles. **Mafalda Arnauth** tire elle aussi les origines de son chant dans le fado, alors que **Kátia Guerreiro** et **Ana Moura** jouent volontiers dans un registre plus traditionnel.
– Dans la rubrique « Où sortir ?... » de l'Alfama, mais aussi dans la rubrique « Où écouter du fado ? » du Bairro Alto, quelques adresses pour apprécier cette si belle musique. N'oubliez pas non plus le musée du Fado (se reporter à la rubrique « À voir. À faire » dans l'Alfama).

FUTEBOL

Deuxième religion du pays, le foot alimente la moitié des conversations entre mâles portugais, et son omniprésence sur les écrans de télé de la moindre gargote hypnotise un public de passionnés. La vedette historique du pays s'appelle **Eusébio.** Disparu en 2014, le Ballon d'or 1965 était très apprécié des Portugais et soutenait les bonnes causes

DEUX PASSIONS PORTUGAISES

Football et religion. Pas étonnant qu'une douzaine d'équipes de prêtres (padres) *aient des résultats fort honorables. Ils jouent plutôt au futsal (foot en salle)... mais pas en soutane !*

humanitaires. Sa popularité était telle que 3 jours de deuil national furent décrétés suite à son décès. Depuis, d'autres stars du ballon rond affichent fièrement les couleurs de l'équipe nationale comme **Ricardo Carvalho** ou **Cristiano Ronaldo,** sans oublier l'entraîneur **José Mourinho,** sacré meilleur entraîneur du monde à quatre reprises.

Les *sócios* ou supporters-actionnaires se comptent par dizaines de milliers. Leurs cotisations enrichissent surtout les trois principaux clubs : à Lisbonne, Benfica (qui joue au légendaire Estádio da Luz), avec ses 36 titres de champion, et le Sporting Clube de Portugal, et à Porto, le FC local (vainqueur de la Ligue des champions en 1987 et 2004 et champion du Portugal à 27 reprises).

Les *sócios*, ou supporteurs-actionnaires, se comptent par dizaines de milliers. Leurs cotisations enrichissent les deux principaux clubs de Lisbonne : Benfica (qui joue au légendaire *Estádio de la Luz*), avec ses 36 titres de champion, et le Sporting

Clube du Portugal (sans titre depuis de longues années). Dernier exploit en date : lors de l'**Euro 2016,** le Portugal remporte son premier titre international (enfin !) face aux Français ! Ronaldo, pourtant blessé lors de la première mi-temps, est porté en triomphe. L'équipe entière est adulée par tout un pays, fier d'atteindre le Saint-Graal et de prouver au reste de l'Europe qu'elle est une grande nation du *futebol*. Le pays rêve maintenant d'un autre trophée : la Coupe du monde de 2018 en Russie...

Comment assister à un match de ces deux équipes ?

■ **Benfica** *(hors plan d'ensemble détachable par C1) :* av. General Norton Matos. Billetterie : ☎ 707-200-100. ● slbenfica.pt ● Ⓜ Alto dos Moinhos ou Colégio Militar/Luz.

■ **Sporting Clube** (hors plan d'ensemble détachable par H1) : rens sur les événements sportifs : ☎ 707-20-44-44. ● sporting.pt ●

HISTOIRE

La *légende d'Ulysse* tombant amoureux de la rade de Lisbonne nous enchante tous. Heureux qui comme lui a pu faire en son temps de si beaux voyages... Il est plus probable que la fondation de la ville soit due, en fait, aux **Phéniciens.** Ils nommèrent ce site exceptionnel à l'embouchure du Tage *Alis Ubo*, la « jolie rade ». Grecs et Carthaginois trouvèrent également l'endroit sympathique pour commercer. Quant aux **Romains,** ils le voulurent trop pour eux seuls. Ils renommèrent l'ancien port phénicien *Olisippo Felicitas Julia.* Trop chic !
Les **Wisigoths** profitèrent un temps de la décadence de Rome pour s'y installer – la ville s'appelle alors *Ulixbuna* –, avant de céder la place aux Arabes, qui se l'accaparent. Nouveau nom : *Al Usbuna.* Puis il y eut la reconquête du territoire et de la capitale par les chrétiens, bien moins ardue qu'en Espagne. Au XIVᵉ s, enrichie de ses conquêtes successives et de ses apports culturels, la cité du Tage vit au rythme de trois cultures : chrétienne, maure et juive.

La reine du Tage, clé des mers lointaines

Aux XVᵉ et XVIᵉ s, c'est l'*âge d'or.* Lisbonne est bien plus que la capitale du Portugal : c'est un grand centre du commerce mondial. Après la découverte, en 1498, de la route maritime des Indes par **Vasco de Gama** et du Brésil, en 1500, par **Cabral,** les trésors de l'Orient et d'Amérique affluent sur les quais de Lisbonne. Les caravelles débordent de soieries et de porcelaines de Chine, d'ivoires d'Afrique, d'épices d'Inde et des Moluques, de sucre du Brésil. Au marché de Lisbonne,

LA CARAVELLE, UN BATEAU MAL FICHU

Cette coquille de noix était lourde, trapue et bien peu maniable. Son tonnage faible ne pouvait contenir que peu de marchandises. Petite (à peine 20 m de longueur), elle ne transportait qu'une vingtaine de marins. Haute sur l'eau, elle était instable et sensible aux tempêtes. Et pourtant, elle permit les plus grandes découvertes.

1 g de poivre vaut 1 g d'or. Jusqu'à 3 000 navires mouillent en même temps dans la « mer de Paille ». Les marins reviennent avec des esclaves de couleur. Et même des animaux étranges comme un rhinocéros, le premier à débarquer en Europe, que le roi Manuel Iᵉʳ exhibe dans ses promenades (non, pas en laisse !). Dans les cours d'Europe, on murmure le nom de cette capitale avec curiosité et envie. « Je suis au ciel car nous approchons de la fameuse Lisbonne », écrit Cervantès en 1616. L'Espagne rêve d'annexer cette capitale qui rapporte tant. « Si j'étais roi de Lisbonne, je serais en peu de temps le roi du monde », estime Charles Quint. Flatteur !

252 | HOMMES, CULTURE, ENVIRONNEMENT

Un tsunami sur le Tage en 1755

Pendant 50 ans, au Siècle des lumières, « l'or du Brésil inonde le Portugal. Entre 6 et 8 tonnes chaque année de 1718 à 1731, entre 11 et 16 tonnes de 1735 à 1756 » (D. Couto, *Histoire de Lisbonne,* Fayard). Le roi du Portugal attend chaque livraison d'or et de diamants du Brésil pour entamer la construction d'un **nouveau palais,** comme celui de **Mafra** par exemple, réplique grandiose de l'Escurial du roi d'Espagne. Mais cet élan euphorique s'arrête soudain. Le 1er novembre 1755, un séisme de 9 mn accompagné d'un terrible **raz-de-marée** anéantit une grande partie de Lisbonne. Les quartiers médiévaux sont dévastés et livrés aux flammes, sauf l'Alfama sur sa colline, qui tient le choc. Voltaire s'émeut d'une pareille catastrophe : 6 000 à 8 000 morts sur une population de 750 000 habitants. Il fait dire à Candide : « C'est le dernier jour du monde. »

La reconstruction de la ville basse est dirigée par l'énergique **marquis de Pombal.** Des immeubles, certes un peu sévères, remplacent bientôt les rues médiévales disparues de la Baixa et du Chiado. Quand les troupes de **Napoléon** envahissent Lisbonne en 1807, elles y trouvent des maisons toujours en ruine depuis 1755. Elles ne tombent que sur peu de biens à piller (à l'exception des tonnes d'argenterie du monastère Saint-Vincent dans l'Alfama) et repartent vite à l'assaut de quelques monastères du Nord.

> ### RIO DE JANEIRO, CAPITALE DU PORTUGAL
>
> *En raison de l'invasion des troupes de Napoléon au Portugal, la famille royale s'établit à Rio de Janeiro en 1808. Rio fut la seule capitale située à l'extérieur d'un royaume. Les plages et l'ambiance durent plaire au roi puisqu'il ne rentra à Lisbonne qu'en 1821 (donc 6 ans après la chute de Napoléon !).*

Lisbonne napoléonienne puis anglaise

En février 1808, le Portugal est officiellement rattaché par le général **Junot** à l'Empire napoléonien. Le nouvel envahisseur obtient le titre de duc d'Abrantès, et noue une liaison avec la jeune épouse du comte da Ega, Juliana Sofia de Oyenhausen. Il repartira avec elle à Paris. Les pillages des troupes françaises poussent la junte portugaise à appeler au secours les Anglais, qui envoient un corps expéditionnaire commandé par Wellesley. Le 30 août 1808, un accord provisoire est trouvé à Setais, près de Sintra, entre Anglais, Portugais et Français. En juillet 1810, Masséna tente de reprendre Lisbonne, mais il est définitivement arrêté par l'artillerie luso-anglaise à Santarem.

Les troupes napoléoniennes se retirent de Lisbonne. Un clou en chasse un autre : Napoléon vaincu, c'est l'Angleterre qui étend sa mainmise sur le Portugal et Lisbonne après 1815. Les historiens considèrent qu'autour des années 1820 Lisbonne est la capitale d'un Portugal devenu protectorat britannique. Le XIXe s est le théâtre de divers mouvements : une alternance de révoltes, révolutions (révolution libérale de 1820, révolution *setembrista* de 1836) et de luttes civiles tandis que les rois se succèdent sur le trône : Maria II, dom Miguel l'usurpateur, Pedro V (1853), Luis I (1861), Carlos I (1889).

Lisbonne au XXe s

Le début du XXe s est une période sanglante et confuse avec l'**assassinat,** près de la grande poste, du **roi Carlos I** (Charles Ier) et du prince héritier, en 1908. En 1910, on proclame une république plutôt bancale, tandis qu'en 1915 les « interventionnistes » lisboètes mènent grand tapage : ils veulent l'intervention du Portugal aux côtés des Alliés. Les intellectuels (dont Pessoa et ses amis de la revue futuriste *Orpheu*) raillent ces bons bourgeois prêts – dans un grand élan altruiste – à mener à l'abattoir les classes mobilisables. Pour la suite, la République portugaise, affaiblie par ses dissensions, va bientôt être atteinte d'une grave maladie importée d'Italie et qui contaminera l'Europe entière.

À partir de 1928, l'intégriste *Salazar,* prof d'économie politique de son état, peu enclin à la rigolade, applique au pays une

LA DERNIÈRE REINE FRANÇAISE

Amélie, la petite-fille de Louis-Philippe, devint reine du Portugal quand son mari Charles Ier monta sur le trône en 1889. Elle fut libérée de son mari volage en 1908 grâce à un attentat. Avec la proclamation de la République, en 1910, elle fut condamnée à l'exil. Elle mourut en France en 1951.

sorte de fascisme chrétien et isolationniste ! Onze ans après, de l'autre côté de la frontière, un général à pompon donne dans la même médecine. Toute la péninsule Ibérique se ferme alors, pour 35 ans, sur la rumination de son siècle d'or.

Pendant 47 ans, Lisbonne n'a guère l'occasion de loucher hors des œillères salazaristes, et la ville s'encroûte dans une caricature de capitale d'empire. Mais l'interminable *guerre des colonies africaines* coûte trop cher à Salazar. Au début des années 1970, l'économie intérieure s'effondre. Épuisé et traumatisé par cette guerre coloniale portugaise, le peuple – ceux qui en sont revenus, ceux qui n'en veulent plus – fraternise avec la troupe qui renverse enfin, le *25 avril 1974,* une dictature à bout de souffle. Après les œillères de la discorde, les œillets de la concorde ! Sur la praça Dom Pedro IV, à Lisbonne, un fleuriste a en effet offert des brassées d'œillets aux soldats. La *révolution des Œillets* est en bonne voie.

UNE VIE BIEN CACHÉE

Salazar jouait le côté célibataire ascétique, n'écoutant que les conseils de la vieille gouvernante avec qui il vivait. En 1951, patatras ! Il tomba dingue d'une journaliste et romancière française, Christine Garnier, venue l'interviewer. La discrétion sera telle qu'on apprendra cette liaison bien après le décès du dictateur.

Lisbonne depuis 1974

La révolution des Œillets est surtout l'occasion d'une explosion de joie populaire. Écœuré par ce qu'il a dû endurer et faire en Angola, Guinée, Mozambique, le Lisboète moyen n'aspire plus qu'à reconstruire dans la dignité une vie commune et communautaire !

À Lisbonne, on compte alors trois meetings, une manifestation et 10 occupations d'usine par jour. Chaque quartier est autogéré. Les murs se couvrent de fresques naïves, aux slogans généreux et utopistes. Les membres du Conseil de la révolution discutent passionnément dans les bistrots avec les gens du coin.

Les grands partis de la gauche orthodoxe, voyant que seule la capitale bouge vraiment, s'appliquent alors à faire du « popu » pour ratisser le pays, tandis que les cadres et l'industrie, alléchés par l'éventuelle entrée – quel hasard ! – du Portugal dans la CEE, reprennent discrètement les rênes de l'économie de marché. En novembre 1975, c'est la fin de l'utopie révolutionnaire. De 1975 à 1985, sur le plan politique, le pays connaît une série de combinaisons politiques de *gouvernements hybrides,* où le parti socialiste s'allie soit avec la droite (le CDS), soit avec le centre (le parti social-démocrate). Entre-temps, le *général Eanes,* difficile à classer politiquement mais très attentif au maintien des conquêtes d'avril, est élu par *deux fois président de la République.* L'érosion politique naturelle du pouvoir provoque, en octobre 1985, la baisse de popularité de *Mario Soares.* Malgré tout, il se présente à l'élection présidentielle qui suit et, contredisant les pronostics, est élu.

Réélu dans un fauteuil en 1991, il est obligé de composer avec un Premier ministre social-démocrate qui domine l'Assemblée : **Anibal Cavaco Silva.** Le 14 janvier 1996, Mario Soares, non rééligible, quitte la présidence de la République. Après 50 ans de combats politiques et deux mandats présidentiels, il décide, à 72 ans, de devenir un « citoyen comme les autres ». **Jorge Sampaio,** membre du parti socialiste et ancien maire de Lisbonne, lui succède.

L'Europe, toujours l'Europe, encore l'Europe

En même temps, le pays se lance dans une vaste offensive culturelle en Europe pour promouvoir son image. **Entré dans l'Union européenne en 1986,** le Portugal cherche immédiatement à s'intégrer. Le fleuron de cette campagne d'intégration, l'**Exposition universelle à Lisbonne en 1998,** commémore le premier voyage de Vasco de Gama aux Indes (en 1498). Le thème d'Expo 1998, « Les océans, un patrimoine pour le futur », est à lui seul tout un programme marquant bien la place de la mer dans l'identité nationale.

Aux législatives d'octobre 1999, le parti socialiste d'**António Guterres** remporte 44 % des votes exprimés, son plus beau score depuis la chute de Salazar, mais il ne dispose toujours pas de la majorité absolue. António Guterres doit donc gouverner avec le soutien du Parti populaire, de droite, ou de la CDU, d'obédience communiste, selon le cas. Mais en décembre 2001, aux élections municipales au cours desquelles d'importants bastions de la gauche (Lisbonne, Porto, Coimbra, Faro...) basculent vers la droite, il donne sa démission, provoquant une anticipation des élections législatives. Celles-ci ont lieu début 2002 et confirment la tendance des municipales. **José Manuel Durão Barroso,** dernier président du PSD, est alors nommé Premier ministre. Ce gouvernement doit affronter une remontée du chômage et mettre en place un budget de rigueur, une politique pas très populaire mais nécessaire, notamment pour répondre aux exigences de Bruxelles. D'ailleurs, il sera nommé 1 an plus tard à la tête de la présidence de la Commission européenne (jusqu'en 2014) ; il n'y a pas de hasard !

L'organisation de la Coupe d'Europe de football en juin 2004 offre également une possibilité de développement et d'ouverture supplémentaire sur l'Europe. Un élan sur lequel doit s'appuyer le Premier ministre socialiste, **José Socrates,** élu triomphalement en février 2005 (et réélu en 2009). Depuis, les choses ont bien changé, et il suffit de demander à n'importe quel Portugais ce qu'il pense de lui pour nuancer grandement cet éclat électoral. Après des débats houleux, les Portugais votent par référendum en 2007 pour la **dépénalisation de l'avortement** (vote à 59,25 %).

En 2008, tenant compte des évolutions politiques, économiques et de société de l'Europe, les députés portugais approuvent le 23 avril la loi autorisant la **ratification du traité de Lisbonne** (208 voix contre 21 !). Établissant de nouvelles règles qui régissent l'étendue et les modalités de l'action future de l'Union. Le Portugal est le 10e pays européen à le ratifier.

En 2009, c'est la crise. José Socrates est réélu de justesse suite aux législatives, mais le taux de chômage s'envole et la récession se fait sentir.

En 2010, le pape Benoît XVI attire les foules, mais pas de miracles pour autant. Si, **Socrates porte le projet du mariage pour les homosexuels devant l'assemblée qui le vote,** mais pas encore l'adoption !

En 2011, toujours la crise... Aníbal Cavaco Silva est réélu président de la République au premier tour. Pedro Passos Coelho (leader du parti social-démocrate) devient Premier ministre... et réduit son gouvernement : prémices de mesures de rigueur ?

En 2012 et 2013, le chômage continue sa progression (17 %). Les impôts également. Le pouvoir d'achat baisse de façon alarmante. Déjà, certains Portugais s'exilent vers les anciennes colonies. Le secteur public est traumatisé par d'importantes restructurations, grèves et manifestations se succèdent... Mais le déficit refuse obstinément de diminuer et le Portugal reste scruté à la loupe par les instances financières et par ses voisins européens.

L'année 2014 est marquée par une légère amélioration avec un taux de chômage redescendu à 15 % et, en 2015, le Portugal commence à rembourser ses dettes.

En janvier 2016, **Marcelo Rebelo de Sousa** est élu président de la République au premier tour de scrutin, avec près de 52 % des suffrages exprimés. Cofondateur de l'hebdomadaire *Expresso,* il a travaillé comme analyste politique pour des chaînes d'infos ; une carrière qui a largement contribué à sa notoriété publique et à sa popularité. Sa présidence débute dans un contexte de cohabitation, le gouvernement étant soutenu par une majorité de gauche à l'Assemblée, sous l'autorité du Premier ministre António Costa. Sur le plan international, le socialiste et ancien Premier ministre portugais António Guterres devient secrétaire général de l'ONU en 2016.

2016-2017, la croissance redémarre, le chômage recule et les déficits publics fondent à 2,1 % du PIB, du jamais-vu depuis l'avènement de la démocratie, en 1974 ! Le pays fait figure de nouvel eldorado pour les entreprises européennes et joue à fond la carte du bon élève de l'Europe. Après des années difficiles où le Portugal a frôlé la faillite (notamment en 2011), un vent nouveau s'est levé, la consommation décolle, l'immobilier flambe et le tourisme explose. Le pays tient, enfin, sa revanche, à l'image de l'enthousiasme suscité par la victoire de son équipe nationale de foot à l'Euro 2016 (et du chanteur Salvador Sobral au concours de l'Eurovision en 2017 !). Mais la sortie progressive de l'austérité sera-t-elle confirmée dans les années à venir ou ce regain d'optimisme n'est-il qu'illusoire et la bulle spéculative ? Pour l'instant en tout cas, les mesures économiques prises par le nouveau gouvernement sont un succès !

MÉDIAS

VOTRE TV EN FRANÇAIS : TV5MONDE, la première chaîne culturelle francophone mondiale

Avec ses 11 chaînes et ses 14 langues de sous-titrage, TV5MONDE s'adresse à 320 millions de foyers dans plus de 198 pays du monde par câble, satellite et sur IPTV. Vous y retrouverez de l'information, du cinéma, du divertissement, du sport, des documentaires...

Grâce aux services pratiques de son site voyage ● *voyage.tv5monde.com* ●, vous pouvez préparer votre séjour et une fois sur place rester connecté avec les applications et le site ● *tv5monde.com* ● Demandez à votre hôtel le canal de diffusion de TV5MONDE et contactez ● *tv5monde.com/contact* ● pour toutes remarques.

Radio

On trouve quelques radios françaises « expatriées » comme RFM Portugal. Sur Radio Europa, à Lisbonne sur 90.4 FM, diffusion en soirée des programmes de RFI. Pas mal de musique également sur Mega FM. Il existe naturellement une radio fado, pour les fans de cette musique mélancolique, Radio Amalia 100.6 FM. Les fans de foot vibreront avec Mais Futebol. Les autres iront sur les ondes publiques Antenna 1, 2 et 3. TSF est une radio généraliste très prisée également.

Presse

On lit beaucoup la presse au Portugal. Une large part fait ses choux gras de l'actualité sportive, avec notamment *A Bola* (● *abola.pt* ●), journal in-con-tournable pour les fans de sport. Les autres journaux font la part belle à l'actualité nationale, avec des quotidiens comme *Diário de Notícias* (● *dn.pt* ●), le journal le plus lu, *Correio da Manhã* (● *cmjornal.xl.pt* ●), *Jornal de Notícias* (● *jn.pt* ●) et *Público* (● *publico.pt* ●), le journal de l'intelligentsia portugaise. Côté hebdos, on trouve l'*Expresso* (● *expresso.sapo.pt* ●), magazine généraliste.

Télévision

Il existe deux chaînes publiques (RTP 1 et RTP 2), mais ce sont les deux chaînes privées, SIC (Sociedade independente de comunicação) et TVI (Televisão independente) qui mènent sur le front des audiences. SIC fait exploser l'audimat avec les *telenovelas* brésiliennes très olé olé. TVI, la petite chaîne qui monte, a été à l'initiative de l'émission *Big Brother* version lusitanienne. Il existe par ailleurs les chaînes du câble, sur lequel on capte TV5 (voir plus haut « Votre TV en français : TV5MONDE, la première chaîne culturelle francophone mondiale »).

PERSONNAGES

– **Afonso de Albuquerque** *(1453-1515) :* il repose dans un tombeau de l'église Nossa Senhora da Graça à Lisbonne. Cet illustre navigateur portugais, surnommé « le Lion des mers d'Asie », est né à Alhandra (près de Vila Franca de Xira, Ribatejo). Il s'empara de Goa (Inde) en 1510 et y fonda l'un des plus solides comptoirs portugais, cœur et centre politique et stratégique de l'Empire portugais des Indes et d'Asie. Devenu vice-roi des Indes, Albuquerque est mort à Goa ; son corps fut rapatrié à Lisbonne.

– **Ricardo Espírito Santo** *(1900-1954) :* il commença avec un petit bureau de change et devint un riche banquier, mais il est surtout connu comme collectionneur et mécène de la première moitié du XXᵉ s. Grand protecteur du patrimoine lisboète, Ricardo racheta un palais de l'Alfama pour y héberger la Fondation Espírito-Santo, autour de l'actuel musée des Arts décoratifs (lire « À voir. À faire » dans le quartier de l'Alfama). Après la révolution des Œillets (1974), le groupe se réfugia au Brésil pendant quelque temps, pour éviter d'être nationalisé. Avec la libéralisation, les capitaux sont revenus à Lisbonne. La banque *Espírito Santo* finance notamment la fondation, qui héberge le superbe museu do Oriente à Lisbonne.

– **Calouste Gulbenkian** *(1869-1955) :* voir aussi plus haut à Lisbonne « Au nord de l'avenida da Liberdade, autour du musée Gulbenkian et Campo Grande ». Destin étonnant que celui de cet homme d'affaires arménien, né près d'Istanbul et mort à Lisbonne. Il termine sa formation d'ingénieur et de sciences appliquées au King's College de Londres en 1887. À 20 ans, il effectue un voyage « initiatique et technique » en Transcaucasie (1890),

MONSIEUR 5 %

Derrière sa réputation de mécène discret et amateur d'art éclairé, Calouste Gulbenkian était d'abord un aventurier et un fin stratège financier ayant flairé que les champs pétrolifères du Caucase pourraient rapporter gros. C'est ainsi qu'il sut négocier les concessions pétrolières qu'il détenait contre une rente de 5 % des bénéfices annuels, à l'origine de son immense fortune.

de la mer Noire à Bakou, où il découvre les immenses possibilités pétrolières du Moyen-Orient. En 1889, il publie un récit de voyage écrit en français et édité par Hachette (l'éditeur du *Routard* !) : *La Transcaucasie et la péninsule d'Apchéron, souvenirs de voyage*. Son destin est déjà fixé : c'est le pétrole qui guidera ses pas. Sa vie se passera entre l'Europe et le Moyen-Orient. Visionnaire, diplomate polyglotte, habile négociateur, homme d'affaires avisé, il crée en 1912 la *Turkish Petroleum Company* dans laquelle il associe la Royal Dutch-Shell, la Banque de

PERSONNAGES | 257

Turquie et la Deutsche Bank. Après 1919 et l'éclatement de l'Empire ottoman, la TPC devient l'*Irak Petroleum Co.* Sa fortune augmente vite.

Amateur d'art, collectionneur exigeant, Gulbenkian consacra une partie de ses fabuleux revenus à l'achat des plus belles œuvres artistiques du monde. « Mes collections sont mes enfants », disait-il. De 1927 à 1940, il vit en France, entre son hôtel particulier de l'avenue d'Iéna et son manoir des Enclos à Deauville. Séduit par la stabilité du régime salazariste, Gulbenkian vient s'installer à Lisbonne en 1942 (en pleine guerre), où il restera jusqu'à sa mort en 1955. Il eut la bonne idée de léguer la plus grande partie de sa fortune et toutes ses collections à l'État portugais.

– *Henri le Navigateur (1394-1460) :* le troisième fils du roi João I est considéré comme l'initiateur des découvertes portugaises. Après la prise de Ceuta en 1415, il devient maître du puissant ordre du Christ qui financera depuis Lisbonne ou Lagos (en Algarve) les navigations portugaises le long de la côte africaine. Les caravelles – petits navires à voiles latines apparus vers 1440 – atteindront la Sierra Leone en 1460. Entre-temps, Madère a été découverte en 1417, les Açores de 1427 à 1452, l'archipel du Cap-Vert en 1456. La fameuse « école de Sagres », à laquelle on associe souvent son nom, n'a en fait jamais existé. Il est cependant vrai qu'il avait fait construire une petite maison au cap Sagres, où il passa quelques mois lors des dernières années de sa vie et où il trouva la mort.

– *António Lobo Antunes (né en 1942) :* écrivain et psychiatre, il a obtenu le prix Camoes en 2007. Ses romans poignants – *Le Retour des caravelles, La Splendeur du Portugal* – saisissent l'âme du Portugal et de ses habitants. La tristesse d'un monde qui s'effondre (l'Empire portugais) dans le fracas des armes n'est que prétexte à dire aussi le plaisir de survivre, tant bien que mal, à cette amertume historique.

– *Maria de Medeiros (née en 1965) :* actrice de cinéma avant tout, née à Lisbonne et révélation du film *Pulp Fiction*, de Quentin Tarantino, où elle jouait la petite amie de Bruce Willis, pleine de candeur. On l'a également vue dans *Moi, César, 10 ans et demi, 1,39 m* de Richard Berry. Elle a réalisé son premier film, *Capitaines d'avril* (sur la révolution des Œillets), en 1999.

– *Fernando Pessoa (1888-1935) :* écrivain né à Lisbonne, il passa une partie de son enfance à Durban (Afrique du Sud), où son père était diplomate. Revenu au Portugal, il n'en bougea plus jusqu'à sa mort, à l'âge de 47 ans. Employé de bureau, revuiste, traducteur, il se consacra à la poésie, explorant des voies littéraires nouvelles, de l'érotisme à l'ésotérisme, dans un style mêlant mélancolie, lyrisme et nationalisme mystique. Célèbre marcheur, routard avant l'heure, il connaissait sa ville mieux que quiconque. Son fantôme hante encore aujourd'hui les cafés littéraires *Martinho da Arcada* dans la Baixa et *A Brasileira* dans le Chiado. Pessoa, dont le nom signifie « une personne », est l'auteur du fameux *Livre de l'intranquillité* (éd. Bourgois). On retrouve sa statue en bronze à Lisbonne, rua Garrett, sur la terrasse du café *A Brasileira*. Sa maison, la *casa Fernando Pessoa,* abrite un centre d'études de son œuvre et se visite.

– *Maria João Pires (née en 1944) :* pianiste de renom et spécialiste de Mozart, née à Lisbonne, célébrée sur la scène internationale, porte-parole pacifiste des « antiguerre » en Irak en 2003.

– *Amália Rodrigues (1920-1999) :* la plus fameuse des chanteuses de fado portugais. Elle est la « Maria Callas lusitanienne ». Née dans une famille modeste mais dotée d'une prestance et d'une allure de princesse, Amália fut malmenée après la révolution des Œillets. Or, elle ne faisait rien d'autre que du grand art et des tournées dans le monde entier : le fado fut toute sa vie. Cette *fadista* émouvante sur la scène comme au cinéma méritait d'être enterrée au Panthéon national. Sa maison, rua de São Bento, près du Parlement, à Lisbonne, est devenue un musée intéressant à visiter.

– *Saint Antoine (1195-1231) :* connu aussi sous le nom de saint Antoine de Padoue, il est le saint patron de la cathédrale de Lisbonne (la Sé). Né à

Lisbonne, il entre en religion sous le nom de Frei António. En 1222, il rencontre saint François à Assise, puis il combat l'hérésie albigeoise dans le sud de la France. Théologien, il enseigne à Montpellier, Toulouse, Le Puy et Limoges, puis retourne à Padoue, où il meurt à l'âge de 36 ans. L'année suivante, il est canonisé par le pape Grégoire IX. Il demeure le saint des causes désespérées. Un comble : ce n'est pas lui le saint patron de Lisbonne, mais saint Vincent !

– **Mário Soares** (1924-2017) **:** fils de professeur, lui-même diplômé d'histoire, de philo et de droit, ancien prof à la Sorbonne, à Vincennes ou à Rennes, Soares est surtout le père du socialisme portugais, inlassable opposant à Salazar, cible de la PIDE (police politique), qui lui valut 12 arrestations, 3 années de prison et une déportation en 1968 à São Tomé. En 1970 il s'exile en France, qu'il quittera après la Révolution des Œillets. Premier ministre en 1983, puis président en 1986, il mettra fin aux colonies portugaises et organisera le rapatriement des Portugais. Profondément humaniste et européen, sa personnalité dépassait tous les clivages politiques.

– **António de Spinola** (1910-1996) **:** son monocle, son allure noble et grave, et sa circonspection ont contribué à donner une image mesurée, digne et sobre à la révolution des Œillets. Avant d'être un homme politique portugais, il fut gouverneur de la Guinée (1968-1973). Il se rendit célèbre en dirigeant le coup d'État militaire du 30 avril 1974, qui renversa la dictature de Salazar. Devenu président du Portugal, Spinola s'opposa aux forces de gauche, ce qui entraîna sa démission et son exil. Revenu au Portugal en 1976, il fut promu maréchal en 1981.

– **Joana Vasconcelos** (née en 1971 à Paris) **:** voici la jeune artiste peintre-vidéaste-sculpteuse qui monte, qui monte... Elle s'amuse à « déconstruire » des œuvres du quotidien, à les exposer à des échelles variables, minuscules ou surdimensionnées dans des couleurs très pop. Certaines de ses œuvres sont exposées au musée Berardo (voir le quartier de Belém). Plus d'infos sur son site : ● *joanavasconcelos.com* ●

– Sans oublier les autres personnalités célèbres que vous retrouverez plus haut dans les rubriques « Cinéma », « Fado », « *Futebol* », ou encore « Livres de route » dans le chapitre « Lisbonne utile ».

POPULATION

En 2017, le Portugal comptait quelque 10,8 millions d'habitants, les Açores et Madère compris. L'essentiel de la population est concentré le long de la façade atlantique, autour de Lisbonne principalement. Suivant une évolution propre au vieux continent, le pays enregistre une augmentation du nombre de personnes âgées, pour une baisse parallèle du nombre de jeunes et du taux de natalité (1,2 enfant par femme, l'un des plus bas d'Europe !). Selon l'Institut portugais des statistiques, le pays pourrait perdre d'ici à 2060 près de 20 % de sa population et passer de 10,8 à 8,6 millions d'habitants.

Longtemps voué à l'émigration, vers les colonies, en Afrique, vers le Nouveau Monde et vers la France, le pays fait aujourd'hui appel à une population immigrée contrôlée par l'État pour juguler le manque de main-d'œuvre. Mais l'afflux est faible avec seulement 11 000 demandeurs d'asile par an. La majorité des immigrés provient d'Europe de l'Est (d'Ukraine notamment), des anciennes colonies d'Afrique et du Brésil. Et, dans le même temps, le pays voit ses ressortissants chercher du travail ailleurs, pour un salaire supérieur, comme par le passé.

RELIGIONS ET CROYANCES

Selon une citation célèbre, « être portugais, c'est être catholique mais pas forcément pratiquant ». Il est vrai que la ferveur religieuse du Portugal n'a rien à jalouser aux pays européens profondément catholiques comme la Pologne, l'Italie ou encore l'Irlande. Inutile d'évoquer Fátima, le Lourdes portugais, et les pèlerinages

RELIGIONS ET CROYANCES | 259

toujours très suivis de Bom Jésus du monastère d'Alcobaça ou encore de Batalha. Tous les dimanches, de nombreux fidèles se pressent dans les églises. Mais depuis quelques années, ces dernières sont moins fréquentées. Si 90 à 95 % de la population est catholique, on remarque toutefois la montée des sectes religieuses telles que les

UN ÉCONOMISTE INTÉGRISTE

La politique de Salazar était animée par des préjugés chrétiens. L'endettement était pour lui assimilé au péché ! Donc la rigueur et l'autarcie s'imposaient. Cette stagnation a développé un chômage terrible qui amena deux générations de Portugais à fuir leur pays.

Témoins de Jéhovah. D'autres sectes en provenance directe du Brésil font leur apparition progressivement, détournant les ouailles de leur chapelle, au grand dam des prêtres, qui voient l'Europe et le progrès social et économique comme les grands pourfendeurs de la religion catholique aujourd'hui au Portugal. À moins que ce ne fût la séparation de l'État et de l'Église, au sortir de la dictature salazariste en 1976, qui marqua l'ouverture progressive du pays à d'autres cieux. Quant à la religion musulmane, on estime qu'elle regroupe environ 15 000 fidèles (soit 2 % seulement).

Juifs et marranes

Vivant depuis des siècles au Portugal, les communautés juives virent leur sort rattrapé par celui des juifs d'Espagne expulsés en 1492 par la très catholique Isabelle de Castille et son époux, le roi Ferdinand, pour obéir au diktat de l'Église espagnole.

Plus de 100 000 individus furent contraints au départ, dont 60 000 environ choisirent l'exil au Portugal. En échange de la rondelette somme de 100 000 ducatines, le roi Jean II leur promit bateaux et protection pour 8 mois. Un an plus tard, les enfants juifs de 2 à 10 ans étaient enlevés à leurs parents et déportés sur l'archipel de São Tomé, où peu d'entre eux survécurent.

LA LOI DU RETOUR

En 1536, de nombreux juifs furent contraints à l'exil, chassés par l'Inquisition. Pour réparer cette injustice, en 2013, le gouvernement offre à leurs descendants la possibilité d'obtenir automatiquement la nationalité portugaise.

Le roi Manuel Ier, désireux de s'allier les bonnes grâces espagnoles, n'hésita pas non plus à ordonner la conversion forcée de tous les juifs portugais au catholicisme, en 1496. Ces convertis sont appelés « nouveaux chrétiens », toujours avec suspicion ; ceux qui judaïaient en secret « crypto-juifs » ou « marranes ». Les plus chanceux purent s'exiler à Amsterdam (comme les ascendants du philosophe Baruch Spinoza), en France (les ancêtres de Pierre Mendès France et la famille Pereire...) – notamment à Bordeaux (Michel de Montaigne avait un aïeul juif portugais) – ou au Brésil. Quant aux autres nouveaux chrétiens, mal acceptés par la population, ils furent persécutés et victimes d'un immense massacre à Lisbonne en 1506 : plus de 4 000 victimes. En 1536, le pape autorisa la mise en place d'une inquisition portugaise, et les juifs disparurent définitivement de la place publique, confinés dans la clandestinité pour de longs siècles.

Pendant la Seconde Guerre mondiale, de nombreux juifs européens persécutés par le nazisme furent sauvés de la déportation grâce à l'accueil du Portugal et à l'action de certains diplomates, dont Aristides de Sousa Mendez, consul à Bordeaux. Quoique surveillés par la police politique de Salazar, ils vécurent à Lisbonne (presque normalement) ou aux alentours de la capitale, sans être livrés aux autorités allemandes. Salazar ne tint pas compte des pressions du Reich. Une partie de ces réfugiés embarqueront plus tard pour l'Argentine ou le Brésil.

On compte aujourd'hui quelque 2 000 juifs au Portugal. Le renouveau de la tradition et des cultes est frappant, notamment avec l'inauguration, dans les années 1990, de la synagogue de Belmonte et la venue de rabbins d'Israël pour porter la bonne parole.

UN « JUSTE » INJUSTEMENT MÉCONNU

En 1940, Aristides de Sousa Mendez accorda 30 000 visas portugais aux réfugiés qui décidèrent d'échapper aux nazis malgré une circulaire de Salazar l'interdisant formellement. Le dictateur portugais ne lui pardonnera jamais. L'aristocrate catholique mourra dans la misère en 1954, refusant toute aide de l'État d'Israël.

Pour plus d'infos :
– ***La Foi du souvenir, labyrinthes marranes,*** de Nathan Wachtel (Seuil, coll. « La Librairie du XXIe siècle », 2001, 448 p.).
– ***Histoire des juifs portugais,*** de Corsten Wilke (Chandeigne, 2007, 272 p.).

SAVOIR-VIVRE ET COUTUMES

Courtoisie et art de la parlote

Tout le monde vous le dira, les Portugais sont rarement à l'heure pour les rendez-vous. Mais cela contrebalance leur gentillesse et leur disponibilité. Si vous ne connaissez pas la personne à laquelle vous vous adressez, faites précéder le nom de votre interlocuteur d'un « *Senhor* » pour un homme ou d'un « *Senhora* » pour une femme. Avec l'habitude, on vous tapera facilement sur l'épaule et on vous appellera par votre prénom ! Puis on vous fera la conversation, car ici plus qu'ailleurs, on aime papoter, quitte à s'arrêter tous les trois mètres dans la rue pour vous expliquer le pourquoi du comment droit dans les yeux.

Un petit conseil en passant : les Portugais apprécient rarement nos efforts surhumains pour s'adresser à eux en espagnol. Pour des raisons historiques évidentes, les deux langues n'ont pas toujours fait bon ménage, et c'est une façon malhabile de reconnaître la supériorité de la langue de Cervantès dans la péninsule Ibérique. L'effort s'avère d'ailleurs souvent inutile, puisque, primo, on comprend généralement mal la réponse ; secundo, il n'est pas rare que l'interlocuteur maîtrise le français.

SITES INSCRITS AU PATRIMOINE MONDIAL DE L'UNESCO

Organisation des Nations Unies pour l'éducation, la science et la culture

En coopération avec le centre du patrimoine mondial de l'UNESCO

Pour figurer sur la liste du Patrimoine mondial, les sites doivent avoir une valeur universelle exceptionnelle et satisfaire à au moins un des 10 critères de sélection. La protection, la gestion, l'authenticité et l'intégrité des biens sont également des considérations importantes. Le patrimoine est l'héritage du passé dont nous profitons aujourd'hui et que nous transmettons aux générations à venir. Nos patrimoines culturel et naturel sont deux sources irremplaçables de vie et d'inspiration. Ces sites appartiennent à tous les peuples du monde, sans tenir compte du territoire sur lequel ils sont situés. Pour plus d'informations : ● *whc.unesco.org* ●
Pour ce guide, les sites inscrits au Patrimoine mondial de l'Unesco sont :
– le monastère des Hiéronymites et la tour de Belém à Lisbonne (1983) ;
– le paysage culturel de Sintra (1995).

NOTES PERSONNELLES

NOTES PERSONNELLES

NOTES PERSONNELLES

NOTES PERSONNELLES

les ROUTARDS sur la FRANCE 2018-2019

(dates de parution sur • *routard.com* •)

Découpage de la FRANCE par le ROUTARD

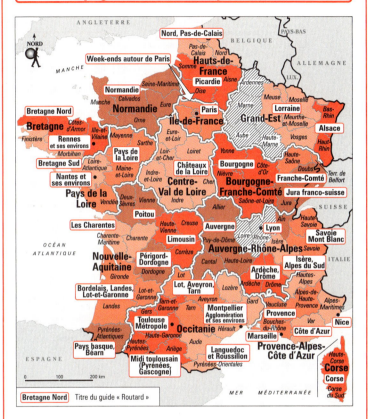

Autres guides sur la France

- Hébergements insolites en France
- Canal des deux mers à vélo (mars 2018)
- La Loire à Vélo
- Paris – Île-de-France à vélo (juin 2018)
- La Vélodyssée (Roscoff-Hendaye)
- Nos meilleurs campings en France
- Nos meilleures chambres d'hôtes en France
- Nos meilleurs restos en France
- Les visites d'entreprises en France

Autres guides sur Paris

- Paris
- Paris balades
- Paris exotique (nouveauté)
- Restos et bistrots de Paris
- Le Routard des amoureux à Paris
- Week-ends autour de Paris

les ROUTARDS sur l'ÉTRANGER 2018-2019

(dates de parution sur • *routard.com* •)

Découpage de l'ESPAGNE par le ROUTARD

Découpage de l'ITALIE par le ROUTARD

Autres pays européens

- Allemagne
- Angleterre, Pays de Galles
- Autriche
- Belgique
- Crète
- Croatie
- Danemark, Suède
- Écosse
- Finlande
- Grèce continentale
- Hongrie
- Îles grecques et Athènes
- Irlande
- Islande
- Madère
- Malte
- Norvège
- Pays baltes : Tallinn, Riga, Vilnius
- Pologne
- Portugal
- République tchèque, Slovaquie
- Roumanie, Bulgarie
- Suisse

Villes européennes

- Amsterdam et ses environs
- Berlin
- Bruxelles
- Budapest (mars 2018)
- Copenhague
- Dublin
- Lisbonne
- Londres
- Moscou
- Naples (décembre 2017)
- Porto (janvier 2018)
- Prague
- Saint-Pétersbourg
- Stockholm
- Vienne

les ROUTARDS sur l'ÉTRANGER 2018-2019

(dates de parution sur • *routard.com* •)

Découpage des ÉTATS-UNIS par le ROUTARD

Autres pays d'Amérique

- Argentine
- Brésil
- Canada Ouest
- Chili et île de Pâques
- Colombie (avril 2018)
- Costa Rica
- Équateur et les îles Galápagos
- Guatemala, Belize
- Mexique
- Montréal
- Pérou, Bolivie
- Québec, Ontario et Provinces maritimes

Asie et Océanie

- Australie côte est + Red Centre
- Bali, Lombok
- Bangkok
- Birmanie (Myanmar)
- Cambodge, Laos
- Chine
- Hong-Kong, Macao, Canton
- Inde du Nord
- Inde du Sud
- Israël et Palestine
- Istanbul
- Jordanie
- Malaisie, Singapour
- Népal
- Shanghai
- Sri Lanka (Ceylan)
- Thaïlande
- Tokyo, Kyoto et environs
- Turquie
- Vietnam

Afrique

- Afrique du Sud
- Égypte
- Kenya, Tanzanie et Zanzibar
- Maroc
- Marrakech
- Sénégal
- Tunisie

Îles Caraïbes et océan Indien

- Cuba
- Guadeloupe, Saint-Martin, Saint-Barth
- Île Maurice, Rodrigues
- Madagascar
- Martinique
- République dominicaine (Saint-Domingue)
- Réunion

Livres-photos Livres-cadeaux

- Voyages (nouveauté)
- Nos 120 coins secrets en Europe (nouveauté)
- Les 50 voyages à faire dans sa vie
- 1200 coups de cœur dans le monde
- 1200 coups de cœur en France
- Nos 52 week-ends dans les plus belles villes d'Europe

Guides de conversation

- Allemand
- Anglais
- Arabe du Maghreb
- Arabe du Proche-Orient
- Chinois
- Croate
- Espagnol
- Grec
- Italien
- Japonais
- Portugais
- Russe
- G'palémo (conversation par l'image)

Document à caractère publicitaire

routard assurance
Selon votre voyage* :

RÉSUMÉ DES GARANTIES*	MONTANT MAXIMUM DES GARANTIES
FRAIS MÉDICAUX (pharmacie, médecin, hôpital)	100 000 € U.E. / 300 000 € Monde entier
Agression (déposer une plainte à la police dans les 24 h)	Inclus dans les frais médicaux
Rééducation / kinésithérapie / chiropractie	Prescrite par un médecin suite à un accident
Frais dentaires d'urgence	75 €
Frais de prothèse dentaire	500 € par dent en cas d'accident caractérisé
Frais d'optique	400 € en cas d'accident caractérisé
RAPATRIEMENT MÉDICAL	Frais illimités
Rapatriement médical et transport du corps	Frais illimités
Visite d'un parent si l'assuré est hospitalisé plus de 5 jours	2 000 €
CAPITAL DÉCÈS	15 000 €
CAPITAL INVALIDITÉ À LA SUITE D'UN ACCIDENT**	
Permanente totale	75 000 €
Permanente partielle (application directe du %)	De 1 % à 99 %
RETOUR ANTICIPÉ	
En cas de décès accidentel ou risque de décès d'un parent proche (conjoint, enfant, père, mère, frère, sœur)	Billet de retour
PRÉJUDICE MORAL ESTHÉTIQUE (inclus dans le capital invalidité)	15 000 €
ASSURANCE RESPONSABILITÉ CIVILE VIE PRIVÉE	
Dommages corporels garantis à 100 % y compris honoraires d'avocats et assistance juridique accidents	750 000 €
Dommages matériels garantis à 100 % y compris honoraires d'avocats et assistance juridique accidents	450 000 €
Dommages aux biens confiés	1 500 €
FRAIS DE RECHERCHE ET DE SAUVETAGE	2 000 €
AVANCE D'ARGENT (en cas de vol de vos moyens de paiement)	1 000 €
CAUTION PÉNALE	7 500 €
ASSURANCE BAGAGES	2 000 € (limite par article de 300 €)***

* Les garanties indiquées sont valables à date d'édition du Guide Le Routard. Par conséquent, nous vous invitons à prendre connaissance préalablement de l'intégralité des Conditions générales mises à jour sur www.avi-international.com ou par téléphone au 01 44 63 51 00 (coût d'un appel local).
** 15 000 euros pour les plus de 60 ans.
*** Les objets de valeur, bijoux, appareils électroniques, photo, ciné, radio, mp3, tablette, ordinateur, instruments de musique, jeux et matériel de sport, embarcations sont assurés ensemble jusqu'à 300 €.

PRINCIPALES EXCLUSIONS* (communes à tous les contrats d'assurance voyage)
- Les conséquences d'événements catastrophiques et d'actes de guerre,
- Les conséquences de faits volontaires d'une personne assurée,
- Les conséquences d'événements antérieurs à l'assurance,
- Les dommages matériels causés par une activité professionnelle,
- Les dommages causés ou subis par les véhicules que vous utilisez,
- Les accidents de travail manuel et de stages en entreprise (sauf avec l'option Sports et Loisirs Plus),
- L'usage d'un véhicule à moteur à deux roues et les sports dangereux : surf, rafting, escalade, plongée sous-marine (sauf avec l'option Sports et Loisirs Plus).

**Souscrivez en ligne
sur www.avi-international.com
ou appelez le 01 44 63 51 00**

AVI International (Groupe SPB) - S.A.S. de courtage d'assurances au capital de 100 000 euros - Siège social : 40-44, rue Washington (entrée principale au 42-44), 75008 Paris - RCS Paris 323 234 575 - N° ORIAS 07 000 002 (www.orias.fr). Les Assurances Routard Courte Durée et Longue Durée ont été souscrites auprès d'un assureur dont vous trouverez les coordonnées complètes sur le site www.avi-international.com.

Document à caractère publicitaire

routard assurance

Courte / Longue durée
& Tours du Monde

> **FORMULES***

Individuel / Famille / Séniors

Consultez le détail des garanties

> **À PARTIR DE 29 €/MOIS**

> **SANS FRANCHISE**

> **AUCUNE AVANCE DE FRAIS**

> **UN NUMÉRO D'ASSISTANCE GRATUIT 24H/24**

* Les garanties indiquées sont valables à date d'édition du Guide Le Routard. Par conséquent, nous vous invitons à prendre connaissance préalablement de l'intégralité des Conditions générales mises à jour sur www.avi-international.com ou par téléphone au 01 44 63 51 00 (coût d'un appel local).

Avant de partir, pensez à télécharger l'application mobile AVI

Toutes les assurances Routard sont reconnues par les Consulats en France comme à l'étranger.

**Souscrivez en ligne
sur www.avi-international.com
ou appelez le 01 44 63 51 00**

AVI International (Groupe SPB) - S.A.S. de courtage d'assurances au capital de 100 000 euros - Siège social : 40-44, rue Washington (entrée principale au 42-44), 75008 Paris - RCS Paris 323 234 575 - N° ORIAS 07 000 002 (www.orias.fr). Les Assurances Routard Courte Durée et Longue Durée ont été souscrites auprès d'un assureur dont vous trouverez les coordonnées complètes sur le site www.avi-international.com.

Nous tenons à remercier tout particulièrement Loup-Maëlle Besançon, Thierry Bessou, Gérard Bouchu, François Chauvin, Grégory Dalex, Fabrice Doumergue, Cédric Fischer, Carole Fouque, Michelle Georget, David Giason, Claude Hervé-Bazin, Emmanuel Juste, Dimitri Lefèvre, Fabrice de Lestang, Romain Meynier, Éric Milet, Pierre Mitrano, Jean-Sébastien Petitdemange et Thomas Rivallain pour leur collaboration régulière.

Jean-Jacques Bordier-Chêne	Adrien et Clément Gloaguen
Michèle Boucher	Léa Guinolas
Diane Capron	Manon Guyot
Laura Charlier	Bernard Hilaire
Agnès Debiage	Sébastien Jauffret
Jérôme Denoix	Céline Kamand
Tovi et Ahmet Diler	Jacques Lemoine
Marjorie Dubois	Aurore de Lombarès
Clélie Dudon	Caroline Ollion
Sophie Duval	Martine Partrat
Jeanne Favas	Odile Paugam et Didier Jehanno
Alain Fisch	Prakit Saiporn
Alexandra Fouchard	Jean-Luc et Antigone Schilling
Guillaume Garnier	Jean Tiffon
Nicolas George	Caroline Vallano
Bérénice Glanger	

Direction: Nathalie Bloch-Pujo
Contrôle de gestion: Jérôme Boulingre et Adeline Cazabat Barrere
Secrétariat: Catherine Maîtrepierre
Direction éditoriale: Hélène Firquet
Édition: Matthieu Devaux, Olga Krokhina, Gia-Quy Tran, Julie Dupré, Emmanuelle Michon, Alba Bastida Díaz, Amélie Gattepaille, Ludmilla Guillet, Pauline Janssens, Margaux Lefebvre, Amélie Ramond, Elvire Tandjaoui et Clémence Toublanc
Ont également collaboré: Magali Vidal, Camille Loiseau et Brigitte de Vaulx
Cartographie: Frédéric Clémençon, Aurélie Huot et Thomas Dequeker
Fabrication: Nathalie Lautout et Audrey Detournay
Relations presse France: COM'PROD, Fred Papet. ☎ 01-70-69-04-69.
● *info@comprod.fr* ●
Illustration: Anne Sophie de Précourt
Direction marketing: Adrien de Bizemont, Clémence de Boisfleury et Charlotte Brou
Contacts partenariats: André Magniez (EMD). ● *andremagniez@gmail.com* ●
Édition des partenariats: Élise Ernest
Informatique éditoriale: Lionel Barth
Couverture: Clément Gloaguen et Seenk
Maquette intérieure: le-bureau-des-affaires-graphiques.com, Thibault Reumaux et npeg.fr
Relations presse: Martine Levens (Belgique) et Maureen Browne (Suisse)
Régie publicitaire: Florence Brunel-Jars

Pour que votre pub voyage autant que nos lecteurs,
contactez nos régies publicitaires:
● *fbrunel@hachette-livre.fr* ●
● *veronique@routard.com* ●

INDEX GÉNÉRAL

9Hotel Mercy 🏠 87
100maneiras 🍴 94
158 Lisbon Short Stay 🏠 75

A Arte da Terra ⊛ 134
A Barraca 🍷 ♪ 🏃 108
A Bicaiense 🍷 ♪ 98
A Cevicheria 🍴 93
A Ginjinha 🍷 78
A Loja ⊛ 134
A Lontra 🏃 108
A Mercearia 🍴 89
A Merendinha do Arco 🍴 77
A Outra Face da Lua 🍷 ⊛ ..78, 79
A Parreirinha de Alfama 🍴 ♪ ...133
A Primavera do Jerónimo 🍴 90
A Tendinha 🍴 76
A Velha Gruta 🍴 93
A Vida Portuguesa ⊛ 99, 134
A VIDA PORTUGUESA 🏃🏃 ..102
ABC de Lisbonne 44
Achats 48
Adega da Barroca 🍴 89
Agito Bar Restaurante 🍴 92
AJUDA............................. 160, 170
Albergaria Senhora
   do Monte 🏠 127
ALCÁCER DO SAL 228
Alcântara Café 🍴 🍷 🏃 ..107, 108
ALENTEJO (vers l') 227
Alfaia Garrafeira 🍴 🍷 ⊛ 90, 99
ALFAMA (quartier de l')............124
Altis Avenida Liberdade 🏠 117
Alto Minho 🍴 89
Antiga Confeitaria
   de Belém 🍵 🍴 163
Aparthotel Vip Éden 🏠 117
AQUEDUTO DAS ÁGUAS
   LIVRES 🏃🏃 121
Architecture 235
ARCO DA RUA
   AUGUSTA 🏃🏃 81
Arco da Velha 🍴 ⊛ 91
AREIA 184
Argent, banques, change 47
Arte da Terra (A) ⊛ 134
Artis Wine Bar 🍷 92
As Janelas Verdes 🏠 105
ASCENSOR DA BICA................69

ASCENSOR DA GLÓRIA...........69
ASCENSOR DO LAVRA.............69
Asiatico (O) 🍴 93
Atalho Real 🍴 91
ATHENEU 123
Augusto Lisboa 🍵 🍵 131
Avant le départ 44
AVENIDA DA LIBERDADE
   (quartier de l') 114
AZENHAS DO MAR.................185
AZÓIA.......................................184

Bairro Alto 🏠 🍷 88, 97
BAIRRO ALTO 🏃🏃🏃 83, 102
Bairro do Avillez 🍴 ∞ 90
BAIRRO DO CASTELO
   DE SÃO JORGE 124
BAIRRO ESTRELA D'OURO....141
BAIXA (quartier de la) 🏃 73, 81
Bar Procópio 🍷 120
Barraca (A) 🍷 ♪ 🏃 108
Barracão de Alfama 🍴 129
BASÍLICA DA ESTRELA 🏃 🏃 ...109
BECO DO CHÃO SALGADO
   (impasse du Sol-Salé) 🏃 164
BECO DO FORNO 🏃 143
BELÉM............................. 160, 164
Belem 2 a 8 🍴 162
Belmonte Palacio,
   Cultural Club 🍷 132
Bica do Sapato 🍴 🍷 🍽 ..131, 133
Bicaiense (A) 🍷 ♪ 98
Boi Cavalo 🍴 131
Boissons :
   Lisbonne... à boire !............236
Bom O Mau e O Vilão (O) 🍷 ♪ 97
Bota Alta 🍴 93
Boulangerie (La) 🍴 106
BREJOS DA CARRAGUEIRA
   DE CIMA...............................229
British Bar 🍷 96
Budget......................................50
Buenos Aires 🍴 93
Buffet do Leão 🍴 76
By the Wine 🍷 🍽 97

CABO DA ROCA 🏃🏃 185
CABO ESPICHEL 🏃 217
CACILHAS................................208

272 | INDEX GÉNÉRAL

Café da Garagem 🍷 132
Café Luso 🎵 🍴 98
Café Nicola 🍷 79
Café Pit 🍴 🍷 128
Cafétaria du Museu
   da Marinha 🍴 162
CAIS DO SODRÉ..................... 83
Calçada portuguesa :
   Lisbonne au pied !.................239
CAMPO DE OURIQUE
   (quartier) 103, 109
CAMPO GRANDE..................... 156
Cantinho de São José (O) 🍴 ... 119
Cantinho do Aziz 🍴 130
Cantinho do Bem Estar (O) 🍴 92
Canto da Vila 🍴 129
CAPELA DO RESTELO 🏃 166
CARCAVELOS 🏊 171
CARMO (quartier du) 100
CARRASQUEIRA..................... 232
CARVALHAL..................... 228
Carvoeiro 🍴 130
Casa Amora 🏠 116
Casa Chinesa 🛍 🍴 78
Casa das Bifanas 🍴 🛍 🍷 76
Casa das Janelas
   com Vista 🏠 87
Casa de hospedes
   Brasil-Africa 🏠 126
Casa de Linhares
   – Bacalhau de Molho 🍴 🎵 ... 133
Casa de Pasto O Eurico 🍴 128
Casa de São Mamede 🏠 116
Casa do Alentejo 🍴 119
Casa do Bairro B & B 🏠 104
Casa do Patio B & B 🏠 104
CASA DOS BICOS 🏃 135
CASA FERNANDO
   PESSOA 🏃 110
CASA-MUSEU AMÁLIA
   RODRIGUES 🏃 109
CASA-MUSEU DA
   FUNDAÇÃO MEDEIROS
   E ALMEIDA 🏃🏃 122
CASCAIS 178
CASTELO DE SÃO JORGE
   (château Saint-
   Georges) 🏃🏃 🏃 138
CASTELO DE SÃO JORGE
   (quartier du) 124
CASTELO DOS MOUROS
   (château des Maures ;
   Sintra) 🏃🏃 196
Caulino 🕸 134

CEMITÉRIO DOS PRAZERES
   (cimetière des Plaisirs) 🏃🏃 ... 110
CENTRO CULTURAL
   DE BELÉM 🏃 165
Cerâmicas na Linha 🕸 100
Cervejaria O Zapata 🍴 105
Cervejaria Ramiro 🍴 119
Cevicheria (A) 🍴 93
Chapelaria Azevedo 🕸 79
Chapitô 🍴 🍷 🎵 130, 132
Chat (Le) 🍷 🍴 108
Chez Isabel et Gustave 🏠 162
Chez nous Guesthouse 🏠 115
Chiaddo Café 🍽 🍴 95
CHIADO (quartier du)........ 83, 100
Chimera 🍴 118
Chocolataria Equador 🕸 99
CIDADE UNIVERSITÁRIA
   (station de métro) 122
Cinéma 239
Clandestino 🍷 🎵 98
Claus Porto 🕸 100
Climat.........................51
Clube de Fado 🍴 🎵 133
Cobre 🍷 🎵 98
Coisas do Arco do Vinho 🕸 ... 163
COLISEU DOS RECREIOS......123
Companhia do Chá 🕸 109
COMPORTA.....................227
Confeitaria Nacional 🛍 🍴 77
Conserveira de Lisboa 🕸 134
CONVENTO
   DA ARRÁBIDA 🏃 220
CONVENTO DE MADRE
   DA DEUS 🏃🏃 144
CONVENTO DE SÃO PEDRO
   DE ALCÂNTARA 🏃🏃 103
CONVENTO DOS
   CAPUCHOS 🏃🏃 199
CONVENTO-MUSEU
   DO CARMO 🏃🏃🏃 101
Corvo (O) 🍴 130
COSTA DA CAPARICA 209
Coups de cœur (nos)................ 12
Cruzes Credo 🍴 🛍 🍷 129
Cuisine.........................240
Curieux, non ? 245

Dangers
   et enquiquinements................51
Darwin's Café 🍴 🍷 163
Décalage horaire 52
Depósito da Marinha
   Grande 🕸 108
Destination Hotel 🏠 84

INDEX GÉNÉRAL | 273

Devagar Devagarinho ❙●❙ 119
DOCAS (les docks).......... 103, 112
Docas do Jardim do Tabaco ♪ ... 133
Doce Real ⇒ ▱ 95
DOCKS (les ; Docas) 103, 112
Dorm (The) ⌂ 114
DUNA DA CRESMINA ⚡⚡ ⛱ ... 185

Économie............................ 245
EDLA (chalet de la comtesse ;
    Sintra) ⚡ ⚡ 198
El Dorado ⊛ 99
El Rei D'Frango ❙●❙ 89
Électricité............................. 52
ELEVADOR DE SANTA
    JUSTA ⚡⚡ ⚡ 101
Elevator Guesthouse (The) ⌂ ... 115
Embaixada ⊛ 99
Ena Pai ❙●❙ 77
Enfants, espaces verts
    et jeux divers 246
Enoteca Chafariz
    do Vinho ⛴ ❙●❙ 95
Enoteca de Belém ❙●❙ 163
Environnement 248
ERICEIRA 202
Espaço Lisboa ❙●❙ 107
Esplanada ❙●❙ ⛴ 89
Esquina de Alfama Casa
    do Fados ❙●❙ ♪ 133
ESTAÇÃO DO ORIENTE
    (gare d'Orient) ⚡⚡ 150
ESTORIL.................................. 174
ESTUFA FRIA ⚡⚡ ⚡ 153

Fabrica Coffee Rosters ▱ ... 120
Fabulas ⛴ ♪ ❙●❙ 97
Faca & Garfo ❙●❙ 92
Fado 248
FEIRA DA LADRA
    (foire de la Voleuse) ⚡ 140
Fêtes et jours fériés 53
Fidalgo ❙●❙ 92
Flores Guesthouse ⌂ 116
Floresta do Salitre ❙●❙ 118
FONDATION GULBENKIAN
    (parque de la) ⚡⚡ ⚡ 156
Food Temple (The) ❙●❙ 128
FUNDAÇÃO ARPAD SZENES
    – VIEIRA DA SILVA ⚡⚡ 121
FUNDAÇÃO RICARDO ESPÍ-
    RITO SANTO SILVA ⚡⚡ 138
FUNICULAIRE DA BICA ⚡⚡ ... 103
Futebol 250

Garbags ⊛ 134
GARE D'ORIENT
    (estação do Oriente) ⚡⚡ 150
GARE DU ROSSIO ⚡ 123
Garrafeira Internacional ⊛ 99
Gat Rossio ⌂ 117
Gazeteiros (Os) ❙●❙ 131
Gelateiro d'Alfama ⛴ ▱ 131
Ginginha do Carmo ⛴ 97
Ginja d'Alfama ⛴ 132
Ginjinha (A) ⛴ 78
Ginjinha Sem Rival ⛴ 120
Glaces Santini ⛴ 95
Golden Tram 242 ⌂ 73
GRAÇA (quartier de)........ 124, 140
GRAND MAGASIN
    POLLUX (Le) ⚡ ⛴ 81
GULBENKIAN
    (musée Calouste-) ⚡⚡⚡ 153

Há Pitéu ❙●❙ 91
Hébergement............................ 53
Heim Café ❙●❙ 106
Heritage Av Liberdade
    Hotel ⌂ ♿ 117
Histoire 251
Home Lisbon Hostel ⌂ 75
Honorato ❙●❙ 118
HOSPITAL DAS BONECAS
    (hôpital des Poupées) ⚡⚡ 81
Hostel B. Mar ⌂ 126
Hostel Petit Lusa ⌂ 127
Hotel Anjo Azul ⌂ 87
Hotel Borges ⌂ 88
Hotel Botânico ⌂ ♿ 87
Hotel Britânia ⌂ 117
Hotel Lisboa Tejo ⌂ ♿ 76
Hotel Memmo
    Príncipe Real ⌂ 88
Hotel Metropole ⌂ 76
Hotel Portuense ⌂ 116
House (The) ⌂ 116

IGREJA DA CONCEIÇÃO
    VELHA (église de la Vieille-
    Conception) ⚡ 135
IGREJA DA GRAÇA ⚡⚡ 141
IGREJA DE SANTA
    ENGRÁCIA
    (église Santa Engrácia) ⚡ ... 140
IGREJA DO CONVENTO
    DE SÃO DOMINGOS
    (église Saint-Dominique) ⚡ 80

INDEX GÉNÉRAL

INDEX GÉNÉRAL

IGREJA SANTO ANTÓNIO
(église Saint-Antoine) 137
IGREJA SÃO ROQUE ... 101
Imperial Guesthouse (The) ... 115
Independente (The) 85
Inn Possible Lisbon Hostel ... 127
Insolito (L') 96
Inspira Santa Marta
Hotel 118
Internacional Design
Hotel 76
Itinéraires conseillés 28

Janelas Verdes (As) 105
JARDIM AMÁLIA
RODRIGUES 152
JARDIM BOTÂNICO
TROPICAL 167
JARDIM DA ESTRELA ... 109
Jardim das Cerejas 90
JARDIM DE ÁGUA 150
JARDIM DO CAMPO
GRANDE 157
JARDIM DO TOREL 123
JARDIM GARCIA
DE ORTA 150
JARDIM
ZOOLÓGICO 158
Jerónimos 162
Joséphine Bistrô & Bar 131

K Urban Beach 108
K.O.B by Olivier 119
Kais Restaurant Bar 106
Keep (The) 126
Kiosque do largo
de N. S. da Graça 132
Kiosque Portas do Sol 132

L'Insolito 96
La Boulangerie 105
Langue............................... 55
LAPA (quartier de)........... 103, 109
LARGO DA GRAÇA 141
LARGO DA SEVERA 143
LARGO DE SÃO CARLOS ... 102
LARGO DOS
TRIGUEIROS 142
LAVRA 119
Lavra Guesthouse 116
Le Chat 108
Le Petit Prince 90
Leão d'Ouro 77
Leitaria Academica 89

Linha d'Água 152
Lisb'on Hostel 84
Lisboa Camping & Bungalows
de Monsanto 151
Lisboa Prata Boutique-
Hôtel 75
LISBOA STORY
CENTRE 82
Lisbon Calling Hostel 85
Lisbon Destination Hostel 86
Lisbon Dreams
Guesthouse 115
Lisbon Lounge Hostel 74
Lisbon Poets Hostel 85
Lisbon Story Guesthouse 74
Living Lounge Hostel 74
Livres de route............................ 56
Loja (A) 134
Lontra (A) 108
Lost'In 96
Louie Louie 100
Lu sur routard.com 33
Luvaria Ulisses 100
Lux 132
LX Boutique Hotel 88
LX FACTORY 103, 114

MAAT (museu de Arte,
Arquitetura
e Tecnologia) 169
Madame Petisca 96
MADRAGOA (quartier de).. 103, 109
Madragoa Café 106
MÃE D'ÁGUA 121
MAFRA 200
Manuel Tavares 79
Manteigaria 94
Maria Catita 130
Martinho da Arcada 78
Médias.......................... 255
MELIDES 228
Memmo 128
Mercado da Ribeira ..91, 99
Mercado de Campo
Ourique 105
Mercearia (A) 89
Mercearia Castelo 129
Mercearia do Século 91
Merendinha do Arco (A) 77
Mesa com Pão 95
Meson Andaluz 93
Mestre Doce 148
Mini Bar Teatro 94

Ministerium 🍴 ♪ 78
MIRADOURO DA NOSSA
SENHORA DO MONTE 📷📷 ... 141
MIRADOURO DE SANTA
CATARINA 📷 🚶 103
MIRADOURO DE SANTA
LUZIA (belvédère
de Santa Luzia) 📷📷 138
MIRADOURO SÃO PEDRO
DE ALCÂNTARA
(belvédère São Pedro
de Alcântara) 📷📷 102
Mistura de Estilos 🛍 120
Mojito Compay Tasca
Cubana 🍸 96
MONSERRATE
(parc et palais de) 📷📷 198
MONUMENTO
DAS DESCOBERTAS 📷 168
MOSTEIRO DOS
JERÓNIMOS
(monastère des Hiéro-
nymites) ⊚ 📷📷📷 🚶 164
MOSTEIRO E CLAUSTRO
DE SÃO VICENTE DE FORA
(monastère et cloître
de Saint-Vincent-hors-
les-Murs) 📷📷 139
MOURARIA
(quartier de la) 124, 142
MUDE, MUSEU DO DESIGN
E DA MODA 📷 81
Mundo Fantastico da
Sardinha Portuguesa 🛍 79
Musées 57
MUSEU ARQUEOLÓGICO
DO CARMO 📷📷📷 101
MUSEU BORDALO
PINHEIRO 📷 157
MUSEU CALOUSTE
GULBENKIAN 📷📷📷 153
MUSEU COLECÇÃO
BERARDO 📷📷📷 ♿ 165
MUSEU DA ÁGUA
(musée de l'Eau) 📷 145
MUSEU DA CERVEJA 📷 82
MUSEU DA CIÊNCIA (musée
de la Science) 📷 🚶 120
MUSEU DA HISTÓRIA
NATURAL (musée
d'Histoire naturelle) 📷 🚶 120
MUSEU
DA MARINHA 📷📷 🚶 166

MUSEU DA MARIONETA
(musée de la Marion-
nette) 📷 🚶 111
MUSEU DA MÚSICA 📷 🚶 159
MUSEU DA PRESIDENCIA
DA REPÚBLICA 📷 167
MUSEU DE ARTE, ARQUITE-
TURA E TECNOLOGIA
(MAAT) 📷📷📷 169
MUSEU DE ARTES
DECORATIVAS PORTU-
GUESAS (musée des Arts
décoratifs) 📷📷 138
MUSEU DE LISBOA SAN
ANTÓNIO 📷 137
MUSEU DO ALJUBE
RESISTENCÎA
E LIBERDADE 📷📷 137
MUSEU DO DESIGN
E DA MODA (MUDE) 📷 81
MUSEU DO FADO
(musée du Fado) 📷📷 135
MUSEU DO ORIENTE (musée
de l'Orient) 📷📷📷 🚶 112
MUSEU DO TEATRO
ROMANO 📷 137
MUSEU DOS
COCHES (musée des Car-
rosses) 📷📷📷 🚶 167
MUSEU MILITAR
(Musée militaire) 📷 140
MUSEU NACIONAL
DE ARQUEOLOGIA 📷 ♿ 166
MUSEU NACIONAL
DE ARTE ANTIGA 📷📷📷 110
MUSEU NACIONAL DE ARTE
CONTEMPORÂNEA
DO CHIADO 📷📷 102
MUSEU NACIONAL
DE ETNOLOGIA 📷📷 168
MUSEU NACIONAL
DO AZULEJO 📷📷 144
MUSEU NACIONAL
DO TEATRO (musée
national du Théâtre) 📷 157
MUSEU NACIONAL DO
TRAJE E DA MODA
(musée national du Cos-
tume et de la Mode) 📷 157
MUSEU SÃO ROQUE 📷📷 ♿ ... 101
Music Box ♪ 🚶 98
My Story Rossio 🛏 75

Nanarella 🍴 107
Napoleão 🛍 79

Nicolau 77
NÚCLEO ARQUEOLÓGICO
    DA RUA DOS CORREEI-
    ROS (base archéologique
    de la rua dos Correeiros) 81

O Asiatico 93
O Bom O Mau e O Vilão 97
O Cantinho de São José ... 119
O Cantinho do Bem Estar 92
O Corvo 130
O Tachadas 106
Oasis Backpacker's
    Mansion 85
OCEANÁRIO DE LISBOA
    (Océanorium) 149
Oficina do Duque
    Nacional 92
Old Town Lisbon Hostel 84
Os Gazeteiros 131
Osteria 106
Outra Face da Lua (A) .. 78, 79

Padaria do Bairro 94
Palácio Chiado 92, 97
PALÁCIO DE MONSER-
    RATE 198
PALÁCIO FRONTEIRA ... 158
PALÁCIO NACIONAL
    DA AJUDA 170
PALÁCIO NACIONAL
    DA PENA (palais de Pena ;
    Sintra) 197
PALÁCIO PIMENTA 156
PALMELA 220
PANTEÃO NACIONAL
    (Panthéon national) 140
Pao Pao Queijo Queijo 162
Paris em Lisboa 99
Park 96
PARQUE DA PENA (parc
    de Pena ; Sintra) ... 197
PARQUE DAS NAÇÕES
    (parc des Nations) 146, 148
PARQUE
    DE MONSERRATE 198
PARQUE DO TEJO 150
PARQUE EDUARDO VII ... 152
PARQUE FLORESTAL
    DE MONSANTO 160
PARQUE NATURAL DA
    SERRA DA ARRÁBIDA ...218
PARQUE RECREATIVO DO
    ALTO DA SERAFINA........... 160

Parreirinha
    de Alfama (A) 133
PASSEIO MARÍTIMO
    DE OEIRAS.......................... 171
Passport Hostel 85
Pastelaria Benard 94, 95
Pastelaria e Confeitaria
    Cister 94
Pastelaria Flor do Mundo 95
Pastelaria Suiça 78
PÁTEO ALFACINHA 170
Pau Brasil 100
PAVILHÃO ATLÂNTICO 150
Pavilhão Chinês Bar 95
PAVILHÃO DE PORTUGAL ... 150
PAVILHÃO DO CONHECI-
    MENTO – CIÊNCIA VIVA
    (pavillon de la Connaissance
    – Science vive) ... 149
PÊGO (plage de) 234
Peixaria da Esquina 107
PENA (circuit de ; Sintra)......... 196
Pensão Amor 97
Pensão Estação Central 86
Pensão Globo 86
Pensão Londres 87
Pensão Pérola da Baixa 86
Pensão Praça da Figueira 75
Pensão São João da Praça ... 126
Pensão Setubalense 162
Pensão-residencial Gerês ... 75
Personnages 256
Peter Café Sport 148
Petit Prince (Le) 90
Pharmacia 94
Piano-bar Duetos
    da Sé 130
Picanha 106
Pizzaria Lisboa 77
Plateau 108
Pois Café 129, 132
POLLUX
    (grand magasin) 81
PONTE 25 DE ABRIL 170
PONTE VASCO
    DA GAMA 150
Population 258
Portas Largas 98
PORTINHO DA ARRÁBIDA 220
Portugalia Cervejaria 163
Poste 58
Pousada da juventude ...146
Pousada da juventude
    Lisboa 151

INDEX GÉNÉRAL | 277

PRAÇA DA FIGUEIRA
(place du Figuier) 81
PRAÇA DAS AMOREIRAS
(place des Mûriers) 121
PRAÇA DAS FLORES 103
PRAÇA DO COMÉRCIO
(place du Commerce) 82
PRAÇA DO MUNICÍPIO
(place de la Mairie) 83
PRAÇA DOM PEDRO IV 80
PRAÇA DOS RESTAURA-
DORES (place
des Restaurateurs) 123
PRAÇA DOS TOUROS ... 156
PRAIA
DA CRESMINA 185
PRAIA DA GALÉ 234
PRAIA DE ABERTA
NOVA 234
PRAIA
DO GUINCHO 185
PRAIA FIGUEIRINHA 220
PRAIA GALÁPOS 220
PRAIA GRANDE 185
Primavera
do Jerónimo (A) 90

QUELUZ.............................172
Quermesse 89
Questions qu'on se pose
avant le départ (les) 34

Raffi's Bagel 105
RATO (quartier de).................114
Rei D'Frango (El) 89
RELÈVE DE LA GARDE
NATIONALE RÉPUBLI-
CAINE 167
Religions et croyances 258
Residencial Beirã 152
Residencial Camões 86
Residencial Do Sul 126
Residencial Florescente 115
Restaurant Brooklyn 119
Restaurante A Travessa 107
Restaurante Glória 89
Restaurante-cervejaria-
churrasqueira Casa
da India 89
Rio Maravilha 114
ROSSIO (gare du) 123
ROSSIO (le) 80
Rossio Hostel 74
ROTA DO CABO......................218

RUA DA GRAÇA 141
RUA DAS PORTAS
DE SANTO ANTÃO 123
RUA DE SÃO PEDRO
MÁRTIR 143
RUA DO CAPELÃO 143
RUA VIRGÍNIA ROSALINA 141

Sacolhina 76
SADO (réserve naturelle
de l'estuaire du) 227
Sant'Anna 100
SANT'ANA
(quartier de) 114, 123
Santa Rúfina 134
Santé 58
SANTIAGO DE OUTÃO
(fort) 220
SANTOS (quartier de)...... 103, 109
Santos Ofícios 79
SANTUÀRIO
DA PENINHA 199
Savoir-vivre et coutumes.........260
SÉ PATRIARCAL
(cathédrale) 136
SESIMBRA 214
SETÚBAL.............................221
SETÚBAL (péninsule de) 207
Shiado Hostel 84
Shiadu Casa do Jasmin
Boutique Guesthouses and
Apartments 87
Shiadu Ribeira Tejo Boutique
Guesthouses 87
SINTRA.................................186
Sister's Gourmet 134
Sites inscrits au Patrimoine
mondial de l'Unesco 260
Sites internet et applications
smartphone 58
SOCIEDADE DE GEOGRAFIA
DE LISBOA............................123
Sol e Pesca 96
Solar 100
Solar 31 118
Solar do Castelo 127
Solar do Vinho do Porto 96
Solar dos Mouros 127
SQUARE DE LA PLACE DO
PRÍNCIPE REAL ...103
Stay Inn Hostel 86

Taberna da rua
das Flores 90

INDEX GÉNÉRAL

278 | INDEX GÉNÉRAL / LES ENVIRONS DE LISBONNE

Taberna Ti Camila |●| 129
Tachadas (O) |●| 106
TAGE (au sud du)..................... 207
TAGE (croisières sur le) 83
TAGE (promenade piétonne
le long du) 83
Tao |●| 77
Tapisco |●| 91
Tasca da Esquina |●| 107
Tasca do Chico ♪ |●| 98
TEATRO NACIONAL DONA
MARIA II (théâtre national
Dona Maria II) 80
TEATRO POLITEAMA 123
Téléphone – Télécoms 59
Tendinha (A) |●| 76
Tentação de Goa |●| 128
Teresa Alecrim ⊛ 100
Terras Gerais |●| 118
Tesouro da Baixa by Shiadu 🏠 ... 76
The Dorm 🏠 114
The Elevator Guesthouse 🏠 ... 115
The Food Temple |●| 128
The House 🏠 116
The Imperial Guesthouse 🏠 ... 115
The Independente 🏠 85
The Keep 🏠 126
The World Needs Nata |●| 129
This is Lisbon 🏠 126
Torel Palace 🏠 117
TORRE.................................... 231

TORRE
DE BELÉM ⊗ 🏃‍♂️ 169
TORRE VASCO DA GAMA ... 150
Travellers House 🏠 74
Trigo Latino |●| 130
TRÓIA (péninsule de) 233
Typographia ⊛ 79

Varina da Madragoa |●| 106
Velha Gaiteira |●| 128
Velha Gruta (A) |●| 93
Vertigo Café |●| 90
Vicente by Canarlentejana |●| 91
Vida Portuguesa (A) ⊛ 99, 134
VIDA PORTUGUE-
SA (A) ⊛ 102
VILA BERTA............................ 141
VILA NOGUEIRA DE AZEITÃO... 220
VILA SOUSA............................ 141
VINIPORTUGAL 🏃‍♂️ 83
Vista Alegre ⊛ 100

Whatever Art B&B 🏠 152
Wine Bar do Castelo 🍷 132
World Needs Nata (The) |●| 124

Yes Lisbon Hostel 🏠 74
York House 🏠 105

Zambeze 🍷 132
ZDB (Zé Dos Bois) ♪ 98

LES ENVIRONS DE LISBONNE

INDEX GÉNÉRAL

ALCÁCER DO SAL 228
ALENTEJO (vers l') 227
AREIA 184
AZENHAS DO MAR................. 185
AZÓIA 184
BREJOS DA CARRAGUEIRA
DE CIMA............................... 229
CABO DA ROCA 🏃‍♂️ 185
CABO ESPICHEL 217
CACILHAS 208
CARRASQUEIRA...................... 232
CARVALHAL............................ 228
CASCAIS 178
CASTELO DOS MOUROS
(château des Maures ;
Sintra) 🏃‍♂️............................. 196
COMPORTA.............................. 227
CONVENTO DA ARRÁBIDA ...220

CONVENTO DOS
CAPUCHOS 🏃‍♂️ 199
COSTA DA CAPARICA 209
DUNA DA
CRESMINA 🏃‍♂️ 🍷 185
EDLA (chalet de la comtesse ;
Sintra) 198
ERICEIRA 202
ESTORIL 174
MAFRA 200
MELIDES 228
MONSERRATE (parc
et palais de) 🏃‍♂️ 198
PALÁCIO DE MONSER-
RATE 🏃‍♂️ 198
PALÁCIO NACIONAL
DA PENA (palais de Pena ;
Sintra) 🏃‍♂️ 197

INDEX GÉNÉRAL / LISTE DES CARTES ET PLANS | 279

PALMELA 220
PARQUE DA PENA (parc
   de Pena ; Sintra) ... 197
PARQUE DE MONSER-
   RATE 198
PARQUE NATURAL DA
   SERRA DA ARRÁBIDA ... 218
PÊGO (plage de) 234
PENA (circuit de ; Sintra) 196
PORTINHO DA ARRÁBIDA 220
PRAIA
   DA CRESMINA 185
PRAIA DA GALÉ 234
PRAIA DE ABERTA
   NOVA 234
PRAIA
   DO GUINCHO 185
PRAIA FIGUEIRINHA 220

PRAIA GALÁPOS 220
PRAIA GRANDE 185
QUELUZ 172
ROTA DO CABO 218
SADO (réserve naturelle
   de l'estuaire du) 227
SANTIAGO DE OUTÃO
   (fort) 220
SANTUÀRIO DA PENINHA ... 199
SESIMBRA 214
SETÚBAL................................ 221
SETÚBAL (péninsule de) 207
SINTRA................................... 186
TAGE (au sud du).................... 207
TORRE................................... 231
TRÓIA (péninsule de) 233
VILA NOGUEIRA
   DE AZEITÃO 220

LISTE DES CARTES ET PLANS

- Cascais................................ 179
- Coups de cœur (nos)............. 12
- Distances par la route............. 2
- Ericeira................................ 203
- Estuaire du Sado et la
   région de Comporta (l')........ 229
- Itinéraires conseillés 29, 30
- Lisbonne.............................. 8-9
- Lisbonne – Alfama,
   zoom détachable .... verso
- Lisbonne – Belém,
   plan détachable .... verso
- Lisbonne – plan centre,
   plan détachable .... recto
- Lisbonne – plan d'ensemble,

   plan détachable .... verso
- Métro de Lisbonne,
   plan détachable ....recto
- Ouest de Lisbonne
   et la serra de Sintra (l')..174-175
- Parque das Nações 147
- Péninsule de Setúbal
   (la) 210-211
- Réseau train des environs
   de Lisbonne............................ 63
- Serra de Sintra (la) 187
- Sesimbra 215
- Setúbal 222-223
- Sintra – Zoom 189

INDEX GÉNÉRAL

Remarque importante aux hôteliers et restaurateurs

Les enquêteurs du *Routard* travaillent dans le plus strict anonymat. Aucune réduction, aucun avantage quelconque, aucune rétribution n'est jamais demandé en contre-partie. Face aux aigrefins, la loi autorise les hôteliers et restaurateurs à porter plainte.

Avis aux lecteurs

Le Routard, ce n'est pas comme le bon vin, il vieillit mal. On ne veut pas pousser à la consommation, mais évitez de partir avec une édition ancienne. Les modifications sont souvent importantes.

Les réductions accordées à nos lecteurs ne sont jamais demandées par nos rédac-teurs afin de préserver leur indépendance. Les hôteliers et restaurateurs sont sollicités par une société de mailing, totalement indépendante de la rédaction, qui reste donc libre de ses choix. De même pour les autocollants et plaques émaillées.

Avec routard.com, choisissez, organisez, réservez et partagez vos voyages !

✓ Rejoignez la plus grande communauté francophone de voyageurs : **plusieurs millions d'internautes.**

✓ Échangez avec les routarnautes : forums, photos, avis d'hôtels.

✓ Retrouvez aussi toutes les informations actualisées pour choisir et préparer vos voyages : plus de 300 guides destinations, une centaine de dossiers pratiques et un magazine en ligne pour découvrir tous les secrets de votre destination.

✓ Enfin, comparez les offres pour organiser et réserver votre voyage au meilleur prix.

Les *Routards* parlent aux *Routards*

Faites-nous part de vos expériences, de vos découvertes, de vos tuyaux et de vos coups de cœur. Aidez-nous à remettre l'ouvrage à jour. Indiquez-nous les rensei-gnements périmés. Faites profiter les autres de vos adresses nouvelles, combines géniales... On adresse un exemplaire gratuit de la prochaine édition à ceux qui nous envoient les meilleurs courriers, pour la qualité et la pertinence des informations. Quelques conseils cependant :

– Envoyez-nous votre courrier le plus tôt possible afin que l'on puisse insérer vos tuyaux sur la prochaine édition.

– N'oubliez pas de préciser l'ouvrage que vous désirez recevoir, ainsi que votre adresse postale.

– Vérifiez que vos remarques concernent l'édition en cours et notez les pages du guide concernées par vos observations.

– Quand vous indiquez des hôtels ou des restaurants, pensez à signaler leur adresse précise et, pour les grandes villes, les moyens de transport pour y aller. Si vous le pouvez, joignez la carte de visite de l'hôtel ou du resto décrit.

En tout état de cause, merci pour vos nombreux mails.

122, rue du Moulin-des-Prés, 75013 Paris

● guide@routard.com ● routard.com ●

Routard Assurance *2018*

Née du partenariat entre *AVI International* et le *Routard*, *Routard Assurance* est une assurance voyage complète qui offre toutes les prestations d'assistance indispen-sables à l'étranger : dépenses médicales, pharmacie, frais d'hôpital, rapatriement médical, caution et défense pénale, responsabilité civile vie privée et bagages. Présent dans le monde entier, le plateau d'assistance d'*AVI International* donne accès à un vaste réseau de médecins et d'hôpitaux : pas de franchise, aucune avance de frais à faire, un numéro d'appel gratuit disponible 24h/24. *AVI Inter-national* dispose par ailleurs d'une filiale aux États-Unis qui permet d'intervenir plus rapidement auprès des hôpitaux locaux. À noter, *Routard Assurance Famille* couvre jusqu'à 7 personnes, et *Routard Assurance Longue Durée Marco Polo* cou-vre les voyages de plus de 2 mois dans le monde entier. *AVI International* est une équipe d'experts qui répondra à toutes vos questions par téléphone : ☎ 01-44-63-51-00 ou par mail ● routard@avi-international.com ● Conditions et souscription sur ● avi-international.com ● Avant de partir, pensez à télécharger l'appli mobile *AVI* et accéder à tous vos documents d'assurance en 2 clics.

Édité par Hachette Livre (58, rue Jean-Bleuzen, CS 70007, 92178 Vanves Cedex, France)
Photocomposé par Jouve (rue de Monbary, 45140 Ormes, France)
Imprimé par Lego SPA Plant Lavis (via Galileo Galilei, 11, 38015 Lavis, Italie)
Achevé d'imprimer le 21 décembre 2017
Collection n° 13 - Édition n° 01
66/5567/9
I.S.B.N. 978-2-01-703344-8
Dépôt légal : décembre 2017

PAPIER À BASE DE
FIBRES CERTIFIÉES